复旦附中『双新』语文作文选

吴坚　黄荣华　主编

广西师范大学出版社
·桂林·

编委会

前　言

写作是语文的重要组成部分，素有“半壁江山”之说。在我看来，写作教育在今天尤重于“半壁”。

一是生活中几乎时时处处都需要写作，最基本的是能在手机上写一则文从字顺的短信；二是文字可使用的空间越来越大，尤其是网络空间，不像以前只能在纸上写，空间受到很大的限制；三是与第二点相应，对写作意义的理解与对写作原则的遵守就显得更加重要。

写作教育地位的重要性毋庸置疑。复旦附中从来都极重视写作教育，主要体现在以下四点。

其一，关注写作的过程性。我们认为，写作活动是促进写作者成长的重要活动，因此我们倡导并践行“一次作文，一次新生”的写作教育理念。我们将学生进入高中后的第一次写作与三年后的毕业写作完整、有机地关联，形成一个完整的三年写作链。这一写作成果于 2017 年获上海市级教学成果一等奖。

其二，关注读写结合。我们理解的读写结合，不是一般意义上的写作模仿，即读了某篇文章，就学习某种写作手法，而是追求更加综合的读写结合，主要关注对所读文章融会贯通后的理解与运用。所以我们一直倡导单元贯通写作，即在一个主题统摄下，依据写作者自己对整个单元文章的综合理解与把握，并与平时所学联动，完成一篇 2 000 字左右的文章。这一写作活动，因为在比较中统观、在选择中统观、在贯穿中统观、在沟通中统观，所以，它需要用联系的思维方式去发现单元内部文章与文章之间、问题与问题之间的关系，需要用联系的思维方式去重构在明确的主题引导下的文章与文章之间、问题与问题之间的联系。写作者长期坚持这样的思维训练，就一定能形成普遍联系的思维方式。同时，这样的写作因自始至终都需要进行归纳与演绎，所以它能够很好地锤炼写作者的归纳与演绎能力。从主题理解，到材料选择，到文字表达，每次主题写作都是一次完整的归纳与演绎思维训练。可以设想，经过几年的这种训练，写作者的逻辑思维能力一定会得到很大的提升，在这个过程中写作者就会逐步形成对感性世界的抽象能力、对芜杂世界的整合能力、对多变世界方向的把握能力。这些能力不仅是人学习知识的重要能力，还是人立身处世的非常重要的能力。

其三，关注读书笔记、现实观察、心情随笔等随笔写作。随笔写作是学生写作的重要组成部分。其积累性、发现性与真实性，尤其值得重视。许多老师常说，学生平时的随笔写得好，一到考试却写不好。这是没有解决“思想”转换问题，也就是没有将写作所需的“积累”“发现”与“真实”三个重要元素融合起来思考。其实，写作水平的高低，与“积累”的厚薄、“发现”的有无、“真实”的是否关联最为紧密。而随笔写作，正是提升写作的积累性、发现性与真实性的有效途径。

需要特别说明的是，在读书笔记版块，我们一直强调整本书阅读；在现实观察版块，我们非常重视考察报告的写作。这两种写作，当然已超出随笔写作的一般范畴。

其四，关注典型人物。自2006年始，语文组开始编辑《复旦附中语文人物》小册子，每册推出一到三位语文学习的典型人物，至今已推出二十多位。《复旦附中语文人物》每期收录当期语文人物2—3万字的文章，这些文章都是语文人物进入高中以来写作的优秀文章，其中有获奖文章、平时课堂作文、单元贯通作文等。小册子推出的这些典型人物，为全校学生树立了“近在身边”的写作“模子”，具有较强的引领意义。

可以说，以上四个方面合在一起，共同引领复旦附中学生走在“语言觉醒”的求索之路上。复旦附中的写作教育因此也就一直具有引领性。学生在这样的写作教育中，不断成长，在精神成长的同时，作文水平同步提升。

本书本可以直接命名为“复旦附中作文选”，之所以命名为“复旦附中‘双新’语文作文选”，一是因我们长期以来追求的写作教育理念，与2019年全国推行的“双新”语文写作教育理念高度契合；二是我们的这种追求，有全国“双新”语文写作要求所没有涵盖的内容，如单元贯通写作中我们强调的单元贯通、读书笔记中我们倡导的东西方经典对读、语文人物中我们树立的“近在身边”的写作“模子”等。

写作教育最终指向人的成长教育本没有什么“新”与“旧”之分，现在一定要说什么“新”，什么“双新”，只是某种强调而已。在本书中，我们强调的核心是“一次作文，一次新生”——无论哪一类写作，每一次写作都是写作者的一次精神新生。倘能如此，我们的写作教育就一定是极好的。

最后还要指出：我们所追求的写作教育是“以道驭术”的写作教育。由于图书篇幅的关系，这里我们没有展开作文之术的具体分析，只在每个版块的导言部分简略交代；并且，学生的长篇考察报告也没有收入正文，只保留了导言。同时我想指出，长期以来大家喜欢的以讲各类写作技巧为核心的写作教育，是无法达成“一次作文，一次新生”的写作教育目标的。

黄荣华

2022 年 1 月 31 日

目 录

一、与课文同行

二、课堂过程写作

三、获奖作文

四、语文人物

五、考察报告

一、与课文同行

导　言

生命的发现与歌唱

陈晓蕾

2022年，部编本语文教材将全部落地。部编本教材倡导大单元教学，强调以大主题和大任务为核心，对学习内容进行分析、整合、重组和开发，形成具有明确的主题（或专题、话题、大问题）、目标、任务、情境、活动、评价等要素的一个结构化的具有多种课型的统筹规划和科学设计。复旦附中2022届和2023届学生是学习部编本教材的第一和第二届。但学校对新教材的教学并非毫无基础地"摸着石头过河"，甚至可以说，复旦附中的有些理念与做法与新教材精神不谋而合。复旦附中语文组在黄荣华老师的引领下，早在2006年就开始探索单元贯通学习，实实在在地践行并倡导大单元、大情境、大主题贯通教学，形成了以单元贯通点（人文主题）串联，兼顾文章个性与完整性，以单元贯通写作与讲评为单元学习任务，推动整个大单元学习的教学模式，力求既彰显文本解读的深度，又关注单元主题在各篇课文中的关联与落实。

我们一直以来坚持过程性写作，既关注教材的总体要求，又关注教材要求与学生自我生命表达的联结，特别注重引导学生去表达对外部世界和自我生命的发现、对生活的见解。这种发现与见解将促进学生的个体成长与自我发现。"一次作文，一次新生"，学生遵循这样的写作教育理念，来探索外部世界和自我，解决好自我与他人、自我与社会的关系。

配合必修上册第一单元创作的诗歌，是饱含着见证意味的性灵歌唱，也是很好的读写结合的教学尝试。在对《立在地球边上放号》《峨日朵雪峰之侧》《致云雀》这样既代表时代精神又彰显青春高贵性的作品进行综合性学习之后，这些学生用自己独特的音调，咏出"我手写我口"的青春之诗。"我梦见全世界的天空都/围着你旋，梦见你在虚空中也可以和我/有一段最浮躁的爱恋。我梦见你用闪电撕破我的裙子，用雷声亲吻我的耳郭，然后下一场巨大的暴雨/来浇灌我们的盛宴。五月是最横暴的温柔"（王汇茹《无题》）这是对青春原力既贴近真实又超越真实的透彻体验。"整个地球——好大的一双鞋子呀！身边的人群，高楼，甚至那珠峰，都只是你鞋上，那微不足道的装饰品。那孕育生命的智慧呵，已从脚底注入”（严瑞琪《你瞧，青春》）这是青春超越逼仄与庸常的宏阔视界。“溪泉相信奔流终会有意义 / 愿成为源头的活水 / 送给汪洋一片矮矮的海潮 / 尽管裹挟了沙石不复透明 / 但它始终相信 / 青春从来不是桃面丹唇 / 而是一种永恒奔腾的 / 深沉”（林润暄《青春的泉眼》）这是对青春的价值和力量的辨析与确证。可以说，在这样的性灵文字面前，一切装腔作势的点评和附庸风雅的技巧都是扁平与空乏的，因为青春本身的穿透力与生长力，能够顶开一切虚伪、世故、庸俗凝结而成的冻土。这些性灵文字又和课文一起构成了完整的“归纳—演绎—提升”的思维过程。

配合必修上册第四单元写作的“家乡风物志”（“志”即文字记录），是一次生命的自我发现与探索，通过抚摸构成自我生命的脉络与纹理，追寻和确证自我存在的皈依之所——家乡。那“油锅里因不断‘接客’而汹涌澎湃的油和早餐店里飘出的白烟”“洁白的花骨朵和嫩绿的萼片紧紧地挨着，清香袭人，洁净高雅”（薛懿婷《家乡风物志》）是中城的江南味道。那“瓦屋的天窗上闪动着竹影和蓝天。路上总能偶遇几只驱不走的野蜂，嗡嗡地、执拗地想要发表什么高见”“郎红、祭红、天青、影青、美人醉等。那些由薄如蝉翼、轻如羽毛的瓷片组合的意象”（廖子扬《瓷都印象——我的家乡风物志》）是瓷都景德镇独有的古典印象。龙井中“精致讲究和辩证的东方美学也很需要现代人心灵的共振”（马川越《淡香浅思深情》）；天一阁承载的华章之魂、人格之美、“时中”的智慧（徐欣怡《家乡风物志》）；吴淞口堤岸上那位“眼前是大海，身后是中国”（王汇茹《吴淞口的纪念——鸦片战争和陈化成》）永恒站立的英雄陈化成……家乡的风物内蕴着家乡的性格与文化，而这种性格与文化早已浸润学生的成长，并深植于学生的内心。感悟和书写家乡风物，诚如老舍所言，是发现“与我的心灵相黏合的一段历史”。这恰好反映了对真实的观察和表达、与学生生命体验相结合的不懈追求。

配合必修上册第三单元和第八单元写作的文学短评，是学生超越共性知识与应试技巧，对文字与文学的一次真实感悟，是“柳暗花明又一村”式的真思考与真发现。这种思考有时从文字的形态与“声响”链接其穿越古今的文化内涵——“‘田田’从字形上看，的确有水塘中成片的荷叶之态，那种叶的宽阔、皱纹、质地都包蕴在词中了……使我们千年之后看到‘田田’，便能联想到接天的莲叶、江南的夏日、水中的游鱼、采莲时的歌声……”(卢实《品读〈江南〉中的“田田”》)开启了千年的文化密码。有时又带领我们穿越历史的层层迷雾，由文字深入历史现场，听广陵绝唱，品竹林风流，反思士人选择。“《广陵散》绝唱，注定要成为挽歌吗?”(孙瑞阳《莫让绝唱成为挽歌——〈广陵散〉绝唱》)陶渊明、李白、杜甫、李清照、史铁生……这些伟大的灵魂凝结成文字，而对它们的品读和评价本身就是与其精神的共振。

配合必修下册第二单元创作的小说，展现了学生内心宏阔、神秘的宇宙：荒山脚下阿程与阿木对“天涯”的追寻(陈思涵《天涯》)、巴黎梧桐树下与味蕾纠缠的爱恋与离别(任长天《Ne T’en Va Pas——一个旅居巴黎的人的爱之往事》)、长安城千株桃树下“鬓角桃花盛”的清雅少年转眼成为与块然贞石合而为一的“凌寒劲节”之臣(闵佳麟《贞石》)、未来世界中“将忧愁从地球上消灭”的反乌托邦畅想(王玮康《忘忧》)……可谓“形在江海之上，心存魏阙之下……故寂然凝虑，思接千载；悄焉动容，视通万里”(刘勰《文心雕龙·神思》)。

最后的单元贯通写作，彰显的是学生理性与智性大厦的建造过程。每次的单元贯通写作都是一个艰辛的劳作过程：自然与人生、君子之知、青春的力量、礼乐之道、劳动三境界……学生要将一个单元所学的材料与自己的学识、阅读打通，并围绕单元主题来写作。既是证明单元主题，又是挖掘文本真意，学生在比较中贯通，关注问题的同时实现精神成长。本单元还收录了2023届开始使用的校本教材《〈论语〉东西方对读》贯通写作，更体现了一种东西方经典比较贯通对读的智性。学生长期坚持这样的写作方式，定能逐步形成对感性世界的抽象能力、对芜杂世界的整合能力和对多变世界方向的把握能力。

与课文同行，与自我同行，这些文字中所显现的生命的发现与歌唱，使我们由衷喜悦……

新诗创作

六点半

肖心泉

我坐在城市边上，灯光
刺透了脸庞——
黑夜转瞬即至。
晚风在枝叶间颤抖着
游荡而过，偷听到
《致爱丽丝》的流淌。
我愿做一只褐色的鸟
飞过窄长的窗，
飞过青山的岚，
飞过最后一串彩灯，
飞到屋檐瓦上。

无　题

王汇茹

五月是溃烂的瑰丽，在雨衣底
孕育出最高傲的蘑菇，
在生命里
织出一百亩苔藓和蜘蛛网。
五月是爱人的情歌，在唇齿间
留下最浮夸的誓言，
等着海枯石烂来
应验。

我梦见全世界的天空都
围着你旋，
梦见你在虚空中也可以和我
有一段最浮躁的爱恋。
我梦见你用闪电撕破我的裙子，
用雷声亲吻我的耳郭，
然后下一场巨大的暴雨
来浇灌我们的盛宴。
五月是最横暴的温柔。

你用潮热的双手拥抱我，
让绿色的风抚摸我的
一寸寸皮肤，从脚到头顶尖，
迟迟不肯
亲吻我的脸。
我渴望一段风起云涌的爱恋，
像你和大地，像她和云天。
哦，五月，你是最残忍的浪漫。

你是否恨过我，像我
恨你一样？
没来由的，只是想要
你来撕扯和毁灭我，
就像我不能那样对你的那样。
拥抱我吧，让我忘了你的脸。
五月，春末的最后一个夏天。

无 题

王汇茹

你说那
是棵樱花树，
我剪下一大枝。
春风，埋进你脚底的土地
任它生根发芽。
花瓣簌簌落得很密。
我幻想着它
长大，
直到藤蔓粗壮
能够扼杀你的梦。

春日的光总是
清透澄澈的；漫延
漫到心底，我只想让它
下沉。
重到我的心脏从
胸腔被拖到
脚底。
春日总是柔美的，
妩媚的温暖的精细的柔软的细腻的
春天。

我凸着
不规则的棱角和
乱刺
站在樱花树底下，想要它

甜腻的香气把我
淹没还是把我
治好。
直到我像你一样。
我想象那些
花瓣
把我的碎裂和丑陋一点点
埋葬，直到我
成了这一大排樱花树的礼物。
再也不会指着我说
那不是樱花。

但是风味有没有告诉你，我
本就不属于这个
天堂。
本就不属于这个
真实的柔软的噩梦。
本就不是
一棵和它们一样的
樱花树；摇曳着
轻盈的枝条，迎接着
长长的舒缓的柔风，轻颤着
小巧的粉色的春日的花瓣；
不是，不是，不是；
任你落吧，直到你筋疲力尽。
用你的温柔淹死我的
心跳，用你的春暖花开扼住我的
尖刺，补好我的
裂缝，成为你的
春日的完美的抒情的梦，梦，梦；

让你的轻吻落在我
裸露的不平整的
手腕上。
用层层叠叠的
美，掩盖我
的每一次呼吸，淹没我的
每一次生存。

最后你也永远不会知道
我本就不属于春天；
我也永远不会成为
和你一样的雪樱。

无 题

王汇茹

抹一把湿漉漉的
头发，水珠一滴滴地从发梢
流下脊柱和
肩胛骨。外张，像要
撕裂皮肉，张扬
翅羽、蝴蝶骨。
剔透着最脆弱的翅膀，
想要托起这个世上
最沉重的心灵。
拥住我，用你那点微薄的
羽翼，给我
遮蔽一片纯净的土地。
用丝丝缕缕的茧子

囊住我挣跳的心脏，
拴紧我舒张飘离的肺片。
蝴蝶骨。我躲在
你孱弱无力的庇护下
瑟瑟。
我做梦梦见
有一天你能够张开羽翼，
有一个人会像你
撕破我的背脊一样扯开我的胸膛，
然后亲吻肋骨底
血染的心脏，
撕裂我的平整和光滑
在伤痕和不平里长出世界上最美最轻的羽翼。

冬夜里的歌

曹毅陶

落在脚边的那一片叶，
世界最后的一则童话。
冬夜妄图肆意地玩耍，
他不知晓的，春天的晔。

初蕾新丫嫩花的面靥，
含苞浅唱偷露的小芽，
旭日和风清雨里安家。
光明你怎会与我分离？

汗沁透了禁果的韵致，
猛虎闯进心田里折枝，

向往的灵魂永不远去。

血色夕阳下的向日葵，
你将那一片枯叶回归。
骤雨惊雷，纵歌芬芳吐。

电 车

潘羿凝

电车，
在城市的边缘
寂静地呼啸着
驶入无垠的夜色中。
电车，
载着客此的异乡人
或是疲沓的旅人。
他们填补电车身躯的空洞，
构成所有追逐的一部分。
电车上的人和城市里的人，
“等待与希望”，
一直都是。
铁轨，
曲曲弯弯，在电车面前
伸直又拉长，蛇一般蠕动。
缆线温存地依附着那庞大的金属外壳，
却不曾感受到何为心脏的搏击，
何为战栗，何为恸哭；
直到在铁轨无限的诱惑面前，
一切都垂垂老矣，沉重而麻木。

电车不时抬一下头，
只看到那辽阔的天穹永远地
被缆线切割成窄窄的一条。
黑夜，
浸泡着电车与电车上的人。
天与地的交汇处，
电车凝缩成一个微小之物，
缆线浮在高处，被天空拭去，
铁轨嵌在地表，被土地吸纳，
都看不见了。
电车在最接近自由的时刻，开始飞翔，
滑过花田、城镇、丘陵、湖泊，
夜色温柔地割去一切贫瘠。
这样的解放与宽宥，
让电车低低地呜咽起来，
车上的人们不以为意，只当是地母盖娅吟唱的摇篮曲。
车站，
迎来了它最忠实而疲惫的光顾者；
电车行驶得越发缓慢，
呜咽听不到了，
只在长长的一声叹息后，
伫立于一场结局。

回家吧，回家吧……

他们或她们的青春都是一场烟花

赵安妮

你见过烟花盛开的样子吗

咻　蹿进云海　然后绽开
烫落漫天星火　簇簇
烧成沸腾的烬落
砰　砰　砰　砰
是青春的初见

是课本里露出一截的书签
是抽屉底皱起一角的相片
心里的快门　泛黄色的纪念
是顺着藤蔓爬上课桌的考卷
是轻轻拍落衣角上的橡皮屑
蝉鸣声声里难挨的困倦
是汽水咕嘟咕嘟欢跃的气泡
是一颗汗水滴答碎在草地间
踏过逆着光洒下的树叶
定格悬在半空的篮球
角落房间坏掉的琴键
音符漏掉一拍突兀的空白
天马行空的天

狂热的海报粘得揭不下来
吉他　鼓　贝斯与乐队
亏损的祭奠
汗水献给风和木地板
聒噪的心跳和鼓点
赌注是一切
没有归途的等待
唱哑了
就放盛夏去光年以外

单车　耳机和球鞋
牵起云层的风筝线
画在手掌　来不及起飞的蝴蝶
欠它一场漫长的告别
半张合照　一片纸条　两份信笺
赐我泄露的光线
给剪影一个拥抱
秋千旁的舞鞋和棒球帽
差一点　就碰到
错乱的语言　没读过的书页
给懵懂的少年人留下一纸遗书
多残酷　刻在树皮上
滚烫的谣言
后来再也没有
一样的勇敢和胆怯

窒息
潮湿地呼吸
水底倒数着一串气息
凌晨的窗口里
谁看见透明的自己
没有谁能更熟悉
十六岁的救赎
晚风义无反顾
青春的感触
托付给自己一封情书
梦里麦浪的波纹
不痛不深的伤痕
斜睨着月光
是烟火照亮的人

你瞧，青春

严瑞琪

炎热，躁动，
太阳火辣辣地烤着。
哦！但请不要，
不要躲到那树荫底下。
因为，你瞧，
金光已将整个天空，
变做你头上金灿灿的王冠。
感受啊，
那王冠中蕴着掌控万物起伏的智慧呀！

阴冷，入骨，
雨，无情地下着。
嘶！不小心，踩入了一摊烂泥。
哦！但请不要，
不要急着把脚拔出，
请将另一只脚也踏入吧。
因为，你瞧，
整个地球——好大的一双鞋子呀！
身边的人群，高楼，甚至那珠峰，
都只是你鞋上，
那微不足道的装饰品。
那孕育生命的智慧呵，
已从脚底注入。

靠自己，
征服了烈日，

降伏了暴雨。
但你的青春中，
可不要少了那个指路人。
在寻寻觅觅，兜兜转转，
迷迷茫茫懵懵中，
揉一揉夹杂在眸子里的徘徊，
义无反顾地，
朝着他的方向，
追去。

青春的泉眼

林润暄

悄悄找到了
青春的泉眼
是否在昨夜
它还紧闭着眸子
与寂静和黑暗
为伴

清冽的生命
开始顺着泥土流淌
它穿过葳蕤枝叶
蹚过寒冰白雪
它听到大海在远处呼唤
闻到浪花里夹着青涩的呢喃

溪泉相信奔流终会有意义
愿成为源头的活水

送给汪洋一片矮矮的海潮
尽管裹挟了沙石不复透明
但它始终相信
青春从来不是桃面丹唇
而是一种永恒奔腾的
深沉

青春之歌

张怡欣

柔软的枕畔孕育新生的志向，
金色的棉絮编织金色的梦想。
青涩的少年奔赴明天，
繁星的原野上，
抒写希望的篇章。

悲喜交替，
无有终点。
无穷尽的方向与弯道，
涂去太多无辜的幻想。
不是不会迷惘，
不是不会忧伤，
而是将遗憾与年少轻狂，
一并寄向远在远方的远方。

少年的眼中有一束光，
比亿万群星的闪动还要明亮。
对生命，
义无反顾的热爱，

在风雪中从滚烫变得更滚烫。
最好要他一边流泪，
一边高唱。

青春限定的赞歌里，
鲜活的每一帧，都
不会遗忘。

无　题

泽　钰

窗外的孤星颤抖着黯淡的光
我从题海中挣扎着起身
沉进了梦乡

梦中
我成为一个冰冷孤独的黑洞
无边界的迷雾中
潜藏着窃窃私语的怪物

当我跌跌撞撞着摸索
一个细弱却清晰的声音推着我向前走
向前啊
黑暗的尽头就是光

梦中
我成为一颗星星
我在荒芜中旋转
我与黑暗分享这一捧光

当我偶然间回过头
才发觉
黑暗的尽头
我就是那最亮的光

夏　末

冯麒菲

（一）

浓蓝灰色　细蓝灰色
猫儿足印　悄悄
暮鸦呱呱
虹膜蒙尘
淡的愁搅浓了
乳黄色眉梢压低
退向西山

（二）

云的国
是用咔嚓嚓雷声裁开
透明雪浪
暗处隐着蓝灰　明处乳黄
揉搓末夏的细枝
和泪珠絮语
唰啦唰啦
枝头荡开碎报纸
老梧桐叶
翻滚在地上

（三）

夏风邀我入夏雨　发梢流转
我在廊下长杵　说湿不得衣裳
鬓发微染　睫毛微颤　眉梢微扬
肩畔淅沥絮语　湿了衣裳
蓝灰染了衣裳

来时千军万马　鼓浪招风
在此又低眉垂首　絮语　湿衣裳
你听号角呜呜止
都市的某个街头　雨描妆
旋起雪白微墨的衣裙　广袖起
风托起孩子的手掌

化学呓语（组诗）

邢梓韬

$CuSO_4/NaOH$

一生中最大的遗憾，
就是在往事的硫酸铜里，
错加了氢氧化钠，
挥手间，
一切忧郁的过往
都丝丝缕缕地沉下。

CuO/H_2

氧化铜依偎在氢气的怀中，

周围是温暖的火光，
熏得让人心动，
她黝黑的脸，
泛起
略带着醉意的羞红。

O_2/S

硫与氧气的相遇
是明亮的，
那蓝紫色的火焰
他们热恋，
他们相拥，
他们缠绵，
携手走过
被烈火烤暖的时间。
只可惜，
一切是那样地短暂，
当他们走进对方的世界，
美好的缘
终将融进无情的水
留下酸涩的怨。

Mg/CO_2

啊！无情的二氧化碳！
为什么，
你要让我原本凄“镁”的爱
变得非黑即白？
但，也感谢你，
我亲爱的

让我坚强起来
用理性的双眼
去看清这黑白难分的时代！

青春之歌

藺春添

听：
花间的露
任风轻拂
缀在少年征途
春秋几度
光阴仓促
书青春不负

看：
河汉何壮阔
流水映花落
本欲拨开苍穹
静览宇宙的承诺
叹衣冠成古
繁华不复
空一抔黄土
少年狷狂，堪敌残阳暮？

忆：
知己三两
赌书泼茶香
心有灵犀的过往

只愿少年楼桑
不染尘世风霜
待相逢
共话西窗。

家乡文化生活

家乡风物志

薛懿婷

有这样一座坐落于长江入海口的城市，它海纳百川，大气谦和；卓越是它的名片，开明是它的追求——它就是我的家乡，我生长的地方，上海。上海的风物也如它一样绚丽多彩。

我认为美食是一座城市的灵魂，人们从琳琅满目的菜肴中可以读懂一个城市。美食作为桥梁，将在外漂泊的游子与他的家乡紧密相连。我想，我是忘不掉上海美食的，对我而言它是永恒的家的味道。从清晨起，上海这座城市便弥漫着食物的香气，我每天早晨起床后最重要的事就是下楼为全家买早餐。上海的早餐花样很多，其中最负盛名的必是"四大金刚"：豆浆、大饼、油条和粢饭。家里人喜欢吃甜的，因此我买大饼和粢饭时总买甜馅，再配上几杯热腾腾的豆浆，偶尔也会买粢饭糕和油墩子。美味的食物能给一天带来好心情，我看着早餐店的老师傅熟练地将一只只白白胖胖的油墩子放入油锅中炸至色泽金黄，再捞出放在一旁的架子上沥油；油锅里因不断"接客"而汹涌澎湃的油和早餐店里飘出的白烟，汇成温暖人心的治愈景象。我有一个习惯，即若和朋友约好下午出去玩，在到达约定地点（通常离家很远）前，必定会寻一家老字号饭馆，要一碗正宗的酱爆猪肝面，点一碟炸猪排，配上辣酱油，美美地享受一顿，这是百吃不厌的上海味道。还有一年一顿的年夜饭，一大家子围坐在圆桌旁，欢声笑语，其乐融融，等着服务员上菜。一般菜式不会怎么变，总是经典的那几样，四喜烤麸、排骨年糕、熏鱼、糖醋里脊、红烧肉……亲情混合着浓油赤酱的本帮菜，留下难忘的回忆。

如果说美食是上海的灵魂，那么建筑是上海的外表。其中最有代表性的一定是石库门和外滩的万国建筑博览群了。外滩的建筑群美丽大气，中西合璧，充分体现了这座城市的开放包容：哥特式的尖顶、古希腊风格的穹窿、巴洛克风格的廊柱和西班牙式的阳台，这些风格各异的建筑样式在此被完美地融合在了一起，使其成为闻名海内外的一颗熠熠明珠。我曾带来上海旅游的表姐到外滩玩，给她做讲解，“你看，这是汇丰银行的旧址，它被英国人称为从苏伊士运河到远东白令海峡最讲究的建筑呢！”我带着表姐走进楼里，“你看房间的布局，是对称的，有文艺复兴的特征，天花板上的马赛克石砖上绘制的是古希腊神话中的人物……”看着她兴奋的样子，我想她也为这建筑的美而赞叹。

石库门是家里长辈们童年时的记忆。几年前，外公家位于新天地的房子要拆迁，我随着外公去看看他曾住过的房子。穿过狭窄的弄堂，我们来到一幢石库门房子前。斑驳的墙上爬满了茂盛青翠的爬山虎，推开实心厚木制成的乌漆木门，吱吱呀呀的声音一下子提醒了我它悠久的历史。联排式的布局彰显了其西式风格，石头做的门框上又用的是传统砖雕的青白顶门楣，显然石库门荟萃了中西方建筑的精华，才有了如今这般大气模样。穿过天井来到客堂间走了一圈，抓着扶手爬上又窄又陡的楼梯，透过二楼那一扇扇半掩的房门（当时还有好几户住户没有搬走），我便看到了一幕幕温暖的场景。年轻的母亲正在给孩子哺乳，一旁父亲正摇着拨浪鼓，口中模仿着动物的叫声逗孩子玩；楼下白头发的老人正在炒菜，一阵阵香味伴着收音机的整点报时声传了上来，一旁的老伴儿正择着菜……天色已晚，穿过来时长而拥挤的弄堂，晚风绕过发梢，思绪在这慢悠悠的节奏中逐渐飘得遥远，我仿佛回到了外公给我描述的童年的回忆之中——窄窄的弄堂里仍是这般拥挤，却烟火气十足；由远及近的是孩子们的追逐嬉闹声，银铃一样，仿佛真的在耳畔响起。门口藤椅上有妇人在织着毛衣、唠着家常，给予我们盛情的邀请：“今晚炖了鸡汤，来尝尝！”晚风绕过弄堂，与弄堂口老头儿的蟋蟀、树干上叫个不休的蝉声合在一起，形成了夏日最盛大的交响乐。不知不觉我已随外公走出弄堂，回归到钢筋水泥的城市之中，回忆也如同风吹过一样消散了。石库门，以及石库门中的生活，已成了上海的文化符号，是老上海人回忆中永恒的一抹亮色。

再精美的建筑若没了文化的支撑，便只是副不足为奇的空壳子。上海的文化是这座城市宝贵的财富。黄杨木雕镌刻出了它的风韵，上海灯彩映亮了它的身姿，绒绣绣出了它的秀丽景色，七宝皮影戏演出了它的历史，嘉定竹刻刻出了它的故事。我曾和好友参观过顾绣博物馆，传说它以明朝善绣的顾姓家族命名。透过馆内陈列绣品的一块块玻璃，我被迷住了，听馆内介绍人员说顾绣极为难绣，讲究细于发、针如毫、色如画。细细地欣赏着一件件艺术品，那繁复的针法使画作变得极其细腻，达到了画绣不分、半绣半绘的境界。这一小幅作品要花多少心血才能制成！先要懂画，把画画在布上，再从一堆看似相同却有细微差别的线中选出颜色和原画最为相近的线，然后用复杂的针法一步一步把图案绣出。听说初学者绣一个月才能绣巴掌大的一片叶子，这精巧的技艺令我赞叹不已。在学校的第二课堂上，我还接触到了上海灯彩。我用铁丝和油纸，做出一盏栩栩如生的兔子灯，在元宵时节送给亲戚家的小妹妹，陪她去城隍庙放灯、看灯会、买粽子糖，以及走九曲桥。

我还要讲讲上海的花。上海市市花是白玉兰，用老人的话讲，白玉兰就是白兰花，是那个经典吆喝“栀子花、白兰花，五分洋钿买一朵”中的白兰花。我偶尔会在小巷口看到卖白兰花的老阿婆，每次看见一定会买几串送给外婆。两朵花用铁丝串在一起，勾成胸针的形状，或者花苞串成的手环，洁白的花骨朵和嫩绿的萼片紧紧地挨着，清香袭人，洁净高雅。

这些上海的风物组合在一起，形成了我独一无二的上海记忆。

一屉蟹粉小笼的温度

吕 悦

竹制蒸笼里尖端点上金黄色蟹粉的六只小笼包外皮呈半透明状，在冬日的空气里散发出白色的袅袅热气。我迫不及待地抄起筷子夹上一个，在倒了醋的白瓷小碟子里浸一下，等没有那么烫嘴后快快送到嘴边，咬上一小口，一包蟹油随之灌入口中，蟹肉与猪肉混合在一起的极其融洽的香味顿时在嘴中散发开来，全身的寒气就在这一瞬间被冲散得一干二净。这是“王家沙”最具代表性的上海本帮小吃之一，其上海小吃独有的精致，以及家乡传统风物的小巧玲珑，在我记忆的深处留下了一幅难以忘却的，有味道、有香气的画面。

王家沙初创于 1945 年，迄今已有七十余年的历史，是诸多上海人自童年起便相伴相随的一家点心店，于我而言亦有着非凡的意义。在我还是咿呀学语的稚子时，家人牵着我的手走进店内，一起享用美食；上学后背着书包与交好的同学在某个位子上坐定，从天南聊到海北，吃得心满意足。从一碗香喷喷的葱油拌面到一屉剔透的蟹粉小笼……这些闪烁着光芒的记忆碎片从时光长河中被打捞起来，一块块拼凑在一起，就是一段与王家沙的结缘之路。

外婆独爱往馄饨中加半勺醋，说是因为开胃，吃起来也很舒服，但我效仿她这么做的时候，总会被汤汁里的一股醋酸味熏得难受。于是外婆就会呵呵地轻声笑起来，她那烫得卷曲的头发在餐厅吊灯的照射下比平日还要雪白、还要明亮得多。“囡囡，你还小得很，当然不会喜欢这种口味的，哪里能跟外婆学呀。”我也懂得学乖，下次再来吃点心的时候只会安静地享受加了小葱和虾米的汤汁，以及鲜美的口感。直至今日我还未习惯吃加了醋的馄饨，却忘不了小时候和外婆手牵着手，一老一少并排走在午后路上的时光。哎，学业总是如此繁忙，时间就像海绵里的水，挤挤就没了，我上了高中后距离外婆家更远了——那便只能到寒假再和她老人家一起去王家沙吧！希望别让外婆等太久才是。

初中时，我和同学在王家沙也度过了一段美好的时光。我们放学后开始有了那么一小段能够自由支配的时间，某天的作业如果能在学校里轻松完成，那么对街的那家王家沙一定会成为我们的驻留点。八元钱能买到一大碗葱油拌面，再拿一个空碗，两个人就可以分着吃完。毕竟还没有到真正意义上的饭点，所以王家沙的那些点心再合适不过了。王家沙的点心是可以日日换口味的，可以是鳝丝面、葱油饼，也可以是芝麻汤圆、小馄饨，总之吃得舒心，也许回家后捧起书本时会更有干劲？记得中考前一周，我们很多同学最后一次去那里吃一屉蟹粉小笼，吃到一半我看到街道上红绿灯交替闪烁，十字路口的同学挥手作别，往不同的大道上走去。他们明天还会再相见的，但我无法再和四年来朝夕相处的同学继续在同一间教室里埋头奋进了。我突然感到很难过：四度春与秋的交替现在看来不过是弹指一挥，我们最终要在中考的交叉口分别了。以后还会有人陪我吃一屉蟹粉小笼吗？我们的话题还会只围绕着分数与对未来的期望吗？

事实证明，现在不论午饭还是晚饭，都有新的朋友一起吃。一楼食堂的蟹粉小笼也很好吃，大家边吃边探讨的话题已更广、更新，但从食堂往教学楼走的时候，我常常会想起初中与同学们在王家沙的日子，很怀念当时稚嫩至极、迷茫、忧虑，却心中满怀希望的我们。

王家沙点心店，上海最著名的老字号企业之一，几十年的岁月赐予其延续传统手工艺的责任，又是多少人陷入回忆时的一种永远无法忘记的滋味啊！那一盘盘、一碗碗精致小巧的点心，把它们的浓香、鲜美尽数留在了我的唇齿间，也不忘把十几年的岁月一同沉淀进胃腑的底部。

瓷都印象

——我的家乡风物志

廖子扬

“吴头楚尾，粤户闽庭”，江西自古人文丰富、山川锦绣，这里有许多座国家历史文化名城，其中景德镇众人皆知，它是我国著名的瓷器之都，也是我的故土、我灵魂的归宿。

景德镇不仅有陶瓷，还有你所向往的诗和远方，它使生命与自然得以和谐统一。景德镇周遭的山迤逦起伏，山上的杉木、松木及竹林紧挨着，像是在密谋什么事情。入夏后常常大雨汹汹，溪流暴涨，几乎漫到院子里。瓦屋的天窗上闪动着竹影和白云。路上总能偶遇几只驱不走的野蜂，嗡嗡地、执拗地想要发表什么高见。这是老一辈人对这块土地的印象，他们生于斯、死于斯，对这周遭的环境再熟悉不过。景德镇的模样始终没有丝毫改变，每当我回到景德镇，我仍然能听到月下流水的声音、雨打芭蕉的声音、素手弹拨古琴的声音……三宝蓬，这个自五代以来就盛产瓷土的地方，千百年来一直以瓷器闻名于世。现如今，它隐匿于三宝古村，保留了原有的湿地、台地、崖壁等各种自然地貌。它从出生起，便被烙上美丽的乡愁，而有别于工业遗址、遗存或城市艺术街区。“稻花香里说丰年，听取蛙声一片”，在景德镇山区，依然能看见同村人成群结队去插秧。待稻穗长得沉甸甸，把村里八九十岁的老人全请来，泡上好茶，烧一些老人们觉得可口的菜肴，大家齐聚一堂喝酒、饮茶、聊天，纯粹且美好。

许多外乡人总是对景德镇有一种误解——景德镇拘泥于过去。其实在文化的开放上景德镇和上海也有共通之处：不同国家、年龄和教育背景的人，怀着对艺术的热情来到这里，都能找到一片天地。张爱玲曾形容深爱一个人的姿态“低到尘埃里”，而作为新一代陶瓷制作者，只有让自己融入泥土，才能有机会理解创作的各种意趣；只有双脚踩在大地上，才能耐得住寂寞，不争一时的得失。景德镇历史上的颜色釉，常见的是单色釉，如郎红、祭红、天青、影青、美人醉等。那些由薄如蝉翼、轻如羽毛的瓷片组合的意象使人们穿梭至从前，御窑的熊熊炉火从未熄灭；蜿蜒飘逸的数笔写尽了传统之美：内敛，素雅，洗尽铅华而经久不衰。近十年来，景德镇在传承传统文化的同时，也在不断地尝试创新，经陶瓷制作者成千上万次实验，已开发出雪莲、牡丹、蓝白、旭日等高温颜色釉茶器……茶，也是景德镇必不可少的，景德镇人常坐私人茶室，接待来自五湖四海的朋友。茶叶，使景德镇这座小城有了一种沉淀感，使人们的日子有些情愫，在吃、穿、住、行当中别有心思。时日绵长，渐至化现实百般戾气于无声细语，视心中无限纠结为落花流水。

瓷都——由这些人、这些景、这些物描绘而出的画卷，还等待着后人继续泼墨着色，为它增添几许摇曳之姿。

家乡风物志

马思羽

作为一位从小生活在上海的上海人，我对这片土地有着别样的爱与情怀。如果要我谈谈家乡的风物，那是信手拈来、难以道尽的。为了避免泛而不精，我决定详细讲讲一种家乡小吃。

最先浮现于我脑海的竟是年夜饭饭桌上的常客——春卷。春卷在我国有着悠久的历史，现多在江南地区流行，北方人称之为春饼。据传春卷在东晋时代就有，那时叫春盘。当时人们每到立春这一天，就将面粉制成的薄饼摊在盘中，加上精美的蔬菜食用，故称春盘。那时的人们不仅会在立春这一天食用，春游时也会带上春盘。到了唐宋时期，吃春盘的风气更为盛行。著名诗人杜甫“春日春盘细生菜”和陆游“春日春盘节物新”的诗句，都真实地反映了唐宋时期人们的这一生活习俗。明朝李时珍说：“以葱、蒜、韭、蓼、蒿、芥辛嫩之菜杂和食之，取迎新之意，谓之五辛盘。”可见春盘曾经又叫五辛盘。后来春盘、五辛盘慢慢演变为春饼。清朝富察敦崇在《燕京岁时记·打春》中记载：“是日，富家多食春饼，妇女等多买萝卜而食之，曰‘咬春’，谓可以却春困也。”就这样，吃春饼逐渐成了一种传统习俗，以图吉祥如意，消灾祛难。再后来，随着烹调技术的发展，春饼演变成小巧玲珑的春卷。这时它不仅成了民间小吃，还成了宫廷糕点，登上大雅之堂。在清朝宫廷“满汉全席”128种菜点中，春卷是九道主要点心之一。

现在，上海享有美名的老字号春卷多半是大白菜猪肉馅的。尝遍上海滩各家春卷后，我仍觉得奶奶做的春卷最有家乡味。奶奶每逢春节都会在厨房忙里忙外，她先将肉丝下锅，将其用猪油在旺火上煸炒至七成熟后加入酱油、料酒等调味；再用湿淀粉勾厚芡，视其沸腾后便起锅，装盘摊凉；接着将焯过水的大白菜切成丝，撒入炒好的肉丝中拌匀成馅；又麻利地把春卷皮子摊在砧板上，放上肉丝馅，卷拢，两头折拢，最后卷成约二寸六分长、八分宽的小长方形包，用面粉封口；待油烧至七成熟，便将春卷下锅，一只只春卷在热油中上下翻滚，两分钟后便被炸至金黄。豆沙馅的春卷也是同样的制法，只是省略了调馅的步骤。

小时候的我是极其莽撞的，常常用手直接抓起刚出锅的春卷，沾上一些糯米醋，便大口吃起来。还没等我细品出春卷的鲜香，舌头早已被烫出几分麻木感。但这丝毫不影响我对春卷的喜爱，我努力而又笨拙地将春卷吹凉，沾上醋，再送入口中。春卷里有幸福的香甜，更有团圆的醇厚……

一张张小巧的饼皮卷起了人们一年中所有的思念与无法传达的爱，春卷就这样镀了金光，让所有人都为之动容，被其温暖……

家乡风物志

——南翔小笼

沈睿弘

不论是否是上海本地人，只要一提起最能够代表上海的美食，小笼包无疑是许多人的首选。比起油条、炸猪排这类弄堂里烟火气十足的食物，小笼包似乎是最温柔的一种美食。

小心翼翼地揭开笼屉的盖子，袅袅热气如云雾般四散，一个个洁白的小笼包端坐其中，薄皮之下，鲜美的汤汁若隐若现……兴许，每个上海人都会对这个场景产生共鸣吧。作为上海的传统美食之一，小笼包承载着一代又一代上海人的共同记忆。借着此次机会，我也初次走近了这一熟悉而又陌生的美食。

小笼包的历史，最早可追溯到北宋时期。据孟元老《东京梦华录》中记载：“御街一直南去，过州桥，两边皆居民。街东车家炭、张家酒店，次则王楼山洞梅花包子……”文中所言的“山洞梅花包子”便是小笼包的雏形。到了清朝道光年间，在江苏常州府，小笼包初次以点心名被人们知道。1871 年，上海嘉定南翔镇的黄明贤因大肉馒头味道鲜而出名。在制作的时候，他对大肉馒头采用“重馅薄皮，以大改小”的方法进行改良。上笼蒸透后，个个似宝塔，小巧玲珑，且有“皮薄、汁多、馅大、味鲜、形美”的特点，成为南翔镇上独家经销的美味，引得众多游客前来品尝。后来，其经营范围逐步扩展到了上海各地，最终成了上海人家喻户晓的南翔小笼包。

小笼包之所以风靡上海，与其精细的制作流程和独特的配方分不开。南翔小笼包的制作流程分为和面、揉面、制馅、包馅和蒸制五步，厨师将包好的生胚逐个放入蒸格，用旺火、沸水蒸约八分钟，包子呈玉色，底不粘手即熟。美食是一门艺术，小笼包的制作过程，更是对这门艺术的极致探索：其选用精白面粉擀成薄皮，以精肉为馅，用鸡汤煮肉皮为冻，以取其鲜。每只包子的折裥在十四褶以上，一两面粉制作十只，形如荸荠呈半透明状，小巧玲珑。小笼包入口即化，汁鲜肉嫩，滋味极佳，也难怪英国女王伊丽莎白等外宾在做客上海时，对此美味赞叹不已。

古人云，民以食为天。美食文化作为中华传统文化的重要组成部分，是从人们的实践中来的，是中华民族智慧的结晶。小笼包，一定程度上已经成了南翔镇的代名词。南翔的古猗园餐厅，每天卖出逾 2 万只小笼包，吸引着来自世界各地的游客，拉动了当地旅游业的发展。除此之外，小笼包亦是上海人心中的独特记忆。从《舌尖上的中国》热播即可看出，人们内心对美食有着认可与追求，并不是“浅尝辄止”，而是细细品味。小笼包精细的制作过程，也是工匠精神的一种体现。它影响着人们的生活，不仅可以满足人们的味蕾，还可以丰富人们的精神世界、提高人们的文化认同与民族自豪感。

如今，南翔小笼已成为蜚声海内外的非物质文化遗产，是上海传统美食文化的一张亮丽名片。上海，这座我们日日夜夜生活的城市，亦如南翔小笼一般，精致而包容……

家乡风物志

徐欣怡

“不知怎么回事，天一阁对于我，一直有一种奇怪的阻隔。照理，我是读书人，它是藏书楼，我是宁波人，它在宁波城，早该频频往访了，然而却一直不得其门而入。”

这是余秋雨先生在《风雨天一阁》中的开篇之语，我觉得颇有共鸣，便借来一用。在余秋雨先生面前，我实在不敢称自己是读书人，不过那“奇怪的阻隔”倒是切实存在的。我宁波的老家离天一阁不过两站公交的距离，我至今仍未去过，幼时只一听到它是名满天下的藏书楼便心生排斥，主观臆断地认为它严峻沉重，不近人情——殊不知它正是靠此延续至今。

宁波意取“海定则波宁”之意，城市标语是“书藏古今，港通天下”。“港通天下”是因为宁波地理位置优越，处水网地带，是海上丝绸之路的起点，经济繁荣，有“无宁不成市”之说，这也促成了宁波的文化高度。宁波是浙东文化的中心，历史上佛教盛行，寺庙林立，人文荟萃，我想宁波的“书藏古今”与这种学风之盛、文人之多密不可分。素有“南国书城”之称的天一阁就是其中的典型代表。

天一阁，是华章之魂的归宿。

“我们只向这座房子叩个头致谢吧，感谢它为我们民族断残零落的精神史，提供了一个小小的栖脚处。”

天一阁之名，源自《易经》的“天一生水，地六成之”。水能克火，藏书楼最怕失火，因此从名字中就可以看出范钦对书的珍视。范钦一生致力于搜集公私刻本，对无法购置的书就雇人抄录，经史百家之书，兼收并蓄。他在临终前把遗产分为两份，一份是白银万两，一份是天一阁。他故意让遗产分割得不近情理，让继承藏书的人完全无利可图。他把自己一生有限的生命都以诗性的面貌呈现，死后所幸也有华章的继承者接过他的接力棒。他的子子孙孙都以高度的责任心担负起守楼的使命。而与《易经》相关联的取名，更彰显了天一阁是民族诗性审美精神的载体，拥有天人合一的“宇宙文化体系”。

天一阁，是人格之美的象征。

范钦建造天一阁用来实现“藏书立家以传世”，本身就寓意着审美内涵，是其人格魅力的生动体现。天一阁对范钦来说，不仅是一种理解方式、一种认识手段，还是一种生存状态。莫名其妙被弹劾罢官给范钦带来了至死难忘的精神痛苦，烙印在他的临终绝笔《自赞》中：“尔负尔躯，尔率尔趍。肮脏宦海，隐约里间。”尽管如此，范钦并未消沉气馁。刻书生活就是他壮志未酬、退而求其次的理想而诗意的审美生活。他使自己畅游在书香浸染的美妙世界。范钦在天一阁成功地实现了自己从“达官显贵以立功”“治国平天下”向“藏书立家以传世”的角色转换。

在这里，个人的喜怒哀乐、愤懑不平得到一定的宣泄，其人生抱负与自我精神得以升华与安顿，营造一种无市井之喧、闲适优雅的个性审美空间，使天一阁存在一种远离功名、不涉得失的神圣崇高之美。这或许就是它本身显得较难以亲近的原因之一。这是天一阁和范钦独有的气质，哪天你理解了，就觉得它好亲近了。这是范钦的人生哲学，他从一种人生追求的破灭转化为对另一种境界的企盼。范钦如同涅槃的凤凰得以再生，他为藏书文化注入了新的活力，也让书籍的文明火种得以延续。

此外，从天一阁开放模式的变化中，还可以捕获到“时中”的智慧。本来天一阁是严禁对外开放的，但当天一阁感应到黄宗羲先生诚意的脚步，那一把把铜钥匙第一次同时出现了，一道道木门庄严地向这位大学者洞开，他们愿意为他交出百年来所有人珍藏严守的全部钥匙。“这里有选择，有裁断，有一个庞大的藏书世家的人格闪耀。黄宗羲先生长衣布鞋，悄然登楼了。铜锁在一具具打开，1673 年成为天一阁历史上特别有光彩的一年。黄宗羲在天一阁翻阅了全部藏书，把其中流通未广者编为书目，并另撰《天一阁藏书记》留世。由此，这座藏书楼便与一位大学者的人格联结起来了。”不死守规则，灵活变通，是天一阁的“时中”之美，只准大学士登楼，与有权有势毫无关联，天一阁丝毫不沾乡愿之丑。

藏书的意义究竟是什么？是“藏”吗？是深藏密裹使之留存，还是发挥社会价值，不惜使之耗散？过去的历史已成定局，我想，天一阁未来的意义主要是一种古典文化事业的象征，一种召唤国民诗魂文魄、构建民族诗性审美、激起民族对文化渴求的媒介；而不单单以书籍的实际内容给社会以知识。

经史子集中华国，翼载诗性的鸾凤啊！润物细无声的叮咚细雨啊！请召唤我们吧！请灌溉我们吧！请留下吧！

余秋雨先生问：“你来了吗？你是哪一代的中国书生？”

希望下一次我有幸登阁，能骄傲地对天一阁笑言：

“先生久等，我来了。我是二十一世纪的中国书生，我来为中国文化发声，我是当代的读书人！”

吴淞口的纪念
——鸦片战争和陈化成

王汇茹

我第一次了解陈化成。进门去的时候就看到他，只有头像，在正门的灯光下。祠堂不大，往里面走，他的生平在墙壁上展开来：一张故居的照片，一张他去过的学堂的照片，更多展示的还是最后那场让他留名的战争的介绍。墙上那张泛着微光的地图标记着战争的路线和经过。

其实我并不容易被忠良正直的气节感动。我总是觉得这样的人太伟大，伟大到不真实，像一个品质浓缩的图腾或者象征，而不是一个人。就像我会钦佩岳飞，但他离我太过久远，在我心中的形象太过单薄，让我无法把他作为一个人去亲近。

后来在长江口，我有点儿感觉到陈化成了，那种壮烈伟大的情感是真实存在的了，不再是一个虚拟的口号。那种急切、无望、悲苦交集、无奈又坚定又心痛的情感，掠过比他渺小、比当时的他年幼得多的我。当我站在苍茫大地中时，眼前是大海，身后是中国。

击到我的那个瞬间是站在纪念广场上的时候，雨已经比较大了，一滴一滴把我的头发打湿，但在水塘里几乎激不起涟漪。楼梯上的浮雕湿漉漉的。我在读康宁加木回忆陈化成的文字的时候，确确实实有那么一瞬我觉得那层隔膜被打通了，我能理解、真正地理解或者至少看到那个人是谁、他在想什么、他在感受什么、他的这种气节到底是如何生成的……在一场无望的战争里，他为什么把自己的生命和超乎自己生命的东西毫无保留地放进去？

我到现在还不清楚这个问题该如何回答。当明知结局是失败的时候，挣扎和努力还有意义吗？我在之前可能会说“不”。读着这些介绍的文字，我随口说了一句：“我觉得这场战争的失败已经不是惨烈了，这些挣扎、这些试图挽救局面的措施，它们那么无力、那么单薄，却还在尝试，让人觉得是螳臂当车。”

我现在肯定不会那么简单地说“不”。我不会说我完全想通到底该怎么面对这个问题，但我想到了面对它的一个角度。像我们每个人都知道自己会死去，但仍然可以选择如何死去一样。或许失败是必然的，但如何失败仍然不是可以舍弃的。

我想到在一本小说里看到的一句话，一个骑士面对七个强壮的罪犯的时候，为了保护身后的孩子而想到的话，或许不完全合适，但它很好地表达了我的理解：

“She had no chance against seven，she knew.

No chance，and no choice.”

家乡风物志

潘奕凝

随着外白渡桥的钢索簌簌划过眼前，渐趋辽阔的浦江江面被外滩那 52 幢气魄夺人、记载着开埠初期辉煌的跨世纪建筑温柔地环绕。外滩，The Bund，简简单单七个字母，无须冗长地名的赘述，便足以让外地乃至外国游客心下了然。这便是外滩，“上海的客厅”、怀旧的走廊、上海开埠以来历史沧桑巨变的见证者。

清末之时，浦江江岸尚是随潮起潮落而隐现的一片自然滩地。上海人习惯将河流上游叫作“里”，河流下游叫作“外”，于是以上海浦这一小支流为界，其下游的黄浦江河滩被称为“外黄浦滩”，简称“外滩”。自 1844 年英租界始现至 1945 年中国收回租界管理权，外滩上阡陌纵横的纤道逐渐有了万国建筑博览群的气象。

外滩与每一代生于斯、长于斯的上海人都有着交织难解的记忆。在我家，我的祖父就曾在黄浦江上尚有一点帆影的时候伴着轮渡破开的浪花只身游泳横渡浦江，真有“中流击水，浪遏飞舟”的感觉。祖母便和两三个女伴乘在轮渡上头，挟着一方帕子，口中呼喊的话语再难穿透时光的隔膜叫人听清，但无疑那声声都叩击着祖父母那一代人的青春。我的父亲十年前便在有“东方华尔街”之称的外滩金融集中地上班，而今坐出租车路过那一幢幢老而弥坚、老而弥靓的巴洛克式或折中主义建筑时，他会指点我们一家人看几号几层的一个窗口。我仰脸望去，常在惊叹之余心中暗自揣摩：毗邻这样一扇窗，俯瞰下面的滚滚车流和江面上穿梭的万吨巨轮，会是怎样一种心情?

小时候的我也常在爸妈的带领下，沿防洪墙慢悠悠地散步过去，看外滩。爸妈更多看的是海关大楼、和平饭店、黄浦公园、外滩三号和十八号等叫得出名字的地标。傍晚的霞光给建筑群镶上了茸茸的毛边。对父母那一代人来说，时间是霎时自愿地停止了，生出淡淡的愁情、从人事圜局中脱出的喘息；又是背着包、啃着面包的游客霎时跳入眼帘，那历史的厚重感、生命的虚妄感顿时被稀释，诸如股票涨跌、要不要再吃一个冰激凌等话题再度盘绕舌尖。这就是上海人，他们最易囿于怀旧与老上海的情调之中，也精明地现实着。一如几年前被爸爸领着来观光的小孩，被教育着要好好念书，将来好做“外滩的写字间先生”……

我更多看的是对岸的陆家嘴“三角洲”和标志着上海天际线的“魔都三件套”。新一代的上海人不可避免地被拉扯着远离过去的“片片帆影”，任外滩奔赴它的最好归宿，靠近那擎天鼎立的新时代气象。但我们对于外滩在精神上是亲近的、好奇的，乃至也从父母那儿沾染上了怀旧的气息。回头去看，那外滩矜持着、含蓄着，这就叫海派——宠辱不惊，海纳百川。

华灯初上，先是和平饭店的“金字塔”，然后是海关大楼，再然后……建筑的外立面渐次地亮成了一片，辉煌的灯火沉淀在夜之下，建筑硬朗的轮廓线条倒映在江水中被柔和得近乎妩媚。游艇驶过，带起急涛又将其点点揉碎。此时此刻，每一个漫步江畔的上海人，心中都荡漾着幸福与自豪。

家乡风物志

邹诺满

生在上海，长在上海，我目睹了上海地铁线路的延长、覆盖范围的扩大、车速的提升。地铁带领我们在城市中自由地走南闯北，早已成为我们心中抹不去的一道印迹。

一提到地铁，我们容易联想到交通的飞速发展、大城市快节奏的生活、人们赶路时的行色匆匆……上海地铁载着风尘仆仆的人们抵达一站又一站，而在地铁站里穿梭的人们，倘若放慢脚步，也能享受到别样的“站内的风景”。

地铁站的造型设计会使来往的行人驻足观看。上海科技馆站的出入口是拱形结构，雄伟壮观，不失动感；在徐家汇站的换乘步道上行走，让人仿佛置身于小说里的绚烂世界；12 号线的国际客运中心站内，湛蓝的天幕上，LED 灯布置出璀璨的“星空”，只要抬头仰望，你眼前就是触手可及的“繁星”。不拘一格的艺术表现手法，给予上海地铁的乘客一场美的盛宴。

除了现代化的设计，上海地铁站还记录着城市的发展。拿我熟悉的杨浦区举例：杨浦滨江是中国近代工业的重要发源地，因此，附近的杨树浦路站少不了一批工业建筑的元素；江湾体育场站的“百年文明杨浦记忆”展示，唤醒着匆匆而过的杨浦人的文化记忆。每次经过这些站时，我总忍不住细细品读这些内容。除此之外，上海科技馆站的工业科技发展史展览墙、南京西路站的“党的诞生地”文化长廊等，都诉说着一段段上海的历史。

城市的文化底蕴与其历史发展脉脉相通。豫园内的亭台楼阁错落有致，豫园地铁站的壁画展现民俗之美，涌动在魔都的赶路人之间。描花、剃头、黄包车——每一张图片都还原了老百姓最朴实的市井生活，那些属于曾经的温存和美好以这样的方式被唤醒。2019 年是中华人民共和国成立 70 周年，南京东路地铁站用一扇“窗”让我们目睹了 70 年间的上海变迁。一个个鲜明动人的数字，一个个激动人心的“第一次”“零的突破”……透过这一扇地铁之“窗”，我们望到了从未望见过的故事。

文化与艺术交织，古典与现代融合，上海地铁站不断给我们带来惊喜。地铁是一个城市发展的缩影，而地铁站正逐渐展现着一个城市的人文光辉，不只是一个个星罗棋布的交点。这是公共艺术蓬勃发展的时代，任何建筑都变得可供阅读。当我们大步流星地行走在地铁站里，一边走一边欣赏设计者的小巧思，或许能让疲惫的心情得以释放；当我们慢悠悠地行走在地铁站里，我们可以多留心，细微的瞬间也可能有文化的沉淀。正因为有它们，我们亲爱的上海，古老而年轻。

家乡风物志

孙燕琳

橙黄橘绿，最是一年好风景。随着穿村而过的河水，古道在炊烟袅袅里把那些碎影串成一幅恬静幽远的字画。秋雨落下来了，织成一张温柔静谧的帘，把人带进那梦里的故园。

故　河

村子坐落在黄浦江边上，那是母亲的故乡。至她为止，世世代代都在那里生活，少说也有百年历史。她说那里的早上总是极热闹的，渡口的船开了，总是要响起许久的汽笛声，人们有的骑着自行车、有的开着摩托车、有的步行，他们窸窸窣窣地说着话，那是故乡独有的乐声。“他们都要去对岸上班或读书。渡口原本是没有的，这都是政府开发的缘故。”母亲笑道。江边是水泥砌成的大坝，它挡不住风，江风吹来总是引得人一阵战栗。江上的那一角总是有一艘大船停着，它是用来运沙的，启动时总要发出刺破苍穹的呜咽声。母亲说在她小时候是没有大坝的，只有泥土松松垮垮地堆着。那时一到秋天人们便会拎着桶下河去抓螃蟹、摸螺蛳，胆大的男孩还会在河里游泳，一直游到河中央，才被气急了的家长扔的石头溅起的水花吓唬到。前年回家时，我慢慢走到渡口，却发现那里已落了锁，公示上写着要造大桥，渡口要被拆了。我母亲摸了摸我的头，笑道：“这样也好。”我们望向上空，河边的风依旧很凉，天却很蓝，我们看到的是美好的明天。

故 田

也是秋天，儿时我总喜欢跟在大人身后奔跑，俯身捡起掉落的稻穗细细摩玩，累了便靠在垒得高高的稻堆上酣睡一番。记忆中总是秋雨霏霏，祖辈戴着宽大的草帽一头扎进稻田，土地在水的浸润下变得泥泞，结穗的稻子压弯了腰，农人们弯腰收割。那稻穗如一片金色的海洋，微风吹过，稻浪滚滚。他们一手握着镰刀，一手握着稻子，只听见“嚓嚓”声。田很宽很广，农活很累，但这都是祖辈一生的“羁绊”。

时日推移，许许多多的田被承包，村子里的人有的开着几家生意不温不火的小店，外婆坚持在后院开辟一方田地种植蔬菜，我知道那是他们的坚持。

故 事

听到“咚咚咚”的拨浪鼓声，就知道那个骑着三轮车的小贩来了，车上被塞得满满当当，都是些孩子喜欢的小玩意。流动的商贩很多，有的是没有固定路线的，随心所欲地走，故而让人总有一种买到好吃的玉米却再也买不到了的遗憾。当然有的是有固定路线的，总是绕着村子打圈圈。孩子最喜欢卖爆米花的，看到他远远的身影，便一哄而上，却又被爆米花机器“砰”的一声吓得四处躲藏。买到的爆米花舍不得吃完，又怕它软掉，就包上纸塞在被窝里。许久之后吃，仍是甜甜脆脆的。或是后来整治，又或是村口的小店多了起来，渐渐地人们就听不见那远远传来的吆喝声了。

村子拆迁的消息传来，我们不禁感到落寞。然而回首才发现，那些家乡的回忆早已浓缩成人生的底色，成为我们心中最坚硬的盔甲。

想起毕淑敏说的那句话：“深深的话我们浅浅地说，长长的路我们慢慢地走。”

家乡风物志

徐伊芃

年初五的零点刚刚过去，耳畔断断续续地传来烟花爆开的响声，隔着厚厚的玻璃窗，模模糊糊不很真切。几簇亮光在空中一闪而过，须臾便复归寂静。

年初五自古便有迎财神的说法。今年因为疫情我在上海过年，但记忆中，老家的初五绝不似上海的初五这般平静，往往零点未到，就已有几户人家为了讨彩头先放了炮。零点一过，男人们照例放起了爆竹。噼里啪啦的声音里夹杂着人们扯着喉咙的交谈，院子里乃至田野上空回荡着受惊的家狗、野狗的急吼。然后是此起彼伏的烟花在夜幕里爆裂，映得窗帘明明灭灭。最后，是我枕着这些喧嚣沉沉睡去。

我的老家是苏、浙、皖交界处的一个小乡村，还未被城市“烟火禁令”的手臂触及，但城市的文明已跨过一座座大桥、穿过一条条敞亮的隧道、沿着一条条盘山公路，向她高速驶来。

还记得往年在老家过年时，邻村的孩子——往往是半大的孩子领着自己的弟弟妹妹——穿过几片田地，挨家挨户拜年“讨”红包。每到一户，穿着新衣服的小孩子，笨拙地跨过大门的门槛，欢欢喜喜地跑进屋里，向一屋子长辈拜年。也有几个孩子怕生，小小的脸涨红成一团，仿佛被屋里的暖气烧着了。他们硬着头皮，从记忆里搜刮出几句祝福的话语，然后左手从大人手里领过一个红包，右手心里被塞入一大把糖，红通通的小脸霎时漾开一抹灿烂的微笑。

大些的孩子，大约是有了腼腆的意味，就在大门口站定，眼睛在陌生的屋子和自己的弟弟妹妹之间来回流转，不时望望辽阔的蓝天和远处枯白的田。两手抓满东西的小孩子道了谢，蹦蹦跳跳地迈出大门，便跟在大孩子的后面欢欢喜喜地走到下一户。

外公望着他们的背影，感慨道：“现在来拜年的小孩子越来越少了。”在老一辈悠远而模糊的记忆里，以前一户人家的孩子就足以结伴来邻村了，而现在往往是一个半大的孩子一手牵着姨家的小孩，一手牵着舅家的小孩，再捎上姑嫂那方亲戚家的小孩。

我想，与其说过节的氛围淡了，不如说人们的生育观念改变了。“多子多福”的传统观念最初是因农耕文明对于劳动力的迫切需求而产生的，随着现代机械取代大部分人力，城市文明中个体间日益激烈的竞争逐渐渗透进乡村，多数家庭已不再愿意抚育多个孩子，而转向精英式地培养一两个孩子。从外公一代近十个子女的大家族，到父母这代两三个孩子，乃至如今的独生子女。大人们很少愿意放任自己的“掌上明珠”离开自己的视线到别村去拜年。

孩子们进进出出，轻便的羽绒服随着他们蹦跳的身影发出细微的摩擦声，跃动的色彩为冬日萧瑟的院子添上些许活力。大门在阳光的照射下闪耀着银白色的光泽，生锈的铜锁无精打采地半挂在上面，白天不是它工作的时间。远处枯白的田野正在减少，政府鼓励的植树造林开展得如火如荼。

我的家乡并不算落后，她紧跟着城市文明的脚步。她翻开一条条泥泞的小径，铺上层层乌黑的柏油；她掀起一块块石板拼成的小桥，筑起坚实的混凝土桥；她揭开一片片白墙上的黑瓦，小洋房拔地而起。这些都无声地记述着：文明来了。只是，我偶尔会迷失，身旁的树木高高地耸立着，遮住了回家的方向。只是，我再也无法想象那些只存在于外公口中的，六七十年代的孩子们身上“土气”的花棉袄，那一个个不锁门也不会遭贼的农村夜晚，和我的记忆里，那片绵延到远处青山的田野。

此时远方的家不再有袅袅炊烟，但我仍能从一些地方寻得家的归属感。也许数年之后，依旧会有孩子在新年之际欢欢喜喜地迈进大门，依旧会在从大年夜开始的觥筹交错之间飘出缕缕家乡的味道。文明来了——之后，有些变了，有些没变。

也许有一天，路旁这些陌生的树木也能为我指明家的方向。

远方，烟花又亮起来了。

淡香浅思深情

马川越

提及浙江，我就会想到西湖的藕粉、金华的火腿、绍兴的霉干菜、嘉兴的粽子……在这些甜的、咸的、油的、糯的之间，龙井的香味是那么淡，却那么悠长，总是在浙江人身上，牵绊着。

顺着那道清香追本溯源，龙井得名于龙井——相传龙井原名“龙泓”，是一个圆形的泉池，大旱不涸，古人以为此泉与海相通，其中有龙，称它为龙井。民间传说则言，地仙茶杯翻落凡间，被蜘蛛精打入地下成井，后吸引游龙来吸取仙茗，是为龙井。虽然这传说道出了本地人对龙井的极度喜爱，但是龙井成名的历史似乎并没有想象中长。记叙城市风貌的《梦粱录》中曾记载：“茶：宝云茶，香林茶，白云茶。又宝严院垂云亭亦产。”北宋时期，三茶并举，龙井还不出名，让人感慨好事多磨。元朝，在虞集的《次邓文原游龙井》一诗中出现：“徘徊龙井上，云气起晴昼……坐我檐葡中，余香不闻嗅。但见瓢中清，翠影落群岫。”龙井在诗的卷轴上留下了翠影淡香。清朝时，乾隆皇帝六下江南，四访龙井，亲封“十八棵御茶树”，使龙井走上了至尊的地位。

然而，龙井从没有“履至尊而制六合”的霸道，它用细小、柔软、淡绿色的小脚丫踩着水，散发着清香。泡好的龙井以“淡而远”“香而清”闻名。它没有庐山云雾“六绝”中的“条索粗壮、青翠多毫”，没有武夷岩茶浓郁的鲜花香，也没有安溪铁观音的纯浓滋味，但它的清雅是浙江丘陵的样子。明朝王稚登在《龙井诗》中写道：“深谷盘回入，灵泉觱沸流。”挡住西北干风的北同峰与狮子峰、1 500 毫米左右的年降雨量、深厚的沙质黄壤……龙井的清淡是浙江这方水土养的，一丝一缕地在空气中描画出江南湿漉漉的矮矮的群山。

这方水土“养育”的龙井是清淡柔和的，养育的人也是这样耐心温润。龙井的原叶十分强调细嫩完整，鲜叶要在室内摊薄，然后根据大小分开，选用不同锅温炒制。精细地采摘后，传统的炒制有十大手法：抛、抖、搭、煽、拓、甩、抓、推、扣和压磨，不同品质的茶叶又有不同的炒制手法。如此烦琐的工序，被精致讲究地完成，这里的生活似乎也变成了一件艺术品，要小心翼翼地赏玩。乡里的各种小事在生活上留下的痕迹总是淡淡的，可是在这般精致的赏玩下，蚕宝宝吐丝的欣喜、桂花零落的惆怅等都被混在那种清香的心绪里，被人慢慢地吸收。听说浙江人在外的名声是“泼辣”，那是在世俗的追逐中养成的求生法宝；但追逐终究是为了淡雅精致的生活。就像炒制时那干柴铁锅的喧闹刚硬最终成就的是茶汤里的清澈浅香。

扎根同一方水土，本地人和龙井之间的默契，在采茶、炒茶的生活乐章中，也在品茶中。清人陆次云对龙井的清香淡雅把握得很准，他赞美道：“啜之淡然，似乎无味，饮过之后，觉有一种太和之气，弥沦于齿颊之间。此无味之味，乃至味也。”这似乎有些“大音希声，大象无形”的意味，又像是对“道可道，非常道”的一种贴近生活的演绎。今人在一篇提及龙井的论文中写道，认识龙井，“不仅需要知识，还需要想象力”。确实，龙井淡却后味十足，那后味是需要品味者的平和心境和对辽阔场景的想象做支撑的。而这种想象，不像儒家入世的智慧，更像供人们放纵精神的道家的表达，追求着捉摸不透的道，把美自由地释放，又掺杂着禅意。以无味为至味的龙井，淡得收敛，却有另一番超脱；

淡得玲珑精致，却有另一种大开大合的境界。

在文库中查阅龙井的资料，看到了龙井茶多酚对小鼠代谢酶的影响，看到了用基因编辑技术提高龙井产量的方法，感谢现代的技术让龙井的发展又有了新的可能性，但龙井中的清淡温润、精致讲究和辩证的东方美学也很需要现代人心灵的共振。

买的龙井用烧开的自来水泡，总觉得缺了点什么。亲戚朋友自己摘并炒制的龙井和从山泉引过来的水，可能不见得有多少化学成分的不同，但那才是心里头龙井这个概念存放的味道。大城市的茶香无法解开被清香缠绕的思绪。淡香飘远了，有一点变化实属正常，但“味无味”的浅思和对这一片土地的情愫不会变。

南汇风物志

陈敏媛

长江从青藏高原一路高歌猛进，横贯中华大地。但是再勇猛的大江大河，到了平原的入海口也没了之前的气势，分出细细的支流，把农田分割成拼布方巾，把“八千里路云和月”攒下的尘沙留下来，轻装上阵，成为大海的一部分。

尘沙堆积起来，千万年长出了上海，长出了南汇，如今依然在不停生长。

于是注定上海是一个海纳百川的包容性城市，长江所经之地都有一部分被带走，在上海留下；也注定上海的最边缘，如今被并入浦东新区的南汇，如同她的名字，可以汲取所有向南汇入的精华。

我的家乡是上海的南汇，我生长在能够开出最美的桃花、长出最甜的西瓜的土地上。

桃

要我说，三四月份的南汇是最美的，虽然镇上依然车水马龙好像没有什么变化，但是粉粉嫩嫩的桃花在各个角落悄悄露出裙角，风里都是春姑娘的咯咯笑声。五万亩的桃花在大地上绽放，东一簇西一簇，调皮的花瓣好像从天上的桃花仙子身上飘到人间，给人们看看什么才是真正的“娇俏”。桃花节欢迎海报在街边墙角和地铁灯箱上挂着，人工增添了粉色的明媚色彩。

赏桃花是风流韵事，水蜜桃那才是重头戏。我的阿姨是南汇千千万万种植水果的大军中的一员，在桃花凋谢、小果实长出来的时候我常常帮她用报纸做“桃袋”，裹住小小的桃子，保护它们不受鸟类和蚊虫的叮咬。几天忙活下来，原来粉红和翠绿相间、莺歌燕舞的桃林仿佛带上了赛博朋克的滤镜，报纸上大大小小黑白或彩色的字眼呆呆地盯着你，圆鼓鼓的肚子里有秋天的希望。

南汇的水蜜桃很出名。剥下混着油墨和桃子清香的报纸之后，那青涩的粉色就显露出来。水蜜桃摸上去毛茸茸的，好像什么幼小的动物。掐一掐，是有骨架的柔软弹性，用指甲撕下一片皮，晶莹剔透的果肉就被你欺负哭，流下甜津津的“泪水”。咬一口，就好像跳跳糖，甜味完全不像桃子表象看上去的那么温柔，一进嘴就炸你一下，在口腔里到处蹦跶，一路清爽到你的胃里。吃南汇水蜜桃，人们嘴角总是会不经意带上迪斯科的陶醉的微笑。

南汇通了地铁几个月之后，我发现地铁站旁竖起了一尊仙子的雕像。端详之后，你就会发现她是一位桃花仙子，纤纤细手捻着桃枝，提着一篮子的桃子，笑盈盈地望着最繁忙的十字路口，车水马龙。

想必大家都觉得桃是南汇人幸福的标志吧！

瓜

与水蜜桃并肩为王的必定还有 8424 西瓜。独特的土壤让南汇超越了昼夜温差大的新疆成了最适宜种 8424 西瓜的地方。夏天走到街上随便瞧一瞧，无论是水果店还是马路牙子边上，都有装在大箩筐里的朴实而憨憨的西瓜；听一听叫卖声，叫的都是 8424，那当然不一定都是正宗的，但是同一片土地上长出来的瓜总不会差到哪里去。精明的上海人抱着“找茬”的心态东敲敲西瞧瞧，和卖家唇枪舌剑，最终大部分都是以凑整式便宜结束。路边偶尔一脚，说不准就会踩到干瘪的西瓜藤。

看西瓜是有门道的，可惜我怎么也学不会。我常常都是“坐享其成”父母挑的瓜。老一辈的人眼光“毒辣”，往往挑的都是好东西。“咚”的一声一刀砍进瓜皮，稍稍拧动手腕，整个瓜就会脆生生地裂开，红艳艳的果肉就像穿着红袍的舞女闯入你的眼帘，挑逗你。不论是用勺子挖着吃，还是切成片啃着吃，都是迎接夏天的标准姿势。我更喜欢挖着吃，从红心开始吃，第一口是不同于水蜜桃的一种黏人的潮湿的甜，是夏天的甜，然后再慢慢往外挖，直到露出青色的皮。

因为是冲积平原，南汇能长出这么一大块地方，那比上海是个小渔村的时候还要更晚。如今的南汇你也能听到有些路和小区名字里带着“听潮”两字，暗示着我们脚下的沃土曾经有海洋围绕。谁能想到这样的滨海地区，长出了驰名全国的 8424 西瓜，引起了大家对这片土地的向往和追随。

水

《旧唐书》提到：扬子江水出海后受海潮顶托，折旋而南，与钱塘江水在此交汇。所成之陆则曰：南汇。

“南汇嘴”在临港的海边，有巨大金属骨架潜伏在淤泥里的“司南鱼”与浪涛声日夜做伴，有种时间的威严感。大鱼的前面摊着一本石碑书，上面镌刻着这片土地勇往直前的决心。

很久以前，一条鲸鱼被冲上了海滩无法回去，当地的人们动用了很大的力量，齐心协力把鲸鱼放回海洋。为了纪念这一行为，南汇建“司南鱼”，有意让这条鱼当南汇人民永远的向导，指引前进的方向。

黄海不是碧波万顷的大海，是混杂着泥沙的雾蓝色的大海，所以有时候海和天空的颜色像被画家的画笔搅和在一起，丁达尔效应下的光好像正是那画笔，洋洋洒洒精准击破云层，用的是金光闪闪的颜色，但是因为遇到了全是水的大海，只好害羞地晕散开来，铺满广阔的海域。东海大桥无尽地延伸，白色的风力发电机在海风的吹拂下慢悠悠地转动，好像一群一群迎风舒展的海鸥。

有海必先有河。虽然上海经济发达，但依然是典型的江南水乡。基本上服务于南汇地区的地铁 16 号线大部分在地面上奔跑，你就可以欣赏到地铁穿越一望无际的绿色田野的景象。田野都被或宽或窄的河流隔出不同的区域，波光粼粼的水面往往被各种竹竿子和网兜住。鸭子在圈里游荡，丝毫不介意自己的活动空间只有这么一点儿，也丝毫不关心自己将来的命运，无忧无虑。田园美景即是如此吧。

自从南汇被并入上海市浦东新区，“南汇区”这个名字也不常被提起。但是南汇这个地方总是和上海的发展密切地联系在一起，无论是现在作为海运重要枢纽的芦潮港和临港，还是承包了上海桃花节的惠南、种植最优良西瓜的书院，它们都被“南汇”两个字紧密地联系在一起。这就是上海，除了摩登城市之外，另一面温柔的上海。

整本书阅读

《三国演义》整本书阅读

李雨璇

读的时候我一直在想，虽说《三国演义》是虚构的，但从古人反映的对三国历史的看法的角度，并非不可信。（这个前提建立在个人想法会受到前人影响，以及作者写作时的确考虑了前人的态度的基础上。不过，从书中引用的许多前人的诗句以及部分内容直接节选自《三国志》来说，应该可以证明。）

喜欢诸葛亮的，不只有罗贯中，更有罗贯中之前，仅受到《三国志》影响的诗人，甚至仅听过后人传闻的陈寿、仅在战场上对其有所耳闻的钟会、与其交过手的司马懿和受其管理的百姓们。

诸葛亮是一个让人甘愿追随和效劳一生的人。

看到诸葛亮死了，魏延反。《三国志·蜀志·魏延传》："延、仪各相表叛逆""唯杨仪不假借延，延以为至忿。"《晋书·宣帝纪》第一章："亮部将杨仪、魏延争权，仪斩延，并其众。"宦官作患、邓艾进军，有多少人说过："孔明在时我尚惧他三分，如今其死后又有谁能耐我？"

有时候我不知是该心疼还是该批判诸葛亮。从诸葛亮死后蜀国的动乱和他总揽大权的情形来看，他完全是在凭一己之力维持国家的运转和平衡各方关系。《三国志·蜀志·诸葛亮传》："亮以丞相录尚书事，假节。张飞卒后，领司隶校尉。"我记得之前曾总结为，如果一个人把所有担子担在自己身上，那一切失败都不能以无人相助为借口推脱，因为那是不愿意去信任他人所应当承担的后果。但我舍不得说诸葛亮的所为是失败的，更舍不得说一切都归责于他一人。有时我想对他说一句："你已经尽力了。你已经做到最好了。"可这分明不是我的价值观。但我相信，诸葛亮的价值观亦是如此。他从未推脱责任，街亭失败便自降为右将军。（《三国志·蜀志·诸葛亮传》："《春秋》责帅，臣职是当。请自贬三等，以督厥咎。"）于是以诸葛亮为右将军，行丞相事，所总统如前。或许我去安慰他，反而是看轻他的举动，他更不愿接受也未可知。

诸葛亮是一个令人心悸又不需任何人为其开脱的人。

有时候我会想，如果诸葛亮未出山，史册上就不会留下这样一位贤臣，但颍川会多一位意气风发的少年，发明各类助益农耕的工具，于闲暇时作诗吟曲，在田间笑看天下兴亡。

“穷则独善其身，达则兼济天下”。魂魄如有彼岸，在彼之方，愿诸葛亮能做个闲逸少年，去享受他必会喜爱的世界。

诸葛亮，来生莫经乱世，做一位山野闲士吧！

诸葛亮，诸葛亮，诸葛亮。

这份敬仰，是复苏而非萌芽，埋藏十余年，怎是一篇读后感能说尽的。

最后终于说到整本书的内容了。

我觉得《三国演义》最动人的地方，在于其中的人情。书中的人物或者在历史上有记载，或者是作者编撰出来的。但让人觉得，他们有很深的渊源。他们是同一个时代、同一个故事中的人。

以前觉得，生死之交，只是电视剧中才有的情节。但是孙策与周瑜，刘备、关羽和张飞，他们的坚守执着和临死前的托付，却都真实地发生过。

一个君王，真的值得他们这样忠诚吗？

这种情感，是否也随着君王的逝去而逝去了呢？

袁绍、曹操、陈宫，又或是公孙瓒和刘备，从小长大的同学，后来经历了怎样的失望，才会决定分道扬镳？

那种以血液铸就的情，才是刻骨而坚固的。

不也逝去了吗？

读《三国演义》，读的不只是书，更是那时有血有肉的历史。

浅析《红楼梦》中的“妒”

陆盛瑶

作一首《叹妒》作为开篇，诗曰：

未形猜妒情犹浅，
肯露娇嗔爱始真。

痴病千秋无剂治，
拈酸万载总伤神。
河东狮吼空疗妒，
算尽机关枉断魂。
独念胃烟情脉脉，
素斋何怨补裘恩？

曹雪芹在《红楼梦》里创造了两个对比鲜明的世界，分别称作“乌托邦”与“现实”。大观园看似是乌托邦般纤尘不染的世界，一种理想的存在与化身，但其实并不尽然。理想与现实是相对的，现实不乏平凡切实的美好，而世外桃源般的大观园亦有风刀霜剑、花开花落、“春尽红颜老”与人去楼空之时。表面上风和日丽一派繁荣，华丽的外皮下却埋藏着众多如讥讽谩骂、群殴跳井等不堪行径。嫉妒心作为不和谐之音，在《红楼梦》里屡见不鲜。我认为书中的嫉妒可分为四层，是多重而复杂的。

第一重境界：“未形猜妒情犹浅，肯露娇嗔爱始真。”

林黛玉之妒尽显敏感女子对心上人的娇嗔和任性。第八回“探宝钗黛玉半含酸”中，宝、黛、钗三人首次相会，金玉良缘与木石前盟开启一系列连锁反应。自薛宝钗入府，林黛玉便生出万般小脾气，比如那句经典的：“嗳哟，我来的不巧了！”“早知他来，我就不来了。”第八回，在薛姨妈处吃饭时，贾宝玉听从薛宝钗规劝，不喝冷酒，林黛玉灵机一动借丫头送来的手炉做文章：“谁叫你送来的？难为他费心，哪里就冷死了我！”第二十回，史湘云初至贾府时，贾宝玉寻薛宝钗至贾母处看望。林黛玉冷笑道：“我说呢，亏在（薛宝钗）那里绊住，不然，早就飞了来了。”第二十八回，贾宝玉盯着薛宝钗雪白一段酥臂看呆了，被林黛玉讥讽是只“呆雁”。可见林黛玉的拈酸吃醋只因贾宝玉，多对薛宝钗，不过在史湘云初入府时林黛玉也表现出些许醋意。如第二十回林黛玉说：“你又来作什么？横竖如今有人和你玩，比我又会念，又会作，又会写，又会说笑，又怕你生气拉了你去，你又作什么来？死活凭我去罢了！”不过转瞬便被贾宝玉一句“我也为的是我的心。难道你就知你的心，不知我的心不成？”劝服。她低头一语不发，确认了自己在贾宝玉心中的地位，后期史湘云的直率明朗更让林黛玉完全卸下心防。

林黛玉的妒是“木石金玉”矛盾冲突的一大精彩表现。林黛玉意识到爱情遭受威胁，也因此，贾宝玉多少明白林黛玉打翻醋坛是女儿家心中有他的最好证明，更加笃定对她的感情。可见，“微妒”是爱情中恰当的调节剂，正如古龙的妙语：“不吃饭的女人这世上也许还有好几个，不吃醋的女人却连一个也没有。”

反观薛宝钗，一向自云守拙沉稳，是否从未嫉妒呢？非也。第四十九回中薛宝钗堂妹薛宝琴来到贾府，因其美貌绝伦、聪明伶俐，似冰天雪地里傲然盛开的红梅，深受贾母喜爱。贾母甚至要王夫人认薛宝琴为干女儿，贾母不仅和薛宝琴一处安寝、更送她华美的凫靥裘。薛宝钗见了，笑道：“你也不知是哪里来的福气！你倒去罢，仔细我们委曲着你。我就不信，我哪些儿不如你。”虽看似是玩笑话，却埋藏“我来贾府这么久，为何没这种待遇”的暗语，堂妹这同样是血亲的身份更让薛宝钗别是一番滋味在心头。再看第五十一回，薛宝琴作十首怀古诗，薛宝钗说：“前八首都是史鉴上有据的，后二首却无考，我们也不大懂得，不如另作两首为是。”反观林黛玉，她却没有对薛宝琴落井下石，忙拦着道：“这宝姐姐也忒胶柱鼓瑟、矫揉造作了。这两首虽于史鉴上无考，咱们虽不曾看这些外传，不知底里，难道咱们连两本戏也没见过不成？那三岁孩子也知道，何况咱们。”林黛玉欣赏薛宝琴，或许还有一部分是缘于清楚其已经许给梅翰林之子，对自己没有威胁，便全然像妹妹一样疼爱她。妒之为浅，是醋或慕；妒之为深，是憎。人性被刻画得淋漓尽致，纵使薛宝钗大气也难逃妒。

第二重境界：“枉自温柔和顺，空云似桂如兰。”

袭人之妒，是防不胜防的暗妒。她看似温柔和顺似桂如兰，却成了一连串悲剧的导火索，晴雯、芳官、蕙香被逐，乃至后四十回宝黛的婚变，都与她脱不了干系。第二十一回，贾宝玉大清早用史湘云洗剩下的水洗脸，又叫史湘云给他梳头，此时袭人进来了，见此转身就走，她先找薛宝钗叹道：“凭人怎么劝，都是耳傍风”。又朝贾宝玉示威，扬言横竖都有人服侍，她要回去服侍老太太，甚至躺在炕上不理贾宝玉，使贾宝玉大为骇异。在她眼中贴身服侍贾宝玉是一种专利，不容他人侵犯，就算是小姐史湘云也不行。晴雯遭撵时，贾宝玉哀叹院里的海棠枯了一半早有预兆，袭人便反驳：“那晴雯是个什么东西，就费这样心思，比出这些正经人来！还有一说，他纵好，也灭不过我的次序去。便是这海棠，也该先来比我，也还轮不到她。”

第三重境界：“一朝不合佳人意，便作河东狮子吼”与“机关算尽太聪明，反误了卿卿性命。”

夏金桂之妒，无恶不作。苏东坡有诗云：“忽闻河东狮子吼，拄杖落手心茫然。”夏金桂外具花柳之姿，内秉风雷之性，过门之后，不仅处处辖制薛蟠，与自己婆婆为敌，闹得家中鸡犬不宁，她还把一心盼她早嫁过来的香菱视为眼中钉、肉中刺，先要改其名为秋菱，又设计陷害毒打那可怜的孤女，百般凌辱。香菱终应了判词上那句“自从两地生孤木，致使香魂返故乡”。纵使了解女儿心性的贾宝玉也难以理解，向王一贴道士求一个治女人妒病的方子，却求来了“今日不效明日再吃，今年不效吃到明年……吃过一百岁，人横竖是要死的，死了还妒什么”的疗妒汤。

论心中丘壑经纬，夏金桂颇步王熙凤后尘。王熙凤其人照应了歌德的话：“憎恨是积极的不快，嫉妒是消极的不快。”嫉妒转化为憎恨不足为奇。王熙凤听说琏二爷偷娶尤二姐，即刻怒从心头起、恶向胆边生，亲自上门请尤二姐入住荣国府，使其备受折磨，生不如死，落得吞金自尽的悲惨结局。此妒结合王熙凤的毒辣手段，只为达到“宁教我负天下人，休教天下人负我”的目的。

第四重境界：“妒心无可见，《金刚经》里看。”

金陵王家，“老辣之姜片”，王夫人之妒无所不妒。她不可理喻地想杜绝一切美的存在，身边任何美的人物都能勾起她年轻时的一些旧恨。晴雯的风流灵巧便不幸招其怨恨，还有抄检大观园逐出芳官等四人，妒之所及如汪洋大海不可遏制。彼处念佛吃斋，此处因妒逐众，令人唏嘘。妒忌潜伏在人性里，深深扎根。《红楼梦》中折射出的人性远不止这些，但皆为现实的一面镜子，正应那句“嫉妒是一把无形的双刃剑，伤害别人的同时也毁掉自己”。切勿放任这种情感走向高处，谁做了它的牺牲品，就要受它的玩弄。

《红楼梦》读后感

苏　悦

从小便听过这样的话：“少不看水浒，老不看三国”“男不看红楼，女不看西厢”。大概是因为男生觉得“一纸红楼，千方竞妍”的《红楼梦》矫情，内容拖沓，难以静心研读。诚然，《红楼梦》是复杂的，就如同文中繁杂的封建等级制度，就如同林妹妹的不食人间烟火，就如同文学流传过程中的盛衰难料……

初读《红楼梦》，惊叹于曹雪芹极富力度的文字功底之余，更多的是为宝、黛二人的悲剧落泪。再品，却已变了味，它绝不是单层面的爱情小说。它也许是作者生平经历的写照，也许是封建末世下对女性的一支赞歌，也许是对封建社会制度腐朽与败坏的深刻揭露。在书中，儿女情长、四大家族的兴衰种种，让我读到爱情的忠贞与无奈，读到时代的兴起和没落，读到一个社会形态不可挽回的解体过程……一曲红楼，惊堂一声，濯世间扬尘。

读罢《红楼梦》，走在夜色朦胧的街上，晚风习习。远远近近的霓虹灯闪闪烁烁，心里竟有一种飘飘乎不知所往的感觉。是梦，是空。曾经的繁华落尽归于尘埃，万事皆空，满纸荒唐言，换得一把辛酸泪，一股猛烈的消极之感笼罩心头。它是一部幻灭之书，悲凉之雾，遍被华林。它以沉重的口吻告诫我热爱生活。实际上，不只是《红楼梦》，古今中外伟大的文学作品，被人类铭记的大多是悲剧。也许痛楚才是人生的真相。而《红楼梦》最大的积极意义，便是让我认识到了真相，它告诉我，万物好便是了，对功名利禄的执着，带来的只有痛苦。有些事情，放下、拿起各据时机，“机关算尽太聪明，反误了卿卿性命”。一个时代的人人如此，整个时代便在泥沼中沉沦。它告诉我，盛世的骨子里可能是末世，所谓反者道之动，物极必反，盛极必衰。歌舞升平的背后，是日渐僵化与扭曲的制度赋予这末世不夺人选择的权利，将人性至上的萌芽扼杀，逼迫少年“补天”，哪怕他只想要“怡红”。它告诉我，女子并不比男子差，巾帼之中有满腹计谋者，有才华横溢者，有气度豪迈者，但其悲剧就在于，在这样一个“千红一哭、万艳同悲”的时代，再富个性的女子也只能收敛自己的锋芒，就如贾探春、薛宝钗，明明有能力在家族倾覆之际力挽狂澜，却只能眼睁睁地看着食尽鸟投林。

但它还告诉我，即使在这样一个千疮百孔、阴暗污浊的世上，依然有敏感灵秀的少女于暮春葬花，感慨时光的流逝、回转；依然有一群豆蔻年华的姑娘，办海棠社，摆螃蟹宴，在满园风光中寄情于景，谈笑赋诗；依然有情投意合的小儿女一起偷读禁书，用旧手帕题写心意；依然有不把自己当丫鬟的俏丫鬟娇纵任性，撕着公子哥的扇子；依然有女孩开怀大笑，尽情饮酒，醉卧在青石凳上不自知，沉酣入睡，任凭花落一身……

即使在这样一个千疮百孔、阴暗污浊的世上，依然有真诚的笑与泪、真切的青春、真挚的爱情，有一切教条和权威都污染不了的、遮蔽不去的花香与光亮，那是人性，鲜活，生动，无处不在。

《红楼梦》是幻灭之书，也是人性之书。它塑造出绝望，却也正是希望所在。所谓积极态度、英雄主义，就是哪怕知道生命本来荒唐，却仍深情地活着。这也是这本书教给我的最大道理吧！

红楼人物笺传

陈思涵

（一）

宝、黛的一见如故有一种极浪漫的笔调，令人不忍去遐想，关乎不可说的缘分甚至前世今生。这一段情节于我也是熟稔的。犹记得小时候跟着阿婆唱越剧最经典的《天上掉下个林妹妹》，该剧结尾的唱词“眼前分明外来客，心底却似旧时友”，在原文里一样地被诠释，只一句“这个妹妹我曾见过的”，不知后头又牵扯出多少爱恨痴缠。本段又尤其舍得花笔墨给二人的外貌描写（引用时省略了一段贾宝玉的外貌描写及附带的一首《西江月》），给贾宝玉的笔墨尤其多，详细的穿着描写尽显富贵；对林黛玉则更偏重描写她本身的神貌与体态，将她的心病与身病一并写了出来。林黛玉给我的感觉是，像瓷器，类似于玉的质地，却是磕不得碰不得的易碎品，也正因为特别易碎，其动人之处也是特别的。至于贾宝玉，一首《西江月》已批得极确切：“纵然生得好皮囊，腹内原来草莽。”此时才第三回，故事刚拉开帷幕，从词里却已经能看出贯穿全书的基调。

贾宝玉摔玉，是癫，是痴狂，他自己不觉痛，不觉惋惜，真正地却痛在了林黛玉身上。书里书外，没有人因为这块玉而哭，是林黛玉先流了泪，怪自己害了人家发病，担心玉被摔坏。于是读者心下也一冷，那样的情感太真也太细腻，没有一个足够纯粹、足够真性情的人率先袒露，几乎没有人会发觉自己也会产生这样的情愫。袭人安慰了她，要给她看那玉时，她却又忙止道：“罢了，此刻夜深，明日再看也不迟。”这一“真”，就定了她必然会成为贾宝玉的知己，痛他所痛，痛到悲泣流泪。泪水为他而流，书外人难免喟叹人生若只如初见。

林黛玉的眼泪似乎总是缘小事而起，她为别人所不注意的事流眼泪。想后文林黛玉葬花，春去秋来，多自然的一件事，林黛玉一葬一泣，端的是文人气质，敏感纤细得几乎让人觉得是无事自扰；然而，书里书外，就不曾有人为春逝花残而伤感过吗？伤春之经典已经成了文化的一部分，然而林黛玉真正把伤春凝成眼泪，凝成一座坟茔，凝成一帧凄美的画面，问："红消香断有谁怜？"怜花怜己，她在那个时候所求的"干净"何尝不是她对自己的憧憬？像她这般孤高却率真的人，就如那个癞头和尚说"既舍不得他，只怕他的病一生也不能好的了。若要好时，除非从此以后总不许见哭声；除父母之外，凡有外姓亲友之人，一概不见"。唯有在这样温室一般难以实现的干净环境中，她才能免去泪尽人亡的必然结局。林黛玉的情实在太真，将常人的情感放大并表现出来，书里人嗔她小性儿，书外人也会借着她的情感去体味一些更细腻的东西。林黛玉的一举一动，是一个率真敏感的人的剖白，她动容，旁人随之动情，便是她的动人之处。

（二）

贾瑞死得可笑、可悲、可怜，尽在第十一、十二两回中。他去调戏王熙凤，本不是什么见得了光的事情，受了难处是理所当然的，然而仍旧让人觉得他罪不至死。其实王熙凤对贾瑞是厌恶的，却不明说，只是暗中下了狠招，出发点是维护自身，并无太多可以诟病之处，然而其手段的阴险狠毒，是不可否认的。这一点章回名中的一个"毒"字，已然托出。贾瑞的行为让人不齿，可怜之人必有可恨之处，观之亦然。他的形象在这两回中是不知好歹、油腻，甚至有些"痴"的，然而再看他的身世，我们不难找到他有这样心态的源头：他从小耳濡目染府中的种种秽乱，见过了各式的富贵，自身却贫贱，宁国府中养出他自卑却也自负的心性。他清楚地认识到自己的不尽如人意，然而在面对王熙凤时却有一种代代相承的自负使得他被冲昏了头脑，展现出一种不知好歹、异想天开的可笑模样。

王熙凤在这一回里，表露出的阴毒也奠定了这个人物的性格基调。她本可以向贾瑞直言，既然自己占理，完全能够用光明正大的方法扼杀贾瑞的歹念，但她却是表面上勾引他、假装自己有意于他，再通过一些背地里的手段瞒骗诈害他。两次有意的爽约，第一次，害得他“直冻了一夜，今又遭了苦打，且饿着肚子，跪在风地里读文章，其苦万状”。然而贾瑞也不承想是王熙凤要害他，隔两天仍旧去，王熙凤却只装清白无辜，反倒再约他晚上见面，贾瑞又何尝不是出了真情？“来，来，来，死也要来。”再看其结局，却是真“死也要来”！第二次害他“满头满脸浑身皆是尿屎，冰冷打颤”，自然知道是王熙凤戏耍他了，然而其心理呢？“心下方想到是凤姐顽他，因此发了一回恨；再想想那凤姐的模样儿，又恨不得一时搂在怀内。一夜竟不曾合眼。”如此害了相思病，颇为滑稽，却难令人发笑。“心内发膨胀，口中无滋味，脚下如棉，眼中似醋，黑夜作烧，白昼常倦，下溺连精，嗽痰带血……”贾瑞是个丑角儿，是否真该受如此的苦？却不全是他一个人的过失。

风月宝鉴这一幕，有着极浓重的神话色彩。先前贾瑞要吃药治病，王熙凤也掐准了不给他送药去，堂堂荣国府，怎会连二两参也拿不出？王夫人叫王熙凤去借，她也不遣人去，存心不想治病救人，门面上却向王夫人说已经凑了二两送去。到贾瑞手中只是参末，仍旧是背地里的勾当。跛足道人千叮万嘱他只照反面，反面只照出一个骷髅，是真；再看正面，照出王熙凤朝他招手，入镜出镜，是假，却真教人醉死温柔乡，三四回虚虚实实耗尽了精气，临要去地府了，却道：“让我拿了镜子再走。”何等可悲！

风月宝鉴更像是作者埋在此处的一个象征，正面是虚，反面是实，跛足道人千叮万嘱要看的“实”的那一面，正是人们不愿看的那一面，却能治病救人；反之，显露出无限温柔和美好的“虚”的正面，却能在暗中置人于死地。贾瑞死前尚且意犹未尽，当局者迷，旁观者清，故而唯有旁观者知他如何在温柔乡中一醉不醒，见他暴死更唏嘘不已，这何尝不是一种对世事的暗喻？所谓良药苦口，抑或笑里藏刀，大约是有这层意蕴在的。

《红楼梦》菊花诗背后的“美人”形象

卢　实

海棠社写菊花诗，正是贾府最繁荣的时期发生的雅事，且来看大观园的诗人们是如何挥毫泼墨、施展才华的。

林黛玉的三首诗：《咏菊》《问菊》和《菊梦》，被李纨评为前三。其实通过《咏菊》中“无赖诗魔昏晓侵”就可以看出林黛玉的诗才，只有她能配得上白居易的“酒狂又引诗魔发，日午悲吟到日西”，大观园的儿女中也只有她有诗才又有情致，日夜沉吟。可正如她自己写道，“满纸自怜”却又“片言谁解”，从《葬花吟》，到《题帕诗》，再到《桃花行》，我们仿佛可以从这些越来越凄清的诗句中感受到潇湘妃子从未被人理解的心境、追求、失望与绝望。

史湘云赞《问菊》“真个把个菊花问的无言可对”。一句“欲讯秋情众莫知”便把林黛玉的孤高自洁、无人能解写了出来，只能如诗中一般对着满篱秋菊喃喃自问，这当然也是她孤寂内心的写照。众芳争春而菊花独隐，不禁叩问“一样花开为底迟”，“举世无谈者”的慨叹中潇湘妃子问一回、叹一回，《天问》式的究问，是问菊花，还是问自己、问命运？林黛玉孤傲而直率的性格终究使她难以如桃李般争春夺艳，菊花在秋霜中迟迟晚开，美人迟暮更显悲凉。自《楚辞》便有“夕餐秋菊之落英”的香草美人，而“口齿噙香对月吟”的林黛玉，不也正是以“物芳”喻其“志洁”吗？而她的求索与失落，不也正如屈原直言遭谗的境遇一般吗？

有趣的是，自古以来律诗一般颔联铺承，到颈联情思才积累到位，集中发力。如套路纯熟的薛宝钗便深谙此法，往往全诗均匀发力，情感沉着缓和。而林黛玉的诗往往在颔联就出现警句，不可不谓才华横溢，也只有真性情的潇湘妃子，才会在第二句便迫不及待地发出发自肺腑的呐喊。

通观林黛玉的三首诗，其中反复提到“东篱”“陶令”，又常出现《楚辞》的意象声调，可见她对陶、屈二人情有独钟。李清照有《多丽·咏白菊》词云：“细看取、屈平陶令，风韵正相宜。”林黛玉如是写诗，也许正是曹雪芹的有意安排。的确，香草美人般的林黛玉和漱玉酌花的李清照多么相似！同样毕生追求自由和爱情，最终落得“花落人亡两不知”、黄花满地的凄凉结局。在那样的时代，也许只有曹雪芹能对她们的命运报以深深的同情并为其立传吧！

除了林黛玉的三首，位居第四的是贾探春的《簪菊》。贾探春性格刚强，写咏菊诗也带有骚客文人的狂气。“花癖”“酒狂”十分豪放，而“短鬓”与“葛巾”更是直接置身于男子立场来簪菊，一位狂放不羁、爱菊如命的诗人形象跃然纸上。“折来休认镜中妆”，她是希望人们能接纳有“齐家”之才的她、作为诗人墨客的她吗？可以看出，贾探春是多么希望能如男子一般施展才华，能够选择自己想要的人生，也能为这个大厦将倾的家族贡献一份复兴的力量啊。但是身为女子，又是庶出，贾探春的心愿始终难以实现。后来王熙凤生病，贾探春参与理家，她想从治理大观园开始一展身手，却连奴才吴新登家的、生母赵姨娘等都不把她放在眼里，不断给她下绊子出难题。她该是多么失望、多么无力！可是贾探春是坚强勇敢的，更是清高自傲的，一句“拍手凭他笑路旁”，是她自立自强人格的写照。

《残菊》一首虽写秋尽菊残，却仍因贾探春鲜明的个性而毫无哀婉之意，正如她一如既往坚强地接受了被迫远嫁的命运。一句“暂时分手莫相思”，一句“奴去也，莫牵连”，劝导他人莫再牵连，以她的性格，即使伤心欲绝也总是果敢地离去。然而，如同残菊“宴赏才过小雪时”，正值青春烂漫年华的少女就要和家乡亲人们永别，背负着家族、国家的重任远嫁他乡，其实贾探春怎能不伤怀，怎能不对这个统治者可以牺牲女子终身幸福来换取外交利益的时代失望至极？红楼一梦，悲凉之雾遍被华林，早在此时便已有了伏笔。

位列五、六的是史湘云所作之诗。史湘云饱读诗书，性情又英豪阔大，光风霁月，她作的诗也最具唐人风韵。李纨笑赞她所写“科头坐”“抱膝吟”，性情之真、之切可见一斑。史湘云曾自诩“唯大英雄能本色”“是真名士自风流”，《对菊》诗中“清冷香中抱膝吟”也是如此，风流倜傥，洒脱率性。而《供菊》，连一举夺魁的林黛玉都认为其中“圃冷斜阳忆旧游”是十二首诗中最好的一句，诚然。颔联已是绝妙不已，“一枝秋”既实写供菊一枝，又于虚处点染秋意，似乎意尽，然而颈联一转，出乎意料地背面敷粉，又回想旧游，且以人拟菊，真正引菊为傲世知音了。恐怕也只有史湘云能写出这神来之笔，实在可谓“不减唐人高处”。然而这种“残照当楼”式的情景，也无处不透露出隐约的凄凉氛围。

在《菊影》一诗中，史湘云一反常态，写出极为伤感哀婉之语来。“潜度偷移”的秋光，远近疏灯、玲珑破月都令人黯然神伤，“寒芳留照魂应驻”简直似林黛玉之语，哀婉凄清。不难发现，几首诗中史湘云反复劝人“惜寸阴”“珍重暗香”，也许以她的慧眼，早已对贾府这死而不僵的百足之虫的繁荣将尽有了清醒认识。而作为闺阁女子，史湘云既没有王熙凤的狠辣，又没有贾探春的精明，只得在春花秋月中自我宽慰，唯求不负秋光。读到这里，想必读者们都会为史湘云扼腕叹息，这位看似终日大说大笑、无忧无虑的枕霞旧友，其实怀藏了多少沉重的伤痛！她目睹了史家的败落，千金小姐沦落到自己做针线活，而现在又隐隐感受到贾府气数将尽，却无能为力。的确，她在大观园中的幸福如秋菊般脆弱，“凭谁醉眼认朦胧”，不久，社会现实便将史湘云的暗香与红楼清梦无情踏碎了。

一向博学多才的薛宝钗在此次诗会中似乎表现得不甚出色，作为长期严格约束自己的大家闺秀，她也许在率性咏物上不及其他姐妹来得浑然天成。但是，蘅芜君的文字功底不可否认，一首《忆菊》，一首《画菊》，格律严谨、结构分明，尤其是《画菊》中，“聚叶”对“攒花”、“泼墨”对“染霜”，极工丽精致。有人说，正如墨菊仅是粘屏之画，诗似乎也是她闺阁生活的点缀，薛宝钗并没有投入过多的真情去创作诗作，因此两诗的情感也缺乏感染力，通篇平铺直叙，质艳而情冷，真可谓“冷香”也。但其实薛宝钗是可怜的，她一直以封建礼教约束自己，为此放弃了多少真情和欢乐！由于女子无才便是德的社会观念的约束，她连纵情写诗都只敢称“诗余戏笔不知狂”。而那个无情的社会，又何曾回报过她丝毫自我的幸福？薛宝钗当然也有过少女的纯真，可是江河日下的薛家仅有寡母维系家族运作，哥哥又无德无能，不得不举家寄人篱下，作为长女，薛宝钗不得不收敛了少女的率性，识大体、护周全、极节俭，担负起家族的重任，不论是参与选秀还是极力促成金玉良缘，其实都不是她的初心。“莫认东篱闲采掇，粘屏聊以慰重阳”，薛宝钗拥有真正菊花的清香，却没有陶东篱作为知音；她也是这个社会的粘屏之画，牺牲自己的青春年华去维持腐朽统治阶级仅剩的表面荣光，纵然文才如墨、明艳如霜，终究只是工具和摆设。《忆菊》中，薛宝钗究竟为何“怅望西风抱闷思”？为何“念念心随归雁远，寥寥坐听晚砧痴”？她是在怀念久别的故居，惋惜家族的衰败，还是自己随之一去不复返的灿烂年华？

第四十八回中，林黛玉教香菱学诗，告诉她不可从陆游等人浅近的学起，否则“一入了这个格局，再学不出来的”。而是叫她先读李杜、王维，有了功底后再远溯陶、谢、阮等人之诗。其实这在林黛玉自己写诗的原则上早已充分体现。假如把诗作当成一位美人去欣赏，林黛玉的菊花诗效法魏晋，应观其风骨；史湘云的菊花诗追随盛唐，应观其神貌；贾探春的菊花诗蹈仿宋元，应观其容颜；而薛宝钗的菊花诗一如明清诗篇，只能观其衣饰了。如是观之，高下立判。

在姐妹们的各显身手下，贾宝玉又“落第”了。虽然他对林黛玉夺魁感到欣喜，但也对自己作品被忽视深感不平。其实贾宝玉的用情之切还是可圈可点的。“远来情得得”“不尽兴悠悠”“不期经雨活”“犹喜带霜开”，喜出望外、悠然自得之情溢于言表，贾宝玉“无事忙”的个性也跃然纸上。《种菊》尾联写他爱护菊花“泉溉泥封勤护惜”，不也是贾宝玉惜红悼玉、爱护女性的写照吗？

然而，不论贾宝玉如何护惜她们，封建礼法的秋风冷雨终究会使一园秋菊“枝无全叶翠离披”。那些清净洁白的女诗人们，不论是“孤标傲世偕谁隐”的潇湘妃子，还是“珍重暗香休踏碎”的枕霞旧友；“寥寥坐听晚砧痴”的蘅芜君，还是“高情不入时人眼”的蕉下客，都难逃红楼梦醒、秋尽菊残的命运。菊花诗会结束不久，紧接着便发生王熙凤泼醋事件，从此贾府江河日下，再无安宁之日，一位位美丽可爱的红楼女儿们，很快便一个接一个被卷入家族、社会悲剧的旋涡。其实岂止桃花受到“一年三百六十日，风刀霜剑严相逼”的摧残，女孩们纷纷引为知音的菊花，也只能将美好留存在诗与青春的大观园中，独自面对风霜严逼！

悲剧的必然性与荒诞性

——《红楼梦》与存在主义

杨斯淇

悲剧之悲正在于其无法逃脱的命运感与必然性。

海德格尔说：“生存专用于此在，用来规定此在的存在。”因而作为“此在”的贾宝玉对于“存在”的领悟唯有建立在真实的生存体验上，贾宝玉唯有自己从红尘一世、人的悲欢离合中大彻大悟，才是真正对“存在”有领悟——这一点倒与佛家有共通之处。于是青埂峰上的那一块废弃补天石即使在僧、道已告知“存在”的本质后，仍然执意要去红尘修行，他必然要经历从虚无到梦再到虚无的一次轮回，“反把他乡作故乡”，才能在最后高学士的笔下披着“大红猩猩毡”一夜之间不知所终，大彻大悟离去。正如刘再复《红楼梦哲学笔记》中写道：“宝玉从情痴到情悟到最后大彻大悟也是如此，他的彻悟不是一次完成，而是一生的实现。”

因而宝黛爱情的结局是一个悲剧，也只能是一个悲剧——只有悲剧才能叩问人的心灵，才能让人在俯仰之间顿悟——这已是禅宗的思想了。但宝黛的爱情已是最好的结局。

原因之一在于世俗容不下这样的爱情。林黛玉不通世故，又或者说，她知道世故、了解世故，但她舍弃了世故。林黛玉是在诗中生又在诗中死去的女子，所有的一切特性——脆弱、多心、随性、善感，决定了她的爱情必定是青涩的、理想主义式的爱情。正如发生在青春年华的爱情往往夭折一样，世俗容不下她的纯粹，礼制的复杂、封建的男权主义容不得这样一位只能放在手掌心呵护的女孩子存在。李冶的诗中说："至高至明日月，至亲至疏夫妻。"贾母与府中长辈显然也是顾虑到这一点，才选择瞒着贾宝玉娶薛宝钗过门。

而曹雪芹在塑造林黛玉这样一个形象时是有私心的——他偏爱林黛玉，因此给了她世间独一无二的痴狂与纯粹，也给了她凌驾于世俗的美好；这段最美好的感情除了在最美好的时候被埋葬之外，找不到第二个方法逃脱世俗的制裁。倘若林黛玉也和贾宝玉高高兴兴地结婚，不可避免地，又要回到那条老路上了——宝二爷是天底下最不善生计的人，林妹妹更不可能撇下作诗投身柴米油盐之中。更何况夫妻低头抬头总有作恼的时候，根据曹雪芹在文中为这二人塑造的形象，他们吵起架来定是一个一会儿说要死，一个一会儿说要做和尚。从郁达夫、徐志摩等人观之，即使是有幸"于茫茫人海中觅求得唯一真正灵魂伴侣"，但还是陷入了另一座深深的"围城"。杨绛先生在《钱锺书写〈围城〉》中说："方鸿渐失恋后，说赵辛楣如果娶了苏小姐也不过尔尔，又说结婚后会发现娶的总不是意中人。"于是曹雪芹让林黛玉先走一步。读者永远都看不到世俗的林黛玉，那位柔柔弱弱的绛珠仙子永远停留在了最好的年华——"我们死得那么年轻，所以我们永远年轻"。这是原因之二。

必然性的悲剧是最令人痛彻心扉的——人们总可以把对悲剧的痛苦推卸给偶然性，说着"如果重来一次""如果没有那一场雨"，聊以慰藉——虽然人生并不能重来。但当悲剧成为必然，譬如西西弗斯无论如何都不可能将巨石推至山顶，譬如林黛玉和贾宝玉注定不可能走到一起，林黛玉只是来还灌溉之恩，而贾宝玉只是一块废石，在人间品尝一番红尘滋味而已，一切的重来都没有意义。

于是必然的结局造就了《红楼梦》的荒诞。从这一点来说，《红楼梦》与存在主义有某种共通性。第五回中，贾宝玉梦游太虚幻境时曾发问："神仙姐姐不知从哪里来，如今要往哪里去？也不知这是何处，望乞携带携带。"这是个体对

"存在"的叩问，也是贯穿《红楼梦》的终极命题。"太虚幻境"上题："假作真时真亦假，无为有处有还无。"人生似梦，整个大观园是封建礼教下的一场梦，但梦幻则梦幻矣，"乐极悲生，人非物换，究竟是到头一梦，万境归空"(《红楼梦》第一回)。于是梦境与大梦醒来时的虚无共同造就了人生意义的虚无，命运的必然又使得人生目的的存在变得毫无意义。

从某种意义上来说，贾宝玉与林黛玉又何尝不是另一个西西弗斯，在荒诞的世界中苦苦走过这一遭，最后仍是一场空。

看来岂是寻常色，浓淡由他冰雪中

——记《红楼梦》人物之邢岫烟

吴宇涵

《红楼梦》为女子立传，书中每一位女子都极生动。林黛玉和薛宝钗无疑占去了最多的笔墨，但我最欣赏的是那位很不起眼的邢岫烟。

邢岫烟在第四十九回才登场。几位姑娘一同进大观园，唯独她显得最窘迫——本身家境贫寒，父母又是"酒糟透之人"，姑母邢夫人也并不是真心疼爱她——她是真的无依无靠了。

最初吸引我的是岫烟这个名字。"岫"是山洞的意思，"烟"可以解释为云、雾；我想，岫烟二字大约是取"远岫烟云"之意，即远处山洞中飘忽不定的云霭雾气，很有清雅绝尘的感觉。邢岫烟确实人如其名。贾宝玉说她"超然如野鹤闲云"；就连一向势利眼的王熙凤都觉得她温厚可疼，"怜她家贫命苦，比别的姊妹多疼她些"。清朝著名的红学家陈其泰称其为"书中第一流人物"。

寄人篱下无依无靠的生活定不好过，我们且看林黛玉就知道了。林黛玉孤高自许又敏感自卑，因为她虽是皭然不滓的世外仙姝，但终究还是身处这俗世中，无法免俗，她初到贾府时，也要"步步留心，时时在意"。一面是封建礼教，一面是背弃世道，林黛玉夹在两者之间，这或许就是她性格矛盾的根源。

邢岫烟的处境绝不比林黛玉好。邢岫烟入贾府是投奔亲戚来的，因她没家世又贫穷，还有个很不讨喜的邢夫人做姑母，故起初最不受待见。她穷得要把衣裳当了换钱，大冬天里"仍是家常旧衣，并无避雪之衣"，人家丢了东西也要怀疑到她的丫鬟身上。好在邢岫烟并不计较在这园子里遭到的种种不公，且她实际上也不像看起来那样窘迫。妙玉为人孤僻，“万人不入他目”，却和邢岫烟亦师亦友，可知她品格雅正，也是有真才情的。

她与李纹、薛宝琴三人在芦雪广吟咏红梅，众人都“指末一首说更好”，不晓得有几分真心实意。我窃以为邢岫烟的诗最好。红梅先于桃、杏冲破寒冷笑向东风，且不似白梅的寻常色，自有一番傲骨，却不争不抢、淡然相对；相较于薛宝琴“春装儿女竞奢华”的好颜色，邢岫烟的“浓淡由他冰雪中”更多了一分清气。邢岫烟其人正像她所咏的红梅般遗世而独立。她处世如“云无心以出岫”，与世无争、任由他去，因为把世事看得透彻，便无所谓入世与出世的纠结，她是能够“大隐”的真隐士。

薛宝钗在这一点上也不如她。顾城说薛宝钗“一件件事都做得合适，是因为并无所求”，我无法完全认同。虽然她朴素得屋内“雪洞一般，一色玩器全无”，但吟柳絮时的一句“好风凭借力，送我上青云”，总归还是透露出些野心来。我曾疑惑为何薛宝钗是“山中高士”，如今看来，或许意谓“小隐隐于山”，与真隐士相比，倒是入世了。

《红楼梦》中对邢岫烟的刻画并不多，但我们仍可从零星片段中见得她的聪慧。第六十三回中，妙玉给贾宝玉递拜帖，自称是“槛外人”，让贾宝玉“只管提笔出神，半天仍没主意”。邢岫烟却瞧上一会儿就为他解了惑，教他回个“槛内人”，贾宝玉如醍醐灌顶。

邢岫烟师从妙玉，但不尽学妙玉。不学妙玉的“放诞诡僻”，只学她的才华，自己则修习出了山间轻雾般淡然平和的心气。

邢岫烟这极好的名字，委实不像邢忠夫妇能取得出来的。我总觉得，曹雪芹大概是将自己对人格美的追求寄托在了邢岫烟身上。鲁迅说《红楼梦》作者“生于荣华，终于零落”。曹雪芹自身的矛盾在于耽溺入世又渴求出世，也许他并不真正认为万物皆空，却又很难在入世与出世之间找到平衡。

而邢岫烟做到了——她非生于荣华，却也不轻易零落；既能融入俗世，又不做个俗人。她是冰雪中生出的一株红梅，静默地独立在竞相斗艳的大观园里，不争不抢，浓淡由他。

史湘云的“青春之美”

冯麒霏

清朝的二知道人如是评说史湘云：“史湘云纯是晋人风味。”而名士风度，要义在“真”。包括林语堂先生在内的许多《红楼梦》读者欣赏史湘云，多是欣赏这一点。

王昆仑先生评说：“薛宝钗没有她真情，林黛玉没有她浑厚。”论穿着，她不让须眉，常作男子装束，率性表达自我；论举止，她风流倜傥，割腥啖膻，面对林黛玉的不屑，回敬“是真名士自风流”；论诗才，她汪洋恣肆，一句“神仙昨日降都门”夸张浪漫，一句“奔腾而澎湃”空阔雄壮，引用或是自赋，皆是别出心裁，天真可爱。“醉眠芍药”显得她“憨”态可掬，“鸭头”一牙牌更是逗得满桌哄堂喷饭。真诚而热情，豪放而内秀，薛瑞生先生说史湘云“豪中有秀气，豪得令人爱”，再恰当不过。

然而史湘云的“青春之美”远不止“真”这一层。诚然，庶出而胸怀大志的贾探春早早看到了贾府大厦将倾的结局，而史湘云由于太天真，在贾府衰落的进程中只能算一个“局中人”。史湘云缺乏野心，她也曾忍受寄人篱下的哀怨，而快乐时依然恣意欢谑。她在方寸的忧虑之间仍然坚强、绚烂，如春日怒放的一枝海棠——恰恰是她的“真”且“纯”啊！唯有至真至纯之人面对忧愁困难才不会灰心丧气，她难以质问这个世界的不合理，而是怀着无限的希望和勇气面对，这是史湘云所带“青春之美”中充满矛盾却时时令人向往的一点——“无知无畏”。

史湘云这一角色的意义常让许多读者琢磨不透。事实上史湘云的形象属于一种“精神”胜过“性格”的象征形象，她代表的是青春本身，因此史湘云与贾宝玉的关系隶属世相而不世俗。

《发现小说》中提及小说讲述真实的四种方式：控构真实、世相真实、生命真实、灵魂真实。我愿在此借用后两种解析史湘云之于贾宝玉的意义。史湘云是贾宝玉的玩伴，同时也受到贾宝玉的信任。从和贾宝玉一同盘算鹿肉的情节可见，史湘云和贾宝玉共享的是冒险与猎奇。宝黛之情有着深重的羁绊，包含神话前盟，两人的关系处在生命真实层面，灵魂相融，情感厚重乃至难以言说；

而史湘云与贾宝玉的相处却是极轻松的，更像是一般的朋友，处在世相真实层面，两人性格相契，是可以用同吃鹿肉、为贾宝玉梳头这样的小事来解说的。

史湘云并不反对传统，她未有与礼教和仕途对抗的狂气，因此才会劝贾宝玉“知经济学问”。她并非庸俗，只是不关心，因此并不在这一方面有主见。相比而言，林黛玉和贾宝玉肩负了对抗庸俗和礼教的使命，他们心之所向是一方，生命的目的是相同的。如若林黛玉与薛宝钗是一道一儒的两个极点，史湘云和贾探春便皆处在亦儒亦道的灰色地带，只是史湘云浪漫，贾探春务实，她们偏离中心的距离都出奇地一样，她们于贾宝玉应是携手共进的最佳伙伴。因此贾宝玉和史湘云的关系带着一种原初的轻盈却又无比真切——成为青春纯洁的代言人。

不幸的土壤中生长出来一枝坚强、绚烂的海棠花，无意于风雨摧折、红尘惹身，心怀一腔热忱、充满希望，乐时恣意欢谑，悲时任泪如花上露珠儿，水痕过处无影无踪。即使不似松柏高远，也能在方寸的忧虑面前保持怒放，一如楚云舒卷，终逝仍长存——这便是史湘云“青春之美”的内蕴，不完美，却是史湘云真正可爱之处。

记《红楼梦》人物之柳湘莲

黄靖萱

《红楼梦》中有名谓称呼的人有900多位，其中男性角色有200多位。虽然多数的男性角色都被当成了社会衰败的象征符号，柳湘莲却是个例外，他是除贾宝玉以外少有的正面男性角色。作者在其身上耗费的笔墨不多，但给我留下了深刻的印象。

“冷”是作者赋予柳湘莲性格的主色调。正如第六十六回贾琏对尤二姐说的那样：“你不知道这柳二郎，那样一个标致人，最是冷面冷心的，差不多的人，都无情无义。”贾琏的描述从某种程度上表现出了柳湘莲性格中主导的“冷漠”的一面，不过，“冷二郎”绝非“冷漠”如此简单。

《红楼梦》第四十七回中提到，他出身于破落世家，后沦为游民，浪荡江湖，武功高强，可以说是一个典型的特立独行的侠士形象了。特别是，他又有许多才艺，年轻貌俊喜好串戏，故常常被人误认为优伶一类的玩物。贾府的贵族子弟们都慕名与之交好，事实上慕的便是“优伶”之名。柳湘莲一贫如洗，却从未想过依仗贾府势力，始终保持人格的独立，因而对那些贵族子弟冷面冷心。薛蟠误认其为优伶之辈，欲与之相交，被他狠狠惩罚，称柳湘莲由“好兄弟”到“好哥哥”最终到“好老爷”。“冷”是柳湘莲蔑视权贵、保持高洁人格的外化表现，也是其性格中高贵反抗性的最佳体现。

同时，柳湘莲的反抗并不仅是冷硬刚强的，其中更充满着世事洞明、冷静练达的目光。他能够冷眼看透封建贵族的荒淫腐朽，处事冷静细致，成熟克制。在赖尚荣的酒宴上，他考虑到赖尚荣的颜面，克制住对薛蟠大打出手的冲动，“只得忍了又忍”，把薛蟠哄骗到郊外，再对他施以惩戒。在与尤三姐的婚事上，与贾宝玉的天真相对，柳湘莲“这事不好，断乎做不得了。你们东府里除了那两个石头狮子干净，只怕连猫儿狗儿都不干净。我不做这剩忘八”一言，表明他仅凭钟鸣鼎食之家的表面，便能敏锐观其内部荒淫丑恶的实质。

在柳湘莲“冷”底色之下，暗流涌动的是根植于其内心的热忱与真诚，这更令人为之动容，也使其生命有了较高的情感浓度，促成了更大的生命格局。第六十六回中，在曾经侮辱过他的“仇家”薛蟠遇到强盗之时，“冷二郎”本可以选择冷眼旁观，却还是立刻出手相救，二人竟成生死兄弟。这种“热”在对待其挚友贾宝玉、秦钟上更能得以体现。柳湘莲出门与友人放鹰，离着二里地，专门过去添土打点，生恐夏雨冲坏秦钟的坟。贾宝玉便不用说了，二人精神契合，柳湘莲虽冷，却对贾宝玉热忱相待。许多学者认为柳湘莲角色的重要艺术价值是烘托贾宝玉的美好形象，这不无道理。但从个人情感来说，我倒更愿意觉得二人是平等互补的对立统一体。若说烘托，也只能是互相烘托，二人一贫一富，一刚一柔，一武一文，如此不同，却有着共同的反叛性格，不拘礼法，深切渴望着自由不羁的生活。若说柳湘莲的反抗体现为因游民身份受封建贵族的深重压制，在行动上勇敢而冷静的反抗，那么贾宝玉的反抗便是陷于贵族之家封建思想的束缚，在偏僻乖张的思想举止中表达对所谓封建正统的深刻背离。也许，这二者完全可以看作曹雪芹本人对于其理想男性美形象不同角度的表达。

柳湘莲喜好串戏，其人生也如戏般，初登场为喜剧，末以悲剧收尾。在其生命历程中，他用“冷”反抗压迫与不公，以“冷”观照世情，且“冷”中有“热”，在友情中显古道热肠之侠义，在与尤三姐的爱情中由极热转为极冷，终成爱情悲剧，遁入空门。柳湘莲的人生之戏并未导向一个完美的结局，是深层的心理性格悲剧，更是社会悲剧，但仍旧荡气回肠，耐人寻味。

记《红楼梦》人物之史湘云

蔡之韵

《红楼梦》中的女子可以说是个个生动可爱，而我最喜欢的便是史湘云了。第二十回出场，忽听得史大姑娘来了，贾宝玉连忙就走，可见两人青梅竹马、关系密切。她作为贾母的内侄孙女，也是深得贾母喜爱的。

《红楼梦》之前的文学作品里，女性的形象往往是单一的，无非是温婉痴情如林黛玉或是贤妻良母如薛宝钗，而曹雪芹却把豪爽大气、不拘小节这样的性格特点给了史湘云，立刻便把她与闺中的千金小姐们区分开来。最精彩的要数第四十九回，史湘云大吃鹿肉，一边吃还一边说："我吃这个方爱吃酒，吃了酒才有诗。若不是这鹿肉，今儿断不能作诗。"她的率真可爱感染了薛宝琴等人，大家纷纷加入啖肉小分队，好不愉快！更有趣的是，当林黛玉笑史湘云等人是"一群花子"时，史湘云立刻猛烈回击："你知道什么！'是真名士自风流'。你们都是假清高，最可厌的。"我最喜欢的就是史湘云身上这种洒脱不羁的气质，人如其名，自在逍遥，言谈举止总让我想到《世说新语》中刻画的魏晋风度，可以说是卓尔不群。试想封建礼法约束下，这样一个超逸、淘气的女孩是多么难得！"醉卧芍药裀"的她是多么憨直可爱！

"她有男儿英豪朗爽之高风，又不减女儿应有之风流才俊。"这是周汝昌先生点评《石头记》的批语。史湘云一会儿大吃大嚼，作起诗来是锦心绣口，才思超群，海棠诗夺魁、芦雪广联诗夺魁，在我看来才情竟是不输宝、黛二人的。枕霞旧友的文风总是清丽自然，又带着几分洒脱。有一首《如梦令》我很喜欢，开篇两句"岂是绣绒残吐，卷起半帘香雾"，写柳絮曼舞，忽地就渲染出朦胧别致的氛围。接着两句"纤手自拈来，空使鹃啼燕妒"，像极了史湘云的性格，她不屑于伤春，倒是说自己的惬意引得燕子都羡慕，其豪爽豁达可见一斑。

当然，最令人叫绝的便是中秋凹晶馆联诗的那一句"寒塘渡鹤影"了。寥寥几字可以说是天然去雕饰，烘托出清冷孤寂的意境。要说孤独，这个充满入世情趣的史湘云的孤独也分外深刻。记得有一个细节，史湘云有“择席之病”，换个地方就睡不安稳。这个大小姐名不副实，根本就没过上什么优渥的生活，甚至还要帮家里做针线活——史家衰落得快，“嫌费用大，竟不用那些针线上的人”。更凄凉的是她自幼父母双亡，曲词云：“襁褓中，父母叹双亡。纵居那绮罗丛，谁知娇养？”这一点上她与林黛玉是同病相怜，同样是寄人篱下，“寒塘渡鹤影”“冷月葬花魂”，是两个孤独灵魂的对话。只是二人面对孤独的态度不同，林黛玉拒绝与热闹为伍，会暗自垂泪，史湘云则是把内心深处的柔软藏在倜傥男装和无遮无拦的言语的盔甲之下，藏在爽朗的笑声背后——她不想显出软弱的模样，豁达的举止是她对无情命运的反抗——只是那“择席之病”，那些无眠的夜晚出卖了她。

史湘云终究还是一个孤独柔软的女孩。谁说她心直口快就不细致了呢？第六十二回贾宝玉、薛宝琴、平儿同一天生日，唯有史湘云记得刚来不久的邢岫烟也是这一天生日。一场螃蟹宴，史湘云陪贾母、王夫人等长辈吃过一个之后，又张罗着照顾两位姨娘，连得力的丫鬟也没有被落下，做得周全妥帖。可见她是知世故的，毕竟成长的环境迫使她成长历练，如此聪慧的史湘云早就看透了世间人情的种种；但她也没有选择和薛宝钗一般做讨喜的人，她选择知世故而不世故，保持着疏朗与开阔的胸怀。她甚至还要替邢岫烟这样更加弱势的姑娘打抱不平，林黛玉都笑她“你又充什么荆轲聂政”，明明自己也是势单力薄，偏偏还有几分侠气。

再说那句“寒塘渡鹤影”。想到《菜根谭》里的句子：“雁渡寒潭，雁去而潭不留影。”贾府的命运又何尝不是如此，“眼看他起高楼，眼看他宴宾客，眼看他楼塌了”，到头来皆是空。读史湘云、林黛玉的诗又有几分超然了：鹤已远，花已谢，只有寒塘无波，冷月无声。铅华洗尽，大观园的女儿们在这个事如春梦了无痕的世上卓然而立。

乡村的“昨”与“今”

饶启涵

作为一部深入研究中国乡村的作品，《乡土中国》共有 14 篇，作者费孝通在其中分别提到了乡村社会的人文环境、传统结构、权力分配、道德体系、法礼、血缘、地缘等。

权力结构是任何一个社会极重要的组成部分，构成了一个社会的骨架结构，费孝通在书中着重介绍并分析了中国乡土社会中的几种基本的权力和统治的逻辑。压迫性质的横暴权力和分工双赢的同意权力两种看似完全不同的统治权力在乡土社会中共同主导着人们，而它们的形成都是因为能够给社会带来一定的经济利益。乡土社会实质上是一个礼治社会，所以法治并不能起到很大的效果，事实上多数情况下是礼制和道德常识起到维持社会秩序的作用。乡土社会中横暴权力并不占很多，更多的是同意权力，所以会产生一种“松弛和微弱的，是挂名的，是无为的”权力结构。农业社会和农业本身的特点是延续传统，农耕并不需要创新，大多数情况下只需要人民“世隶耕”，世世代代在土地上耕作，无须发生任何改变，所以同意权力的范围可以小到“关门”的程度，可以做到一定程度上的自给自足。在这种情况下，即使政府在一段时间内实行无为政治，对乡土社会也是不会造成很大影响的，甚至是绝对有益的，它符合乡土社会的基本特征和运作方式。

独立在上述两种权力之外，另一种教化性的权力则贯穿始终。不难知晓，乡土社会的继替中常常是德高望重的长者占据主导地位，拥有更多的权力和更大的话语权。在传授教化的过程中，对于一部分违背心理意识的被教化者，教化者施以控制性质的横暴权力，这就体现了中国乡土社会权力结构中非民主权力的一部分。又，教化性权力是为了维持社会秩序而产生的权力，并非单纯为了获得经济利益，大概也是因为如此，这种权力和同意权力的关系更为密切。进一步说，教化性权力是为了使小辈、新人更顺利地进入同意权力的分工体系。教化性权力为同意权力奠定基础，最初也是同意权力导致了教化性权力的必需。

然而乡土社会之所以为乡土社会，未能顺畅无阻地成为现代社会，也同时受着不同的权力和统治的约束。现代社会发展迅速，日新月异，文化比较难以稳定，知识的时效性提高了很多，这导致仅相隔一两代的人丢失了文化的共同语言。所以现在的社会离最初的稳定文化的乡土社会越来越遥远，年长者不再具有过多的权威，也没有道理使用部分强制性的横暴权力实施教化性权力，反而会被社会新分子不断质疑、不断超越。如果在不断变迁的社会中仍然将教化性权力捧上制高点，只会滞缓社会发展的速度，违背必然趋势。

本书描述和分析的内容的特点都体现在当时的中国社会中，描述对象是以乡土社会为基础的整个中国，因为当时的社会是极具乡土社会礼俗特点的，这种特点随着社会变迁已经慢慢淡化。从乡土社会到现代社会，人们不再安于现状、安于原本的乡土社会，而多数人一心想着“出”而非“留”。

乡土情怀

——从《乡土中国》看中国人情社会的粘连与温良

过静霖

曾经有句话这样评价《乡土中国》：“不读费先生的这本书，就不懂中国人。”

读完《乡土中国》，我虽不敢说已读懂了每个活生生的中国人，但不可否认，心中的确因为那些文字起过几次波澜——那点内心的触动便是乡土本色中人情社会的情怀。

这种充斥着所谓人情的社会，具有根深蒂固的中国性。诚然，不难发现中国人似乎比这世上任何其他民族都懂得“人情世故”四个字。人情社会是很难以单纯的好或坏来断言的。从费先生笔下不偏不倚地看过去，我们只能说，正是这种未了的人情，造就了亲密的社群和团体，造就了那些由地缘、血缘而生的情怀与仁德。

乡土情怀以乡土本色为基底，造就了人情社会中不同的道德观念，区分了“公”与“私”，上升到不能以文学表达的境界，它是一种永恒而温和的传统内力。

贯穿《乡土中国》的是那句老生常谈的话：“生于斯，长于斯。”正是这种心态诠释了“人和土的混合”。人们将一生献给脚下的土地，死了骨肉皈依于这片土地。这样安定、稳定的社会会使人们的思想、观念、习惯根深蒂固，这种根深蒂固是“乡土性”特色的基础，也是潜移默化中形成的一种情怀，一个褒义的词。须以一种中庸的眼光分析《乡土中国》，因此任何的思想观念（包括不识字，不利用法治来安定社会，以“熟人社会”为框架，等等）都不应该被以偏概全地评判。这是一种值得珍惜的“传统”，一种哪怕你再反对也早已植入你的“根”的深处的中国式乡土情怀。

再来说说这种乡土情怀深处的道德观念。人情造就了乡土社会的差序格局。无数私人关系搭成了网络。网络的每个节点上都附着着一种私人的道德观念，因此找不出一个笼统的概念去清楚地定义它，费先生如是说。这样模糊的界限，让一个“缘”字显得尤为重要。

由“缘”而生的道德观念让这个社会更富有弹性与人性。因为我们从来不曾有一条严苛的标准去指责、议论任何人。我们只需遵循儒家的人伦差序，处理好“维系私人的道德”，不必“兼爱”。对不同的人显出不同的处理态度，也算得上是问心无愧——这种善于伸缩的社交能力在当今的中国社会中也会以“通晓人情世故”来被善意地评价。不确定的标准让熟悉或陌生的人之间的交往显得更有分寸，更能促进朋友间的情谊抑或是让人保持好尊重他人的距离。这样“维系私人的道德”让熟人间的“缘”愈发美好、珍贵又捉摸不透，于是人们就更加相信“缘”这件玄妙的事情了。它仿佛是乡土本色在我们每个中国人身上的烙印，让这个社会看上去通达又舒适。

理性地说，“公”“私”之间明确的划分似乎看上去不够公平客观，难听点说，就是利用人情占便宜、钻空子——但现实社会真的有那些大道理说得那么高尚吗？

难道我们希望在偶尔糊涂、深陷泥潭之时，近在咫尺的熟人以道德的名义将你绝望的求救信号拒于千里之外不管不顾吗？难道我们愿意看到平时自己掏心掏肺对待的好友以一个所谓统一的标准平庸地把你当作一个普通朋友吗？“如果你送我的礼物与送别人的一样，那我就不要了。”这矫情吗？并不。夸张一点儿说，这是一种情怀的自然体现。

并不是所有的错误都不值得被原谅；并不是所有的终南捷径都被“努力踏实”四个字否定。每个人都有自己的人情来源，难道我们在受到别人特殊的对待与帮助或者谅解后，不曾深刻体会到一种明亮而难以言喻的温情吗？道德让乡土社会的本质加上了一层安全感的覆盖，也让乡土情怀潜移默化地更上一层楼。

于是，中国人依赖这种由人情编织而成的社会，乡土情怀也成了一种不被载入史册却又烙得最深的传统与底色。

书中甚至说，在地道的乡土社会中，人情是无须文字表达的——无言胜有声。语言是一种束缚，只有那些文豪与诗人才有机会真实地表达自己的情感。文字是传情达意的工具，是现代化的手段。因此在新时代，乡土情怀的进一步发展，只不过是将乡土本色用现代语言表达出来罢了。

这确确实实是一件很难的事情，“生于斯，长于斯”，哪怕华夏大地经历过沧桑的风雨变革，从原始社会到奴隶社会，从封建社会到半殖民地半封建社会，终于走向当今的社会主义社会——这样的乡土情怀依然始终如一。

这种情怀给人与人之间以信任，让血缘、地缘激起时空隔不断的亲近，让人情未了、传统不断。这种情怀造就了和谐统一，造就了百家争鸣、以礼为本的欣欣向荣。

而这种乡土情怀，经过时间与历史的沉淀，又怎么会轻易地在一片繁忙与喧嚣中被纯粹地表达出来呢?

但我始终相信，乡土情怀始终根植在每个中国人心中，它的另一个名字叫中国性。一点一滴的人情也在始终不渝地感化着我们，让中华民族成为这世间少数还保留着温度、仁、礼的民族之一。

正如北大辜鸿铭把这种难以言说的特性概括为“温良”一样，现在的我们也不断地在为“温良”正名，它不是温顺与懦弱。在乡土中国中，一颗颗透亮的心灵，共同编织着一个更加温暖的社会。

《呼啸山庄》读书笔记

王汇茹

《呼啸山庄》的作者艾米莉·勃朗特和她的姐妹一样英年早逝，而且终身未婚未恋，但她和她的姐姐夏洛蒂·勃朗特各写出了响彻文坛的小说:《呼啸山庄》《简·爱》。前些天我刚刚看完了《简·爱》，这周又看完了《呼啸山庄》，很早就听说“前者比后者的接受度高，但后者的艺术造诣更加深广”的说法，在写书评的时候也会把这两本小说对比着分析。

读毕，我能感受到夏洛蒂·勃朗特的呐喊、议论和观点，而艾米莉·勃朗特更像是想要探讨一些人性的边界，更加纯粹地思考和讲故事。《简·爱》是个好故事，但我更觉得它是个寓言。《呼啸山庄》的写作意图、情感表达更加复杂，但也更加纯粹。

之前在读霍夫曼的时候，有一句话“他代表全人类走上了精神的不归路”，我觉得用于《呼啸山庄》很合适。希斯克利夫和凯瑟琳都怀着极端、偏执、疯狂、强烈的情感，用希斯克利夫自己的话说“他爱八十年都没有我一天爱得多”。他爱得病态、疯狂，毁了自己的一生，毁了自己孩子的命运，在凯瑟琳死后挖她的坟，求她的鬼魂……凯瑟琳，自私、美丽、极端，随着心意行事，从不考虑后果，最后几乎是半自杀式地一病不起：“希斯克利夫，我将死去！我将死去！”他们的爱情作为书的核心出现，但在这种情感之下，看不清作者想探讨的是什么。关于救赎、关于情感、关于曾经的经历在自己身上留下的烙印、关于执着、关于病态的情感、关于两个人的情感和自我审视、关于祖辈和祖辈的祖辈对自己的命运不由自主地操控、关于对“爱”的定义与怀疑、关于行事的后果、关于全人类乃至全世界的极端……可以探讨的太多了。

我看到最被关注的一个点还是爱情。经典的书，总是在提出问题，不一定回答，但一定在引起思考。什么是爱情？如果爱是病态的，那还算是爱吗？如果爱是由执念、错误和阴影产生的，那还算是爱吗？如果在对方身上看到的是自我的映射，那这种爱是自恋倾向还是对对方的情感？“爱”一定是好的吗？我们平时接受的观点是否一定是正确的？怀疑和提问无休无止，我看到一个比较有意思的现象是，在国内网站上的书评中，大家都把《呼啸山庄》当作一个爱情故事；而在外文书评中几乎所有人都认为它写的是“不健康关系”，并且认为“这不是一个爱情故事”。大概文化上的差异让人们对爱情和这本书的理解不同吧。

我觉得《呼啸山庄》让我印象深刻或者让我比较能够反复回味的点在于：首先，它总是去探索一些极端的情感、人格和氛围……其次，就是它的复杂性、深刻性和提出的问题，在这点上我觉得它胜过《简·爱》，或者说，《简·爱》带给人信心和答案，《呼啸山庄》带给人怀疑和思考。

可以写的有很多很多，书内的情节、人物形象就有很多，还有书外的观感（把它当作什么来读，怎么理解作者……）。刚刚读完第一遍，以后还有很大空间可以探讨。

在抗争中获得安宁

——读阿尔贝·加缪《鼠疫》有感

谭　蕊

接触这本书是在2020年疫情肆虐的时候，人们都在谈论阿尔贝·加缪如同预言一般的《鼠疫》，其中描写的城市封禁、隔离救治等，都与现实奇妙地对应起来了。于是，这本书再一次掀起了讨论的热潮。当时我也翻看了几眼，故事的内容大概还记得——无非是鼠疫从出现到肆虐，人们从茫然到麻木，以主角里厄医生为首的一群人救治鼠疫患者，最终瘟疫平息的故事。听上去有点儿俗套，最后我得出的结论只有一个：灾难战胜不了人类。

而再次翻开这本书，是在对阿尔贝·加缪响亮的“荒诞主义哲学”略有耳闻之后。一气呵成地读完，也把之前自己肤浅的想法推翻了——如果单纯地以疾病的内涵来理解整本书的中心词“鼠疫”，那格局未免太小了些。

阿尔贝·加缪曾经这样谈及写作《鼠疫》的基本动机：“我想通过《鼠疫》来表现我们所感到的窒息和我们所经历的那种充满了威胁和流放的气氛。我也想就此将这种解释扩展至一般存在这一概念。”小说的最后，里厄知道鼠疫菌群不能完全被消灭，它们永远会蛰伏在阴暗的角落，露出阴森的獠牙，等待下一次机会。小说结尾这永不磨灭的鼠疫，或许正象征着人类始终面临的威胁，象征着毁灭人类信念、信仰，甚至威胁人类生命的一种模糊的力量，它是关于人类总体生存境遇的象征表达。由此，《鼠疫》中的意象就上升为一般存在的概念高度。而我更愿意把它解释成存在于人类的呼唤与世界不合理的沉默之间的荒诞。

如果说《局外人》写的是一个单独的人在这种荒谬之中的对抗，那么《鼠疫》写的则是一群人——一群社会地位、家庭条件、出生地都完全不同的人在面对无法消灭的荒谬时的表现。他们无法完全消灭鼠疫，也无法完全消灭荒诞。

世界永远存在，人在这个世界中生活就像在混沌中投入一枚硬币，人渴望着听到一声清脆的响动，或是感受到硬币砸下的声音，但世界只会沉默。这是荒诞。只要人存在，人追求意义的本性存在，那么荒诞就会存在。

从这个角度来看，似乎阿尔贝·加缪的作品就是悲剧性的了。但我不愿意这么想。如果说荒诞是一片遮住了世界的灰蒙蒙的雾，那么阿尔贝·加缪作品中那些主角们就像是在这片大雾中横冲直撞的人，虽然不能荡涤这个世界，却确确实实地摸索出了一条炽热的道路。

而这些主角们都拥有一个意志——反抗。

正如《鼠疫》中里厄医生所做的，工作，不停地工作，救治病人，实验血清。而很有意思的一点是，就在各位医务工作者趋近于崩溃时，疫情的传播突然稳定了，虽然病情呈现了新的形势，但一直巧妙地维持着一种平衡。书中从未明确写出鼠疫的消散与医疗人员的工作有必然的联系，它更像是在城市开了个玩笑，而后又匆匆离开。但并不能认为里厄医生的反抗是没有意义的，因为阿尔贝·加缪似乎永远在热切地告诉我们——人在抗争中获得安宁。

就好像他那本振聋发聩的著作《西西弗神话》，他的哲学最终导向一种反抗哲学，导向对生命和存在的一种激情。这种激情的内涵就是全身心地投入和拥抱生活，正像希腊神话中那个受到诸神惩罚的西西弗斯。西西弗斯把巨石推上山顶，而石头由于自身的重量又重新从山上滚下，西西弗斯便一次次地推着石头上山，周而复始。

在他人看来，西西弗斯的生存是荒谬的，但是阿尔贝·加缪却认为西西弗斯是幸福的，西西弗斯每次推石头上山都是在实现自己的宿命，“他的命运是属于他的，他的岩石是他的事情”。他周而复始的行为就是对荒谬的抗争，当西西弗斯走向巨石的时候，他成了自己真正的主人。

印象中《鼠疫》里有一段对话可以印证阿尔贝·加缪所说的概念。

身为外地人的塔鲁说：“但您的胜利永远是暂时的。”

里厄说：“但这不是停止斗争的理由。”

所以我认为，如果单一地看《鼠疫》的结尾，或许会觉得阿尔贝·加缪对于人世间永远抱着无望的态度，但我认为没人比他更热爱生活、更理解生活。他拥抱着人的宿命——浸溺在荒诞的世界中，勇敢地面对人生的无常和荒谬的残酷才是获得幸福的第一步，而第二步是向着山顶推举象征着“命运”的巨石，然后在过程中体会什么是热爱、什么是激情、什么是安宁。

《皮囊》读书笔记

赵安妮

人这一生不能为皮囊活着，皮囊就是要用的，书里的阿太说。

看到这里，我的脑海里跳出了“physically”和“mentally”两个英文单词，这两个常常并肩出现的词汇，连在一起是“身心健康”（be physically and mentally healthy）。然而在挑选一件新衣服，将“身”衬得漂亮和读两页书静静思考某个问题之间，仿佛前者总是这个时代的人们会选择的。人们会为了吃什么而发愁，对粮食有要求，为一口美味而几经周折。没了粮食人活不下去呀。人追求着食物的味道，却常常忽视了精神食粮，灵魂只得饿着肚子日渐枯竭，倒是拥有了好多人在躯体上梦寐以求的很轻的分量。

然后，不知不觉地，人们都有了一颗生病的心（或许是厌食症）。我们每个人心上都有疮孔，老师说。我莫名地想到，小时候第一次听到“小心眼儿”这样的词时，我脑海里蹦出来的就是这样一幅具象的画面：一颗心上漏着孔，凹凸不平。这种疮孔别人是看得见的，并会予以评价，使之成为外化的标签，一个人看得见，便会有一群人看得见。还有一种心病，这疮孔也许只有自己看得见、摸得清，也许我们自己也看不见、摸不清。因为在大多数时候它们都静静地待在那儿，平静而无恙地凹陷着，只是在某些特定的时刻（也许是某个难眠的夜晚，也许是某节心灵受到牵动和召唤的课，也许是某次远足出游），它们才会随之抽痛，我们才会发现它们一直在那儿。那是一种空虚、饥饿，是那“心洞”被填补起来时的兴奋的抽痛。

填补空虚的心灵也许是难熬的，浑浑噩噩地过下去没有痛感，但是会麻木。最后灵魂轻得浮进了空气中，只剩一具空空的躯壳。

为了医治这心上的疾病，每个人的选择各不相同。有人去受教育，有人求之于音乐和诗歌，有人去爱。师者给予教育，艺术家和诗人给予音乐和诗歌，爱人给予爱。这个定义是狭隘的也是广泛的，谁都可以是老师、艺术家和爱人，比如一块山石可以是老师、艺术家和爱人。但同时一切存在都有着必要性。其中有些人进行着最抽象又最具象的表达，他们用笔杆写出故事，用文字治愈一个个残缺的人，将自己的灵魂摹在了纸页上——这便是他们的无可替代性。

人不能不读书，就好像人不能不吃饭一样。作家既烹饪也品尝，可以是故事的聆听者，也可以拾起一片残破的灵魂。

读书的时间太少了，这诚然是一场悲剧。当你心中沸腾的理想因时间的仓促而悻悻搁下、冷却、悄悄淡去时，心上的疮孔又深了一些。某些我格外清醒的时刻，每一根神经都琴瑟和鸣般地振动着，这时身边难免有沉睡着的皮囊。我觉得无奈，但又想到自己也是受时间支配的皮囊，于是觉得悲哀。灵魂嗷嗷待哺，身体却困倦不堪。灵魂激荡震撼之时，身体却留不住这一腔热血，珍贵的热血。

小镇比之城市，是更好的医生，是更好的艺术家、诗人和爱人。

小镇里一缕生动活泼、叮咚作响的泉水，相比城市里最精致的音乐喷泉，疗效不知好上多少倍。城市里最灯火阑珊的夜晚，亦不及小镇头顶的星光灿烂。这也许是属于城市人的美好幻想，毕竟真实的小镇不是乌托邦，脏乱是有的，空气里夹杂着牲畜身上的腥臭味儿。可是泉水是真的，星空是真的，青草味儿混着腥臭味儿是真的，一切都不含添加剂，生动、真实、纯天然，如同荒地里放之任之肆意生长的杂草。小镇是因裂纹被雕刻家丢弃的绿石，却因此免受刀尖雕刻之苦。它不及城市之翡翠美丽妖艳，却在自然的棱角中，散发着一种朴实的张力。没人能拒绝小镇，没人看不见城市的疮孔，于是你抬头也能看见厚云与尘污掩盖的星空。

作者是在小镇里长大的，他爱的小镇，远远比城市人爱的小镇丰富。小镇是他的根，他的生命。城市人难以笃定地说，××市是我的根，就算语气是自豪的，也总会暗自掂量一下。城市有浮华的皮囊，工业的酸土，我们能扎根吸取营养的一方土地越来越少了。城市人到何处去寻根？

无处也要寻何处，我们终要自己踏出一条路。

文学短评

小说与爱人

肖心泉

记得很久之前，读到王小波的一句话，大意是说，小说家的基本要求是爱人，不会爱人的小说家不是真正的小说家。当时我无法理解，小说家就是写故事的，这和爱人有什么关系呢？他们为什么要有这样的社会责任感？

后来又读到弗拉基米尔·纳博科夫的一篇文章，是评论《变形记》的，他说小说一个是要美，一个是要爱人。为什么要爱人呢？因为如果弗兰兹·卡夫卡不爱人，他不会关心那个可怜的格里高尔·萨姆沙，我们也不会觉得醒来变成甲壳虫，并且只能无助地向着空气踢腿是一件多么糟糕的事情。大家都不关心那位可怜的格里高尔·萨姆沙先生（以及倒霉蛋约瑟夫·K先生），弗兰兹·卡夫卡的书也是注定卖不出去的。于是我一刹那悟了：爱人不是什么社会责任感，而是一种最基本的同理心，是对人类处境的关心怜悯。此后每每想到，总觉得确为雅驯之言。

记得小时候有一次去海南岛旅游，有一天晚上本来可以泡温泉的，但是我带了一本《舒克和贝塔历险记》，那天晚上，我依稀记得书里的内容是舒克和贝塔要分开还是遭遇了什么危险，总而言之，深深的忧虑占据了我的心灵，让我不愿泡温泉。虽然现在想想后悔莫及，但爱舒克和贝塔的心人皆有之，想来也是可以理解的吧。

但是凡事讲究中庸，对于主人公的爱还是不要太激烈为好。在英剧《福尔摩斯探案集》（*Sherlock Holmes*）中，福尔摩斯曾对华生说：“你太多愁善感了。”“这种事每天都在发生，要哭你就去医院哭吧。”在福尔摩斯看来，哭泣和质问对解决问题毫无帮助，不如暂且按捺住感情，去推理思考。确实，真正的理性是分析原因，想办法，而不是面对现实哭泣。这正可以与米兰·昆德拉提出的“小说是提出问题（是复杂），而不是对问题给出解答（不是简单）”相贯通。许多小说似乎也是如此：因为爱人，所以关注人的不幸；因为关注人的不幸，所以将人类复杂哀伤的处境展现出来，对于生活、生命等提出质问。小说好看，因为它美；小说引人深思，因为这些质问往往是难以解答而又无法逃避的。是的，小说之爱人绝对不是为了感动读者，也不是作者的自我感动，爱人的基础是理性，是对于出路的探寻与渴望。如果只是展示不幸而不提出质问的话，那么小说也许只能是对丑陋伤疤的展示了。

爱人，这也许不是小说唯一的可能性，但确实是大多数小说的共性。千百年来小说流传更替，这点点爱人的光，我想该是长明不熄的。

做随波逐流的人，还是特立独行的猪？

——我喜欢的文学杂文《一只特立独行的猪》

陆盛瑶

我遇见的人里，喜欢读王小波的并不多（当然我一共也没遇见过多少人），不喜欢的理由无非是文字太戏谑、想法太奇特等。但我认为，“想法太奇特”并不能成为不喜欢的理由。因为，我正是喜欢他的特立独行。《一只特立独行的猪》篇幅虽小，却将这点体现得淋漓尽致。

王小波说的这只猪啊，真叫人心生羡慕。虽然是一只肉猪，但它每天总是跃出猪栏，自由自在地闲逛，饥则食，渴则饮，春天来临时还要谈谈爱情。说到爱情，猪栏里的母猪它是看不上眼的，它喜欢找村寨里长得好看的母猪。高兴的时候，它会跳上屋顶晒太阳，会学汽车响、拖拉机响，后来学会了汽笛叫；被众人围捕的时候，它一猪可以敌百枪，镇定且冷静地潇洒逃离。

你说，猪的猪生与人的人生有什么区别？生老病死、繁衍生息是如出一辙的，不离“反者道之动，弱者道之用”的世间规律。因此我们可能会给出的答案是：猪没有思想追求，猪没有自我实现的需求，猪没有智慧——猪就是猪，肮脏、懒惰、蠢笨的代名词。

那一只特立独行的猪却是打破一切藩篱的存在。王小波尊他为“猪兄”，换作我也会这么称呼。从小到大，我都是一个热衷于同动物拜把子的人。我养过两只仓鼠，一雌一雄，它们生了一窝鼠崽，我便唤那对夫妇为“鼠兄鼠嫂”，那一窝鼠崽便理所当然成了我的“鼠侄子”。“鼠嫂”生产完为了恢复身材，终日将滚轮转得咕噜作响，我总会问候一声：“鼠嫂，又运动呢！”过了几个月，我爷爷不知从哪儿搞了一只小橘猫，同那一家仓鼠养在一个阳台上。这“猫兄”长得十分俊俏，每次都要在“鼠兄”的笼子外转悠，弄得“鼠”心惶惶，我便呵斥它：“猫兄，你走远些！吓着我鼠哥了。”我终日这么叫着，时间一长，家里人开始担心我的智商是否出了问题。非也，就算放到今日我仍会这么称呼它们，因为它们是我的朋友，是鲜活的生命，它们身上亦闪耀着生存的智慧。这所有的特质无疑是值得尊重的，它们自然担得起一声“兄长”。

“我已经四十岁了，除了这只猪，还没见过谁敢于如此无视对生活的设置。相反，我倒见过很多想要设置别人生活的人，还有对被设置的生活安之若素的人。因为这个缘故，我一直怀念这只特立独行的猪。”

生活的设置，他人的灌输，模式化的生活……那就把皇帝的新衣毫无保留地撕碎，去崇尚智慧与自由。身边的很多人，他们苦口婆心地告诉我，不要去读文科，不赚钱。我初中的恩师，在听说了我的理想后，毫无理由地冒出一句：“考虑一下学医吧？”紧接着的是：“不要去读中文系，太窄了，可以作为爱好，但我不建议你作为职业发展。读了中文系，将来做什么呢？要么就去念法律。”

那一刻，对着输入框苦思良久的我不可避免地想到那只特立独行的猪。“对生活做种种设置是人特有的品性。不光是设置动物，也设置自己。”或许无人能幸免被设置，但一定有人做到不摒弃他的思想，不丢弃他原有的珍贵的东西。医生很伟大，也很辛苦，我给予这个职业绝对的尊重，但那不是我真正热爱的。法律亦然。我唯一能斩钉截铁宣誓的是，我爱文学，我爱中文，我想去中文系，那种感觉宛如失而复得生命曾残缺的一部分那样强烈与狂热，我中意它、心悦它。所以，我管它路窄不窄，我管它吃不吃香，不要妄想设置我、操纵我，我不要做冠冕堂皇、随波逐流的人，我要做那只特立独行的猪。

王小波说过：“作为一个寻常人，我的看法也许不值得别人重视，但对自己却很重要。这说明我有自己的好恶、爱憎，等等。假如没有这些，做人也没什么味道。”我喜欢他对荒谬的颠覆，我喜欢他思想的清醒与独特，我喜欢他文字的犀利与深刻——“人如果活得平平常常，还不如一只特立独行的猪。”

“我与我周旋久，宁作我！”愿我有勇气，去做一只特立独行的猪。

品读《声声慢·寻寻觅觅》中的“点点滴滴”

蔡依凌

“点点滴滴”，若将每一个字都当成一滴水，那么这四个字可谓是“水漫金山”了。于是这“点点滴滴”，在一个孩童的脑海中，留下了不深不浅的印象：与水相关，很衬这淅淅沥沥下着雨的时节。

“点点滴滴”还有别样的音韵与质感。点点滴滴，点点滴滴，清爽而又暧昧，裹挟着水汽向着你扑面而来，氤氲着便眯了双眼，宁静了心。李清照也曾经写过“梧桐更兼细雨，到黄昏、点点滴滴”。愁思浸在了雨水中，丝丝缕缕，剪不断，理还乱。

比起“点滴”来，“点点滴滴”这个词本身就是一种强化。是一点一滴，而不是别的什么。

而它随着时代的发展，本身也有了比喻的意义：“生活是一汪清泉，点点滴滴都充满了意义。”点点滴滴不再只是点点滴滴，还象征着琐碎的生活、美好的瞬间。

由此看来，汉字当真不简单啊。就汉字本身来说，它是传统文化的重要组成部分。它作为形、音、义的结合体，形而知义。而当它结合成了词，便承载了更丰富的情感，传递着更深切的触动。

点点滴滴，滴滴点点。想起王朔在《我是你爸爸》中写道：“阳光明媚，点点滴滴洒在民房的房脊瓦片上。”

品读《江南》中的“田田”

卢　实

“田”字自然地反映了田地中垄、畺的样貌，“田田”从字形上看，的确有水塘中成片的荷叶之态，那种叶的宽阔、皱纹、质地都包蕴在词中了。而声调上的阳平又极富夏日的风味。“田”“莲”，有一种秀美的、“一一风荷举”的雅致，倘若再联想开去，文化深处的字句又会显现出来：“江南可采莲，莲叶何田田……”从诗中提炼出的这个词也会携带上诗的意境，使我们千年之后看到“田田”，便能联想到接天的莲叶、江南的夏日、水中的游鱼、采莲时的歌声……一旦两个“田”字组合起来，几千年的文化的秘密就会被激活。

《红楼梦》文学短评

赵安妮

若只人间游历一番，怎得又欠下多少痴怨情债？若只幻梦神游一刹，怎得又偏偏情真意切、真真假假时不休？到那昌明隆盛之邦、诗礼簪缨之族、花柳繁华地、温柔富贵乡走一遭，尽享富贵繁荣之后，却像是曲终人散，江水依旧东流，峰峦叠起青山依旧，独留哀音不绝；又似是大梦方醒，却走不出梦境、辨不清虚实。仍有要做这痴人的，在朽败的荒地里生出花红柳绿来。只为一个“情”字，便甘心去赴那尘世一续木石前盟，泪尽方休。

（一）

警幻仙一曲，唤不醒痴情人。

“正途”在前，不愿踏入浊世，怎知身在浊世。警幻欲引导贾宝玉踏上正途，点醒他那痴顽的本性。“正途”是什么呢？宁、荣二公本对贾宝玉有所期望，封建时代的正道就是入仕做官，然而官场俗浊，贾宝玉对女儿们的钟情也正因其清洁脱俗之气。不染淤泥，是他的本能，然而处于贾府这一奢靡腐朽的环境中，他却从未意识到，沉溺于身边不沾染世俗的世界，是看不到这个世界之外的黑暗不堪的。再者，情思爱欲是一切苦恼的根源，警幻想要贾宝玉悟的，也许是这情爱纠葛缠身，大不可深陷其中。然而他生来带着一份情缘，骨子里便为情种。这种痴迷不悟，也许是种义无反顾。明知是梦，仍要沉醉于梦中，这就是贾宝玉的痴吧。

（二）

此处有佳人，金缕屐出闺阁。

贾宝玉乐意身处女儿堆中，见了韵致风雅之人更是要看痴的，唯爱惜其阴柔纯洁之美，留丝丝缕缕脉脉情。书中将从前取悦男性的女性工具角色变为受倾慕的角色，甚至受到男性的仰视，虽委婉地借书中人物之口表达，但仍是对当时世俗性别观念的挑战，弘扬了女性的价值权利。此外林黛玉等女性角色的自我觉醒，体现在人物的满腹诗书、对爱情的追求等方面，展现出了女性的人格魅力。

《红楼梦》中的女权意识，与许多涉及女权主义的作品相同，但思想上仍有陈腐的地方，书中大部分女性人物依然不免在社会风气下妥协服从，跳不出封建大背景的思维定式。而反观女性平权主义兴起的现代，有些激进的或者认识上有问题的女权主义反而成了女性独立自由的阻绊。从古至今这都是一个值得探讨的主题。性别平等，首先意味着，我们的社会要把男性和女性相同地看待。似乎我们已经在这方面进步了许多，至少在各种行业、事宜中，女性的数量和比例常常会特意地得到保证。然而这种分配给女性的“社会关怀”，并不意味着女性自己的力量变得强大了、女性的素质变高了，而仅仅意味着一项客观条件改变了，而女性群体恰好与之符合。女权运动是一场“革命”，拿不出革命者的态度来，不先在内部确立指导思想，培养良好的自身素质，而是一味地依赖于社会风向标的改变，既不实际，也实现不了女权主义者的真正诉求。在《红楼梦》的封建背景下，书中的人物显然对于社会是无法有诉求的，而贾府却或多或少地表现出了一种独立于社会的性别观念体系。再者，足够的保障并不意味着尊严。如果我们讨论的是女性能否得到较多保障，那么《红楼梦》中的女性大都享受着不尽的繁荣富贵。这都提醒着我们，女性只有自己的意识觉醒了，敢于追求所热爱的，敢于维护自己正当的权利，千古遗留下的不平等才能真正被消灭。

（三）

金簪雪里埋，一世通透难猜透。

书中的诸多人物中，有一人物颇具争议，即与林黛玉并列金陵十二钗之首的薛宝钗。她的温婉贤良、大家闺秀，为人所赞叹；她的通透知礼、圆滑世故，却为人所诟病。贾府人人评价她仁爱宽厚、好相处，实则薛宝钗的性情是极冷漠的。说她冷漠，是说她因知人情世故而表现出一种独特的理性，甚至显得“无情”；是说她拥有通透的处世方法，暗藏的智慧。她的世界，理性到波澜不惊，让人又爱又恨，正所谓“任是无情也动人”。有才似林黛玉，却比林黛玉沉稳多计谋；贤能似王熙凤，却比王熙凤更识大体，舍小利而谋大利。独一无二的薛宝钗，温柔端庄、贤能智慧的薛宝钗，却也是冷漠无情、城府颇深的薛宝钗。薛宝钗在书中是世故、世俗的化身，是封建礼教的代表，但反观之，薛宝钗自己不也颇受封建礼教的毒害？她也是个天真顽皮的姑娘，见了蝴蝶便到水边扑。然而她从小接受的教育使她时刻清楚地知道，要不争不抢、人淡如菊。宽厚知礼的她人人见了皆称赞。细心揣测身边的所有人，一问三不知，是她的为人处世之道。她装作愚钝，却无人不知她聪明。一个人做到如此，必先付出万般心血，极度的隐忍是最好的保护色，她将真情实感深深地埋藏。她如此选择了，能坚定地走下去，担起家族的责任，便实现了她的意义。

如果林黛玉是理想的化身，那么薛宝钗就是现实的写照。可以说，薛宝钗在那个时代活得很逢时，不顾影自怜，顺从而坚定地去走一条“该走的路”；纵然世故，善解人意是真，疼爱身边姐妹也是真。从后人对薛宝钗的评价中可以看出，人们对薛宝钗的世故是颇有些嫌恶的，实际上薛宝钗自己本就已为世俗殉身。然而后人能否有不世故的勇气？我们可以认同，但永远都要在阴沟里仰望星空。我心中的薛宝钗，香汗淋漓扑花蝶之时最动人。

（四）

因果轮回空，真假一时混沌。

《红楼梦》，本就是一梦。梦里梦外真假难辨，梦中人一时分不清何处是梦里，何处是梦外。“假作真时真亦假”，真真假假勾画成人生。读《红楼梦》，人们执着于分辨其中的真假之处，然而在一场本就真假混沌的大梦中，刻意较劲儿也许反而失了书本本身的意蕴。它带给我们那种奇妙的虚实穿梭之感，眼前大雾笼罩的视野隐隐透出社会的迷乱。我们怀着对真假的敬畏心，自然就反推出了什么是我们应该追求的本色和初心。

“满纸荒唐言，一把辛酸泪。都云作者痴，谁解其中味。”荒诞的社会背景，是封建的体现。龌龊之事屡屡上演，贾府上下却全打着掩护，腐朽于富贵繁荣之中更显突兀，奢靡享乐的社会乱象是一场荒诞而又夺人眼球的狂欢。人也荒诞，情也荒诞。大梦一场在红楼，终究是奈何天。

从《短歌行》中的意象窥探曹操的人物形象

窦雨辰

《短歌行》是汉末政治家、文学家曹操以汉乐府旧题创作的古体诗。这一作品的语言风格恢宏大气，以沉郁顿挫的笔调表达了诗人对时光流逝的感慨、对贤才的思慕以及建功立业的宏愿，雄深雅健，千古流传。

诗中写道："月明星稀，乌鹊南飞。绕树三匝，何枝可依？"对于这句诗中"乌鹊"的象征意义，历史上的文学评论家可谓众说纷纭，但他们的观点大致可以归为三类。

一是贤才说。据沈德潜《古诗源》，"乌鹊"喻指客子无所依托。曹操身为统帅，深知人才的重要性，他在选拔人才时并不把道德作为第一标准，而是唯才是举，抓大放小。诗中还有许多语句运用的典故能够印证这一观点，"青青子衿，悠悠我心""呦呦鹿鸣，食野之苹""山不厌高，海不厌深""周公吐哺，天下归心"都是为表达作者招纳贤才的热情服务的。

但是除了显而易见的贤才说之外，另外两种说法也同样有理有据，且能给读者带来更深刻的启示，值得反复推敲品味。

余冠英先生在《三曹诗选》的注解中写道："乌鹊无依似比喻人民流亡。"乍一看，这样关心百姓的形象仿佛在"宁教我负天下人，休教天下人负我"的曹操身上站不住脚，但是曹操的人物形象其实在后世的文学作品中被过度奸诈化了。事实上，曹操并非一个对民生疾苦不闻不问的乱世枭雄。曹操在南征北讨中目睹了人民流离失所的困苦，他的诗也不乏《蒿里行》这样的感世之作，不仅揭露了军阀混战带来的黑暗社会，还表达了自己对无辜百姓的深切同情。我想，曹诗本色质朴而悲凉沉雄的独特艺术风格和他统一天下的雄心壮志，正是他在戎马倥偬的岁月里目睹民间疾苦后铸就的。

另有一说，"乌鹊"象征着作者内心无处逃遁的孤独。这一说法与"百姓说"有着千丝万缕的联系。曹操的孤独绝不仅是身为枭雄无人信任、高处不胜寒的孤独，而是功业未竟，且自己老当益壮的雄心被曲解时所感受到的迷茫、惆怅，乃至悲壮。曹操在《对酒》一诗中表达了对太平盛世的向往，抒发了自己"恩德广及草木昆虫"的宏大政治抱负。"老骥伏枥，志在千里。烈士暮年，壮心不已。”曹操从未自认为枭雄，他真正想要成为的是一位不服老、不信天、有所作为的伟大政治领袖。这一理想从《短歌行》末句曹操以周公自比也可以得到印证。他终其一生不断探索生命的广度，却始终未能完成理想中的天下大统。壮志难酬，这是何等悲苦！

裴松之评价曹操：“历观古今书籍所载，贪残虐烈无道之臣，于操为甚。”司马光在《资治通鉴》中评价曹操：“以魏武之暴戾强伉，加有大功于天下，其蓄无君之心久矣；乃至没身不敢废汉而自立，岂其志之不欲哉？犹畏名义而自抑也。”顾炎武评价曹操：“而孟德既有冀州，崇奖跅驰之士。观其下令再三，至于求‘负污辱之名、见笑之行、不仁不孝而有治国用兵之术者’，于是权诈迭进，奸逆萌生。”曹操乱臣贼子的形象经过代代流传，再经过诸如《三国演义》一类作品的戏说加工，早已深入人心。历史上对曹操的形象存在太大的误解。不过大文豪鲁迅对曹操的形象倒是别有一番理解：“曹操是一个很有本事的人，至少是一个英雄。”我比较赞同这种看法——曹操有博大的胸襟，即便称不上英雄，他也绝不是一个纯粹的奸贼。我认为“乌鹊”这一意象结合三种理解才是最妥当的。从对“乌鹊”这一意象的分析中就不难窥探出，曹操是一个立体多面的人物。他固然是一位不可一世的军事家，但他更是一位求贤若渴的统帅，是一位悲天悯人的现实诗人，也是一个会对自身感到迷茫的“人”。

在理解曹操的人物形象时，我们只有将其置身于战乱的时代背景下，用历史唯物主义的眼光整体分析，才能消除历史上对曹操的误解，全面而客观地认识这位深沉而伟大的枭雄。

莫让绝唱成为挽歌

——《广陵散》绝唱

孙瑞阳

（一）广陵绝响

公元 263 年某天的一个正午，日影渐短，生命的时钟进入了倒计时，嵇康临刑东市。任由群众将刑场围了个水泄不通，却泰山崩于前而面不改色。

或许在死亡临近的那一刻，每个人的选择都不尽相同，或如荆轲图穷匕见，终败秦王一筹时想起燕丹的托付，眼角不禁落下一滴英雄泪，让后世于易水萧萧寒波之上将这孤注一掷谱成“壮士一去兮不复还”的挽歌；或如司马迁生前蒙受奇耻大辱，发愤著书立说，与世长辞之前终于能够欣慰而释然地发出一声喟叹，希望《史记》这一巨作能在后人手下万古长青。

而嵇康却都不选。

据记载，他平静如常，“索琴弹之，奏《广陵散》”，这一曲，便是留下了千古恨的广陵绝响。

嵇康桀骜不驯的清高使《广陵散》流传的可能性趋近于无，连他自己也提到过，袁孝尼曾经想向他学这首曲子，而自己却没有传授给他。但也正是他的这种傲骨，点醒了混沌中的芸芸众生，使他们明白，这颗明星的陨落恰恰源于时代的悲哀。不同于司马迁和荆轲，嵇康凄美而绚烂的死亡使《广陵散》带上了绝唱的崇高，却不落于挽歌的悲哀。

他生命的最后一刻，达到了很多人终其一生也无法企及的高度。

（二）《广陵散》之说

琴曲《广陵散》的来历，与嵇康其人一样，充满了谜一样的传奇色彩。

据《晋书》记载，嵇康早年曾游历洛西，到了晚上投宿在一个叫“华阳亭”的地方。万籁俱静，月斜星沉，嵇康引琴而弹。突然，他听到黑暗处有个声音夸赞他弹得好，嵇康就请其现身相见。这个神秘人自称是古人——所谓古人，言下之意，不是鬼魂就是神仙。两人探讨音律十分投机，聊到最后，神秘人拿过琴来，弹了一首曲子。这首曲子风格迥异，声调绝伦，慷慨激昂，世间罕有。他将这首曲子教给了嵇康，并要求其发誓，不能再教给其他人。这首曲子，就是《广陵散》。

《广陵散》也叫《聂政刺韩王曲》《广陵止息》，讲的是春秋四大刺客之一——聂政刺韩王的故事。这在当时是很有影响的政治事件，晋、楚、齐、卫等国的人听说此事后，纷纷为聂政“士为知己者死”的无畏气概击节叹赏。

可是，聂政刺韩王的故事，为什么又名《广陵散》呢？

广陵，即今天的扬州市。在司马氏把持曹魏政权时，曹魏大臣共有过三次大规模的兵变起义。而这三次的起义地点都是相同的——寿春，这个地方，都属于扬州管辖。王凌、毌丘俭、诸葛诞在起义之前，其职位都是扬州牧。聂政刺韩王一事，象征着王凌等人对司马氏父子的反抗，所以把《聂政刺韩傀曲》叫作《广陵散》，不难看出此中有深意。

也难怪嵇康临行前别的曲子都不弹，偏偏挑中了《广陵散》。一方面，这首曲子本身就慷慨激昂，符合当时悲壮的心情；另一方面，嵇康死前都在表明自己的态度——即便我死，我依旧桀骜不驯，我依旧独立反叛！

他们都是反抗暴力的载体，都是独立自由的象征。

（三）时代之殇

嵇康服刑，阮籍醉死，“竹林七贤”中最核心的两位成员都已经离去。向秀突然觉得极度空虚，他茫然不知所措，迫于无奈，接受了郡里的举荐，入洛阳做官。

路过嵇康故居——那个他们曾经自由自在、畅饮纵酒的地方，听到邻人吹笛子的声音，无比怀念从前的时光。他写了一篇悼念嵇康、吕安的《思旧赋》，寥寥几行，个中缘由，谁又能真正体会呢？

看见闻名遐迩的向秀也终于屈服了，司马昭内心的窃喜溢于言表，他以一种胜利者的姿态，带着一种近乎嘲讽、挑衅的语气问道：“闻君有箕山之志，何以在此？”

面对杀了至交好友的刽子手，向秀却回答说：“巢、许狷介之士，不足多慕！”

这句话，竟然出现在“竹林七贤”向秀的口中，让人不禁唏嘘感叹，司马昭听后也大为咨嗟。或许，在那一瞬间，他的良知一闪而过，大约感到，用权力手段束缚手无寸铁的士人，是不是有些太过分了？

王戎也做了官，做官后表现得极为吝啬，但不失为一种自污名节以自保的手段。有一次，他身着公服，坐着轻便的敞篷马车，经过黄公酒垆时突然停下来，对后面的随从慨叹道：“吾昔与嵇叔夜、阮嗣宗共酣饮于此垆。竹林之游，亦预其末。自嵇生夭、阮公亡以来，便为时所羁绁。今日视此虽近，邈若山河。”

几百年后，唐人陆龟蒙写了一首《和袭美春夕酒醒》：

“几年无事傍江湖，醉倒黄公旧酒垆。

觉后不知明月上，满身花影倩人扶。”

情趣盎然、脍炙人口的字里行间却透着一丝酸楚，他祭奠的，正是竹林风流。

（四）最后的悲吟

集权暴力下的士人，要么被消灭肉体，要么被掏空灵魂。

“竹林七贤”分崩离析后，很快进入两晋南北朝的混乱时代，隋唐科举取士，士人彻底沦为皇权的附庸，皇权一步步集中。此后一千五百多年中，再也没有嵇康那样慷慨激昂的声音，那样潇洒自由的身影。

逝者如斯，不禁想要发问：我们应该何去何从？《广陵散》绝唱，注定要成为挽歌吗？

“质而实绮，癯而实腴”

——从白描看陶渊明的《归园田居（其一）》

张艾彤

没有繁复堆砌的辞藻或华美的句子，在《归园田居（其一）》中，陶渊明以其淡远深邃的笔触结合白描手法道出了田园间一片宁静、恬淡的生活图景，抒发了自己归耕后的喜悦与自由。

白描本是中国古画技法之一，指仅用墨线勾描物象而不施彩色的画法。由于白描画具有朴素、简洁、明快的特点，因而也常成为一种文学表现手法。其特点是不重辞藻与渲染烘托，即鲁迅先生所说：“有真意，去粉饰，少做作，勿卖弄。”用老子“大音希声，大象无形”来形容陶渊明诗中的白描艺术再贴切不过了。这是一种朴素自然而无人为痕迹的本真境界，一种艺术的最高境界，一种化境。

细细品读《归园田居（其一）》中的白描部分。“方宅十余亩，草屋八九间”用简笔勾勒出了不大的宅院，占地十余亩左右；草屋不多，也有八九间供使用。“十余亩”“八九间”虽为简单数字，却经诗人情感浸润而丰富，再以“榆柳”“桃李”略加点染，似可看见这院中榆柳繁密成荫，桃树李树春华秋实。诗人使整个景色跃然纸上，刻画得平易而亲切。后四句远景，是诗人在黄昏将至之时，望向远处有几分迷蒙隐约的村庄，见着缕缕炊烟袅袅飘向天际。“暧暧”“依依”都有隐约之意，烘托出一份淡雅，也道出了陶渊明心中的那份祥和。耳边更有鸡鸣犬吠，以动衬静，衬出这乡村生活图景的生机……

“外枯而中膏，似淡而实美。”这一首《归园田居（其一）》与其说是文字，倒不如说是一幅不经刻意雕琢、自然质朴的白描画。“开荒”“守拙”“方宅”“草屋”“榆柳”“桃李”……这些场景本都可用浓墨重彩来加以修饰，诗人却用轻描淡写显出神韵。每一个用词都自然、简单而又传神达意，流露出自己“复得返自然”的欢愉与自由。

陶渊明诗中的白描早已不局限于那首田园诗，有《饮酒》中“采菊东篱下，悠然见南山”的惬意；有《归园田居（其三）》中“种豆南山下，草盛豆苗稀”的平淡之意。诚如苏轼的评价“其诗质而实绮，癯而实腴”。句句朴实的“田家语”中潜藏着诗人对词句的千锤百炼，平淡中见精粹，朴素中见绮丽。出身于一个没落的官僚家庭，陶渊明从当初“猛志逸四海，骞翮思远翥”的胸怀大志、意气风发的少年，变为归园隐居、沉默潦倒的迟暮之人。一次次，出仕、碰壁、失望、归隐……三仕三隐，不为五斗米折腰的他，在逆境中，渐渐懂得了权贵污秽，渐渐了悟了世俗与自己本性之间的冲突，渐渐失去了对统治阶级的最后一丝希望。

决意归隐，他义无反顾。

虽已无法使理想成真，却也绝不与世俗同流合污。这，便是陶渊明，平淡中不失豁达，高尚中不失自由。而白描，早已融入了陶渊明的诗中，成了其诗中密不可分的一种元素。正是他那“本爱丘山”、崇尚自然的价值观与看透世故的高远、平淡，赋予了本应枯燥的表现手法一种洒脱。

故有人评陶渊明：“古今隐逸诗人之宗也。”其诗旷且真，其人亦是如此。一身独具的隐士气质配以白描艺术，可谓尽显神韵……

从《侠客行》看李白的侠气风骨

金竹馨

《侠客行》是唐朝诗人李白以乐府古题创作的诗歌。全诗以豪气干云的笔调刻画出剑术高超、拯危济难的侠客形象，抒发了诗人对侠气风骨的倾慕，也承载着李白身为文人却终生心向往之的“万里横戈探虎穴，三杯拔剑舞龙泉”的侠客大梦。

诗歌开篇勾勒赵地侠客的服饰、佩刀与豪爽气概——“缦胡缨”“吴钩霜雪明”“银鞍”“白马”组合出一位典型的游侠肖像。而紧接的“十步杀一人，千里不留行”与“事了拂衣去，深藏身与名”二句既以夸张的修辞凸显侠客的武艺超群，也渲染出其淡泊名利、重情重义的游侠情操。诗人又化用信陵君礼遇侯嬴、朱亥的典故，表达对能支持自己政治抱负的明主出现的期望，同时于诗歌末尾毫不吝啬地赞扬“二壮士”“纵死侠骨香，不惭世上英”——身先死而侠骨千古——全诗的情感抒发也随之推向高潮。

对于“十五好剑术”“高冠佩雄剑”的李白而言，《侠客行》并非简单地对侠的赞誉，更多是诗人抱负的写照。李白青年时立志“奋其智能，愿为辅弼，使寰区大定，海县清一”。中国文人的终极梦想兜兜转转，总绕不开走上仕途救济苍生从而名垂青史。而李白心中的剑气则指引他走向第二条道路——侠士剑客。诸如“十步杀一人，千里不留行”等与剑相勾连的诗句是他在诗歌领域中破开的另一重剑气。若将李白的生命比作诗、酒、剑的融合体，或许可以猜想，李白宁愿放弃与生俱来的诗人角色，也不愿被剥夺身为剑客时风流潇洒的资格。

唐朝游侠之风盛行，李白本人更是尚任侠的代表。安史之乱的爆发使大量文人仕途大变，李白在逃亡过程中依旧挂念着他的报国壮心。他在《扶风豪士歌》中写下“扶风豪士天下奇，意气相倾山可移”“抚长剑，一扬眉，清水白石何离离”——即使身处乱世，豪士的气节依然高洁如清水白石。李白的侠客情结是他一生难以割舍的“白日梦”。司马迁在《史记·游侠列传序》中充分肯定了侠客“其言必信，其行必果，已诺必诚，不爱其躯，赴士之厄困”，李白也在《侠客行》中赞颂侯嬴与朱亥“三杯吐然诺，五岳倒为轻”。大唐盛世的气概使李白浪漫主义的诗风得以形成；而当唐朝由巅峰走向衰落时，李白的剑气风骨仍倔强地不甘沉沦，这是他侠客本色的最终附庸。

剑这一意象虽在《侠客行》中为暗指，但在李白的其他诗歌中经常出现：“抚剑夜吟啸，雄心日千里”“长啸倚孤剑，目极心悠悠”“愿将腰下剑，直为斩楼兰”……剑是有力量的服饰配件，也是最有诗意的冷兵器。边塞诗派在大唐盛世开辟，只有包容万象的时代才能孕育出诗人们对战场上英雄豪情的向往。从李白的“剑”到王昌龄的“金甲”、岑参的“碎石”，再到辛弃疾的“醉里挑灯看剑”、陆游的“国仇未报壮士老，匣中宝剑夜有声”，剑气是传承在中国文人血脉中的诗篇。无论是历史判断还是文学作品，侠是最永恒的风骨——李白自然也不例外。

《侠客行》是李白诗作中直接吟诵侠客形象的代表作之一。剑与侠装饰了李白的浪漫，成就了李白作为“诗仙”的洒脱。至于李白是否真的有足够的胆识武略在江湖游走四方或在疆场肆意驰骋，不必太过在意。侠客大梦是李白一生未实现的执着，却也正是这场梦支撑起了李白乃至中国文人剑啸长虹的侠气风骨。

自虚实结合看李白之“山”

邓潇尧

《梦游天姥吟留别》的确好。好在“我欲因之梦吴越，一夜飞度镜湖月”，好在“霓为衣兮风为马，云之君兮纷纷而来下”，好在“安能摧眉折腰事权贵，使我不得开心颜”。总之，是活脱脱一幅亦静亦动、亦幻亦实的梦游图景。

李白一生在出世与入世的世界中徘徊。当他退隐青山时，往往以游仙企求高远。《梦游天姥吟留别》便是其中的代表。理想与永恒的日月相撞，因而攀云、望月、列仙迎送、遨游太清成为李白寻访名山诸诗的主调。天姥之外，《望黄鹤山》中即有“颇闻列仙人，于此学飞术”。黄鹤山并不高，而李白写“雄雄半空出”。“四面生白云，中峰倚红日”的壮景加以“仙人飞升”的光环，虚与实的结合中诗人的高远心气淋漓尽致地迸发。

李白的名山世界中因此有“云之君”，亦有“熊咆龙吟”，洋溢着现实与梦幻的重叠，出世与入世、睥睨权贵与追求自我的二元内涵。这些对立面交错迷离，描摹着李白“理想我”的自我形象。

这样高远无垠的境界，李白在《梦游天姥吟留别》中以“梦入天关”的机缘来展开。李白起笔便以“烟涛微茫”的瀛洲之虚来衬写“云霞明灭”的天姥之实，形成内在寻山、深刻向往的一段虚实心路。空间之虚实结合下，赤城、五岳、天台的峻笔烘托下的天姥更是迥出尘寰，形成诗人的心灵圣山。接着，李白让虚写更上一层楼，以“梦”飞度湖月，着谢公屐登云入天。在李白创造的世界中，他得以与毕生景仰倾慕的谢灵运交往精神。于山崩地裂的洞天石扉，诗人仿佛企及浩荡无际的宇宙，日月在此仙境交相辉映，仙人在此分列。诗人以实入手，逐渐突破了现实时空的限制。此因梦入天、列身仙行的手法在名山仙游中反复出现。

李白的描写手法为人称道。但它绝非只因美而好到流芳千古，确实是因为李白这不受拘束的文风——更应该说是因不受拘束的情怀而传世。根据常识，天姥纵然高，诚难以让“天台四万八千丈，对此欲倒东南倾”，更不可能“势拔五岳掩赤城”。但是在“诗仙”的诗中所有都已经成为可能。李白笔下的“虚”是在“实”的不完美上理想化的加工，彩云鸾鸟会为他的到来而起舞，仙人会为迎接他而列队如麻。因为他是绝对的主角。或许在现实之中他遭遇了使他消沉不堪的挫折打击，但诗中的一切都会打消外部的好与坏，这是烧毁尘世桎梏、绘制精神楼宇的源泉。“一切景语皆情语”，《望黄鹤山》中，“地古遗草木，庭寒老芝术”的萧条景象亦可被青莲居士解读为仙人炼制丹药的遗迹，尽显奇伟。实物仅仅成为诗人抒发感情的载体，虚写的情感才是雕刻实景、让相同的景物渲染出不同氛围的看不见的手。

李白虚写手法的背后是真挚的情感，真挚的情感让缥缈的虚写有了寄托。“我欲因之梦吴越”，大概不只是因越人所言而想到如此，更加贴切地说是因自己所想而梦吴越，梦心中的幻景，梦自己的幻梦。诗的最后，“安能摧眉折腰事权贵，使我不得开心颜”，虚的世界至少保留了自己的所思、所念、所想，亦可算是一种慰藉。无独有偶，《望黄鹤山》中一句“结心寄青松，永悟客情毕”将这样隽永的意趣娓娓述说。

李白有着奔放豪迈、傲岸不羁的性格，以其生命热情跄踉跋涉于人间道上。多变、衰朽、有限的人间世界无法满足李白炽热的生命热情，因此他认真投入对永恒及完美之境的追寻，企图自时间与空间的限制解脱，拍合自然，与时消息。在山中，李白才能短暂地抛下仍困苦的现实，与理想和自然凝合律动。

“众鸟高飞尽，孤云独去闲。相看两不厌，只有敬亭山”是虚实结合的极致——这正是李白回归本真、与天地合一、超凡脱俗的世界。崇峻的山间，“诗仙”真正成为飞升之仙，且放白鹿青崖间。

论《梦游天姥吟留别》中的李白精神

李映蓉

《梦游天姥吟留别》以瑰丽的想象表现梦境，写法大胆夸张，语句变化多样，意境雄伟，精巧构思间却又是笔随兴至、不受拘束的恣意洒脱，透出李白的傲视权贵和不卑不亢。可以说，我感触最深的就是李白在诗歌中表现出的昂扬振奋、潇洒出尘的浪漫主义精神。

李白向来喜欢山水，描绘山水对他也是乐趣，梦中的山水超脱现实，更能让他大胆想象。《梦游天姥吟留别》中出现各类瑰丽神奇的景象：“青冥浩荡不见底，日月照耀金银台。霓为衣兮风为马，云之君兮纷纷而来下。”景色壮丽，色彩缤纷，这样丰富奇特的想象、大胆夸张的手法，也就是李白这样潇洒豪迈、傲视一切的人才能拥有。而这些景象也不只是梦中所见，还融合了这些年来他所游历的山水、听闻的传说，甚至包含长安宫廷的印象，这才描绘出这样无与伦比、雄浑壮观的景象。

李白是唐朝伟大的浪漫主义诗人，被后人誉为“诗仙”。其人爽朗大方，爱饮酒作诗，喜交友，深受黄老列庄思想的影响。而李白这般洒脱的性格，与他兼修儒道想必有关。儒家思想促其积极入世，不过李白对伦理说教和章句之学颇为不屑，道家思想又让他对生命和自由充满热爱。儒家思想促其建功，任侠与纵横家思想促其建大功，老庄思想又促其急流勇退。以儒为进，以道为退，这样的性格使李白的诗呈现出浩然之气。他即使是写一些看似消极的事物，也总是表现出一种涵天盖地的雄浑之气。

“古来万事东流水”一句中，诗人对于人生不免有着失意和感慨，但李白这样潇洒的人怎会为这些烦恼所困，“且放白鹿青崖间，须行即骑访名山”，这种徜徉山水的乐趣，最能抚慰李白的心灵。可是在朝廷里只能做个翰林供奉的屈辱，遭人构陷黯然离开长安的郁闷，就此埋没无名的愤懑，都要这么掩藏在心底吗？李白这般恣意自由的人，当然是愤愤地加上最后两句：“安能摧眉折腰事权贵，使我不得开心颜！”

李白的诗雄奇飘逸，他在诗中以主观现客观，他笔下的形象不是客观现实的直接反映，而是其内心主观世界的外化，艺术的真实。当李白在现实生活中不能施展才华，不能参与政治去实现他想要的“寰区大定，海县清一”时，他总能将热情化作笔触，在诗中展现自我，做那个化作大鹏任意遨游天地间，永远潇洒、永远浪漫的一代绝世才子。

《琵琶行（并序）》中独特的乐声描写

张济霖

《琵琶行（并序）》是白居易被贬江州司马，夜晚在浔阳江畔送客时，偶遇“同是天涯沦落人”的琵琶女，进而触景生情，为自己不受朝廷重用感到悲伤而写下的一首长篇乐府诗。这首诗在描写琵琶的乐声上别具一格，清人方扶南也称它是“摹写声音至文”。那么，它究竟是如何描写琵琶乐声的呢？

首先，作者将抽象的、虚无缥缈的乐声，通过自己的想象和恰当的比喻，化作了实际的事物，如描写琴声时而短促、时而低沉，写道：“大弦嘈嘈如急雨，小弦切切如私语。嘈嘈切切错杂弹，大珠小珠落玉盘。”将琵琶声比作“急雨”“私语”“大珠小珠落玉盘”等具象的东西，使人虽未亲耳听见琵琶女演奏，却能感受到这种乐声，给人一种身临其境之感，也使全诗更加生动形象。同时，这之后的几句，如“间关莺语花底滑，幽咽泉流冰下难”“银瓶乍破水浆迸，铁骑突出刀枪鸣”等，都用了这种手法，化抽象为具象，使人真切地“听”到了琵琶的乐声。值得一提的是，后人并未听过这位琵琶女的演奏，却通过本诗模拟还原了一首曲子，足见这首诗采用这种手法的成功，可以说，这一手法的运用是本诗的亮点。

其实，不只是《琵琶行（并序）》，许多其他描写音乐的传统古典诗词也都采用了类似的手法来表现乐声。如李贺的《李凭箜篌引》中将箜篌声比作“昆山玉碎凤凰叫，芙蓉泣露香兰笑”“女娲炼石补天处，石破天惊逗秋雨”等，采用了类似的比喻和想象，使对乐曲的描写更加生动。

其次，作者将情感融入了这首描写琵琶女弹琵琶的诗中。如在演奏刚开始时，他写道：“弦弦掩抑声声思，似诉平生不得志。低眉信手续续弹，说尽心中无限事。”琵琶女是从长安流落过来的，丈夫又不在身边，因此十分孤独寂寞，这正与被贬谪的诗人有了相同点，因此诗人便把情感投入了这首诗的描写上，才会显得如此传神。倘若诗人没有“同是天涯沦落人”之情，仅仅是听了一首琵琶曲，又或者假设他在遭贬前在京城的教坊中听到了这位琵琶女的弹奏，我想，他定不会有如此深的感触，以至于“江州司马青衫湿”，写出的诗也一定不会像这首《琵琶行（并序）》一样，成为传世名篇吧。从古至今，描写音乐的诗词多如牛毛，可是流传下来的有几篇？再看看大家耳熟能详的名句，绝大多数都暗含或直抒了作者的某种深厚的情感。可以说，情感是诗词的灵魂，也正是情感，才使得这首诗对琵琶乐声的描写如此真实、如此动人。

诗中衬托、对比与铺垫的写作手法也使琵琶乐声显得十分独特。开始时写送客，“举酒欲饮无管弦”，没有乐曲，使宴饮少了许多欢乐。“别时茫茫江浸月”的宁静场面，为琵琶女的出场做了铺垫。琵琶女一曲弹奏结束后，又写“东船西舫悄无言，唯见江心秋月白”，与琵琶女演奏时的喧闹形成强烈对比，以静衬动，更加体现出琵琶女演奏的动听。

诗的主旨和精华即在这一曲琵琶的弹奏中。所有的叙述，包括琵琶女的悲惨经历和诗人的感同身受、触景生情，都是围绕这一首琵琶曲展开的，可以说，对琵琶曲描写的成功也是本诗成功的一大因素。与《李凭箜篌引》等诗不同，这首诗没有使用华丽的辞藻，也没有运用高深的典故，仅仅是运用了比喻和想象这些并不复杂的手法，便成功描写出了一首动听的琵琶曲，真不愧被称作“摹写声音至文”！

人生寂寞之时仍保有对生命的仁爱

——浅谈在《登高》作者情感中展现的杜甫暮年

张佳婷

《登高》短短五十六字倾注了少陵野老在外漂泊八年后的几乎全部情感。杜甫描绘了一幅萧瑟荒凉的登高图，将个人身世之悲、抑郁不得志之苦融于悲凉的秋景之中，极尽沉郁顿挫之能事。

清朝杨伦在《杜诗镜铨》中认为《登高》高浑一气，古今独步。明朝胡应麟则称这首诗是“古今七言律诗第一”。这首“旷代之作”以“悲”字为全诗的主线，以悲始，以悲终。在经历了安史之乱后，整个大唐王朝元气大伤、江河日下，不复往日荣光，而自己身边的好友李白、高适也相继离世，自己又疾病缠身，在这种情况下杜甫借重阳节登高排解自己对人生的焦虑。

“猿啸哀”和“鸟飞回”拉开了全诗的序幕，凄厉哀怨的猿声和在疾风中飞舞盘旋的鸟表现出了诗人独自登顶时的孤独和寂寥，同时又暗指当时数不尽的和作者有着相同境遇的漂泊流离之人，为全诗奠定了沉郁顿挫、哀婉凄凉的基调。群鸟仍然可以成群结队地回到家园，诗人也终是要回到自己的精神家园的，悲伤的氛围已被烘托起，诗人对生活的希冀还未停下。

尽管此时的杜甫已步入暮年，可杜甫叹老，既是对自己生命随时会消逝的惶恐和对怀才不遇的无可奈何，又是对自己不算长的一生的反思，他进一步地感悟着生命的价值。于是诗中既有“无边落木”的萧条之景，又有“不尽长江滚滚来”的豪情壮志，诗人似又可以拍案而起，重回朝廷，为国效力。诗人将生命起于激情终于平淡的永恒规律于颔联诠释得淋漓尽致。

“万里悲秋常作客，百年多病独登台”一句直接将“悲”字彻底点明，作者又在这一句里将自己的“悲”全面地铺开叙述，一层又一层地缓缓道来。远离故乡的漂泊之悲、深秋时节万物萧瑟之悲、晚年登高的力不从心之悲、疾病缠身之悲、忧愁难排解之悲……萧条沉郁之景下的“悲”瞬间明朗化，展现了诗人羁旅之苦和晚年的孤寂落寞。毕竟杜甫也曾是一位“五花马，千金裘”的喜爱喝酒的贵公子，也曾得到君主重用，怎奈再好的贤才生不逢时，所遇君主非可辅佐之辈，社会的动荡更是直接使这位贵公子成为“流亡的难民”，再难实现自己的抱负。这样的人生履历将少年郎欲踏遍山川、救济穷苦、成就一世功名的豪情壮志生生蹉跎成一位老人独自登高。虽已阅尽无尽江山，转身离去后却只留下一场独属于他的“离别愁绪”的忧思。

诗人在尝尽了生活多艰、国家多难之苦后“繁霜鬓”，白发日长，想要借酒消愁却因病不得不“新停浊酒杯”，要知道杜甫曾经高兴地在《闻官军收河南河北》中写下“白日放歌须纵酒，青春作伴好还乡”。不能借酒消愁使作者的“悲”和忧更添一层惆怅和无奈，至此作者的忧国伤时仍未排解。

诗人这般无法报效国家的忧伤不仅在这一首诗中体现，还在同样是暮年时期写的《旅夜书怀》中体现，“飘飘何所似？天地一沙鸥”将杜甫无所居的漂泊状态形象地诠释出来。金圣叹更是叹曰：“其勃然触发，有自然矣。乃先生（杜甫）以忠挚之怀，当飘零之日，复以流寓之身，经此摇落之时。”杜甫在这个不完美的时代中踽踽独行，在高山上独自悲泣，在与同伴的生离死别中吞声忍受。即便半生经历坎坷，这位少陵野老仍对生命抱有仁爱之心；即便失去了健康、同伴、仕途甚至是自己完整的国家，少陵野老心中的这份仁爱却是越积越浓，坚不可摧。

杜甫的暮年是寂寞、忧国伤时的，可他对生命的仁爱却不只存在于暮年，而存在于他的整个一生。

“人生如梦，一尊还酹江月”的意蕴初探

吴宇涵

“人生犹如一场梦，且洒一杯酒祭奠江上的明月、凭吊古时的英雄。”乍一读似乎是仕途失意后的消极悲观，但若能知人论世、更深层次地去分析，又能揣摩出其独特的生命思考与人生境界。

先从词作背景和苏轼此人谈起吧。这首词作于宋神宗元丰五年，是苏轼被贬黄州两年多后游赤鼻矶所作。游览“赤壁”，想到周瑜当年年轻有为、潇洒从容，而自己已经四十五岁了，仍然坎坷不遇，只能谪居于黄州这一方小天地，难免沉郁压抑。

但苏轼毕竟是苏轼，他特别旷达，面对浩荡江水滚滚东去，发出了“人生如梦，一尊还酹江月”的感慨。他将古人也好自己也好都放在宏大的历史长河中来看，即使是千古风流人物，不也随着大江东去了吗？那又何必执着不放、一悲到底呢？

这里的“人生”，或许是指过往的仕途岁月。苏轼过去执着追求事业功名，如今却将它比作一场梦幻。“人生如梦”，其实是佛教中的说法，说人生如空幻。苏轼少时曾在寺院中念书，阅读佛家经典，后来又与许多名僧有诗词往来，受佛教影响颇深。只是过去他执着于政治，抱有儒家的兼济天下之志；乌台诗案是他人生的转折点，也是他思想的转折点——仕途上的失意使他思想中隐藏的佛教观念活跃起来，才产生了诸如“人生如梦”“休言万事转头空，未转头时皆梦”的慨叹。“梦”和“空”都是佛教中常见的意象，确有虚无消颓的感觉，但苏轼不会仅仅“哀吾生之须臾”而意难平。在经历了如此坎坷的境遇后，面对此情此景，他想到曹操“固一世之雄也，而今安在哉？”——即使是当世之英雄，也难逃作古的命运，那么一己之荣辱穷达何足悲叹！他便不再执着不放，转而开始重新思考生命。

且苏轼的“佛”，是至其所期之静与达，但又没有为其所似之懒与放而妨

害。他的处世态度始终是积极的。因此，“人生如梦”不仅是感叹人生的空幻，还包含了看透人生的静悟和随遇而安的旷达。

世事一场大梦，人生几度新凉。一切到头来皆是要随大江东去的，想来还是举酒洒祭江水明月、凭吊千古风流人物吧！人生一瞬，江月永恒，这样的对比实在叫人惆怅，也难怪苏轼要在《前赤壁赋》中借客之口“哀吾生之须臾，羡长江之无穷”，还想“抱明月而长终”。但，仍是那句话，苏轼毕竟是苏轼，面对哀愁，他能自嘲自解——笑自己“早生华发”，自答曰：“自其不变者而观之，则物与我皆无尽也，而又何羡乎！”不仅如此，他还明白“苟非吾之所有，虽一毫而莫取”，正是这种不妄求，使他没有一悲到底，在意识到人生如梦后放得下过往、拿得起当下与未来。苏轼在写给朋友的信中说，其词的“周郎”者，故我也；“一尊还酹江月”者，今我也。他终于放下了对政治的执着，转而关注人格道德的自我完善。

苏轼也曾与道士结缘，在黄州时他闭门谢客，试图从道家经典中寻求安心解脱之法。此时他已远离政治斗争，浸润于江上清风山间明月，身心皆受到老庄哲学超然物外、顺其自然精神的影响，他的人生境界也逐渐转变为淡泊功名利禄、追求自我价值的通透。看透了世事无常年华易逝，于是不再纠结过往，而是去探索新的人生意义。这才是真正的旷达。也许是因为很少有人能与他共情，他便与江月为伴，用江水明月将一切愁苦化作无形，以永恒的江月寄托自己的旷达情怀。

旷，空也；达，通也。“人生如梦，一尊还酹江月”，我认为前者是“空”，后者是“通”。悲吗？确实是有的。但苏轼毕竟是苏轼，他特别旷达，他总能将悲愁化解，化作一种不理会哄闹的微笑，化作一种洗刷了偏激的淡漠，化作一种无须声张的厚实、一种并不陡峭的高度。

别是一家李清照

——浅析《声声慢·寻寻觅觅》中的反传统元素

延雨禅

《声声慢·寻寻觅觅》这首词写于李清照晚年。当时被悲情填满头脑的李清照以真情写下这首词，体现了她一生的显著特点——也是她作词上的主张——别是一家。

她在字词应用上别出心裁，不过我更想说的一点是：这是一首悲秋词。

从“乍暖还寒时候”“雁过也”“满地黄花堆积”等语句不难判断这首词描绘的场景发生在秋季。

女性写悲秋词，实则是少见的。古代有这样的传统：女伤春，士悲秋。女性多爱将自己比作春天绽放的花，春天结束时百花凋零，容易让她们联想到自己逝去的青春与容颜。男性则多会在万物凋零的秋季意识到自己两鬓斑白却仍有满腔抱负未实现，从而产生无奈的惆怅。对比可见，古代女性情感细腻，困扰于自身的小事，而男性能够将目光放在国家大事上，这是社会环境造成的难以避免的格局差别。

而在这首《声声慢·寻寻觅觅》中，李清照展现的思想情感是反传统的。

“把亡国之痛、颠沛之苦、故国之思、孀居之悲和时间流逝的无奈融为一体，使那种士大夫才有的情绪第一次完全在一个女子的身上展现了出来。”①

我在好几份资料中看见过这句话，起初我不能理解李清照经历的多重苦难、所谓的“士大夫”情绪代表了什么。后来我才意识到，在那个时代里，一位女性拥有男性的格局不是一件容易的事。因为在传统的文化氛围中，“女子被囿于家庭的方寸庭院之间，女子的任务仿佛就是做好妻子和母亲，在一个好的年纪里嫁得良人，然后相夫教子，人生仿佛也就圆满了”。② 李清照则冲破了传统对女性的束缚，她大胆追求自己的爱情与事业，写诗题词，挤进男性的圈子，别是一家。

李清照的确受益于时代。宋朝经济繁荣发展，社会较为开放，这无疑提升了女性的地位。女性在受教育与婚姻方面逐渐拥有了自己的权利。李清照也受缚于时代，因为女性地位低下仍然无法被改变。

同样难以改变的是女性在诗词中的地位。在男性的词里，女性总是以被相思的对象或者诗词的点缀物出现，她们的容貌、服饰被描写得非常多，而唯独被遗漏的是她们的内心。而李清照能够直接以自我——一位女性——为中心，将爱情、惆怅、悲愁等复杂情感毫无遮拦地表达出来。就像在《声声慢·寻寻

①② 郭冠群．从中国古典文学的两大传统看《声声慢》的独特地位［J］．学语文，2019（01）：77.

觅觅》这首词中，“雁”“黄花”“梧桐”等多个意味深长的意象与生动的修辞，都在描绘一位女性复杂的内心。女性的情感被放在了主人公的位置上，女性的地位被强调。

当时的社会就好像一个“服务于男权社会的价值观、伦理观和婚姻观交织的网”，被网包裹着，李清照却坚持着自己亘古不变的主题，在词中拼命绘制出一位女性眼中的世界。

“李清照正是以她女性生命的独立存在，从女性一己的个体生命走向人类文化的制高点。”①

别是一家。

从叠词的运用浅谈《声声慢·寻寻觅觅》

洪 玮

《声声慢·寻寻觅觅》是宋朝女词人李清照的代表作之一，全词风格沉郁，抒写自身凄凉愁绪，又以其叠词之妙用为世人所盛赞。

开篇“寻寻觅觅，冷冷清清，凄凄惨惨戚戚”，以及后文的“点点滴滴”，极具音律美。这正契合了李清照在《词论》中提出的词“别是一家”的观点，充分考虑了词作为歌词被演唱的需要。吟咏这首词，哀婉缠绵之感挥之不去，伤感忧愁之情油然而生，纵使未通词意，不难略感其愁。

别出心裁的遣词造句往往能令读者耳目一新，而这首词的创新可谓个中翘楚。七个叠词连用开篇，叹一句“前无古人，后无来者”也不为过。对这首词的鉴赏评价，罕有避开这一亮点的，更有人称之为“公孙大娘舞剑手”，极言其妙绝。后世之人不乏试图模仿者，却莫不匠气难去，无一超越。

细究这一连串叠词的运用，过渡自然而又紧扣主旨。“寻寻觅觅”为动词，刻画人物动作；“冷冷清清”渲染环境，表现氛围；“凄凄惨惨戚戚”回归人物，道出内心情感。背景交代全面而不冗长，首句即入主题；层层递进简略而不仓促，奠定“愁”的基调。下阕也没为追求对仗刻意堆砌叠词于首句，只是在将

① 向梅林．论李清照词的女性意识［J］．船山学刊，2007（04）：148.

至尾声时以“点点滴滴”描绘“细雨”，从而和前文形成呼应。全词浑然一体，无丝毫凝滞。

同为环境描写，“点点滴滴”字面上似乎比“冷冷清清”更为客观，止于景而未及情，实则不然。经过大半首词的叙写，作者的满腔愁情早已融于景，亦融于万事万物。此处的雨，不同于“昨夜雨疏风骤”的雨，当雨中物由娇艳海棠变为沧桑梧桐，点滴雨声也更给人以“一叶叶，一声声，空阶滴到明”之感，少了一番醉意，多了几许涩味。细雨不解人意，兀自滴答作响，扰人心绪，恰恰具象化了“冷冷清清”，进而加深人物的孤苦忧愁。

与之类似，此处的“酒”“雁”“黄花”也绝非昔年的“酒意诗情谁与共”“雁字回时，月满西楼”“帘卷西风，人比黄花瘦”，究其因，一句“物是人非事事休”道尽半生坎坷。两宋之交，风雨飘摇，国破家亡。从前的闺怨春愁在此时的国仇家恨面前轻若鸿毛，也正是如此曲折的人生经历赋予了这首词深切动人的愁情。故土难离，字字皆血泪；只影谁依，声声断人肠。

“这次第，怎一个愁字了得！”叹罢曲终愁不散。一首不足百字的词，却蕴含着无止境的愁。直截了当的结尾，天然去雕饰，是词人对凄凉境况的一声悲鸣，亦是后人通读全词后的直观感受。这篇传世佳作对于叠词炉火纯青的运用，诚然使人眼前一亮，可精妙的炼字中饱含的真情才是真正令人不忍卒读的关键。

隔着油纸伞沿落下的一帘晶莹，古典美邂逅现代性

——从隐喻和象征的角度读戴望舒的《雨巷》

文宇瑶

“撑着油纸伞，独自 / 彷徨在悠长、悠长 / 又寂寥的雨巷，我希望逢着 / 一个丁香一样的 / 结着愁怨的姑娘。”1927 年的夏天，血腥的“四·一二”大屠杀之后，举国上下弥漫着白色恐怖，革命青年满腔热血，此时却迷惘而看不见出路。因参加进步活动而不得不避居的戴望舒此刻内心饱受着大革命失败后幻灭的痛苦，退回到精神世界寻觅希望，在若实若虚的江南雨巷寻觅那位陌生而美好的、与自己仿佛感情相通的理想女性。

无论是狭窄、阴郁的雨巷，还是雨巷中孑然徘徊的“我”、那位为“我”所

憧憬却又不可即的丁香一样的姑娘，都可以理解为指向现实的隐喻——黑暗动荡的社会、在革命中失败的落寞青年以及那缕朦胧易碎的、对抗幻灭和绝望的追求与希望。戴望舒的故乡在江南，江南的雨巷又或许不止象征着他当时困厄的处境，还寄托着他对故土的淡淡的乡愁。如果没有当时的动荡时局，那条雨巷承载的，顶多是缠绵婉约的闲愁吧。故而这条雨巷的现实性多了几分，幻想的意味也更深沉了几分。

而那位姑娘，“她是有 / 丁香一样的颜色，丁香一样的芬芳，丁香一样的忧愁，在雨中哀怨，哀怨又彷徨。”为什么是丁香一样的姑娘呢？丁香是中国古典诗歌的传统意象，是美丽、高洁、忧郁的象征。丁香的花蕾，往往象征着人们的愁心。唐朝的李商隐曾在《代赠》中写道：“芭蕉不展丁香结，同向春风各自愁。”南唐的李璟在《摊破浣溪沙》中写过：“青鸟不传云外信，丁香空结雨中愁。”戴望舒笔下丁香一样的姑娘的形象，则是对这一古典意象的丰富与创新。他对于民族诗歌、传统艺术有着深厚的依恋，也曾坚定地说过：“旧的古典的应用是无可反对的，在它给予我们一个新情绪的时候……艺术的现代性，恰恰既不在题材的选择，也不在准确的真实，而在感受的方式。”故而他早期的新诗，不仅沿袭了古典诗歌中的音韵美（尽管后来他“对诗歌的所谓‘音乐的成分’勇敢地进行反叛，走向对诗的内在情绪韵律的追求”），还散发着司空图在《二十四诗品》中提到的“典雅”“洗练”“含蓄”这些中国古典诗歌的气质。他在中国古典忧郁气质与法国象征主义忧郁基调的交融之下，隐隐搭建着传统士大夫“儒道互补”的精神出路。

“儒道互补”是一种逃避现实而又对抗现实的精神架构，正如这首《雨巷》中交织的彷徨与追求、无望与希望一样，充满矛盾与冲突，却是中国古典诗歌流传下来的一笔精神财富。戴望舒用他独特的诗艺，在那纠缠不清的黑暗和黎明的界限中，目送那梦一般的身影靠近而又远去，即便是消失在那破败的篱墙边，也不会让人感到完全的绝望和绝对的哀伤。“她彷徨在这寂寥的雨巷，撑着油纸伞 / 像我一样，像我一样地 / 默默彳亍着，冷漠，凄清，又惆怅。”她和“我”多么相似！可是“我”没有说话，没有走上前去，只是看着她走近，看着她那无声却又仿佛在叹息的双眸，看着她轻轻地飘过，然后静默地走远，直走到这雨巷的尽头。戴望舒作为革命志士，彼时默默咀嚼失意与挫败之悲痛，他追寻希望，不甘沉沦，渴望抓住一切微弱的光去照亮漫漫长夜。可是，诗中的

“我”却只是缄默地看着那位美丽的姑娘靠近而后离去，这是为什么呢？应当注意到，诗歌的第一节和最后一节几乎一样，只是第一节中的“逢着”在最后一节中被改成了“飘过”，于是那丁香一样的姑娘变得更加可望而不可即，变得更像是从梦中走来的。隔着油纸伞沿落下的一帘晶莹，是诗人与那位丁香姑娘的契约一样的距离，仿佛上一秒偶然走近对方的心，下一秒又远去而成为绝对的陌路。

这让我不禁想到弗拉基米尔·纳博科夫曾写下的一句话：“美是可望而不可即的，像金色霞光衬托下的远方孤树，像涟漪映照在桥洞壁上的粼粼波光。”只要你靠近，你就会失去美，因为你失去了距离感，失去了大自然为了补偿这种距离感而赠予你的美的高峰体验。撑着油纸伞的“我”，满腹心事与烦忧，仿佛说不出又仿佛不愿说，一直在期待着什么，更加贴近现代人的形象与精神世界。他来自彼时黑暗而动荡的社会，拥有革命者的激情与现代人的心结；而与此相比，那位姑娘仿佛从古典的画作里婀娜而忧郁地走来，就如同美与理想的不那么真实的化身。于是，隔着油纸伞沿落下的一帘晶莹，古典美与现代性邂逅了。就在那交织、复沓的抒情诗句中，在“我”永远的期待与追求和注定的结局之下，那条雨巷时而像“小径分叉的花园”一样无法走到尽头，时而又仿佛呐喊着：“隐喻是一回事，生活是另一回事。”走出这座隐喻着希望难觅的迷宫，走出这阴沉的雨巷！

隔着油纸伞沿落下的一帘晶莹，诗人知道什么是梦，什么不是。

从地坛里的故事看史铁生的命运观

袁哲祺

“它等待我出生，然后又等待我活到最狂妄的年龄上忽地残废了双腿。”两个“等”字充满了宿命的意味，展开了史铁生在地坛里绝望与希望交织的故事，引出了他感性与理性融合的对命运的思考。

瘫痪初期，他郁闷、暴怒无常，因为他看不到出路了；恍惚间母亲又离世了，他更加怅惘，因为他没有家了。命运就是如此强加于人，面对厄运，感受尤为深刻。路与家的意义，人生的意义，倘若不是在地坛宁静的忧伤中，是难感悟到的。也正是在那里，史铁生遇见了一个“漂亮而不幸的小姑娘”。她是天生失智的，她只能无言，她又怎么可能把世界想个明白呢？这算不算比史铁生更惨呢？在哀叹中，我们可以看见史铁生的命运观的第一步：就命运而言，休论公道。同时，命运的好坏可以是相对的。面对厄运，如果我们不穷途而哭，而是去眺望，那么路还是有的，家还是有的。

望向哪里呢？仿佛先哲提供了经验：“文王拘而演《周易》，仲尼厄而作《春秋》……”然而史铁生迎面又遇上了长跑家的故事——他的天才耗到三十八岁才被人发觉，这对于一个运动员是莫大的不幸，没有发愤了，也没有天降大任了，郁愤到最后只剩平静了，可这不是命运的常态吗？没有历史使命，没有建功立业，只有荒诞和无奈。我们认的“命”究竟要把我们带向何方？

在平静中，也有人望向了归隐之路。史铁生最初也认为地坛是“可以逃避一个世界的另一个世界”。但是这个地方不可能永远作为避难所，史铁生也不可能成为一只不知为什么来到这世上的小昆虫。正因为他受尽命运的摆弄，又常年身居忙碌的北京，所以他不可能甘心成为庄子文中的不材之木，无为和归隐被排除了。史铁生不会回避命运的打击，写作成为他的路，成为他眺望彼岸的方式。从地坛的冥思、虚构的世界、好运的设计，可以看到史铁生对彼岸的眺望，这是他对命运的探索，是他对可能世界的构想和对现世的激励。

正如他说的“活着不是为了写作，而写作是为了活着”，他不想被命运牵着走，命运更像是给了他一个框架，在这个框架中，自由意志——或称为“欲望”才是驱动他前行的力量。他在瘫痪后坚持写作，他带着活的欲望，生活被写作的过程填充。他能接受命运，从中找到活着的方法，并鼓励我们在人生中找到过程的美好。也正因如此，他眼中的露水才能“摔开万道金光”，“摔”字固然沉重，但是那金光不正是由此而来的吗？虽然看似命运决定了人的处境，但人依然能拥有选择如何面对命运的自由，这是绝对宝贵的。史铁生发掘了这份自由，故他的人生看似荒芜但绝不衰败。

命运就这样带着史铁生舞动起来。不是为了留名青史，不是为了逃避现实，只是顺着命运舞动——这大概是给所有人的人生指南。书中最后写道“宇宙以其不息的欲望将一个歌舞炼为永恒”，大概意味着全人类在命运与欲望的带动下生生不息的场景，生的热闹和死的平静似乎都能得到统一。在这样的视角下，作者也终于与命运和解了。

小说创作

天　涯

陈思涵

阿木在荒山脚下远眺了半晌，来时的土路依旧空空荡荡，而天已半晓。百无聊赖的苦等中，近景属于飞尘和狗尾巴草，随着时间的放缓而放缓飘曳的速度；远景是翻白的天、稀散的云，极晴好的日子。他这样焦切地望，望到两眼酸涩，搓一搓又发痒。眼前的画面逐渐放缓，像是被抽了帧，倒不像他每天在田埂上看到的，只关乎望不见尽头的水稻田，流动的风景等着他去替它梳洗，用镰刀与铁犁。

那几亩地离无尽太远，只是他总走得太慢。太阳还在地平线下，他忽而想，今早走了多远呢？院里的鸡鸣也许已传不到这里，于是跟自己打赌：等太阳升起来，假如听得见，就往山里走；假如没有，就往回走。

他目击红光从远处村庄的背景板上跳出来时，也同时听到顺风而来的鸡鸣。不消多时声响的源头就会升起炊烟，人们次第醒来，他必须在那之前走得足够远。

这时他隐约感觉阿程不会来了，尽管他向来恪守诺言。几天前他们在墙角隐秘地拉钩，说天亮前在这里碰面，然后跑过几座山头，去那边的村子。阿木作结的语句是："再不济，我们逃去天涯海角。"

阿程默默地看着他。两人的小指还钩着。

"然后呢？"他问。

然后？阿木低下头，手腕一翻。两人的拇指腹贴在一起，戳了章，一百年不许变。"然后嘛，以后再说，给人做工啦，总不会没饭吃。反正带够干粮，去了外边，自然有办法。"

童谣唱的拉钩是玩笑话，他已经十六岁，该明了阿程那个时候习惯性的沉默就是答案。"胆小鬼。"他在心里暗骂了一句，出不了气，不再有别的办法。他半夜摸黑钻过细狭的后巷，拖着跛足一路走到这里，已经耗了不少体力，假如阿程守诺来了，搀着他走山路，自然会轻松不少。此时只剩虚设的假如。阿程一定是害怕了，他从来就是那样的胆小鬼，阿木愤愤地踢飞了一颗石子。他自己也害怕，但他已经决心不能永远害怕，所以此时他必须踩着恐惧往远处走。三座山头外有一座村子，如果那里也难容得下自己，再往远处走，到天涯海角，总会有容身之处。

太阳升起来了。他系紧了身上的包袱，转身往斜坡上走，天色在背后亮起来。在十六年重复的日出里他从未觉得自己如此像个英雄，泛金的白光肃穆地给他送行，就像连环画里人们给大侠送行的那一幕。他小时候就痴痴地看，年轻的少侠昂首阔步，世界的光辉都落在他和他的剑上，去浪迹天涯。阿木在田埂上几度模仿失败，还跌过一跤，只因他是个跛子。

一切不幸都源于一个很简单的事实：他是个跛子，天生的跛子。他娘从别处嫁来，只生下这样一个儿子，被冷眼相待，挨不住恶言，就疯了，只晓得望着他痴痴地笑。家里没法同时容下跛子和疯子，他娘被赶到山上去，隔几天又跑回来，一脚深一脚浅地，已断了左脚的脚筋。阿木这时才五岁，童蒙未开，看见她拖着左脚过来，只是呆呆地想，娘原来跟自己一样，真好。这便是最后一面。他反复地想着“真好”，站在门前望着，笑起来。他爹把他赶回屋，他就趴在窗户一角悄悄地看，娘只是乖顺地任由他爹拉着，一脚深一脚浅地，又往山里走。他那时分不清乖顺和倦怠，也分不清重逢和永别。他放下窗帘，躺回床上呆呆地笑，痴痴地想，真好，娘跟我一样。

到半山腰，树密起来，他吃力地钻着空当往前走。层层树影下他看不见完整的天色，只是那种敦厚的色彩慢慢地透明起来，他知道天已大亮。假如运气不好，偏偏今天有人惦记他，及时追出来，恐怕逃不了多远。他捡了一根长度称手的木枝充当拐杖，省力是省力些，也提不了多少速度，还得尽量挑着平缓的地方走。他真真后悔，但此时自己再回头，除了沦为笑柄又挨一阵子好打以外，什么也改变不了。来时的路已经湮没在树丛中，一道道横眉冷眼，一张张嗤笑着的嘴，一根根伸长了的枝条如同高举着的竹棍，都来自他的背后，绵延到更远处的村庄。他说服自己，英雄是不可以回头的。英雄可以受苦，可以战死，但不能临阵脱逃；阿程现在是临阵脱逃的士兵，阿木要做一夫当关的将军。

要是阿程在这里就好了。阿木还是忍不住想。

阿程是他唯一的朋友，他于阿程也一样。假如这回他真的逃走了，双方都失去了唯一可以说话的人。以前，两个人总是满身伤痕地凑在一起，躲避砸来的石子。阿程很腼腆地拉下过高的领子，给他看后颈的一片青紫，阿木看了看，不说话，转过身去掀起上衣，把背上另一片更刺人的青紫塞进阿程的眼里。两个人同时笑起来，都不再觉得疼。

阿木偶尔望着远山，说："也许我娘那年只是跑进山里了，没有死呢？说不定她在山里活下来了……"阿程愕然地看着他，摇了摇头，眼底暴露出从未有过的空旷。

良久，他攥着衣角说："我也希望我娘活着。我一定能认出她来。"

阿程的母亲死于难产，全村人都知道。阿程是他们家的扫帚星，全村人都这么说。阿程自己也这么说，都是我的错。阿木咬牙切齿地告诉他，不是你的错，他只是摇摇头。阿木腿脚不便但下地干活，效率低一点儿，但没有偷懒的份，身子骨结实，他攥着阿程的肩膀，那么薄，理应属于一个在城里念书的少爷（他在连环画里看到的，实际上更像屡试不第的落魄书生）。阿程总是偷偷跑去学校听课，有时被保安撵出来。家里没有人管他，他爹睡醒了喝酒，喝醉了打他，久而久之，他只呆呆地看着酒瓶砸下。他去听课，只是自己跑去几里外，再自己跑回来。他去给他爹买酒，也是走这条路，背对着山，到几里之外，领口拉得很高，遮住了后颈的一片青紫，白惨惨一个背影。

阿木下山的时候很小心，在这种地方跌倒对他来说并不是什么好事。山谷里密密匝匝的翠色充盈，草木目送着他，深深浅浅地把他送向远方。偶尔有风从叶间扑簌簌钻过，像是在说：到远方去！他想起歌里唱的天之涯，地之角……没错，就到天涯那样远的地方去。十岁的某天，阿程从学校里学来这首歌曲，庄重地唱给他听，然后告诉他，歌曲的名字叫《送别》。阿木没有读过书，只是听调子，阿程又给他讲歌词，说："譬如，你要离开这里，可能天涯海角，我就去给你送行，一路上有花、有草、有树，很漂亮，太阳要落下去的时候，送你到一个亭子边上，然后我问你，什么时候回来呀？说的是，大家在一起的时候少，分别的时候多，其实就是不会再见了。"

阿木撇撇嘴，"那就不能一起去？"

阿程想了想，他是这样希望的，但是不能。或许有什么舍不得，或许有人拦着他呢。

在山谷里，他囫囵吞下从家里带来的饼，喝了两捧泉水，又往山上走。愈发明显地力不从心，走走停停，在晌午前后，铺天盖地的困倦裹挟着他，终于将他推倒在树下昏昏睡去。他梦见了天涯，真有这么个地方，百十座村庄外，千万重青山外，比去县城远得多，可放眼望去什么都是普普通通的，又说不出是从哪来的神力，总让他想到幸福这样遥远的词。他在醒来时才发觉睡过了头，已经是日暮时分，梦里的山水还在头脑里打转，走马灯一圈圈。天色暗下去，他捡起一旁的木枝，加快了脚步。

太阳在他的前方沉下，他赶不上天黑的速度；身前逐渐黯淡，身后却扇起满山的亮斑。火光像洪水一样注满了山谷，然后上行，他刚跌跌撞撞地跑到山顶，窸窸窣窣地，只像一阵风。他往下看，亮处闪动着熟悉的、不熟悉的面色，太遥远而看不分明。人群上涌，他知道自己只能继续向前，于是他尽可能快地往山下走去，走向下一处山谷。声音已经可以听见了，有人在呼喊他的名字，阿木、阿木——尾音如同长鞭挞在他背上。他受了惊般地跑起来，跑了一段，把手里的树枝扔了，仍旧往下飞跑。感谢漫长的下坡，他似乎从来没有跑得这样快、这样轻盈过，左脚被身子拖曳着向下滑去，眼前浮现出剧烈晃动的几帧连环画：那些大侠的轻功，是不是也是这样？只要那么一顿脚，就能轻而易举地……

“咚！”不是的，阿木霎时就懂了，大侠不好当。裸露出来的树根结实地绊了他一跤，他往前扑倒，侧身撞上树干，脊骨吃痛骤然蜷缩起来。痛觉暂时让他麻木，令他绝望的是传来的声响，他听见有人喊“在那里”，他忍痛“嘶”了一声，抬头向山顶望去，已经看见了星星点点的火光。

跑，快跑。

他顺着下坡继续跌跌撞撞地冲，身后的声响越来越近，他所能做的只是竭尽全力。下坡尽了，是一段平地，然后又是上坡，他开始后悔丢掉了树枝。其实也没有必要了，他知道自己逃不掉。假如阿程早上信守了诺言，也许他们已经逃出去了。再翻过一座山就是另一片平地，再翻过一座山就有可能见到另一种生活，那里有新的炊烟和新的稻田、新的房屋和新的庙堂，大约也能够给他们一个新的生存空间……一切的不幸都源于他是个跛子，此时再添上一条阿程的失约，他笃信自己因此失去了逃离不幸的机会，此时他比不幸更不幸。

这里有一片坟茔藏在荫翳之下，森森地沉默着，阿木不认得那些名字。他继续往上跑，到半山腰时身后的人群已经看清了他的行踪，他的名字和脚步声如暴雨般落下。他感觉身后的空气被烧得滚热。跑不远了。

不远处有座半塌的土墙，他走投无路地冲了过去。墙后是个庙堂。他的腿霎时松弛下来疲软不堪，他知道自己已无力再逃。他往庙堂里走去，一路走过刻有陌生姓名的灵牌，泥塑的高大神像在房厅正中央居高临下地看着他。他不认得自家祠堂里供奉了谁，自然不认得这是哪位神仙，只是在一刹那，他心下一惊，好像啊，简直一模一样。一模一样的威容，一模一样的肃穆，一模一样的倨傲。

这是下一座村庄的庙堂，和他熟悉的庙堂那么像，差距无限趋近于灵牌上陌生的人名。

幻想的陌生坍缩成重复。炊烟、稻田、房屋、庙堂，被三座山头外的村庄很无趣地复制了，每一座村庄于他都是缺憾的赝品。阿木呆愕地看着神像，忽而“扑通”一声跪下，一半出于惶遽，一半出于体力不支的腿软。他伏下身，脊背的弧线和水泥地构成一个闭合的半圆。掌纹被按下，闷死在他手心和地面的罅隙，命运的走势在他手里始终闭合，从来没有出口供他逃跑。弧线抽动，有液体从他脸上滴落，还没落地就已冰冷。他看见模糊的天涯。炊烟、稻田、房屋、庙堂，他能想象的最远距离，一样是幻灭的赝品。

庙堂门口已挤满了人，火光照进来，他爹从人群中走出，站在离他几步远的地方，低声叫着他的名字。阿木直起身，转过脸去看他。他点了一支烟，深吸了一口，吐了雾，仍旧低声地说：“回家。”小小的火光被他衔在嘴边，阿木艰难地站起，后背仍旧刺痛。门外满是火光，他知道这些火光不久就会浓缩成一根棍棒，烫伤他的皮肉，和往常一样。他只能不声不响。

人群给他俩让了路。他驮着一路怪异的目光走过去，人们的表情在火光里虚浮，看不真切。唯一看清的是阿程，颈上添了新伤，红肿着半边脸，很艰难地朝他一笑，拉住他的衣角，耳语道：“对不起，我差一点儿就可以来了，我爸……”

阿木示意他噤声。

“没事，天涯太远了。我们回去吧。”

Ne T’en Va Pas

——一个旅居巴黎的人的爱之往事

任长天

1979年8月10日，晴，逛街有感。

初晨的阳光洒在郁郁葱葱的梧桐树上，巴黎早已热闹非凡，一辆接一辆的汽车开过香榭丽舍大道，冲过凯旋门，好像你曾经投进我的怀抱。

从“小皇宫”餐厅到“安吉丽娜之家”咖啡馆，无处不在的活力渗透进旅人的心中，可我呢？亲爱的你告诉我，我像一坨颓唐的死灰，面向寒冬的大海哭泣悲鸣。奇怪的是，此时我看见的不再是苦涩浑浊的塞纳河和陈旧的甬道，巴黎对我来说是个陌生的城市。

“城外的人想冲进来，城内的人想冲出去”，我在这里待了一年，却还不知道巴黎是不是这样一座城市，但对我来说，巴黎带给我的，是回忆，都是“圣·马莱兄弟”饭馆招来的万千思绪。爱情、婚姻、过去，一切都萦绕在我的脑海。

大道两旁，青翠浓密的梧桐树上的光慢慢变成了柔和的光，绚烂的季节给整个街市染上了金色。我夹着一张报纸行走在大道旁的一个坡道上，好多乱窜的汽车和骑着车追赶的儿童从我身边掠过，抬眼望去是那块招牌。

“圣·马莱兄弟”，赫然几个粗笔描写的大字。我停下脚步，右街花鸟铺子里摆满了笼子，黄雀、鹦鹉、夜莺、白鸽、斑鸠，它们都在那儿叫着，还有街角肉店，大串的肉肠挂在门边，掌柜的面前是块木板，从旁边打开的活板门可以看到店里满墙的腊肠和牛胸肉，还有对街的花店、书铺、电报所、乳酪店、公寓楼和“卡佩”酒馆。

这家饭馆坐落在市井气很浓的地方，门口有墨绿色篷子罩着，走进去，只有墙角一个正大口吃着奶酪、肉糜的饭馆女工和一个常在饭馆最后一排桌子就着腊肠吃烤牡蛎的老人。

“生意不好吗？”我摆弄了两下门口的摇铃。

菲利普·马莱在吧台后面擦着一只盘子，旁边是正倒着苹果酒的布鲁埃·马莱。

“早上向来不热闹。”

菲利普·马莱是个非常开朗的人，他的弟弟则非常腼腆，兄弟俩绝非平凡之辈，老大的烧羊腱做得特别好，老二则知道如何挑选最上乘的食材，并做出世上最美味的煎鹅肝。

他们原来都是巴黎某家著名餐厅的大厨，可是为了自由，他们自己掏钱开了这家餐馆。

有着类似来历的餐馆在巴黎的街头小巷中还有不少，这是个藏龙卧虎的地方。我找了个靠窗的座位坐下，掸去桌上的面包屑，扭头看向窗外，我又回想起和你的那一次相遇，这时那个刚刚吃肉糜的女工带着小本子走过来问道：“先生……”

我没有等她说完，因为我不想让这个浑身蒜味和肉桂味的妇人打扰我，于是就说了声：“一份煎鹅肝。”礼貌的我又补了一句：“谢谢您，女士。”

她走开了，我又开始遐想。

我轻轻地呼唤着夏天的名字，她给我舀来一瓢凉凉的清泉水，身着白裙、手携茉莉花。

黎明时分，我又一次站在大草坪边，栀子花和醋栗对着我微笑，我被忧伤和惆怅包围着，但我没法思念，更不能哭泣，皎洁明月高高地挂在一座城堡的上空，耳边传来你的歌声，那是夏天的钟声在回响吗？耳边是更夫打竹梆子的声音，啊！又是另一个黎明，又是另一天，又是另一场生活的雨。雨雾润湿了玻璃窗，但从里面还是能看到外面，可从外面却看不见里面，看不见那个站在窗前泪流满面的失去夏天的年轻人。

我在你发梢留下的那个吻，和你一起离开了吧。我记得我们挤在蒙大拿街上那个小房间里，你给了我那个醉人的吻，我向你讨要真情。我们每天下午相约共进晚餐，不是奶油鳕鱼，就是鹅肝。

全是你做的。鹅肝细腻的口感包着金黄的油，蘑菇泥浇在上头，切开那块小小的鹅肝，还有汁水流出来，酱汁便渗进去，好像是伸进牛奶的巧克力条一般，它入口即化，外脆里嫩。谁都知道，这样一对穷困潦倒的恋人是不会为对方的鹅肝挑干净里面的血丝的，也不会有空为对方精心花上四五个小时把牛骨、洋葱、芹菜和胡萝卜熬制成酱汁。

但若不这样，鹅肝就会僵硬，酱汁就不会那么细腻了，这是为什么呢？是因为鹅肝是用鹅肝粉搅拌出来速成的，酱汁用的是罐头。

可这是用爱做出来的，速成鹅肝在那一刻也毫无瑕疵了。

我想起你那天关上橱柜的门，打碎了一个碗。

“叮当！”一声餐具的撞击声，是那个女工在帮我摆餐具，她告诉我做这道菜要好久，问我要不要先点别的，我怒斥着把她赶走。

我已没心思看自己带来的报纸，又回想起过往。我注视着窗外，看到了夏天。

打碎了碗之后你就去睡了，夜幕降临，付不起电费，只好早睡。我们之间的话已经越来越少，我和你之间的无声像战争前的宁静，想到了结局，却不敢打破这样的沉默。

夜里，你侧着身子斜躺在我肩膀上，轻轻地打鼾。我每晚爬起来，在窗前透气，转过身来看见憔悴的你，沉沉地睡着，被子裹着你，头歪在一旁，看着你，想着爱情，我泪眼模糊。

Porque te vas？你为什么要走呢？是谁的心这样冰凉，忍心切断我们爱的桥梁？

Ne t'en va pas！你不要走！你离开我后，温暖无存！我的挚爱与我竟然被区区的金钱左右，金钱让我面对爱情时做不了什么。天啊，你为什么这样黑？你时时刻刻在提醒我黑夜正在降临！斜风细雨，天空中的风和水融合在一起，融合于甜蜜的深情，在你的纱窗前我却没有勇气再去吻你，我是个窝囊废，游吟诗人四处流浪，而失去你我也将流离失所，空谈着理想在街边游荡。

我切下一块鹅肝含着泪塞在嘴里，我感觉到一朵花的馥郁的香气已经消散，你的吻对我吐露过的芬芳只给我留下萎缩、空虚的身躯。泪水不能让过去复活，我叹息你，如叹息我们的命运一般。恰似疾风骤雨后的静谧之声，你吻了我一下，扭头走了。

来这家饭馆多次，和圣·马莱兄弟多有交情，我相信这份鹅肝是正宗的，因为他们家做的鹅肝和别家的不一样，他们家后院里也总是熬煮着各类酱汁。可是这一天，这份鹅肝却不如人意，同样的一把琴却弹不出相同的情感和音韵，昨日的生活绝不会雷同于今日，难道我只能这样忘却你了吗？

那时候，你患了那样重的病，我却救不了你，从此我和你之间永远隔上了一道屏障，打不开的屏障，我记得那天你转过头去，把眼埋在了枕头里。我死死地抓着你，可你的温度还是在一点点地流失。

现在的我是个两鬓斑白的老人了，手下虽有两家商铺，却再也不能回到过去为你补上那一千多法郎了。独坐在这街边的饭馆里，吃着你曾经常给我做的美食，却味同嚼蜡；独坐在这靠窗的位子，只为在街上寻觅，等着你回来。到头来一切却是一场空，趴在桌边，泪水沾湿报纸，旁边的女工不解地走过来，没人知道这一切啊。

现在我把多年之后又想到你的感受和经历都写下来，作为我这个老人对你的告白。

怎样的怀念才能吻别一个人过去的味蕾啊……

贞　石

闵佳麟

大和二年，李绛以检校司空，出山南西道节度使。

更鼓乍响，城坊朱门缓缓打开，严格的夜禁之下，几乎停驻的空气里仍旧掺杂着金市衣、烛、饼、药的烟尘，同从逐渐喧嚣的明德门中卷进坊市的冷风一道开始缓慢地流动。校检司空、新上任的山南西道节度使携亲族仆从登上昨夜备好的马车，一声斥马的低喝，眼前熟悉而因光线不足显得昏暗的景色很快被啸鸣的骏马甩在身后。今日旬休，并无朝会，是以南街两侧的宅院都在沉睡。天色昏沉，是要下雨的征兆。李绛冷眼打量着飞也似的倒退的屋宅，从含光门到明德门，只需拐过玄都观所在的崇业坊，随后打马沿街一气南行，与他此番出京的线路何其相似。前不久年轻的皇帝下旨将东都尚书刘梦得调回长安，初回京华的主客郎中尚未站稳脚跟便附书一封，寄予他和刚回西京的秘书监白居易同至玄都观赏花。那会儿他正跟王播周旋，实在有心无力，写信拒了，却没料到竟是最后一次。

初春三月，本应是长安城最好的光景。若是玄都观里的千株桃树尚存，眼下应该已开得十分明艳，熙熙攘攘地在枝上吵闹。西明寺的牡丹如若赶早，秘书省的芸香吏们大抵也都要前去一观。

李绛手一松，竹编侧帘“哗啦”一声隔绝了视线。他漠然垂下眼，不再看那缝隙里隐约勾勒飞出阛墙的道观轮廓。

玄都观他已很久不去，一是不愿触景伤情，二是年岁渐长，终觉无甚意思。有刘郎珠玉在前，题诗作词也轮不到他。即便如此，他也知道元和年间开得灼灼艳艳的盛景荡然无存，只余下些葱色的菟葵燕麦摇动于春风中，勉力支撑着道观里的微薄的生气。游人泰半零落，印象里最后一次被那紫陌红尘泼了满身，还是微之罢出同州之前，与翰林的几位同僚一道把臂同游。那些黄麻纸上琐碎的诗句和意气风发的岁月牢牢相契，浮光掠影似的在他脑海里走了一遭，李绛出乎意料地心如止水，胸中波澜并非伤感，亦非愤慨，更非恐惧于毫无定数的未来。他用裴垍早时开玩笑似的方法删繁就简地料理了心中杂念，只留下最后一点寡淡如水的情绪。他趁着马车尚未走出南门的光景细细品味了一下，只剩下略带遗憾的辛苦，如同那一张张黄蘖汁浸染的麻纸散发的气味——李绛一向不明白文士为何对这些本该用在史馆文章上的纸张情有独钟。韦德载当下在史馆编修《宪宗实录》，日日焚膏继晷地同黄卷打交道。黄麻纸以黄蘖汁染之用以防蠹，书为黄卷，以期千秋万代而功业不朽。寓意是好的，可那掺进去的防腐药却极其苦涩，久而久之，挥之难去，以至那方寸之间的史馆比药房还苦，仿佛那里的笔墨纸砚、窗纸棱边，无处不苦；那里的横竖勾画、撇捺征伐，读来更无一字不苦。

正如同他们这群贞元时慈恩塔上有名有姓的少年曾经在笔下勾勒过的元和，那个三句不离中兴，五句不忘维新的年代，曾经是多么斑斓摇曳，生机勃发。他和崔群、李元宾、韩退之一道去向补阙梁肃行卷，吃了整整两年的闭门羹，却没有一次不是相携而行、相伴而归。途经玄都观的桃千树，谁人不做闻喜宴上簪花的梦。到最后老人家都没了脾气，亲自延接他们。那可真是最好的时候，梁肃在屋内翻他们的诗卷，院子里俗讲僧的转读唱导声断断续续飘进屋里。李绛知道梁肃笃信佛教，与天台宗皎然、元浩过从甚密；而韩退之是一向反对佛教的。崔群早就去听院里热闹的俗讲了，在这样安详平静的午后，除却水漏规律的声响，几乎让人感觉不到光阴的流动。韩退之枯坐在廊下，神情却出乎意料地平静。李绛敏锐地感受到，在那相安无事的平静下，有一场无形的风暴正在孕育。他无法阻止，也无法不为好友由衷地感到担心。迄今为止他认识的所有人，无不具有虽千万人吾往矣的气概，而韩退之更为其中翘楚。他将心中沟壑尽数诉诸笔端，如同一柄尚在锤炼的宝剑。一旦出鞘，光芒无人可匹。而在京城这无二的光芒会为这位身后没有五姓七望之家扶持的寒门带来什么，彼时的公子绛心中并没有任何数目。少年人自信能够手持刀剑，破开万里愁云。他是，温润如玉的崔群是，而锋芒初露的韩退之亦然。

临行前梁肃叫住崔群和李绛。一个是清河崔氏小房的嫡子，一个是赵郡李氏东祖后人，梁肃无法不去想象十年之后的延英殿上应是怎样一幅景象：玉树芝兰应已长成，若都有幸入得台省，绝不逊眼下这一群死气沉沉的阁老，若是圣人尚且康健，那心心念念的中兴，也许当真有望。可老人不知道的是，对于崔群和他来说，能够有作为的时候还有很多。而对于韩退之，所有的荣耀在被他点上贞元八年龙虎榜的时候，就已经画上句号。那些被他偶然窥得峥嵘面貌的胸中韬略注定见弃于新君，若非他与裴度以及多少贤士雪片似的上疏，或许《论佛骨表》就是他的绝笔。那一段青瓦白墙画下他们曾经拥有的时光，竟是少年人最后一段安稳与快乐的见证。而那些树德建言的雄心只能在不断的奔波里化作纸上见地不凡的词句，百年之后，为人称颂。宏图经略，尽数东流。

前度刘郎今又来，可许多东西注定是被留在贬地，终究回不来了。多少人前赴后继，竭尽心力，只为在慈恩塔上留下名字。有些人辗转一生，也无法登上九重天阙。有些理想在许下的时候就注定为时代抛弃。

少年时恃才傲物，谁还没有“慈恩塔下提名处，十七人中最少年”的豪情。白乐天提句塔下之前，那里还站过柳子厚和刘梦得，站过他和崔敦诗、韩退之，站过陆宣公、九龄相……未来必然会有更多才华横溢的举子，他们年轻，富有与他们的才情相匹配的不竭热情。无数文人志士会为了外强中干、江河日下的王朝前赴后继。可那些在佛寺里暗自发下的愿景，曾期许过的伟业雄心，希望再见开元盛世，百姓安居乐业，无饥馑苦厄；希望淮西平，河陇归，天下息兵，再无震业之需……

除却少时默默无闻的裴度几度浮沉，背负着河东裴氏先人遗愿最后亲自领兵收回淮西，还有哪样是他们做到了的？

更何况，平淮西碑早就碎得七零八落，不知躺在哪个寺的哪个犄角旮旯。平淮西的人，也早早给元和天子发配到河东去了。

人寿百年能几何，这一去一归，回来的时候，他还能提得动剑，还调得动河东军吗？

那我呢，我还能坚持多久？我……还回得来吗？

车外骤然起了一阵嚣乱，车夫猛然一拉缰绳，马不满地喷气。李绛掀开车帘探望，勉强通过快要隐入阴云中的大雁塔辨认方位，大约已在城郊。待到一切静下来，他终于看清长亭边上的人。

“深之。”崔群催马上前，李绛心中震动，急忙下车迎上前。兵部尚书此行并未声张，却瞒不住几位友人。崔群知李绛生性高傲，极厌灞桥柳别时的哀伤氛围，是以除却至交二三，连近身侍从也不见人影。饶是新君在位，元和十五年，平卢节度使精心策划的一场惨剧依旧如同窥伺着唐廷的兀鹫，盘旋在廷臣的记忆上空，投落一片深重的阴影。李绛皱了皱眉，心狠狠一跳，险些出口就批他行事妄为。这或许是赵郡李氏家学的某种显现，但至少迄今为止除却整日在朝堂上声泪俱下的李吉甫，赞皇县走出来的宰辅都是清一色的骨鲠强硬，才华风度是无可挑剔，可却得理不饶人得如出一辙。这使他在得到天子信任的时候能够最大限度地施展才能，反过来说，无数前车之鉴指向的见弃于天子的后果无不相似——即便是陆敬舆，也落得一个忧死忠州的下场。

终是圣明天子事，且轮不到他们来置喙。

却仿佛一个永远看不到尽头的恶谶，即便冥冥之中预感到未来落索的结局，仍有人奋不顾身，仍有人死而不已，化笔为刀，剖出王朝玉树琼花之下朽烂的根基；哪怕血肉为砖石，也要举起清风大袖，替这危如累卵的王朝挡一挡藩镇的咆哮腥风。

李绛就是这样的人。哪怕他清高骨鲠，哪怕他不近人情，却都是他抱凌寒劲节、标肃物贞规的外现。他见过李绛谠论时的不苟言笑，也见过他年少时在裴垍座下畅言大笑的飞扬模样。一场一场风雪落在延英殿的飞檐上，压出他鬓发里的白丝，压成少年眉宇间再也解不开的褶皱。他与天子之间的信任早已在他一次次逆耳忠言，一次次犯颜上疏间消磨殆尽，可他的心还没有随着时光老去，少年愿景如同写在黄藤纸上又被刻在碑上的文字，碑会碎，字会被吹蚀模糊，可总有人记得那些是怎么被一笔一画刻上去的，记得那时的心情、那时的天气、那时许下的诺言的每一个字，若贞石，可堪千载之志。他看着李绛低眉垂目的神情，好似叹息，再看去，却又波澜不兴了。幞头也藏不住的白发丝丝缕缕缀着他的鬓角，分明是三月，心里却像是纷纷扬扬地下了场雪，把胸肺里装的长安都裹成素白模样。二人静默片刻，崔群深深叹了口气。

块然贞石，殊不用。

李绛和崔群都替人写过碑。数量上自然不及几个文名高于一时的朋友，但做官到了这份儿上，有求于他们的多的是。崔群更多的是应承，李绛则大多推拒。影响最深的一回便是元和四年征讨河朔诸镇，回来第一件事便是请他撰碑。彼时还是翰林学士的李绛一口回绝，称历代明君皆无立碑之事。先帝要做采纳群言开明之主，这件事自然就不了了之。碑很快就拆了，碑材无处可去，被留在大安国寺的角落。四月里适逢紫藤花期，琐碎的花瓣铺了满地，朱盈紫贵不亚玄都观桃花，正是游人如织的时候。他们刻意选了个冷清的时候去，日头偏西，地上的花都被踩烂了，陷在泥里；藤架上的都被夕阳染得血红，李绛忽然站住，直直愣在那些浓重的颜色里，眼中神色变幻不定。良久，崔群面对着状似沉睡的碑石，听见身后几不可闻的叹息。那一刻他相信他听懂了叹息中忧心忡忡的未尽之意。

——征战何日尽，江上鼓鼙声，何日才能从所有人耳中褪去。

一日不尽，便多一日的重税，多一日的苦厄，每一张从四面八方飞进京华的战报，或捷，或败，寥寥数语，翻过来看，下面究竟压着多少黔首血泪。如今看似烽烟皆定，谁都能感受到更大的风暴还在王朝的四面八方酝酿。无数豺狼环伺，都等着神龙力竭落在地上，好让他们分一杯羹。偏偏又在这时，怎会是此时。崔群忍不住叹气。他尚不知明年今日，风云变幻的京城又是另一番模样——韦处厚在大和二年末积劳成疾，当庭疾作不支；裴度病重，元稹入朝为左丞，人心不服；而他自己，也已在赶往荆南的路上。而现在，他只是纯粹地忧愁，替他数十年的老友担忧，替他未来尴尬的处境担忧，替王朝未卜的命运，以一个文人的方式担忧。

春日的绿柳迎风招展，万条垂下，尽是离愁。

李绛拍了拍他的手，权作安抚之意。他曾任翰林，文墨功夫一流，却实在不擅长应付这样的场面。何况眼前是同历多年风浪的崔敦诗。同在中书时崔群与他实打实地对仗，他冷漠，崔群温和；他尖锐，崔群柔雅。摆在延英殿里活脱脱一对门神——这一点曾在好友柳子厚不大留情面却饱含情意的文章里反复出现了好多次。他或许可以如同抗辩一样将这样的场面应付过去，但对象绝不会是崔群。尤其是在他身边还立着一春袍少年。“周七。”他失声呼唤道。这条长到看不见尽头的官道承载了太多的愁，可少年站在这里，梳双髻，着袍衫，眼眸明亮仿佛不知愁苦。少年与故人肖似的成分太少，可不经意间的颦笑却能看见芒寒色正的影子。少年比他的父亲年轻时候更温和，也更健康，宛若生长在蓝田的美玉，还未经过任何雕饰。“长高了。”李绛用二指比出一段长度，“改日让周七去见见他刘廿八丈。”崔群应下：“待梦得先安顿下来。中立会帮着照看。”年轻人称呼他伯父，急切地说了一些祝愿平安的词句。崔群笑着赞许地看向他，少年人腼腆地笑起来，二人同时狠狠愣怔。并非在看故人，却无法不想起旧事。想起元和十年狼狈地重逢，在雨中仓皇凄迷地分别；想起十四年裴度的苦求，天子的松口和一封迢迢跨越山水的绝笔，冰冷的词句在一场冬雨里向他逐字陈述一场别离。信中子厚以温和的口气希望他能够与几位故友抚养他的子嗣，他淋湿在冰凉的雨里，迷茫穿过街巷，来到大相国寺里。钟声响起，泥像慈悲，草团上李绛合掌闭目，素衣白衫，面色苍白如纸，泪痕宛然。“你要答应，”李绛睁开眼睛，冷静地说道，“退之已赴袁州，有心无力……梦得举步维艰，却已赶赴柳州……卢氏族人无有与他亲善。敦诗，你答应他。”

当初泪湿重衫的失怙稚子，现已是长安城里的清雅少年。仿佛一场南柯大梦，梦里有轻狂笑，有悲切哭；有美少年，有雅文章。有人迎紫陌春风来，鬓角桃花盛；有人向凄苦远疆去，身后柳枝青。载着谁的马车渐行渐远，消失在雨雾迷蒙中。车辙深重泥泞，前路难行。

接长亭，迷远道。堪怨王孙，不记归期早。

梦里归来，眼前梨花落尽，春又了。

李绛借用崔群幕僚的马，与他并辔沿着郊外道路并行了很长一段时间。车夫催着马车慢悠悠地晃在后面，时而听见老马闲适的嘶鸣。跟在他们身后的少年小心地催马，孺慕之情溢于言表。二人的交谈时不时从风中飘来，都是些平日里需得小心应对的话题。而此刻没有御史，没有环伺的耳目，他们即便是像过去一样嗔叱嬉笑，也没人能在第二天参他宰执失德。可他们只是一个缓慢地说，一个安静地听，时而搭上几句回应。

“新君信任裴相，是好事。”

“提防宦佞。八关十六子，你要小心。”

“去胜业坊看看韦德载。”

最后的最后，崔群从道旁折下一片柳叶，如同很多诗词里老套而感人的描写。但他心中清楚，他并不需要留下什么。李绛将能够留下的全都留在了长安，他所有的期望和惦念不过是这个城市能够像他的名字一样，长久而平安地繁盛下去。他明白这并不是李绛所喜欢的别离方式，否则他绝不会选择在这样早的时辰出行。他希望自己像一片羽毛、一滴水，轻而易举地融入万川之中，但他还是忍不住这样做了，就像是此前他们一次次的送别：送走师长，送走朋友，送走至亲，而现在，终于轮到了自己。李绛喉头哽塞，发不出声。他最终只是潦草地点了点头，摘走了柳叶。

“你要再替我去大安国寺看一看，”李绛缓慢又清晰地说道，“若是回不来，劳你替我向菩萨告个罪……曾经狂妄，许下的事，让他尽数忘了吧。若是将来有人做到了，也知会我一句。好叫我同元和天子有个交代。”

崔群垂眼，良久说道：“好。若你回来，那便同去。”

日影移动，约莫小半个时辰，李绛重新登车。车夫扬鞭时他再一次听见崔群温和的声音，“李深之，”他心中一跳，预感到接下来或许有很重要的事务未交代清楚。崔群少有连名带姓称呼他的时候。“敦诗？”他不禁正襟危坐。可直到马车扬尘远去，他都没有得到下半句回应。他回头看去，崔群站在道旁，身后是大片大片翠绿的柳色，几乎要将他吞没。他站在柳荫之下，将未尽的为国自爱之语连同许多未曾出口的叮嘱一道，沉默成一块黑色的石。

道中有公子打马，翠衣青袍惨绿，仿佛旧时少年。

“我嘛……不求千秋流芳，远虑必陈，谠言无隐，竭致君之志，宏济俗之方。能做到这些，不辱清河家名，就已很好。”

[终]

大和四年二月十日……李绛乃为乱兵所害，时年六十七。

大和六年八月初一，崔群去世，享年六十一岁，追赠司空。

寻　根

潘羿凝

那年，天下大乱。时意诞生在一乱葬岗，被一伙流民救起时，据说既不哭也不闹，只是营养不良，一对眸子烧成了两个炎炎的大洞。

他最刻骨铭心的记忆，就是吃不饱饭。好像九州大地，莽莽苍苍的黄土之上，再种不出一粒稻米。没有人家肯捎上他这个累赘，他一点儿也不愤恨，这年头，穷棒子的命都是难保的。

一个道士救了他。道士自家养了一只母鸡，刚下崽，那些小鸡便给他一只只褪去毛炖汤喝了。“罪过罪过。”道士摇着头，“不过，鸡汤倒是蛮好喝的。”道士家藏有数不清的书，时意见了书，两眼就发直，活脱像个呆子。道士见他如此，摸了摸他的脑袋，叹气道：“你要是想认字，我也不妨教你几个。只不过如今这世道，这些书还比不过草纸，你有这份心，属实不易。”于是时意念起书来了，只有念书的时候，他才能忘记肚子饿，忘记发生过的一切。他读“邻国相望，鸡犬之声相闻，民至老死，不相往来”，不觉地坠下泪来。

道士说：“你是我拾遗于路而得。拾遗嘛，谐音时意，要么，你就叫这个名儿吧。”五年后，道士卧病在床，肚子胀得像一面鼓，连日不进一点儿菽水，他在榻前没日没夜地守着。只听得道士悠悠地说：“每个人来这世上，都有自己的使命。”他喘息起来，身子弓成一只虾，叫道：“咦，我怎么看不见了？”时意明白，先生是要去了。不多时，道士便永远地合上了眼。时意并不怎么悲伤，他将最后一抔黄土撒在先生坟头，便换上先生那酱色的道袍，携一只饭甑，骑一头老驴，离开了村子。

他走后三天，村子就爆发了一场战争。他骑着驴，在一带远山上遥遥望去，他看见官兵矛上披拂的璎珞与马匹栗色的皮肉下淌出的血是一样的颜色，不知谁放了火，整座村子在烈焰中燃尽，火光映亮了南面的天空。他驱着驴走入密林深处，林子里穿行的风，都带着腥味。死亡的诅咒，像秃鹫一样盘踞在他的头顶。

他单衣褴褛，胯间一头瘦驴累走了样。经年累月地在回环的山道上独行踽踽。乏了，觅一处山泉，掬一捧清水洗脸漱口。饿了，树头挂下一绺绺野莓，取来吃即是。日头西沉，山兽哀号，蚊蚋如雪絮在月光下成群飞过，万物皆有了一种脆弱。他席地而卧，枕在枯枝败叶上入梦。

时意在山间走得太久，以致某天在山泉边邂逅一位来此汲水的姑娘时，他惊叹姑娘的话音竟好似那峻谷古寺的钟磬声，或溪流的喧响，只是那些字的含义在他心中纷乱如麻。他呆呆地瞧着姑娘极秀丽的眼眉，终于再次感到了身为人的种种不堪与苦痛。姑娘看他的眼神很远，像看一头木讷的牦牛，像看天、看水、看风。她领他回了村，一人一驴，形神潦倒，村人们朝他露出赧然的笑。空气中浮着细细的糠粒，正是农忙时节，农妇舂米，老妪纺棉花，庄稼汉在田垄上歇息，赤脚的儿童耍玩着嗡嗡的空竹。世间竟有此境……他不能自持地啜泣起来。

姑娘刚对他说自己叫细米，方圆几百里都是他们广粮乡的地界，正问他哪里来，但见他目光清虚、魂游天外，倒像失了全部神智，不禁怕了。这疯子此时开了口：“广粮乡，粮乡，岂非桃源乎？桑竹美池，涉步成趣；黄发垂髫，怡然自乐。百姓皆有所养，洵然有尧舜之风。若我能息影于此，心中定再无悲戚，再无不安……”细米吃吃地笑起来，他心中一荡，眼前浮现的却是漫山遍野的紫云英，娇盛妖艳的花瓣似火欲燃。

是年十一月，北风凛烈，一队打着马灯的蒙面人在夜色中回到村子，其中就有细米的父亲。那是一张张肃穆的面孔，在跃动的光影下明灭。他们的骡子驮着一麻袋一麻袋的金银宝器、锦衣玉帛，领头的男人吩咐乡亲们卸货。

当天晚上，时意与细米在屋内互斟共饮，两人都怀了醉意。细米将脸沉沉地磕在掌心，语调透出悲哀：“你明白了吗，人间天国，不过是土匪窝而已。如今总揽把行将就木，二爷便要把我们这几家从前深得总揽把信任的属下赶尽杀绝……不过，我等不到了……我要离开了。”时意一愣：“你要去哪儿？”细米狡黠地眨巴着眼睛：“我要去的地方，任谁也找不到。”

她仰起脸，便看见时意在桌子另一端贪婪地打量着她，目光大胆而放肆。他的眼睫毛湿着，像沾了春天的冷露，不知为何，她就想到那一泓泉眼里浮动的寂寂的树影。她突然觉得这世上万物竟这般空虚，这般叫人难过。

去年暮春，细米攀在树上摘果子吃，满头满脸的汁水。远远地过来一个乞丐，冲她笑：“姑娘，可否沽酒？”他往门口的草墩子上一坐，把细米递来的满满一钵酒仰脖喝干，摇头晃脑地说道：“姑娘，你猜猜，普天之下，谁最富有，最快活？”“想必是那皇帝老爷了。”“错啦，错啦！”他旁若无人地剔着牙，“做皇帝，最没滋味。”“难不成你做过？”细米嗤笑。“这可说不准呢。”他神情捉摸不定起来。细米看他头歪得厉害，便玩笑道：“那么你儿子，就现在做皇帝的那个，他的头歪不歪？”他费劲儿地想了一会儿，说：“不歪不歪，一点儿也不歪。”

乞丐说，饮此佳酿，无以为报，自己唯一的本事就是能掐会算，要么，给姑娘算一命？一命算毕，乞丐叹息道：“姑娘，你本不属于人世。你家院子里有一棵楸树，你爹在你降生之日栽下了它，是也不是？那是你的命根子，它的气数一旦尽了……”“又会如何？”“你就自由了，脱去肉体凡胎，游走于山川大河间，快活无比，像我这般。”他苦笑着，“当然，你也就算是死了。”

“今年入夏以来，楸树便是落光了叶子，一日较一日颓唐，纵百般呵护，也再无往昔光景……开到荼蘼花事了……你是不是觉得，我发了疯，在说胡话？”细米说完，时意望着她的双眼，明白这将是一对永不熄灭的眸子。

几日后，二爷命人将时意捆了个结实，运到自己屋里，丢在地上。二爷抽着一杆水烟，不疾不徐地吐出一团团雾，跷脚坐在屋中央一张太师椅上。时意抬眼去看，一个中年男子，极普通的农民的样貌。二爷开始说话了，他说：“总揽把早就是活死人一个，他要做他的桃源大梦，在乡里又是引水溉田，又是修粮仓、造大坝，呸！这些人哪经得起他这番折腾？闹饥荒那几年，所有人都去挖沤过塘泥的蔫苗儿来吃，那些途经此地的飞蝗，被我们装了一麻袋一麻袋，腌起来，靠那个充饥。这个总揽把，不过是事齐事楚，其图存之举，也都为磨砖作镜、炊沙作饭之类。现今他总算要撒手人寰，广粮乡几千号人为我一人所管。依我看，这片土地也气数将尽，此时之盛景，正预示了彼时之惨祸，你肚中颇有些墨水，跟着我干，如何？”

时意冷冷地拒绝了。二爷嘿嘿一笑，当下屋内一个小伙子闪身上前反剪住他的双手，甚至不许他去收拾东西，便一路押着他到了村外。一到村外，小伙子就松了手，嘴里迭声道着歉，神情羞涩而生怯。这是个十八九岁的马弁，身体清瘦单薄，有一股马厩的气味。他告诉时意，二爷杀掉其他几位爷后，预备带着人马北上，运势好的话，能攻入京城……不过在那之前，二爷要和细米姑娘成亲，家家户户都发放了喜帖……你既已离开我们乡，切勿再踏足此地。这里到处都是二爷的眼线，他有的是折磨人的法子，抓住你，能叫你求生不得，求死不能。

时意孑然一身回到山中，他并没有走远，日日守在原处，望着细米家的小院，还有那棵楸树。傍晚，乡里灯火幢幢、人语喋喋，山坳里像浮着一层金粉。他的心更乱了。

他看见几个人将楸树削去一半，他知道这是要做结婚时用的桌椅橱柜，细米伏在地上呜呜哭泣。他看见一顶金红两色的轿子停在细米家门前，随从们敲锣打鼓，好不热闹。某天夜间，他怔怔地自梦中醒来，意识到，她已经离开了。楸树剩余的一半也叫人砍去，打成了一只黑漆漆的棺椁。和尚扛着幡花，铙鼓作乐。

老驴找到了他，他们在腊月底悄悄离开。就在那时，江水决堤，广粮乡成了渔乡泽国。据说二爷死了，也有一说，他带着从自家朽烂的地基里挖出来的金银细软，和几个眷属一起跑了，这是后话。

枝上纷披的繁花，深潭中的睡莲，光秃的裸岩，山口的一道鸿影，都让时意想起细米的面容。是你吗？是或不是，都像月光一样确凿无疑。层层叠叠的梦境像潮水般涌来，堆积在他的心头。有一回，他遇到一处道观，里面阒无一人，砖地上涂着祛病符，深深的隐竹环绕。堂屋里挂着一幅画，题有“幽谷居士所作”字样，画面清幽高古，竟与这道观处处别无二致。他大骇，唯恐自己是中了狐魅之魔，在画中走了一遭。于是不敢多徘徊，掩上门扉而去。

还有一回，他见到了一只浑身雪白的母狼，仰卧在一块青石上，那神情几乎可以说是妩媚。他立时感到胸中有一匹脱了缰的马，野性未驯，欲待撒蹄狂奔，不知所至……那母狼舔了舔他的脸颊，就迈步离开，转眼没了踪影。时意思来想去，觉得仅有山鬼一词可以形容它。

在消磨了的大半辈子中，他路过了太多座村庄，那里的邑人口中陌生的乡音每每使他像烂柯人那般惶惑。对于世上一切那大的恐惧、大的不安最终使他缄口。他的哑巴身份获得了认可，被一伙伙逃难流民或山匪接纳。在一处又一处临时栖息地，那头老驴与家畜们挤成一团，狭长的驴眼倨傲地睃着那些猪、鸭、鹅。他在同样散发着牲口气味的人丛中，打起夸张的手势，要喝水，或，要吃一块黄馍。他发现，在近乎自我折磨的噤语中，他的生命得以自记忆深处重新开始。

时意垂垂老矣。某一天，他一跤跌在路边的草丛里。转眼，看到草蛉、花大姐等物绕着花梗上下翻飞，多腿的蜈蚣贴地而行，蚂蚁们擎着花环草茎，宛如一支送葬队伍。这个渺小、纷杂的世界，简直就是人世的缩影，他想。然而，他不属于这个世界。

在他的终点，他来到了荒芜的海边。碎碎的细浪切割着海岸线。眼中只有无尽的蔚蓝。在看到海的一刹那，老驴一声嘶鸣，安详地死去了，化作灰烬，化作颗颗沙砾的一部分。

时意似乎看到海的那端飘过来一只小舟，舟上竟是个婴儿。黎明的旭日为海面镀上了一层金光。时意明白，那舟上的魂灵，不是别人，正是多少年前的自己。他迎向温暖海水的怀抱。

小 七

闵佳麟

西京怀贞坊东崔家多了个小孩。

小孩没有名字，崔家家主从湖南团练调回京，来去两袖清风，独多捎回了她。被贬黜的官员对孩子的过往不置一词，只说行七，坊里的孩子便都小七小七地叫。崔夫人是赵郡李家的女儿，和她当朝炙手可热的宰相兄长一样仁慈宽厚，心宽得对孩子视如己出，来年的手实里就添上了崔小七，孩子就这么在长安着落了。

小七被带回来的时候已经六七岁，依稀看得出形貌并不肖似崔家家主。好在怀贞坊里住着的都是好修养的大族，清河崔和赞皇李的名望又是越发烈火烹油似的涨起来，一点儿不胫而走的碎语很快就消失了。

小七和崔家的男孩子一起上学，总是学得很快。小七很聪明，崔夫人和崔家的孩子都很喜欢她，过节会给她带升平坊里的胡饼，夫人会给她穿宣阳坊的彩缬做的衣裳。小七喜欢石青色的衣裳，会让她回想起一点儿破碎的过往。柳树，小溪。还有南方连绵的、永远不会停的雨。

可是不知道为什么，夫人从来不给她穿。

“夫人，为什么不让我穿石青色的衣裳呢？”小七合上书问，“一件半臂也可以。我很喜欢这个颜色。”

那一天崔夫人的兄长也在。他和崔夫人对坐，横亘在中间的是一局未尽的残棋。那是个和崔家家主身量相仿的敦厚的中年人，不惑左右，后来小七逐渐知道他们不仅身量相似，声名亦相埒，是崔家家主少年时很好的朋友。兄长看见她愣怔了一下，随即又是波澜不惊的笑容：“小七，长高了。你很像他。”

明明一点儿也不像。她摸摸自己的脸，又看着铜鉴里模糊的影像。影像很快被另一团截然不同的阴影搅乱，家主从她身后把她抱起来，说道：“小七穿什么颜色都可以。今日休沐，小七想去哪里玩？”

怀贞坊和崇业坊，只差了两坊之间内外四堵垣墙。

但奇怪的是，家主并不打算带小七去，兄长和夫人也都不曾做出这样的提议。他们穿过朱雀大街，来到靖善坊香火最鼎盛的寺庙。

“阿爷，我们为什么不去玄都观？”小七问，“先时阿娘叫我读诗，刘廿八丈写的桃花好好看。”

“好叫小七知道，”李家兄长温和地说道，“此处是大兴善寺。”

“大兴善寺在隋文帝时取大兴城两字、坊名一字为名。先前……这里叫作，陟岵寺。”

小七十六岁的时候，适逢河朔三镇反叛。新君即位，武宁军节度副使讨伐卢龙叛军。时隔多年，藩镇又一次成为帝国大患。李家兄长死于牙将哗变的消息传到京城，崔夫人哭得昏天黑地。崔家家主在节度使衙署被副使半软禁，长子殁于乱箭，回头给盛怒的天子发配了闲职，与他的小七成日念叨的刘廿八丈、白廿二丈一道去东都卧守东门。还未等念旧的年轻天子反悔，便卒于任上。

崔夫人在惊惧交加、丧兄失子的惶惶中撒手人寰。在此之前，贤惠的女子将长安的房舍交给了尚且在朝为官的子侄，典当了一批饰品，将小七一并送去了洛阳。

小七不曾见过家主昔日里日章之声，振于京师的意气风发。她只是很难过，那个牵着她的手，带着她从瘴沼之间来到锦衣之乡的人，再也不会把她抱起来，给她念很美丽的诗章了。

她站在一扇朱紫高门前，惴惴地等待着。应门的不是英武高大的家将或者仆役，而是一位儒雅的文士。年轻人对她很温和，礼貌地将她请进门。“我叫刘同廙，你可以叫我仑郎。”年轻人眼角带着很柔和的笑意，像是揉碎的三月春，“你叫小七吗？好巧，我有个弟弟，就叫小六。”

小七抬头看月门上的牌匾。并不是京城的名家手笔，和颜柳之笔更是相去甚远，仿佛是闲时随手一抹，处处透露着平淡的禅意。“这里是绿野堂，”少年说，“廿二丈同裴相在屋里。一会儿阿爷会接你一道回去。”

小七住在长安，再博闻强识也不晓得洛阳的宅院。她在浓荫绿树里走了半晌，走到曲水旁，看着夏日里梳妆的柳树，发了愣。

“怎么了？”仑郎问她。小七看着那株合抱不住的半枯劲柳，喃喃道：“我不是阿爷的女儿。”

仑郎吃了一惊：“菩萨。怎么好端端说起这话？”

说话间那棵半死不活的柳树后转出来一袍青衫。小七怔了。

大约荷月湖水太清澈，天光云影一丝不漏地漾着，天地间清明皆如明鉴。“你是……”

“他就是小六啦。”

最后刘廿八丈将她带出履道坊。

听刘仑郎说，他阿爷那天罕见地发了脾气，说什么都要把小七带走。

“深之和敦诗都没了。让我担。不要连累你们。”他转述他父亲的话。深之是李家兄长的字，敦诗是崔家家主的字。“什么和什么啊……裴相一开始不同意，说先前韩先生和他交代过。可父亲说什么‘他在岭南，已经带着柳娘了’，后来又说了好多，裴相才松口的。”

院子里有很热闹的僧人俗讲。少年抓着机会逃出来，坐在漏光的亭子里，耳边那些流水似的木鱼声像是浮在天边一样遥远。“所以小七你到底是谁啊……”

我也很想知道我是谁，小七心里想。可她说的又是另一句话：“为什么……刘先生也不让我穿石青色的衣服？”

刘先生很和气，也很渊博，好像从来不会有除了快乐以外的情绪。小七向他请教的问题，没有刘先生答不出来的。

“刘先生好厉害，”她发自内心地感叹道，“阿爷以前一直提到刘郎才气，说的是您，对吧？”

让小七没有想到的是，刘先生陷入一阵沉默，像是让自己沉入了某一段记忆里，很久没有做出答复。过了许久许久，直到一丝极细极细的天光扫过，投落到桌案上，刘先生才缓慢地、斟酌地说道：“敦诗他……和你说过我？那他……”

小七后来觉得，如果那一天她将那未尽的语句追问下去，是可以得到她想要的答案的。可她没有，她期待地看着渊博的先生委顿成一桩沉默的木墩，落日的光线划过简牍和散乱的中书君，最后长久停留在一本陈旧的诗集上，就此黯淡下去。

小女子及笄要嫁人。

就此，白廿二丈和刘廿八丈展开了激烈的争吵。

一个说京兆韦氏的儿郎好，一个说河东裴的品貌佳。一会儿看赞皇李，一会儿说太原王。两个名震士林的诗者就此唇枪舌剑，吵得小六不得安生，忍无可忍跑到履道坊绿野堂寻清净。

小七在月门前同小六撞了个脸对脸。

“我不要嫁人。”小七说，“我想把我忘记的事情找回来。”

“那你可以去问阿爷。”小六说，“我觉得他是知道的。”

“可是我……觉得，”小七斟酌着词句，“这件事情，关于我的事情，会让刘先生很伤心……十分伤心；也很为难……裴相和白廿二丈也一样。”

“嗯……”小六露出了很同情的神色，“我爱莫能助。但我可以告诉你我的事情。”

小六把手里的叶子卷起来，放在嘴边，曲调像清溪一样流淌，带着南方的沼雾和潮湿的缠绵。不知怎么地，小七忽然流下眼泪来，握住他的手：“别吹了。你很难过。”

“确实不是很令人高兴的故事。”小六平静地说，“而且也是让刘先生很伤心，十分伤心的故事。可他说完了以后，也没有哭。他对我笑了笑，说，以后我就是你的阿爷——像这样。你还要听吗？”

小六也不是刘先生的孩子。

小六的父亲在他六七岁的时候，就在任上因病去世了。他的父亲生前是个刺史，自他记事以来就是。刺史在南方转过很多任，升升降降，最后留在了种满柳树的一座城里，直到病卒还是一介小小刺史。母亲更早地死在南方的湿热与疾病的折磨中，与此遭际相同的还有他的长姊。

“他是刘先生很好的朋友。嗯。”小六道，“崔相与你说过刘郎才气——在很久以前，他们是声名相埒的连璧。”

小七忽然觉得这个故事很熟悉。

名声相埒的朋友。坎坷的、如出一辙的遭际。

“他们年少时……有过一段很好的时光。”

白廿二丈有一个在西京史馆里任职的朋友，除却焚膏继晷地秉笔直书，为数不多的爱好就是讲故事。从开元盛世到元和中兴，如数家珍。她彼时还是稚龄。可眼下，她已知晓开元盛世之下也有诸般饥馑兵乱苦厄。小七很想问问，那让所有长辈讳莫如深的，那些沉吟暗问的往事，也在那些故事里吗？

那些不属于少年的时代，向来是孩子们最有兴致去破解的谜题。

在小七鼓起勇气去询问她的答案之前，刘先生的生命永远定格在会昌二年。

小七、仑郎和小六一道整理刘先生散佚的诗稿。为此，小七特地回到永贞坊。她知道崔相和刘先生有许多往来。

永贞坊那间旧宅给李家人征去，新屋主态度并不友好，却也殊无恶意，带有赞皇大族的傲慢，并不曾对她突然的造访感到惊愕，自然也不欢迎。屋主不冷不淡地将那些被整理保护得当的旧物送出，只是在临别时看见她被风吹起的透纱罗下的面容时顿了顿，问："河东柳家人？你来取刘先生的东西做什么？"

小七摇摇头："我是替刘先生来取旧物的。"

年轻人皱眉，显然不太相信她的话。可最后也没有阻止她，只是说："既然来了，去崇业坊一并走一趟吧。"

崇业坊里没什么人。

昔日很兴旺的道观里已经没有桃树了，取而代之的是野草，在风中离离荣荣。还有很老很老的姑子守在这里。小七小心翼翼地叩门，门"吱呀"一声开了。开门的道子低眉垂眼，一副菩萨相。

"是谁？"一个苍老的声音问。

"我是……小七。"小七说。她犹豫的那一下让她感到怅然若失。"我也不知道自己姓什么。我就叫小七。"

那个声音的主人大概真的很老了。"师傅让你近前来。"那低眉慈目的道子说。小七走到那人面前。老人眯起眼睛，努力想要分辨光线里晃动的人影。待她自以为看清了，那双浑浊的、堆叠着无数衰老的眼睛里像是漏进去一丝乍亮的天光。

"……柳郎。"她伸手一指，"去。把盒子拿出来。"

小七无法去纠正一个行将就木的老人识人不明的错误。待她看到那匣子时，也就无暇顾及这些了。

平脱盒子里装了很少很轻的东西，搬动的时候发出空旷的声响。盒子上镶了很薄的金玉，看得出主人虽算不得豪奢，也是十万分珍重这物什。

"……你打开。"

小七的手开始颤抖。她有一种直觉，她要打开的东西里藏着很多很多她和小六都迫切想要知道的故事。可她不确定她是否还对此抱有憧憬。

"小施主，打开吧。"道子劝道，"这是先时柳刺史寄送来的。一直放在此处。不晓得柳郎君是小施主的什么人？"

小七沉默了很久很久。

最后，她伸手打开了那盒子。

柳州的川泽里有一条白龙。

那条白龙的出现大约和刺史被转调至柳州的时候差不远，传闻其故居钧天帝宫，下上星辰，呼嘘阴阳。柳刺史专为这条居于僻远之地的灵物写过一篇动人的文章。

那条白龙在柳刺史去世之后便不见了。乡民都说，白龙是因为刺史才留在柳乡的，用自己的福泽庇佑乡民，却一直留在这蛮荒之地受苦。柳刺史走了，白龙也不见了。

小七手里拿着那片纯粹到七彩斑斓的龙鳞，一下子想起了好多事。

她想起她五岁，一直跟着姐姐到泽地旁边守着，见到误入的人，就会大声地提醒他们小心。想起她六岁的时候，一个人跑到泽地边上哭她的姐姐。

后来那片泽地不见了。

她生了很重的病，烧得一塌糊涂。刺史的朋友赶来，却只见到故友的一副棺木，三根遗草。她被辗转送到湖南，崔家家主的府中，奇迹般地一夜诸病痛皆去。

小七忽然想起仑郎对她说的，刘先生的失态。

“深之和敦诗都没了。让我担。不要连累你们。”

那些沉吟暗问的往事里，让所有人三缄其口的，是十位年轻人夭折的梦想，还是什么难以启齿的，别的东西？

比如白龙。比如……她？

小七将平脱盒子带回洛阳。

仑郎看着那张黄笺上熟稔的、略潦草而亲切的字迹，陷入了很久的沉默。

小七和他一起沉默地看着散乱的酬赠。仑郎说：“你知道吗，柳先生是柳少师的子侄。”

小七笑了笑：“难怪。”

仑郎说：“你要走吗？”

小七沉默地看着陈旧的书稿，点了点头。

小七把那片龙鳞扔在绿野堂的清池里。

裴相沉默地看着小姑娘。

小七换上了绿衣，高挑清隽，从身后看去，几乎与三十年前慈恩塔的少年没有分别。

“先生，你在长安还有亲眷吗？”小七笑起来，“我不回长安了。想麻烦先生最后一件事。”

——替我去大兴善寺还个愿。

那年小姑娘在佛龛下合眼诚心，问那泥塑凡胎的金身，我从何来。

李家兄长说，大兴善寺原是陟岵寺。

“陟彼岵兮，瞻望父兮。”

“父曰：嗟！予子行役，夙夜无已。上慎旃哉！犹来无止！”

仑郎见她摆弄一局残盘，凑过去唏嘘道：“你晓得我朝最擅棋的是谁吗？”

少年摆出一个噤声的姿势，眼里闪动着窥探前朝的光芒：“……王、叔、文。”

谁知道太子陪读文士不切实际的野心，竟将一个诅咒带到如今。

小七回到了柳地。

民生依旧疾苦，笼罩在城楼上的斜雨恶风依旧把持着这块土地。她凭借着一点儿残存的记忆来到那片消失的川泽边。

“年十五六时，在泽州，与群儿戏郊亭上。顷然，有奇女坠地，有光晔然，被缃裘，白纹之理，首步摇之冠。”

“吾故居钧天帝宫，下上星辰，呼嘘阴阳，薄蓬莱、羞昆仑而不即者。帝以吾心侈大，怒而谪来，七日当复。”

“今吾虽辱尘土中，非若俪也。吾复且害若。”

“及期，进取杯水饮之，嘘成云气，五色翛翛也。因取裘反之，化成白龙，徊翔登天，莫知其所终。”

好

郭芷煜

由于中考失利，女孩升到了离家很远的一所普通的市重点高中读书，被迫开始了她的住宿生活。首次离家的忐忑与失落的伤心很快被寝室里其他三人的善意和热情扫去。她们开始了四人同进同出的学校生活。

除了女孩，寝室里的其他三人在初中都有住宿的经历，性格也不似女孩的温暾，更加外向，迅速地和班里的同学打成一片。连带着女孩也更好地适应了寄宿生活，融入了新班级。

天阴沉沉的，秋天已以迅雷不及掩耳之势掠过夏天的尾巴，以速降的气温张牙舞爪地彰显着自己的存在。受凉加上不适应，女孩的慢性肠胃炎复发，苍白的脸蜷缩在寝室的被子里，头昏脑涨，嘴里却还念叨着需要背诵的语文课文。“哎哟，祖宗，别背了，给你打了点儿粥……”室友们推门而入，手里提着从食堂带回的粥，米的清香瞬间散发开来。粥的香甜并未唤醒女孩空荡的胃，反而是夹杂在其中的几许油烟味让女孩在胃的几次痉挛后，“哇”的一声吐了出来。将粥往桌上一丢，三人冲了过来，慌忙捞起身子几乎掉下的女孩。

“妈妈，她们对我真的很好！”第三周结束后的周末，女孩在自己饭桌上兴奋地讲述着室友们的照顾。“好好好，知道了，很好。”女孩的母亲笑得无奈，却也为女孩能找到好朋友而将心底的大石悄然放下。饭桌上弥漫着欢声笑语。

“宝儿，帮我带个饭团。”“还有我！”“我，我也要！谢谢你！”被室友转着调的语气逗笑，女孩摇摇头。偶尔帮室友带个饭，多打扫些卫生，女孩心中倒也开心，似乎找到了什么可以为她们做的事。

“叮咚。”消息提示音划破了房间的安静，从繁多的作业中抬起头，抓过手机一看，是班上同学的消息。“A 说艺术节的事要这样，你觉得有必要吗？”附了张女孩室友 A 的数条消息。草草扫了眼，女孩觉得有些烦琐，皱眉回道：“有些麻烦，感觉没必要那么精致吧。”长吁了一口气，将手机静音锁屏丢在一旁。

傍晚的宿舍楼前树影婆娑，女孩裹紧披在身上的外套，加快跑向宿舍楼的脚步。“朋友们，我回来啦！”朝夕相处，女孩变得更加活泼，可回答她的，不是预料中的笑脸，而是一片死寂。女孩有些尴尬，无措地看向房间内的室友们。“怎么了？……”还是一片寂静。“A？”这时她的室友才肯从书堆中抬头，施舍给了她一个眼神。“到底咋回事，你们干什么呢？”女孩穿梭在室友身旁，用力地在她们眼前挥着手，其他两个人皆小心翼翼地瞥了眼 A。

“好了，你在干什么呢？”A 从座位中站了起来，手指划了几下手机屏幕，“不过我蛮好奇你对朋友的定义，难道对你来说，朋友不是支持的对象吗？”女孩呆愣地看着眼前咄咄逼人的室友，绞尽脑汁也想不出自己干了什么，让平日对她和善的室友这般生气。“你就是这样否定你的朋友的？”发亮的屏幕上正是女孩和班上同学的那段聊天记录，“还是说，其实你也没把我们当朋友。”女孩着急得红了眼圈，心脏战栗着的噗噗声似乎在她耳膜旁炸开，她急于开口解释，可似乎有什么东西粘住了她的喉咙，她只能无力地发出“没有”“不是的”“你听我解释”等断断续续、毫无意义的语句。

女孩又回到了孑然一身的状态，或者说，比那还要糟糕，原来与她同进同出如胶似漆的室友们视她如空气，甚至总会开些无伤大雅的“玩笑”。“A，你在干什么呢?”这天，女孩的书堆被不经意地推倒，班上的一个男同学终于看不下去出声制止。想象中的缓和与尊重并未出现，一声嗤笑后的话语让女孩陷入迷惘。“没想到啊，你是这种人。”大颗的泪珠从女孩脸颊上流下，而泪水与颤抖只能换来变本加厉的嘲讽。

女孩的母亲在听完女孩的哭诉又似忏悔后，联系老师帮她换了间寝室，又忙前忙后试图联系心理医生降低这件事对女孩的伤害，也试图让女孩的性情有些改变。生活在短暂的慌乱后似乎又回归风平浪静。一周后，女孩的母亲打电话询问女孩寝室的情况。

“妈，她们对我真的挺好的!”

可她们原来对我也很好，不是吗?

星球日记

李雨璇

大家好。这里是 Marvin。

我相信你们都曾对着茫茫星海，想象着那一点星光背后能隐藏着多么绚烂的世界。

而在十四岁生日时，笺雨送给我一个天文望远镜，我有幸，实现了这个愿望。

每一颗星球，都有属于它自己的故事。就像地球上的我们一样，每一颗星球都是一个全然不同的世界。

而我想做的，就是把每一个故事，通过这本日记，记录下来。

我希望它们不仅被我知道，还属于你们每一个人。

希望你们能在这里，找到属于自己的世界和时光。

世界观

星球日记是建立在微博 @Rofix 所设计的星球之上的。每次的文章当中，也都会有转载的画作和星球介绍，但每一颗星球的故事都是原创的（已经征求过转载权）。

这位星球设计师更趋向于宏观地构造出一个宇宙，塑造出不同的星球世界，却没有描绘出每个世界中的众生百态。

而我们想做的，是让每一个世界都活起来，创造属于他们的故事，属于他们的悲欢离合。

所以这算不上科幻类的小说，也没有所谓的科学依据。只是我们所期望看到的，不同的世界和人物。

或许其中有一个人就如你一样，或许其中有一个世界正是你所向往的。

那么，希望你们能跟着 Marvin，在这本日记中，找到属于自己的天地。

那么，让我们一起开启，这属于宇宙的，星球日记。

楔　子

我读《小王子》的时候，特别羡慕那个土耳其天文学家。对，就是发现小王子的 B-612 小行星的那个。

他应当是数一数二的幸运的人，在浩瀚的宇宙中，寻找着一切未知却又美丽的事物。

我喜欢星空，那暗黑色的幕布上隐约闪烁的星光，是那样明亮和鲜活。

我相信，那样闪耀的星球上，也一定有同样活泼的生命存在。

每一颗星球，都一定有属于它的故事。

感谢笺雨，在我十四岁生日时送我的那个天文望远镜，让我这虚妄的幻想得以被证实。

还记得狐狸说的那句话吗？

“只有用心才能看到本质——最重要的东西眼睛是无法看到的。”

那么，让我们一起开启，这属于宇宙的，星球日记。

——Marvin

4月2日，晴

我看到的第一颗星球，我把它称为Irisa。

在这颗星球上，每一种生物都是成对出生的，两者共用同一个视野。

我之所以会知道，是因为我看到了Simon和Alen，一对孪生兄弟。我不知道他们的名字，冒昧地这样称呼，希望他们不要怪罪。

最初看到他们的时候，我感到很奇怪：两个人背靠背挨着，像是被什么牵制住了，一步也不能分开。

后来我才知道，双生子很小的时候需要离彼此很近，以保证两人能看到同样的世界。

我看见Simon睁开眼睛，眉目带笑地望着天上的一颗流星。

那流星从他们的头顶划过，Simon就随着那道流星，仰头，仰头，仰头，几乎就要压在他身后的Alen身上了。

他轻轻地眨了一下眼睛，那一刻，眼睛却睁不开了，那股子好奇的劲儿也一下子没了，只是脸上那兴奋的神情还没有失去。

我正奇怪着，却看见他背后的Alen睁开了眼。他的眼眸更黑，看起来也更沉稳，他没有因为突然出现的流星而感到惊讶，仿佛刚刚看到过一般，一切都是顺理成章的。

那流星渐渐暗了下去，Alen满足地笑着，闭上了眼。

Simon又醒了过来，蹦蹦跳跳地往不知名的地方跑去，他身后的Alen，依旧维持着那抹淡淡的笑意，无意识地跟着他跑着。

我微微有些错愕，他们，看不见彼此啊。

Simon和Alen长得很快，不到一天的时间，他们的个子就已经长高了许多，两人之间间隔的距离也越来越长。

我该为他们感到高兴的，等到他们真正长大了，就能独自观看整个世界了。可我却莫名感到忧伤，仿佛他们两者之间的无形的羁绊，一点一点地淡化了，我竟有一丝不舍和惋惜。

那天Simon正在欣赏一株悬浮在空中的莹草，像是被花粉呛到了，闭上眼打了个喷嚏。

此时已经看不到Alen了，所以我也没想着他会立刻睁开眼，正准备悠闲片刻，却惊讶地发现，Simon 在短暂的时间里，又睁开了眼。

他捂着鼻子继续打量萤草，眼神中依旧是探究和欣喜。

我却觉得，脑海中的一根弦，断了。

我一直很期待 Simon 和 Alen 见面的那一刻，没想到我是这般幸运，两人在独立的那一刻，其实没有分隔太远，Alen 很快又追上了。

我看见 Simon 察觉到有人来，那双痴迷于莹草的眼睛带着犹未消除的喜悦看向 Alen，点了点头。

Alen 依旧是那沉稳的性子，认真地看了他一眼，还有他手中的莹草，皱了皱眉头，最终还是走开了。

擦肩而过。

我心里有股说不出的滋味，像是难过，又像是挫败，最终，却一句话也说不出来。

5 月 4 日，多云转晴

如果今天的天气一直像早晨那样见不着太阳，我是一定发现不了 Resuo 星球的。

这颗星球的空气很独特，导致生活在那里的人的低频率通信的声音不会因为距离的减小而削弱。

也就是说，对于那里的人来说，没有二人独享的秘密，也没有绝对的安静。

我仔细分辨着那颗星球上的每一个生命、每一种声音，纷乱无章，却又缠绕着丝丝牵挂。

“我这里又下雹子了！”

“这电视剧真好看！”

“什么什么？我这里出太阳了啊。”

“哪里好看了，一点儿演技也没有。”

“欸，是你，在哪里，我找你去。”

“啊啊啊啊……我们喜欢的歌手发新歌了！”

“下雹子那位，要伞吗，我在……”

永无止境……

Ares 是个例外，他一个字也没说，只是安安静静地蜷缩在一个角落里，耳朵上戴着像耳机一样的东西，像是在听歌的样子。

我想他应该忍受不了那么嘈杂的声音吧，他眉头微微皱着，眼睛紧闭着。

他想要藏起来，藏到一个没有任何声音的地方。

可是，这样的地方，在 Resuo 上，存在吗？

他又痛苦地皱了皱眉头，似乎把耳机的声音调得更大了些，把脸埋进了双膝之间。

不要说话！不要被发现！不要和其他人一样，陷入那永无止境的纷乱之中！

他不敢说话，怕被忽略吗，还是怕被无数道声音淹没？

我看着他，突然有些怀疑。如果什么都听得见，或许，并不是一件好事？

“欸，你还要在这里坐多久。”突然，他的耳机被揪了下来，还没等伸手去抢，耳边一串追问的声音已经追了过来。

“哪儿有座位，累死了，累死了，我过来坐会儿。”

“欸，坐什么坐，陪我开一局啊。”

“什么？谁在玩游戏，我是新人，带我带我带我！”

他立刻捂住耳朵，费力地吐出几个字：“耳机……还给我！”

“嗯？谁在说话，没听见过这声音。”

“就你那听力能分出来谁是谁，喝酒喝酒……”

她愣了一瞬间，忽然笑了。

“你……”

她做了个噤声的手势，像是发现了什么绝世珍宝，怕被别人抢去了。拿手比画了半天，也不见他理解，无奈地叹道：“好吧，原来是你啊……一句话不说，怪不得我一直找不到你。”

远方传来一片笑声。

“又有一对找到了？”

“哟，恭喜恭喜！”

“谁啊谁啊，喜酒请不请？”

Ares 的脸有些发烫：“唔，我说怎么戴上耳机也遮不住声音，原来是你啊。”

Resuo 人能够清晰地在空气中听到自己灵魂伴侣的声音。他们会追寻着这个声音，跨越整颗星球，找到彼此。

我想，那一句句看似毫无关联的话语当中，或许有一句话，是真真切切地对你说的。

如果是这样，你会敞开心扉，用心去听吗?

5月21日，阴

今天真是奇怪，明明天气不好，看得反而比平时清晰许多。

一块陨石撞击行星导致毁灭，恒星重力崩溃，中子星诞生……

一切的一切，宇宙万象，都不可思议地展现在我的面前。

直到我看到了一颗行星在一个黑洞旁边却安然无恙，我才意识到其中的不对劲。

我花了很长时间才找到其中的缘由：我看到的是宇宙，却也不是，那是通过一颗星球看到的世界，我把它称为Veizo。

那是一个由无数透镜组成的星球，星球这一端的棱镜与另一端的棱镜形成巨大的望远镜，可以看到数亿光年外的星空。

这样的一颗星球上面，除了玻璃，什么也没有，自然也没有生物的存在。

待它旋转到某个角度的时候，我看到一片裂痕。

那大概是陨石撞击它的时候留下的伤疤，直直地从这一侧穿向另一侧。

我忽然为它感到难过，它把那么多宇宙奇观汇聚在一起，自己，那样脆弱不堪的自己，反而被忽略了。

如果星球也有情绪的话，它，应该会感到孤寂吧。

又或许，它也为自己汇聚的景色而感到骄傲?

希望那个脆弱的星球，一切安好。

6月1日，晴

今天是儿童节。先祝笺雨儿童节快乐啦！唔，虽然她好像并不想被当作孩子。

很可惜，今天看到的这颗星球，不是一颗属于孩子的星球。

Taeiq，是一个处于其他星系的星球。那个星系的太空并非真空，星球需要依靠赤道上的五个推进器来维持正常自转，否则就会在以太的阻力下停止运转。

那里的人，每天所做的唯一的事情就是在地下工厂中不停地做机械运动，来给星球引擎提供动能。

我是在东经 136 度的那个推进器工厂里看到的 Alex。我从没看到过那样无神的眼睛，灰蒙蒙的，仿佛什么也看不见，什么也引不起他的兴趣。

他平静地盯着眼前的火炉，明亮的火焰映在他的眼睛里，却燃不到他心里——没有一丝生机。

他似乎有一瞬间的失神，过了一会儿，见火光暗了些，又加了些煤炭。

我看着他僵硬地抬起手臂，僵硬地从一旁的炭车里铲起煤炭，僵硬地投进火炉里，僵硬地放下手臂。

我突然想，这样的人和机器有什么区别？

Alex 值的是夜班，等他从工厂里出来的时候，太阳已经快要升起了。

我看他买了瓶酒，坐在离太阳最近的地方，看着这个靠他们自己的双手运转起来的星球，一点一点，冲破以太，沿着轨道向前走。

一个孩子从树后冒出头来，蹦蹦跳跳地走到他身边，脸上挂着明媚的笑。

那应该是他的孩子吧，他轻轻地拍了拍那孩子的肩膀，把她揽在了怀里。

“爸爸，你多笑一笑，别老皱着眉头，多累啊。”孩子天真无邪的声音，充满希望和快乐。

Alex 摇摇头，牵起一个艰难的微笑，眉目间的愁容却是半分不少。

“等你长大了就知道，生活的最终目的，就是让人困倦。”

“怎么会呢？爸爸，总有一些想做的事情啊。”

“想做，能做，该做，一件事情搁置太久，便放下了。有再多梦想，到头来，还是该做什么做什么。”Alex 仰起头吞了一口酒。

“可是一生很长，总要抱有一丝希望啊，不然，活着还有什么意义？”

“意义？先活下来，再想所谓的意义吧。”Alex 倒了倒酒瓶，又是一大口。

“如果完成了梦想，就算一生再短，也算没有白活啊！”孩子似乎有些倔强，紧盯着太阳的双眼泛出金色的光芒。

Alex 笑了，抬了抬手，笑容一顿，无奈地放了下来。酒没了。

“你知道太阳升不起来的时候，是什么样子的吗？”

“不知道。我从没见过。”

“那么，希望你永远也不知道。”

我突然想起爸妈总对我说的：“等你长大了就知道了。”

如果知道一定要以失去为代价，那么我希望我永远不知道。

7月11日，晴

我这几天才发现，Lugg 星球周围的星环，其实是它的月亮化成的碎片，应该是被一颗彗星撞毁，巨大的碎片被引力分离形成的。

在一块巨大的碎片中间，一个巨大的洞口被完好地保留下来，显然是彗星遗留下的痕迹。特别之处在于，那洞口周围星星点点地有生命迹象出现。

Glen 大概是那个碎片上的天文学家。我常常看到他拿着望远镜观望着 Lugg，似乎在沉思，又似乎有些疑惑，常常拿出笔来记录着什么。

今天是他新论文的发布会，我看见他揣着他的笔记本，在台下一遍又一遍地理着西装上的每一道褶皱，额头上不断冒出细细密密的冷汗，沾湿了他梳得一丝不苟的头发。头发被他胡乱地用手帕一抹，又乱得不成样子。

他却再来不及拿出梳子，匆匆忙忙顶着一头乱发上了台，毫无意外地受到一众嘲笑。

他紧紧地攥着那本笔记本，锁着眉头开始演讲。

我粗略地看了看，是关于 Lugg 与这些碎片的关系的，大概就是证明 Lugg 才是中心，而他们身处的碎片才是月亮（或许连月亮也算不上）。

这本是事实，可他的演讲结束时，底下没有掌声，只有可怕的静默。

短短片刻，Glen 额头上的汗已经滑了下来，流进眼睛里，他却不敢抬手去擦拭。

台下一位像是评委的专家走上台来，与 Glen 说了一句话，便见 Glen 带着不舍和犹豫交出了手中的笔记本。

笔记本交到专家手上的那一瞬间，伴随着一声刺耳的纸张破碎的声音，那不知历经了多少岁月和研究的笔记本，化作一张张碎片散落在空中，宛如冬日的飞雪，寒到了心里。

那位专家却是若无其事的样子，从 Glen 身边擦过，撞得他身子晃了一晃，自己则泰然自若地站在刚刚 Glen 发表演讲的讲台前，清了清嗓子，打开了麦克风：

“这位同行的言论纯属危言耸听，Lugg 是我们的主行星这一事无法通过他的所谓的依据来证实。天文学界不会允许这样不严谨的论文误导群众。同时，我们将禁止 Glen 发布任何新的天文学学术论文……”

台下的欢呼声早已盖过了一切疑惑，而 Glen 的身影，也淹没在了茫茫人海之中。

是该为失之交臂的真相悲伤，还是对愚昧、迟钝和无知进行嘲讽？

我望着数不清的繁星，却只是遗憾。有多少个 Glen，多少份成功的喜悦，随着那本被撕成碎片的笔记本，消失在这宇宙中？

8月11日，阴

我见到 Prumo 的时候，惊异它的繁荣，却也疑惑它的冷漠。家庭中的父母孩童形同陌路，学校中的同学没有共同话题，咖啡店里打工的员工也互不交流，路上的行人密集到并肩行走，却在同行过程中相对无言。

出乎意料地，我在这颗星球上寻找到了一台电讯机，显然是地球人制造的——由它发出的信息，我这里也能接收并阅读。

这是我第一次与星球上的人沟通。

那个人叫 Sherem，是一位茶馆的老板。听他说，曾有一个地球人去过他的店里，并留下了这样一台机器，才在如今，恰好让我接收到这段信息。原来这颗星球上的人，越是熟悉就越无法相知相见，在他们眼中能够看见的，只有那些不认识或不熟悉的陌生人。

Sherem 很快就不能再看到那位顾客了，直到有一天，那个空置的位置上多了这台机器，他才意识到，那个不属于这颗星球的人，已经离开了。

他亦不知道，那人离开的时候，眼中的 Prumo，已是什么样的光景。

他一直在等那个人的回信。

却不知，人类的技术尚未如此发达，隔着茫茫宇宙，短短一条信息，不知要经历多少岁月才能到达目的地。

而现在我再妄图去寻找那间茶馆，它也早已化为城市高楼，被无数虚假的繁荣淹没。

只有那台电讯机，仍旧执着地守候着一份期待。

一直以来我都觉得，不能亲自登上每一颗星球、亲自认识每一个人，是一件多么遗憾的事情。有时也会迷茫。我这样徒劳地观看着那些星球上不同的生活，却无法改变丝毫，那种无力感，常让我怀疑这样的坚持又有什么意义。

但 Prumo 让我突然意识到，或许有时候，故事更需要的是有人去聆听，有人去记录。因为更多时候，我们本就无力，也没有必要去改变。那是每颗星球亘古不变的宿命，如果没有了遗憾，就再不会被人记忆。

我很庆幸我只是个旁观者，不是局中人，这样反而可以看到所有。

若是以往，我一定会替那位旅者回复这封电讯。但如今，我想，我不该是那个完成约定的人。

纵使遗憾，也比假的圆满，来得值得。

尾声 · 别说再见

八月我就要出国游学了。这次游学活动意外地晚，好久没看到德国的Buddy了，有点儿想他。

不用担心，星球日记不会结束。宇宙茫茫，那么多星球在等着我们去发现。

而我，想要把它们的故事，一个一个，全都写下来。

别说再见，我们不需要告别。

等我回来，带给你们，最好的星球日记。

——Marvin

偶　人

李睿思

昔有一人名王生，为人放浪，不好书学。然其母常逼之习业求官，生甚苦之。

一日午时，生与友人会，饮酒酣，伏案而瞑，及暮方觉，起身而视，见案上功课已毕，字甚工。生怪之，四顾，见一偶人持笔立于案上，高可一尺，极类生人，着白衣，笑顾生。生惧，方欲走，闻偶人曰：“吾见汝厌塾久矣！今代汝为功课，何如？”生闻之喜，遽许之。自后，生登塾则佯勤，散学则与友人嬉。偶人则日匿于橱，暮笃学习业，渐与王生高低无所甚，而貌愈栩栩如生。

居数月，生复恶日日登塾之劳，乃谓偶人曰：“吾欲子代吾登塾，可乎？”

偶人谓生曰："信乎？既决，毋悔。"生不以为意。于是偶人受业于塾，遍览群书，渐能博通众流百家之言。王生之母喜，不觉有异。而王生纵逸于舞榭歌台之间，失进学之心。

又数月，偶人样貌形态悉与生无异。一日晚，偶人乘生寝，徐念一咒。语方毕，见王生之身缩至一尺，变作一偶人。偶人以己之白衣易生之衣，以生置橱中，然后持书静读如故。

辛丑年二月十六，余偶闻王生之事，以为奇，归而思之，甚有感。乃编录成传，以警世人，冀将为戒。

商枝（节选）

赵安妮

何漓，字之淮，是当时的闽州人，出身于书香门第，父亲何季衍是当地县令，不求厚禄，不贪赃财，为官廉正，百姓皆爱戴之。何季衍生平好学，群经博览无不穷究，且以言令闻名，对于何漓也有大期望，于是在他小时候就聘请了当地有名望的老师教育他，授之以四书五经。何漓却是小孩的顽皮性子，时时逾墙逃走，屡屡在课堂上捣乱，先生气得几番向何季衍告状，称他秉性顽劣，无以诲之，何季衍听罢，和风细雨地从"师者，所以传道受业解惑也"谈至"夫子之道忠恕"，言辞间谦卑蕴藉却坚定有力，说得先生面有愧色。面对何漓，却只是责问一两句便过去了。后来有一次何漓翻墙出来，一抬头迎面撞上父亲。何季衍这才表现出几分愠意，很是严肃地问为什么这样做。何漓神色认真地答："一乎人意。非不相喻也，先生近迂。"一日，何季衍听见何漓吟诗，铿然顿挫，很是讶异，在书轩外侧耳静听了半晌，才缓缓走进去。何漓见父亲来，有些忸怩不安，原来是在吟诵自己写的诗。何季衍见其文风清隽兼有理趣，用字之凝练、诉请之戚绝，卓尔不群，暗自思忖他的文才非常人能及。自此便更加不在学业上约束他，只是心中仍有忧虑。

一日何季衍的友人常山来访，见到了何漓，便请求何季衍允许自己携之同往，寻一从师求学之地。常山素来行为高雅，颇有隐士之风，少与人来往，唯独同何季衍十分交好，何季衍向来也十分信任他。常山非凡人，再加之言辞恳切，且一面之缘便如此，可见何漓身上定有异于常人之处。何季衍思量许久，答允下来，约定三年以后归家。

于是何漓随常山一道乘马换车，几番周折后驾舟而行，泛于茫茫水雾之中，四周缥缈辽远，静谧笼着一眼望不尽的水面。何漓心下生疑，但只见常山闭目凝神，没有为他做什么指引的意思。于是只好也静坐沉思，合上双眸，世间只剩下轻淌过舟沿的流水声，和不时的一两声孤鸟长鸣，何漓想自己如今无依无靠，更不知要往何处去，难免心下悲戚。这样一时悲戚一时沉思，渐渐地流水声、鸟鸣声弱下来，最终趋于平静了。

睁眼已是另一番景象。四周拥着山，怪石嶙峋，层层叠垒起来直遮住半面青天，青云腾雾萦绕在山间。何漓低头，自己仍坐在舟里，只是舟下丝毫不见先前的水面，而是卧在干秃的土面上。再环顾一周，一面是山，另一面是竹林，何漓这才看见竹林下，常山微笑着望向自己，似乎是已经等了许久。值此之际，一阵异风击来，竹林激起一片婆娑声，似有千军万马之势，吹过密密匝匝的竹叶相互碰撞，一叶叶锋利的刃划破风的规则袭面而来。何漓只觉一阵眩晕，便又再无知觉，眼前黑暗笼罩。

再一次被光亮刺醒，何漓发觉自己正躺卧在一张床榻上，似乎正处于一间陌生的屋室，回想先前奇遇，心下惶惑不知是梦还是现实。恍惚间有脚步声、细语声，何漓正要急忙起身，却发觉自己动弹不得，似被钉在床上一般，便呼救相求。不想是一女子掀起门帘赶来，二指在其颈侧、肩骨处用力一点，顿时何漓自觉气脉畅通，肢体又可活动自如了，于是起身拱手相谢。方才何漓瞥见，那女子清颜白衫，生得标致，道谢时少不了几分羞赧，垂眼不敢与之对视。那姑娘倒是坦然，与何漓说，他昏迷足足三日三夜，现下终于苏醒，要与先生交代去。何漓听了忙问，先生是否名曰常山？姑娘说，先生名曰陆英，字忍霜，而未尝听闻过此人。又问可否见过同行一人，姑娘答不知，是先生与何漓同来的，且此地如处世外，少有人往来。描述一番其外貌特征，何漓心中揣测陆英与常山便是同一人，但又不解他改姓更名之意图，又历经如此离奇之事，急着见到那位“先生”求证，以解心头之惑。便请姑娘去时代为求见。

不承想姑娘回来后说，先生说不能见。何漓不解，请求姑娘引他前去寻找。

“先生若是不想见，便是无论如何也寻不着他的去处，”姑娘有几分歉意，但那股傲气的劲儿仍然闪烁在眸子里，“先生不愿见人，便是我，也没有办法。”

何漓不信，固执的劲儿上来，硬要自去找寻。那姑娘见好言相劝也无用，语气强硬起来："公子这是何苦？我已说了寻不到，你又偏要自己去寻，这是不信我吧？不信我又要用我，教我替你去寻。如今先生说不想见，便是见不到的，我好心说与你，方才又帮了你，你本该谢我，却竟是这般敷衍冷漠，是见我是女子，便就觉着礼节不甚重要？或可想莫不是薄情寡义之人？"冷眼瞧着何漓面上缓和下来又转为惶恐，越听越发面红耳赤，语无伦次连连摆手。于是忍住笑意，语气缓和下来，与他再交代些事情。何漓此番细细看着姑娘，一双杏眼颇有灵气，神情傲然有些张扬，头发用红绳高扎起，束着腰带，竟有些侠者气概。何漓想问的有许多，忽然想起还不知那姑娘如何称呼，心里又仍为她先前的话而紧张，于是斟酌着措辞，而终于还是问了：

"冒昧一问姑娘姓名。"

"公子方才可不记着问呢。"何漓只得讪讪笑着。

于是姑娘自叙身份，名唤商枝。

《世说新语》仿写三则

徐欣怡

德行第一：

火火风格秀整，高自标持，有雅然翩翩之风。非以其疲于事遇之，必掩素手于乌裳裙裾之下，疾摆，莞尔，玄影随风而逝，目不暇给，唯三里之外听足音知之。然若处之于堂中，便惶惶然如芒在背。眼如机枪，笔如利铩，口滔滔涌如钱塘江大潮，粉簌簌落如六月之飞雪。及其言语卒煞，蹙眉含颦间众人提心吊胆，恐其难生，而或臧或否矣。

文学第四：

每发卷，或怨："作业何其多哉！吾不堪重负！"每试毕，或号："考试何其难哉！吾无颜过江东乎！"居则常以"吾太菜也"入言语。然及吾毕姓名，其毕卷；吾因益于均而喜，其因次于首而泣。谁菜也？谁诈也？

规箴第十：

火常叩门而云："小子何莫时习之？高中化学环环相扣，一未成则悉崩也！"

烙　印

丁其格

“还没离开寝室的同学请抓紧了，马上就要关门了。今天是星期五，不要忘记打开窗户，关闭台灯。”广播的嘈杂声把我叫醒，又是起床过晚的一天。昏昏沉沉中，平凡的一天又将开始。

我艰难地从床上坐起，闹钟已经响过了，但已被我随手关闭。看来今天早上为了不迟到，又少不了一番兵荒马乱。我近乎惯性地穿衣洗漱，这本是一个再平凡不过的早晨。

如果没有发生那件怪事的话。

我曾在路上见过在脸上文身的人，不管这样深的烙印之后是否可以去除，在脸上文身需要的勇气，我是难以想象的。可现在，目之所及，竟全是额头上烙印着数字的同学。我原以为是过度缺少睡眠引起的精神失常，可无论我如何用冷水让自己清醒，那些数字依然存在。在洗漱间内，我望向镜子中自己的脸，镜子中我的额头上分明地烙印着数字“63”。我百般尝试，用水是冲洗不掉的，用洗面奶也不行，数字好像凭空出现一样，没有一点儿现实的存在感。

这是什么数字？“63”这个数字，跟我自己有关，那么只能想到一个结果——上次考试的排名。为了验证这个猜想，我寻到隔壁寝室的一名同学，她的额头上赫然印着数字“2”，看来是了，这个烙印就是上学期期末考试的排名，只排了大三门的成绩。因为如果加上了小三门，我的数字理应更小。

因为耗费了太多的时间在疑惑和崩溃上，所以我迟到了。

到了教室，我被越来越多的数字包围着。“162”“23”分别是我的两位邻桌。我的周围还有“267”“56”“42”。我以前从未想过要如此直观地将一个人的成绩和他自身联系在一起，现在，那刻意制造的割裂感已经被这清楚明白的烙印消灭了。我和任何一个人谈话，总是先看到他额头上的数字。谈话时，也总是会看到那明显的数字，我又没有任何理由去刻意地转移视线，来个眼不见心不烦。如果要尊重对方，就得看向他的脸，而若是看向他的脸，最先看见的又是那烙印在额头上的数字。久而久之，我仿佛在与很多的数字做同学，与很多的数字做朋友，与很多的数字生活。虽然我刻意地告诉自己这些数字并不代表什么，没有高下之分，可事实就是，越小的数字就越让我喜爱，越让我愿意和它的主人交往。而偏大的数字，我总是对它的主人兴致索然。我对自己的自相矛盾感到由衷的厌弃，却又感到茫然不知所措。

中午吃饭的时间是我最喜爱的，疫情时期设置的小挡板和不许面对面坐的规则现在还在某种程度上发挥作用。对别人来说，这可能是阻碍，对我来说，却是解放。我可以不再看到那些令人心烦的数字，也可以不再盯着别人的脸讲话。这对于我来说是一次轻松的喘息，能让我回忆起以前看不到这些数字时的快乐生活。与数字的朝夕相伴，已经磨光了我对它们的所有耐心。

“你或许有些什么烦心事，可以告诉我吗？”坐在我斜对面的同学对我说。这话听着就令人生疑，定睛一看，他的额头上是个“268”，而再看他的脸，才发现是一名我并不熟悉的同班同学。

“没有，一切都好。”我警惕起来，原来他是这样一个喜欢打探个人隐私的人，我之前都没发现。

“一定有的，你一直在烦恼吧？”他追问。

或许是憋在心里太久没人倾诉，我开玩笑似的将自己能看到数字的事情对他和盘托出。这么离奇的故事，恐怕没有人会相信。

“那么，你说说看，我的数字是多少？”

“我说了，你当真不生气？”

“不生气，怎么会生气呢。”

“268。”

“大概是了，我的成绩可并未对外泄露过分毫呢。”

他如此轻易地相信了我，我感到很诧异。

“那么，你对于如何解决我这个问题，可有头绪？”我不抱希望地问着。

“头绪是有一点儿，不过关键还在你自己。”他故作神秘地答着，又搬出那套老掉牙的理论，说我过于在意成绩，把成绩看得太重了。如果放松些，事态可能就会来个一百八十度大转变。等我不再那么看重成绩，那么那些数字就会随之消失。就算数字不消失，我也不会再那么在意。总之，一句话，这是我的观念问题，若是我的观念转变了，问题自然也会随之消失。

“不对！不对！真是大错特错。我可是一点儿也不在乎成绩的呢！我知道一个学生的‘好坏’不能全拿成绩去评判，我是最不可能过于在意成绩的那个人！你这套理论简直谬误百出。我的观念不需要转变，也没必要转变。”我收拾起餐盘，气愤地准备离开。

“别着急啊！你就是怀着这样非黑即白的心态，才会走到今天这步呢！若是你能再放松些，看得开些……”他喋喋不休，我头也不回地走了。

回到教室，他又缠了上来，指着一名同学问我：“她是多少？”

我不耐烦地回复：“297，一个不太好的排名。”

“不太好？把你心中的话说出来吧，就是‘烂’，除了‘297’，你还知道这名同学什么？”

我哑口无言，确实，我现在只能看见写在她额头上的成绩，除此之外我对她一无所知。

“如果我告诉你，她是我们学校文化节的总策划呢？她为了文化节疲于奔命，但乐在其中。”

“但……”

“你想说这不是成绩降低的理由？确实不是，但她上课的时候每节课都专心听讲，作业也都全部完成。只是缺了像你一样充足的复习时间，才落得你心中那么一个297的评价。”

“那他呢？”我指向一个267，“他也有这么一个所谓的理由？”

“或许呢，谁知道有没有呢，但若是被267这个评价给套住了，你还能期待他有什么样的独到之处呢？我说，成绩真的只是个数字。”他停顿了一下，“或者说，就拿我自己来举例子吧。你了解我什么？我喜欢看什么书？喜欢什么运动？喜欢什么音乐？我有什么特长？我有什么不如你的地方？我有什么比你好的地方？我的排名比你低就不如你吗？我的排名比你高就优于你吗？凭什么拿静态的数字去概括动态的人？我是谁？是268还是我自己？你是谁？是你额头上顶着的那个数字，还是你自己？”268这么说着，忽然，他额头上的数字融化了，融进了他的皮肤中。

我茫然地向四周张望着，再也看不见同学们额头上的数字了。

“谢谢你。”这时，我想称呼他的名字了，却发现早已忘了。268，这么长时间我都只用一个数字来指代他。如果超出了这个数字，我对他就没有什么了解了。

“你为什么当初那么快就相信了我讲的话？”之后的某一天，我问他。

他这才告诉我，他的爸爸也有这么一段能看到数字的经历，工作的时候，总能看到别人额头上的月薪。看到比自己高的就感觉嫉妒，看到比自己低的就感到不屑。直到现在，他依旧能看到别人额头上烙印着的月薪呢！这一点，恐怕只能等到他退休后，才能发生变化了。

“到那时，可能他就能看到别人额头上的养老金了。”他开着玩笑。

我还有诸多疑问，都藏在心中没有办法得到解答，对这段神奇的经历也无法一一描述清楚。

“你当时是怎么确定我有烦心事的呢？”

“我告诉你，其实我也能看到别人额头上的数字。”他苦笑着。

“是什么样的？”

“我称呼它为‘烦恼值’，当时你的烦恼值都快爆表啦。我看着实在厌烦，于是就来帮你解决烦恼了！”他又笑了，我已经分辨不出他的笑中带有几分认真了。

或许他的故事从头到尾都是假的，不能当真？或许他口中的话也只是在调笑我，他编造了与我相似的经历？或许这一整件超脱现实的事都只是我脆弱的内心在作祟？当时的我并不能分清，只提了最后一个问题。

“那你就一直这么忍受着，看着别人的烦恼，并且这么去帮助别人？”

“是啊，这也是为了我自己。为了不看到你们这些被烦恼折磨的人，不看到那么巨大鲜明的烙印打在你们的额头上，我也只能……”

他那认真的神情，让我又觉得，他所说的一切都是真的。

“我也只能，疲于奔命，乐在其中。”他这么说着。

繁星的光辉

冯麒霏

空旷的五点半的长廊。透明的棚顶下是先生，深灰色的条纹西装，宽阔的肩膀，左手提着一沓草稿纸，右手拎着一支笔，由暗淡处向光亮处去，头顶是隐约的繁星。攥着本子，我加紧几步，逃一般地在棚顶下追上他：“老师！”步履不停，细边的漆色眼镜缓缓向我转过来了，明亮的眼睛微眯起来，嘴角漾开一个微笑，顺着几道浅浅的细纹，又抿上了嘴。我笑着，喘着气道：“刚好赶上……”踩着楼梯，先生又迈开步子，笑得更开怀了：“哈哈！正好！”

我们就这样带着笑向玻璃房走去，我亦步亦趋地跟着先生。

“其实老师我已经来过了……发现有个东西没拿就回去了一趟。”

“啊——这是你的东西。”

先生发觉没有必要再开灯后，就很自如地拉开一张椅子坐下，放下他巨大的薄屏手机，把草稿纸摊开，取来一张，双手交握成拳：“来，坐到这边来。”然后看向我，嘴又自然而然地咧开了。

于是我小心翼翼地坐下，急忙把我的东西推到一边，开始手足无措地问那些个蠢得要命的问题——是的！连我自己都没想清楚要问的是什么，只是凭借直觉胡思乱想一番，糊涂了就跑来找老师。我总是因为这种鲁莽的提问方式，被先生以压低眉梢的无奈眼色堵得窘迫，这次依然——先生皱起眉头压住了他的精神气，嘴角的弧度也消失了，只是紧紧绷着，而后用那可爱却令人慌张的南京口音发难了：“你想说什么啊——哼哼！我看你——看你能不能把这个问题讲清楚。”

接着他就像一个无聊的小孩一样开始撕扯笔杆上的标签。

先生在南京读的大学。第一学期末的时候我想给老师们写明信片，苦于没有卡片，只得拿出“手绘南京”那一套，不料恰恰切中先生的回忆：“这是玄武湖啊……我在那边上过学的！”说着他向我扬了一下拿着卡片的手，咧开嘴“哈哈”一笑，用明亮的眼睛代替嘴巴道谢，就迈开大步。

我又手足无措了，几度试图开口，叽里咕噜了一会儿，见他的手指始终没有离开标签，就生吞下那些片言只语，最后才尴尬说道：“算了……那就……那就不提这个问题了吧。”

先生把眼一瞪，头一扬：“唔！”顿了一会儿，他的脸色活泼开来：“这个这个算什么问题！你都搞不清楚。”

我把嘴绷直了尴尬地笑笑，一边支吾其词，一边把精编拿出来给他看。

“那道题想出来了吗？”

在我解题的空当，已经有一个女孩子来过，问罢就走了；我还是盯着红笔写就的草稿纸发着呆——仅仅是在老师面前被盯着就难以思考，无论谁都是这样——先生是在此时发的问。

我实诚地绷紧嘴摇摇头。

先生莞尔，于是接过我的草稿：“即使思考是必要的，也不能让它浪费我们太多宝贵的时间……” f（x），-x+1+（1+x^2）^1/2，作倒数，有理化，联系，平方，消元，我尽力跟随着那略有南京口音的先生的脚步，亦步亦趋。繁星在先生的眼睛里闪耀。我追着星星。

是的，追着星空一般的深邃和大海一般的宽阔。

他大开步地走进教室，大开步地走出去，临走前“嗒”的一声点开希沃白板新的一页，大笔一挥：“放过自己！”我们全笑成一团，笑他天真，先生也笑，笑完认真地看着我们，眼睛发光，神情肃穆。

他在那本米黄开面的A5本子上挥笔：“美是真理的光辉！”我们争着传看那出乎意料的寄语，钦羡那个买到本子的人，并且急忙拿出自己的笔记本叠成一堆，交给圆圆眼镜的小姑娘，期望得到先生的真迹。她去了，但是只拿回了先生百忙中签好的两本，字迹依旧潇洒。

他留给我们生长的空间；他告诉我们生活是安然地过的，脚踏实地，一步一个脚印；他永远相信我们做得到；他说——他没有说，只是告诉我们：播一粒种子，不求那花开，而那花就自己开了。

苦苦搜寻，一颗流星贯通思路。

先生放下笔的时候并非在笑，好似是为了我发出那种代表明朗的声音，而微微咧开了嘴，又舔舔嘴，眼睛亮亮的。

自然科学的一切，好像你都可以质疑说“永远错误”。牛顿推翻亚里士多德，爱因斯坦再推翻牛顿，量子力学再反对爱因斯坦，人们永远到达不了客观真理，而仅仅满足于获得足以维持生存的“经验”。但数学，它的“数”的抽象概念基础决定了它几乎是人类的产物，几乎可谓是人类的艺术之一，一切都不再是“不为什么”，而是“理所应当”。

于是数学有了美的光辉。如果艺术能唤起人对美的欣赏的话，数学也能。

“我们总要做些什么……”

旦华楼灯火通明。

先生看着题。我看着先生。

“对呀。”先生脸上显出庄严的神色，“1/f（x），你光盯着它看有什么用呢？我说了——我们应该做点儿什么。”

我眉头一皱，于是相应地，先生的眉头就又舒展开了，又咧开了嘴。

他的眼睛因此有了灯火般的温暖。如同他在课上听闻一个巧妙的解法，便缓缓展开一个自豪而赞许的微笑。

想出一个巧妙的数学方法获得的快乐，可比与生命本质的荒诞抗争轻松多了。

我将笔整齐地收好放在笔袋里，拉上拉链。我拿走先生的草稿纸，拎起我的帆布包。我走出玻璃房，面对那条长廊，繁星在棚顶上闪耀。

先生在稍远处，没有走远。

生活仍然继续，生命的光辉冉冉，晦暗的走廊里有一束光把残破的意志照亮。那个灰色西装的挺拔身影在前面引着，拢着一沓草稿纸，雪白不染，大开步自信笃定走去。

于是我回去，迈开步子，从光明处向晦暗处去。

我假想他转向这边，让那对灿若繁星的眸子落在彼方，看灼热的生命火花燃烧，震慑于足以点燃黑夜的光芒。

他太宽广，太深邃，我到不了，也不能到。

我一直在寻找，刨根问底太难，太有诱惑力。我在珊瑚色晚霞之下的笃志楼五楼窃听着谈话，他邀我进来，他透过薄薄的镜片告诉我，世界在稳定地走向解构。我本预料到，仍然承受不住。生命太局限，主观潜伏得太广阔。刺耳的电铃声变得荒腔走板，匆匆的众生匆匆而过，华灯在楼间的窗户，眼花缭乱。世界荒谬了起来，我不能从中脱身。我漂流着，努力抓住每一块昭示生命价值的浮板，从最深的荒诞旋涡里向上，我在世相的安宁中陶醉，失败后如今又发疯一般翻找外国古典小说。

他早说过，我不该听他说这些。

我不愿制止寻找，我不甘轻松下来，我甚至拒绝快乐——

我终要从光明走向晦暗。

于是我看着先生的影子消失在转角。而后迈开步子，像鬼魅一样在走廊中游走。

我试图做那样的人——凛冽又陡峭。

我追出教室问他："老师您的眼睛……"他看着我掩住的嘴笑笑："只是看电脑屏幕看的……"

阴雨中我看着他似乎稀疏的头发，掩着嘴小心地说："老师您没事吧……"他说："没有……只是家里的事……你学过的东西从不会忘掉。你以后数学一定会学得很棒。"

长廊因为施工封闭了一段时间。先生也不再教我们数学。

于是我在人流中呼喊，在不完美的人生两极机械振动——在狂热的激情与悲哀的绝望之间，却在阑珊之处蓦然回首，默默无言。

活着本身成了一种力量，年龄如一枚斑驳而灿烂的勋章。那些我不想妥协的东西，逐渐抽离出相通的部分，如空间中两条异面直线，站在高维度俯瞰，两者从未冲突，却以某种奇特的并行姿态昭示着它们的本原——那虽然是我并未企及的地方，但某种东西已经渐渐点亮了我的眸子。

它从未拒绝我到达。

一年后。春日，夜空晴朗。我抱着生物课本走过新博学楼的长廊。前面是旦华楼的门，待我步入一个澄明清朗的星夜。

长廊的玻璃窗敞亮，灯火煌煌。令人惊奇的是，窗户里映出模糊的繁星。

至此，那些被青春扩大的光影终究回归了它们本来的模样，虽然没有天堂箭矢一般光华神圣，却宛如夜空中肉眼可见的繁星，依稀辨认，神秘而玄奇，照一路坎坷而来，照一路蜿蜒而去。

照而不亮，如颈上护身玉。

至此，一切珠玉终于落下神坛，成为我可以驾驭把握的工具。但它们不仅是工具，还是流光溢彩的仙灵，坐镇心间，时时引我回顾那轻狂年少做出的一切蠢事，却也带着浅笑凝望自己的可爱，凝望自己光华灿烂的桀骜时光。

先生说的，"成熟的温柔"，兴许又将我的肩膀揽过一些了。

孩子从晦暗走向光明，不知引路人却离开。

可是他尤能仰望星空，他知道繁星傍着他——

独自从光明走回晦暗，幻想有一个灰色西装挺拔的背影会带着他——

从晦暗走向光明，再从光明走向晦暗，在光明和晦暗间川流不息。

爱着这晦暗与光明之间的无常，爱着这不变的繁星的光辉。

过经省察的人生

孙瑞阳

静夜，华灯初上。我垂下窗帘，随手拿起桌上的哲学书漫无目的地翻阅起来。第一行大字甚是醒目——苏格拉底：未经省察的人生没有价值。我眼中了了，可心下太匆匆，一目十行的文字在方寸间竟没有留下一点儿痕迹。手在翻着页，思绪却已不知飘向何方。

我揉揉眼睛，惊异地发现自己置身于一个昏暗潮湿的幽闭空间，四下几乎没有一点儿光，只隐隐约约看到正对着自己的，一道鬼鬼祟祟地立在逼仄的空间里的，锈迹斑斑的铁栅栏。我皱起鼻子嗅了嗅，空气中弥漫着的腐朽的霉味扑面而来。我下意识地扶着身前的桌子站起来，脚底却不听使唤般在地上的绿苔上打滑。

死刑犯——亵渎神灵罪——苏格拉底。

公元前399年的某一天，那风姿绰约的爱琴海滨的雅典城内的最高法院，民众法庭（Heliaia），冰冷的大理石建筑里熙熙攘攘地挤满了围观的民众。

“我们起诉苏格拉底。他犯下的罪有：不信城邦认可的神，引入其他新的神灵。他还犯了腐蚀青年的心灵罪。”

在台前站着个长着鹰钩鼻的长头发男人，他努力掩饰着的那得意而幸灾乐祸的神情早已被手舞足蹈的肢体动作出卖，活像个跳梁小丑。这个美勒托，爱惹是生非的无名诗人，动物臭烘烘毛发间的牛虻，我在心里偷偷嗤笑。

审判的结果出来了——因为亵渎神灵和败坏青年，我有罪。

我打心底里觉得这审判怪诞，违背天理的那种，怪诞至极。我仅仅是活跃在市场、体育场和手工作坊的一个常客，仅仅因为在这些地方劝说过同胞过经省察的、更好的生活，却要在同胞的面前低头认错。

这些恪守传统的市民憎恨我，这一点我再了解不过了。他们对哲学、对这些错综复杂的由零散世界观整合而成的理论体系没有涉猎，只希望自己的儿子们能够学得一手好工艺以保证家业后继有人。而我高深莫测的谈话，自然就成了那不可动摇的主流价值观内的洪水猛兽。

人们的愤恨集中在我聚众谈论哲学这件事上，因此我深知，我只要在这群义愤填膺的乌合之众面前垂下脑袋，低声下气地承诺今后绝不会再谈论这些讳莫如深的知识，他们又能拿我怎么样呢？这群不懂得省察自己人生的家伙！我这颗誓要向阳的高贵头颅，宁愿掉在地上，也不会主动垂下来！

“多少年来，我抛开自己的一切事务，只为你们忙，不取报酬，我的贫穷就是证据。我是个业余的哲学爱好者，和你们谈话也仅仅出于爱好，你们爱听就听，不爱听就离开，我不是你们的老师，也不要你们一分钱。逃死不难，逃罪恶难，罪恶追人比死快。我已经七十岁了，又老又钝，被跑慢的追上，你们敏捷，被跑快的追上。我们各受各的惩罚，合当如此。”我还记得，这是我那桩案子被判决了之后我最后的发言。

不久，狱监就向送我最后一程的妻儿和朋友宣布了行刑的通知。妻子一见到我，就抱着小儿子冲到我的面前，泪水与几天没擦拭过的脸上的尘埃一起，在她饱经苦难的脸上斑驳成行：“苏格拉底啊！这是你和我们的最后一次谈话了！”

女人们，碰到这类事情就从未理智过。

这将是我在这个世界上的最后一天了，从明天起，我将属于另一个世界。在另一个世界里，我还会继续从事我的事业，找出“谁是真的明智，谁是假装的明智”。这个大愚若智的世界，永别了！

想到这里，我不仅对死亡的来临丝毫不感到畏惧，还感到甚是宽慰。我用尽毕生练习死亡，练习在尚有知觉时就保持死的状态。死亡，无非就是灵魂与肉体的脱离。我那卓越的灵魂不受肉体的欲望和感知控制，在平静中生存，在平静中延展；而那长着宽脸、圆嘴、厚唇——活像森林之神西勒诺斯的面具的头颅，还有那牛一般健壮敦实的躯壳，让我在伯罗奔尼撒战争中全军溃逃时从容离开，使我成为好几次大型瘟疫中唯一幸免于难的人，给予我痛饮千杯不醉的酒鬼本性。

在最后的时刻，我的挚友克利托郑重其事地问我：“亲爱的朋友，我们应该如何葬你？”

糊涂的人哪，长歌当哭！我的肺腑发出一声浩叹。

“如果你能抓住我，怎么葬我，随你的便。”

我环顾四周，刻意压低了声线：“他们这些人，认为我是个不一会儿就要变成尸体的人，可是喝了毒药之后，我就不在这儿了。”

“克利托，别忘了向医药神阿斯克勒庇俄斯献祭一只公鸡。”我记得，这是我生前的最后一句话，以玩笑的口吻道出的。

接过毒芹酒，我毫不犹豫地一饮而尽。

教徒们断言神的绝对存在，而我并不。不管神存在与否，我都会告诉大家，我们要当作它是存在的那样认真生活，关心自己的灵魂并与它进行几次彻彻底底的促膝长谈。因为认真生活的意义远超过生活的行为本身，不经省察的人生根本不值得去花费时间。

我为自己如流星一般的陨落感到可惜，却一点儿也不感到可悲。混沌，再会了；智慧，我来了。

几个片段倒带般地在我的脑海中回放，拼拼凑凑便成了这位先哲一生中最令人敬仰的高光时刻。据我了解，柏拉图在最后致辞道：“在我们所认识的人中，他是最善良、最有智慧、最正直的人。”他在“智慧”发出的邀请中追寻、探索、延伸、升华，像千年的曙光那样提出真知灼见。

稍涉猎过些稗官野史，我了解到有传闻说，苏格拉底被处死的当天，几乎整个雅典城内的公民都忏悔了，为他立了永恒的纪念碑并驱逐了置他于死地的原告；也有人说，这不过是顺应着惩恶扬善的正统价值导向，给人一个心理上的安慰罢了。

但是，真相到底如何，已经不需要去纠结了。就像苏格拉底的箴言那样，脚踏实地地对每一天做出自我省察，热爱生活并求索智慧，便是超然之情怀中的乐事。

忘 忧

王玮康

“将忧愁从地球上消灭！”窗外广告仍旧循环播放着。苏古心中泛起一阵苦涩，闭上了眼——永远。

“霍朴知怎么去给万宝写宣传文案了？”苏古翻阅着报纸，皱眉道，“当年教他时，他虽成绩不甚出众，却也不应落魄到如此境地，变成一名商业写手啊。”苏古自言自语着，下意识将头转向正在书房内埋头苦读的苏星。苏星幼年丧母，全靠父亲苏古养大。苏古是一位古典文学教授，苏星在父亲的耳濡目染之下也对古典文学产生了浓厚的兴趣。苏星还有一年就要考大学，父子俩的目标都很明确——图拉思大学的古典文学专业。苏古一直把自己没能有所建树归因于年少时未能考入图拉思大学——图拉思大学作为世界顶尖的大学，是几乎占据了一切顶尖学科的象牙塔。于是苏古的遗憾化作了对儿子的期许。苏星虽然文科成绩出类拔萃，可对数学、物理却力不从心，标准化分数比图拉思大学以往的分数线低了一截，久而久之这成了父子二人的心病。“爸，”苏星用手抓着头发，终于对手上的数学压轴题缴械投降，“真的不考虑试试森卓尔吗？”

森卓尔科技是当今世界上最强大的科技公司，专攻脑科学和心理学，把脑机接口技术和心理治疗结合起来，在四年前推出了轰动世界的服务产品：忘忧1.0。忘忧通过在顾客的潜意识中植入暗示，可以高效地把顾客本来“不得不做的事”在概念上变成“想做的事”，同时把与之相关的负面情绪、条件反射一律根除，从而达到使顾客“忘忧”的效果。不到一个星期，全球使用“忘忧”服务的人次就突破了十万。最先开始使用“忘忧”的是学生。家长们排着队把孩子送进森卓尔科技的服务大厅，孩子们治疗前一天还在为功课而抑郁，治疗后一天就进入了学习的迷狂状态。那一年进入图拉思大学的学生中，一半都是森卓尔科技的顾客。于是森卓尔科技顾客的标准化分数的平均分一度成了最好的广告。

第二个成为森卓尔科技主要顾客的群体是工薪阶层，这起于一家公司为程序员报销了森卓尔科技高昂的服务费。第二天晚上，该公司的程序组办公室灯火通明，键盘的敲击声震耳欲聋。该公司的新软件很快成批上市，这些产品虽然创新不足，但足够廉价，其更新速度更是令同行望尘莫及。森卓尔科技趁势推出“忘忧”企业版，打着“将忧愁从地球上消灭！”的旗号，开始在各大企业工会中进行宣传，其广告从标化分变成了合作企业的平均市值增幅。这当中出过一些乱子，一家公司在定制服务时出了些差错，导致其广告和市场部门一个月内十名员工过劳死，引来了集体声讨。森卓尔科技因此调整了服务条款，风波迅速平息。

苏古对森卓尔科技本是持鄙夷态度的：“这不就是催眠和麻醉吗？人为什么不能靠本心生活，而要靠一种在梦境中构筑起来的幻想生活呢？”但看着苏星学习时痛苦的神色，又想到上个星期老友王子樽向他描述儿子王优接受治疗后学习时如痴如醉的神态，苏古心中开始动摇。苏星的同学几乎都接受了治疗，同侪的压力使得苏星产生了使用“忘忧”的强烈渴望，为此和苏古时有争吵，以至于校领导得知后也来劝苏古接受科技的发展。“爸！”苏星重复了一遍，把苏古从回忆中拉回，“真的不考虑试试森卓尔吗？”

让孩子接受治疗固然有悖自己的人生理念，但若不接受治疗，父子两人的文学梦就只能永远活在梦中。梦境兴许可以销毁，但梦想失去了实现的机会就再也回不来了。“赌一把吧。”苏古心中默念。他用力捏了一下报纸，看着报纸上森卓尔科技的广告，广告上一位年轻人在森卓尔科技诊疗中心门口露出标准而灿烂的笑容。苏古的喉结极不情愿地活动了一下：“走吧，我们去试试。”

苏古掏出一半积蓄，让苏星接受了治疗。过程很顺利，父子两人在AI指导下定制好了靶向治疗方案，准备在数学、物理学习和多巴胺神经调节间建立一组牢固而温和的反射。三个小时的治疗顺利结束，苏古在焦虑和欢喜中将苏星接回了家，完全没有发现自己的手掌已经沾满汗水，只是觉得苏星脸上的笑容有些不同寻常。

回到家，苏星马上翻开《高中数学精选》，开始刷题。多年以后，倚靠在墙角的书架旁，苏古仍将回想起这个被苏星的笔尖与纸面的摩挲之声充盈，毫无怨言的充实的夜晚。苏星生性聪慧，打破恐惧的障碍后，数学、物理成绩飞速攀升。眼看儿子离图拉思大学越来越近，苏古面对被苏星逐渐冷落的书架，心中的不安却日甚一日。

这书架是苏古在苏星出生时就购置了的。父子两人约定好，苏星每读完父亲书柜里的一本书，就将这本书从苏古的书柜迁移到苏星的书架上。可接受治疗以后，苏星书架上用莎士比亚、歌德、尼采、但丁、黑格尔的著作构筑起的古典文学城堡接二连三有不速之客进驻——高等数学、线性代数、经典力学……这引起了苏古的警觉，但苏古觉得增强理性思辨能力对研究文学也有裨益，科学可以算是哲学的一条支流，没有过于担心。

一天晚上，苏古在梦中看到苏星穿着正装，满面笑容地走进了森卓尔科技大厦，脖子上挂着员工牌。他准备上前拉住苏星，但一眨眼，苏星周围出现了千千万万个衣着和笑容完全相同的人，如洪流般汇入大厦的闸门。他被人流撞倒在地，抬头时，阳光经过玻璃墙面的反射直穿眼底。他惊醒了。面试那日，苏星笑容满面地从图拉思大学回到家。苏古知道面试一定很顺利，不多过问，只是叮嘱苏星不要放松，保持良好态势，迎接接下来的笔试。苏星笑着点头。

不出所料，苏星收到了图拉思大学的录取通知书。苏古为此开了一瓶红酒，父子二人对酌。“江山代有才人出，”苏古笑道，“这下你算实现了我们父子的共同愿望，可以在图拉思大学追寻古典文学的灵魂了。”苏星听了却很疑惑：“可是，父亲，我报考的是数学专业啊。”

不到半分钟，本来和谐的餐桌就一片狼藉。苏古的大声责骂伴随着各种盆碗被砸碎的声音组成了一首不堪入耳的交响曲。但苏星对父亲的举动完全不能理解，脸上只有迷茫的笑容。无论苏古如何动之以情，晓之以理，涕泗横流，试图唤起苏星心中对古典文学的一点儿热情，苏星脸上都始终挂着僵硬的笑容，坚持“遵循自己的本心，要在数学领域闯荡出一片天地”。最终，苏古放弃了，他终于明白了，就算把苏星再拉去森卓尔科技，用同样的方法让苏星重拾对古典文学的热情，那种转变是生理本能的麻木热诚，也不会是苏古想要的结果。他终于明白了，“忘忧”并不是简单地改变人面对困难时的心态，而是从根本上把一个人的意识扭转，把一个人自然的灵魂打碎然后塑造成另一个人为的形态。他一病不起。

苏古卧床期间，苏星已经进入图拉思大学攻读数学，并且为苏古请了心理医生甄石上门治疗。甄石想尽办法化解苏古的心结，电子音乐、娱乐节目、四维电影、虚拟现实游戏……任何广受好评的娱乐活动都没法把笑容带回这位形容枯槁的老人的脸上。甄石提出要给苏古做催眠治疗，却当即被苏古轰出了家门。暑假，苏星见到万念俱灰的父亲，疑惑不解。为了让快乐的光芒重新照进苏古的心房，苏星决定带父亲进行“忘忧”治疗——这时苏星已是森卓尔科技的忠实仰慕者，准备在毕业后用所学帮助森卓尔科技将忧愁从地球上消灭，就像二十世纪人们消除天花一样。至于苏古的反对，在苏星看来只是抑郁症患者的谵妄罢了。

快递的高度发达使得苏古足不出户就能买来足量的安眠药。他那天在报纸上看到东波利亚爆发地区冲突，幸存的战士们脸上都挂着单调的笑容，下一页上又是森卓尔科技的广告——广告上的人挂着一模一样的笑容。苏古觉得自己在做梦，又觉得整个世界都在做梦，而且各种梦境正在变成现实，或者说现实正在变成梦境。他准备用睡眠将梦境彻底终结。药片随着温水下了肚，他瘫坐在书柜旁边。“将忧愁从地球上消灭！”窗外广告仍旧循环播放着。苏古心中泛起一阵苦涩，闭上了眼——永远。

但其实不是永远。苏星及时从图书馆回到了家，先进的医疗技术把苏古从死神手里夺了回来。趁着父亲刚刚苏醒，苏星把他及时带往森卓尔科技的服务大厅，送进了诊疗室。苏古的意识很微弱，但AI还是花了几分钟突破潜意识的抗拒，开始治疗。三个小时的心灵手术顺利结束，苏星在欢喜中将苏古接回了家，完全没有发现苏古眼眶旁残留的泪渍，只是觉得他脸上的笑容格外灿烂。

再后来，苏星成了森卓尔科技科研部的部长，帮助联合地球国治疗在地区冲突中心灵饱受创伤的战士。不过工作压力不大，因为幸存的战士中相当一部分似乎已经不知何时接受了治疗。苏古则写成了不朽著作《忘忧论》，和写出《忘忧哲学的科学原理》的浮士霍并称为“现代文艺复兴双杰”。《忘忧论》的原文件至今是森卓尔科技现代图书馆的镇馆之宝。苏古本人也一直引以为傲。

虎

何启元

似乎只有在腊月到正月间那段不长的时日里，准确标定1、2、3号的公历计时法才在乡村显出它的用处。那些总戴着暗色头巾，穿着灰色围裙的，仍旧只记得自己阴历生辰的人，在地里扎了一辈子的根，终于在年味愈来愈浓的西北风里动摇起来。田垄上打老远碰到了，一个扯着嗓子喊：“哎！四子——今天几号嘞！”另一个道：“12号——”又恍然大悟一般：“哦，昨儿个听你讲，你家德子是下午到家吧——去重庆两年多没回来了……可真要热闹了。”于是喊的那位“啊”一声，沾着灰土的脸颊和裤脚好像都鲜亮了几分，心满意足地提着篮子走了。不一会儿又听见隔着几垄甘蔗传来一声：“哎！老表——今天几号喽……”

然而每位返乡人的到达日期的知名度显然是不同的。单说小虎姐村里，小年夜，一旦提起日子，总会有人说：“他们也快回来了？”

“对……就今天。”

“没错的，早上开车刚出上海。哎呀，舒二哥今天可要高兴坏了……”

当日光勾勒出闲谈人金边的轮廓，地上拉扯出几条冗长的阴影，送灶粑粑也被一年一度的热油锅镀成金褐色时，小虎姐家隔壁二爷家里一通电话打来，说是二爷的儿子开车进村口了！

闲谈的人看到车子，不谈了，向着车窗俯低了身子，脸上起了一层叠一层的褶子，煎粑粑的老太却从窗边抻长了脖子，抻平了脖子上的细纹，叫道："实子回来啦！"

小虎姐从二楼向下看，见车在隔壁空地停了，就听见她妈二子婶在外面摸钥匙开她的房门："虎子！给你三叔他们打个招呼去啊。你今年高考还靠他帮你呢……快去啊，又磨磨唧唧的。"

小虎姐赶忙将手边的纸和作业本掖好，出了房门，侧身从水泥砌的陡峭楼梯上向下挪蹭——这级楼梯的边缘好像又磕掉了一个角——听见二子婶翻纸的声响，不由停了脚步紧张地侧耳，而后果真是本子砸在桌上清脆的一声，接着好像纸张散落，她立刻一怵，逃也似的奔下楼。二子婶气急地咬牙切齿道："我说你，你能安分一会儿，原来在搞什么，什么婚礼！你等会儿回来我跟你算账……"

小虎姐只管跑，把这一切都远远甩在后面。

小虎姐又穿过厅堂跑进耳房，信步的鸡群吓得一个趔趄，鸡也跟着咯咯地骂起来。她又上大路，绕过隔壁几个凑在路上的人，窜过不远，听见身后骂声渐消了，于是定下来歇了几口气，慢慢向隔壁二爷家踱，远远踮起脚来想看看里头。单扇门口本来就低窄，不知哪家的几个高壮叔伯再一填塞，看不真切。隐隐听见实子叔说："……哪有……思敏这孩子呢，你叫她到了新学校……要做班长或是哪个委员也行……特别讨老师欢喜……"大约又是哪位叔伯听说实子叔是大学老师，讨教教育经验去了。这时又听见她妈二子婶的声音，好像不骂了，就斗胆向那处瞧，只见她妈在门前堆着笑，她阿爷二子叔在自家大门口，身边还跟着个穿蓝马甲，左上眼皮一颗凸痣的男人，这人她认得，是这片巡湖的湖管。小虎姐心下担忧起来，向湖边看看，果然她阿爷的小木船在岸边泊着，船沿上挂着渔网。小虎姐立刻明白过来，又羞又气，脸上直发烧，做婚礼筹划的兴致失了大半，想发泄，但脚边耳房坑洼的蓝铁皮门，是不可以踢的，怕引了周围注意；只向墙根踢了一脚，灰色斑驳的墙皮立刻掉下几块，露出朱红的砖块。冬天冻脆的脚掌骨又一阵钝痛，更加气闷；估摸实子家的小妹一时也从叔伯婶婶的嘘寒问暖里逃不脱，她就顺着小路窜进田中去了。

待天黑透了，小虎姐才又提着一盒麻辣烫从小路摸回来，向二爷家看了一眼，靠东边的屋子亮着灯，窗帘上映出一个扎马尾巴的陌生而又熟悉的剪影。三叔实子的女儿舒声该是在做作业。小虎姐有些肃然起敬起来，觉得小妹不便打扰，依旧拐进耳房，蹑手蹑脚没有惊动笼子里的鸡鸭，掀了锅盖，白丝丝的热气冒出来，里面却是一只碗盛着菜饭。小虎姐从喉咙里挤出一丝轻蔑的咕噜，冷冷地将饭碗拨到一边，把麻辣烫放在锅边温着，就着鸡鸭悄然的挪腾嘀咕声，伏在灶台前大口吃起来。

所谓春节，乡村里实际上就是走亲戚，嘘寒问暖，这家烧饭请另一家吃，另一家又复请回来。春节期间四爷爷、爷爷一类是看看子女，德子叔、阿爷一类是看看家乡；孩子们是最开心的了，什么也不明白，什么也不用管，几个不认识的聚在一起就可以到处撒欢。唯独在外地长大的年轻人，常常没有太多可看，几年前回乡下，认识的亲戚转眼忘了干净，曾经田间地头的吸引力也被各种脏污虫类夺走，玩伴的话题也少了，渐渐疏远。从前只看到它的有趣，现在越发淡薄了，舒声想，大概不是长在这里的缘故吧。

她今年要中考，却被父亲催促着来过年，因初五丽丽姐结婚。她还属于“孩子”一类时，与村里几位近龄者总是受丽丽姐或小虎姐看护。舒声记得某年的春节，小虎姐骑着一辆电瓶车，前面站着舒声，后面又载了两个孩子，从这个村的小卖部颠簸到另一个村的小卖部，尽给他们买一些乡下才有的小玩意儿，或者，就像舒声这两年才想明白的，应该称为乡下才幸存的小玩意儿：两元钱一盒的摔炮、杂牌子的辣棒、用牙咬会亮的荧光棒棒糖。舒声听到身后一位孩子说：“嘟嘟，你羽绒服帽子里还有一根辣棒呢！我帮你吃啦。”嘟嘟于是生起气来，径直打落了身后人手中的辣棒，小虎姐于是大笑，路边晒被子的婶子吓了一跳。电瓶车轧着湖边的路，将路上的母鸡撵得四处奔逃，路上充满了欢声笑语……更不必说夏季褐色、黄色、绿色的螳螂，小孩巴掌大的黑亮的甲虫，奇形怪状的洋辣子，以及丽丽姐空手逮蚊子，只捉一腿而不伤分毫的绝技。小虎姐当时是极受称赞的，属虎，小时候虎头虎脑，做事虎虎生风，是干大事的料子。不像将上高中的丽丽姐，她不过比那些车上载的孩子大个三四岁罢了。小虎姐于是欢喜她的名字，欢喜别人“小虎”“小虎”地叫唤她。

初二清晨小虎姐来找舒声去镇上为丽丽姐的婚礼做准备，实子叔替未起床的舒声回绝了——毕竟是该要中考的人了，学习才是正经事。舒声以为然，又在心里算计：小虎姐也该要高考了吧，怎么还在外面到处走动呢？实在欠妥。

于是舒声与小虎姐和丽丽姐见面就是初四晚离娘酒后的事了。实子叔终于肯给舒声放一宿假，同意她和小虎姐去 KTV 练明天婚礼上准备唱的歌，因为“劳逸结合也是不错的”，开开眼，见见传统的婚礼准备，终归对写作文有些许好处。

小虎姐带着舒声两个人走，她得空仔细看看舒声，心里暗自惊叹，走了不多远，又看一眼，生出十分感慨：几年不见竟越发文静了。思忖姐妹实在不该这样隔阂，看舒声不抬头地向前走，疏离而腼腆，嘴唇几次张张合合，终于找到话题问：“舒声，我听说你这几天都在赶作业？”

“……嗯……是。”

“什么作业，大过年也不歇啊？”

舒声实话答道：“提前学些高中内容，物理辅导班在讲微积分——”随即想到小虎姐也将高考，便顺着话题讲：“有些学生初一初二就会了——我实在跟不上，正好小虎姐也可辅导辅导。”

小虎姐沉默了，心中羞愧起来，静了一会儿，才想起自己仍没有回答，慌张道：“好，好，必然的，下次一定，一定……哎，你没参加过这边婚礼吧——”转而扯起明日婚礼的事情来，什么在新娘房里守门，新郎不给足红包绝不开门，接着是喝整蛊饮料，猜新娘，掀盖头，找鞋，放炮，送亲……“都是你姐一手办的！”

她又显出曾经虎虎生风的精气神来，带着舒声从 KTV 来到酒店。舒声早睡了；小虎姐试伴娘服直到凌晨。

晨光未至，实子叔来接舒声了，小虎姐早就走了。舒声没将小虎姐的早起离开放在心上，按传统礼数到丽丽姐的卧室，和娘家一群年轻人等候。丽丽姐却只是和化妆师交谈，间或偶尔看看手机，并不做额外的声响。守门讨红包是有的，整蛊饮料也是有的，群众皆喜闻乐见，屋内充满了喜庆的气息，只是全程没见小虎姐。伴娘该是在婚礼饭厅等待吧，这样热闹的场面见不着，着实可惜，舒声想。

新娘猜过了，盖头掀开了，红喜鞋找到了；新郎抱着娇羞的新娘下楼了，鞭炮放了许多串；所有人都落了座，舒声也沾她爸的光坐在贵宾席，最终司仪宣布婚礼开始了，舒声才发现那件伴娘服竟换了别的人了！她看看四周，娘家座席里没有二子叔二子婶，小虎姐也不见了。

她惊疑地问身边的实子叔和实子婶：“小虎姐呢？”

“今天早上新郎那边说新郎新娘都是属羊的，虎克羊，不能让属虎的人参加婚礼。”

“可是我妈也是属虎的呀？”

没人回答。到了证婚的环节了，司仪说了一串不知所云的头衔，什么新娘的人生导师，新郎父亲的挚友与工作伙伴之类，后缀——舒永实先生。舒声没顾上思考自己的父亲怎么多了好些定语，现在只是惊疑，又想起近来读的《祝福》，竟真实地觉得迷信礼教害人，可又疑惑：不止自己妈属虎，伴娘的父亲德子叔应该也属虎，这些大爷二爷说不定也有属虎的，若是迷信礼教仍然这样害人，凭什么就害了小虎姐？

欢喧的气氛是不容许人惊疑的，婚礼上的活动层出不穷，舒声也被卷入其中，满意地琢磨着，寒假作文《记一次温暖的春节》或许有着落了。

温暖或许总是偏向人势浩荡之地。小虎姐在卧室的黑暗中回忆起这天凌晨——就着深黑的夜浅眠过两小时，她又赶着晨曦未至向新郎家去了电话，确定迎送亲的吉时。

电话里那婆家的女人和蔼地劝：“……虎子啊，我们也知道你用了很大的心思，可是才知道你是属虎的，本来名字带个虎也就罢了，可是生肖实在是相克——没有办法的事。我们绝不是不知道你和丽丽姐妹情深——就是这样才更要体谅，你说对不对？如果新郎新娘感情出了点儿瑕疵，指不定哪边开始怪罪，怪罪伴娘属虎，又怪罪婆家疏漏刻薄，审查不负责，大家都难办。我看你也是明事理的人……”

小虎姐骑电瓶车回到她乡村的家里，天才蒙蒙亮。她没找二子婶，径直上楼，拉上窗帘，钻回被窝。

面包车迎着将近正午的暖光，要来拉娘家的人吃喜酒了。二子婶上楼捡小虎姐忘记戴的胸针才发现了她。二子婶逼着小虎姐讲明白了，她自己清楚，女儿受了欺负了！她愤愤骂起来：这群玩意儿怎么这样不厚道！听见楼下二子叔回来的声音，不觉火气更上了头，直奔到楼下，唾沫星子横飞，终于忍不住带上土话里骂人的一类——果然讲话都顺畅了。骂二子叔笨，别个谁不偷鱼，就他撒个网都能被逮两回；这公家的鱼归公家的，湖管又捞不着一分钱，骂湖管如此之严，除了智力不健全也没有其他合理的解释，又恨，本来打算送实子的鱼怎么办，不好替小虎姐求个指导；最后还是骂二子叔：女儿都受尽委屈了，你还在外面厮混，赶紧把婚礼负责人的电话拿来，我找他们说理去……

电话中对方当然是同意赔礼的，于是婚礼散场，二子叔的几位兄弟回家，给小虎姐带了一封送亲红包，二子婶喘着粗气拆开看，先是两张红票子，觉得如此少，又蘸了唾沫用粗厚的手指一撮，还夹着一张绿票子——竟是二百五整！

二子叔又向新郎家讨说法，必定要公公婆婆亲自过来。叔伯只好手忙脚乱地往耳房去按住二子婶，她手中抓紧的锄头、镰刀被逐一夺下，四周好言劝慰的、一同附和的尽有；二子婶又踢翻了鸡笼子了，上头摞着的新宰的鸡和草盒子里新生的鸡蛋一齐滚落到地上，落到活鸡的身上，鸡蛋和鸡粪糊作一团，鸡群也一起骂起来，一起挣扎起来。村里来道喜的，带着孩子来领红包的，却三三两两聚集着。

终于，新郎家的车到了，是辆铿亮的黑色车。从车上下来的竟只是面生的司机。当司机拖下来长长一卷鞭炮时，聚集的人骚动起来，叔伯们紧张了，惊讶了，又有些气愤了，嚷着："赶紧给实子打电话！"

"打过了，说在路上，马上就到。"

仅一会儿工夫，鞭炮就对着二子叔家的门炸开了，一路红红火火地四分五裂，聚集的人却连成片了，骚动的波痕扩散着。

"这是哪家有喜事啦？"

"什么喜事儿——仇家门口放鞭炮喽。"

"大过年的，二子他家怎么又闹事了……就说他讨的女人不贤惠。"

"哎，这不是陈老板他家司机吗？陈总和二子应该算半个亲家——"

"陈老板的仇家啊……啧啧……那他真会得罪人。"

"陈老板？就……"

"就隔壁村服装厂那个陈熊！他儿子陈星今天和实子侄女办婚礼的……"

"哎？看看看——烧起来了！不得了了，着火啦——"

二子叔正把鞭炮往边上踢，火星却蹦出来，沾着打翻的鸡笼草盒，着了火，好巧不巧着在耳房，燃得有几分旺了，舔着门框了，才被看见。二子婶本来扯着嗓子躺在地上嘶哑地号哭，一见真着了火，略有些肥胖的身体负担更甚，急喘了几口，背气晕过去了。人群终于沸腾起来。叔伯想起楼上还有小虎姐，为防万一冲上去叫她，谁想小虎姐竟锁起门，怎样也不肯出来，又慌忙找钥匙。正焦灼，下面却道，火已灭了，又道，实子来了……

窗关了，帘子也拉了，外面闹哄哄的，却像没有阻隔似的闯进来，小虎姐把头用被子蒙起来，可下面的议论她又怎么能想不到呢？小虎姐从没有这么厌弃过生她养她的地方。总是偷鱼的阿爷和叔伯们，肮脏的土话，起哄的人群，还有什么“虎啊羊啊”的规矩。她又恨起自己来，逃课免不了，打游戏免不了，题又不会做。要是有实子叔这样的阿爷，在上海念书，生活也不至于这样恶心。小虎姐恨生养她的边远地带。

事情怎么解决的，小虎姐不知道；她把自己关在房间许多天，后来实子叔来了，和她讲些道理，说：“读书才是正道，你逃课去胡闹的事我就不和你妈说了，自己反省。”又说：“你的情况我和你的老师了解过了，我帮你看了看，大专里南京这所比较好，它的特色是护理专业，现在医护很吃香，以后也好找工作，我有个同学在那儿也好照顾你……上大专以后一定要踏实，争取做班长，或者其他委员也好，找工作时简历上就有内容写了，和老师搞好关系，印象分很重要……”

小虎姐半困半听，没有细想。等实子叔一家回上海了，舒声也再没来过。小虎姐就想到，她逃课的事仅发过微信朋友圈，父母长辈一类都已屏蔽，实子叔如何知晓呢？……

风波已过，其后的晴朗总能让人迅速淡忘它曾经数次显露出的阴森爪牙。小虎姐照例参加了高考。紧接着是志愿填报指导，学校准备了学生、家长两场。小虎姐向老师请假：早已经决定了。

那是放学前，教室里学生还有一半多。

小虎姐说：“我三叔帮我解决了。”

老师不信，问道：“你叔叔干什么的？这么大能耐？”

“他是大学老师。”

小虎姐觉得身边的视线聚集起来了，在学校从没体验过的瞩目感油然而生，于是略挺了挺脊梁。

老师信了几分，有些敬服，问：“哪里的老师？”

“××师大的。”

小虎姐余光似乎瞥见周围人在窃窃私语——或者是在讨论三叔吧？小县城里认识上海的大学老师的，毕竟不多。

批准了。

小虎姐径直回宿舍楼，感觉自己瞬间光亮起来，绷起脸，挺直胸脯，面朝前方，只用余光瞟着走廊上的人，恨这些平常的碎嘴子怎么不快些将这位得意的亲戚传扬出去。看见早回来的室友，遗憾却又庆幸她没了解到实情，又向室友讲了一遍。小虎姐浓密而短小的眉毛从被面颊肉挤压成一线的眼上高高抬起，其间距宽大而令人怀疑可能被撑进了一把刻度分明的尺。她顺带地提及舒声，“他女儿，就是我小妹，玩得很好的，初三，初三哎，大学微积分学得透透的了。啧，前浪死在沙滩上……”小虎姐久违地感到虎虎生风起来。

放学了，同寝室的四人正遇上去开家长会的人潮。小虎姐一眼认出对面自己的阿爷——他开着蓝漆铁皮的三轮货车，身上是与所有农夫一样的灰暗的色调，袖口裹着牛仔裤做的袖套，车尾部带着被火灼烧过的黑色瘢痕，上面的鱼腥味隔着几十米似乎还鲜活可闻。通往对面的斑马线旁边，绿色走动的小人熄灭了，刺目的红灯立在那里。十字路口，被拦截许久的汽车迫不及待地越过白线奔涌向前，掠过小虎姐的视线。车轮滚滚一刻不歇，无论前方是平坦还是崎岖。路上的尘土被千斤重的橡胶轮碾过，像它们千百年前被铁轱辘或木轮，或同样灰扑扑的轿夫沉重的脚步碾压过的先辈一样，要么乖顺地附着在车轮上，要么一带而过，执拗地落回大地，或惊惧，或无畏地等待着下一轮席卷的碾压。

小虎姐只愿自己是被尘土迷了眼睛。这次怎么他来开家长会——他可一次都没来过——妈竟懒成这样，叫他来了！小虎姐和同学走在一起，暴躁的恨意又翻涌上来，脸通红通红；要不是怕别人知道了笑话，当时就把他撵回家了——毕竟是半个身子埋土里的老头儿了，也不知道丢人。她尽力不看她阿爷，梗着通红的脖子，僵直起浑身的肌肉，只管往前走……终于忍不住又回头——竟看见一个左眼皮上一颗凸痣的男人，惊得分神细想，心中越想越恐慌，越想越觉得丢人，再回头，待仔细辨认，却又找不分明了。

小虎姐在村口湖边一处歇下，家是不想回的——那个丢死人的土老坑。心里的事盘盘绕绕怎么也赶不走，羞愤不可排遣。实在不知能做些什么，就打开短视频应用软件。看见一条视频，总结“那些年学过的经典课文”。第一条是鲁迅，少年闰土和猹，屏幕上密密麻麻出现着：“我们之间已经隔了一层可悲的厚障壁了”；竟也生出些可悲感来，究竟怎么样，又着实说不出——单看小虎姐常年白净的书本，也是不意外的。想起舒声和自己的境遇，羡慕，嫉妒，恨，想着自己早已在障壁之外，又深深地无力，只是越来越恨起来。

舒声的暑假照例被补习班填满。是夜，她在书堆里找一册数学题典，可惜书堆牵一发而动全身，坍塌散落在地，她只好又花工夫收书。地上恰一本《呐喊》摊开，印着铅笔画的一页，危危立着，风一带，那页的铅笔画就顺从地匍匐下去，露出几行画线和批注。“可悲的厚障壁”。舒声蓦然想起乡村的小虎姐，已经半年没有看到她的微信朋友圈——大概是被屏蔽了——或者是被厌恶了吧，但终归是为了她好。舒声又自我佩服地坚定起来，面对客厅问道：“老爸——小虎姐高考怎么样啦？”

舒永实嗤笑一声：“怎么样？因为她爸去开家长会穿得太老土，她把自己亲爸骂了一顿，这种人高考怎么会好？你怎么想起这个啦？赶紧做你的数学，看看都几点了，明天还要起早呢——单词背了没？”

舒声又看了眼厚障壁，觉出从前迷信害人的总结的不对味来，待细想，看了一眼时钟，已近零点，倒吸一口凉气，感觉剩余的三道大题重压无比，障壁究竟怎样，只好暂时不想，去做必要的事了。

然而究竟是没有什么“虎”伤害到娇弱的羊的，她倒受了森林之王的保卫似的，生活和睦而顺心着。几年后的一天清晨，丽丽依偎在陈星怀里，点开网络，被占据前列的数条娱乐新闻吸引，一一点进，直到词条：“我在瓜田里像一只活蹦乱跳的猹【热】。”浏览热评“逐渐鲁迅化”“逐渐吃人化”“逐渐障壁化”，觉得十分有意思，咯咯笑起来，熟练地点赞、评论、转发，举高给陈星看，两人张圆血盆似的口，一阵大笑，歇一会儿，又搜寻下一个话题去了。

谋杀阿波罗

郑玉洁

他在书桌上发现了一张满是褶皱的纸条，似乎经过某种液体的浸泡，上面只有几个模糊的铅字：

第二日，阿波罗死于谋杀。

没头没脑。

他把纸条凑近自己，接着一股浓郁尖锐的烈酒气息刺进鼻子中，于是他又随手将纸条丢弃在脚边的垃圾桶里，心想也许是什么人的恶作剧，但不论无意义的玩笑或真实的预言，对他来说都是很好的契机，他或许可以沐浴着最后一日的阳光，到一个最遥远的地方去。

什么也没有整理，他挎上了唯一一个双肩包，里面只有两样东西——手机和一个装得满满的玻璃罐，就踏上了一辆逢魔时分开来的电车。

车内拥挤的空气令他呼吸不畅，被挤到一个垃圾桶的旁边。他半靠在一根铁栅栏上，脚畔的垃圾桶随着车身的晃动击打着他的小腿，他侧身去看其他乘客：每个人的脸上都映射着屏幕的荧光，面庞在霞光里显出吓人的白色，头颅一动不动地低着。

他又意外地嗅到了一点儿模糊的酒气，但无法辨认出源头，只是在这红霞里、酒味里、孤身的彷徨里，他意识到自己其实也是有一部手机的——就在他的背包里。

但他并不打算使用，因为担心其中某些来自他人的、晦暗冷涩的存在再次捣伤了他的灵魂，随之阻碍他去一个遥远的地方，最后凝视云霞和日光。

到终点站他下了车，神采奕奕和行尸走肉两种感受同时出现在他的心灵中，他猜想这是对某些将要到来的事情的自然反应——但并不好受，于是走进一家便利店，希冀找到那种别人口中必定能够拯救他的东西，并且将这看作一个最后融入那惨白荧光的契机。

“请给我酒。”

他这样对店员说，不出所料，他遭到了拒绝，因为他的外表显示出他的年龄：便利店不可能把酒卖给一个未成年人。这看起来很自然，但是在这个世界上，那种尖利狂热的酒的气味，真的没有以甜蜜的外壳为饵，侵染任何一个未成年人的心吗?

出了商店，他一意孤行地向着日落的方向走去：身边的街道渐渐变得零散和稀疏，最终彻底失去踪迹。他沿着粗糙的石砖走在森林的小径里，这些石块有意识地将他引向树木深处的一座古寺，并且联合这个天地里的一切——树木、花朵、鸟鸣，还有暗自潜伏着的、似乎有害的昆虫和毒蛇，一起对他发出持续不断的怒鸣——那声音震得他的耳膜一阵阵刺痛。

是的，他意识到了：酒可以伪装自我、可以侵蚀人类，甚至于，可以夺取一个高高在上的太阳神的性命，却不能发出怒吼，也不能自某一刻开始就隽永地镌刻在他的心里，时光荏苒也无丝毫淡褪。

他不由自主地站立在古寺院落的中央，任凭嘶吼与对抗发生在周身，即使撕裂了他的躯体也无动于衷，因为在这个无人却哄闹的角落，他不再是任何自以为是的角斗的战利品。

接着，他注意到了院子里那棵高大的樱花树——它正以无可比拟的魅力吸引着他，令他隐隐约约感觉到一切的源头正是这棵参天古树，于是缓缓走了过去，随即发现了一个事实：

这棵樱花树，它大大小小、高矮不一的枝丫之上，全部挂满了各式各样的绘马。

他靠近，随手拿起其中一个，上面写着“愿全家平安幸福”的文字，再翻看一些其他的绘马，也无一例外是身体健康、万事如意一类的祝福语。

人类的愿望，看起来似乎稀松平常。

忽然间，某些记忆映现在他的脑海。

——“绘马如果挂得越高，写下的愿望就越可能实现。”

奇怪，明明他是从未写过绘马的，对有关绘马的习俗更是一窍不通，却想到了这样一句话。

一股神秘的冲动促使他走到某一个绘马旁边，他几乎是战栗着把它拿起来的，上面只写着一句话：

我希望成为太阳。

字体显得稚嫩扭曲，一看就是小孩子的手写。

说的也是，这个世界上还有谁会希望成为太阳呢？估计也只有两种人：孩子和尼采。除此之外还会有谁呢？并且太阳并不是被狂热裹挟控制、随随便便就把自己烧尽了，而是无时无刻地在逸散着光和热，这样的事情又有谁能做得到呢？

他翻过绘马的反面，一样歪扭难辨的字体，一笔一画地描绘。

那是他自己的名字。

……

像是踏着云彩，他飘飘忽忽地游出了森林，身后的绘马挂在樱花树最高的枝丫上。那些曾经的梦呓从他的后脑钻进来，钻进他的血液神经、五脏六腑，接着扩散到四肢，源源不断地持续到指尖。

他从背包里拿出手机，却意外地发现账号的聊天框一片空白——他们已消失得无影无踪了。是的，他们没有留下踪迹，也没有人会记住他们——包括他们自己，这才是最大的悲哀。正如他之前在古寺的中央所感知到的：他们永远学不会怒吼、没有那种振聋发聩的精神力，只是轻易燃尽，然后灰烬散失在风里，再没有其他了。

他走进那家便利店，并没有其他想法，店员却叫住了他：

"你怎么又来了，不是跟你说过了，我们不能把酒卖给未成年人。"

他想解释，但此事难以在三言两语里辨清逻辑。

沉默着，他手里被塞进一个纸盒：那是一盒将要过保质期的酒心巧克力，店员原本打算丢弃，现在却凑巧转送给他。

窗外的霞光已经完全褪去了，黑幕亲密地拥抱天际，不留一丝缝隙。而他踏上了夜色的末班车，空旷无人，他挑选了一个靠近垃圾桶的位置坐下，打开双肩包，拿出那个装得满满的玻璃罐。

打开铁质的罐盖，他把安眠药一颗一颗整齐排列在身侧的座椅上，同时心里慢慢默数着：一、二、三……一共是四十七颗，和之前细数过的无数次一致。他是一个非常谨慎的人，为了不让旁人发觉，用很长的时间来一点点地把这些药片积聚起来，存放在这个玻璃罐里——那动作像极了一个往罐子里攒纸星星的孩子，但只要一夜的时间就可以全部失去意义。

他抬起手，把药片扫进一旁的垃圾桶里。

接着，在玻璃罐里装上了酒心巧克力。

今天的风吹得清新澄澈，不留一丝烈酒的气息，他决定通宵去等一个日出。狄俄尼索斯的预言注定会失约，因为只要这条命在，明天的太阳注定要升起。

现在他回家了，挎上唯一一个双肩包，里面只有两样东西：手机和一个装得满满的玻璃罐。一切和来时相似，又似乎完全不一样了。

听啊，地球的呼吸声

张洪琦

尊敬的 ××× 总统：

您好！在翻阅过去八十年间“最具热度网络文章”时有幸阅览了您的文章。出于对您文章的崇敬与赞同，即使已过了七十多年，我仍诚惶诚恐地写下此文，当作一次贺电吧。

2070 年，我成功应聘为亚马孙热带雨林的护林员，开始守护这片野性之地。您在文章中将其比作“地球之肺”，我非常赞同。现在科学研究表明，尽管亚马孙热带雨林产生的氧气远低于 20%，但我们应当庆幸它吸取了地球上大量的温室气体，否则我们现在可能处于平均 40 ℃的“暖炉”中。

您一定很关心现在森林大火是否仍在作祟，很荣幸地告诉您，至少在我工作的十年间，未曾发生过一次引人注目的火灾。这要感谢如今发达的巴西和其他工业大国施以援手。借助惊人的人力、物力、财力，全世界共派出近 100 万位护林员分布在雨林各地，尤其是火灾多发区，并运用最新的热感应装置探测热源集中区域，一旦出现高热源反应区，立即施加举措，直至解除隐患。我曾参与过近百次行动，逮捕了数十名纵火犯及伐木者，棘手的案例诸多，在此就不一一列举了。值得庆幸的是，如今犯罪率直线下降，自然因素引起的火灾也渐渐可控。静守在这样一片世外桃源，我也只是品茶饮酒，吟风弄月罢了。

我常常会想起八年前的一次行动。赶到现场时，我发现一对“母子”——眼镜王蛇和它的蛋。当时雷击引起了一场小型火灾，危及范围不足十平方米，但这十平方米内不止两条生命。母蛇发现我靠近，立刻扬起前半身，发出刺耳的“嘶嘶”声，我冒着被攻击的风险迅速扑灭火灾，母蛇随即安定下来，护着它的孩子。

我现在坐在雨林中随处可见的隐蔽式迷彩保护所中，敲击着键盘（笔记本电脑仍然流行），不时会在窗边发现几位“来客”。相处久了，你甚至还会觉得它们和蔼可亲。闲暇时我会逛逛这虽已待了十年却仍感到新鲜的绿洲，生命之洲。若是来场大雨洗刷一遍空气，我会像孩子一样玩弄水花。不知不觉，这里成了我的家，我精神寄托的地方，我生命向往的地方。

啊，起风了，就写到这里吧！地球的呼吸声可不能错过，下次有空录给您听。

此致

敬礼！

一位忠实的护林员

在白夜中秉烛

朱泓旬

“你得在阳光下走，否则会冷的。”

一个冬日的午后，我与父亲出门散步时，他这样说。

……

我不喜欢阳光。

走在一片斑驳得有些脆弱的树荫下，我这样想。当光芒再次从我的指缝中倾泻而入时，心中的那片荒芜便仿佛被镀上了一层淡淡的金边，一切都好像映着光芒，直晃得人心神不定。

在阳光下，孤独与阴影会显露无遗。

我说——就算是我说：

“你逃避不了的，绝对逃避不了的。”

当那些混乱与阴霾浮现在你心头上时，阳光所映出的也只是一层光晕罢了。

你走到阳光下，想要离你的阴影而去。

你不再冷了，但你也没有感到一分一毫的温暖。

那一丝微弱的阳光带来的温热在寒风的侵袭之下脆弱得不堪一击。

你跑起来了，你尝试让自己热起来，你用最厚重的衣物将自己包裹起来，以你不曾有过的、坚定的意志，向前跑起来了。

渐渐地，你的双腿变得紧绷，同时，你感到你的两肺仿佛要炸开一般。

你的心脏不断燃烧，也正是你燃烧的心脏维持着你的身体。

但你没有停下，因为你依然感到寒冷。

你与世界接触的每一寸肌肤仿佛都能透进寒风，进入身体的最深处。

阳光依旧铺洒在你的头顶，却没有任何作用。

你的四肢，你的五官，暴露在永夜般的寒冷中。

终于，你停了下来，倒了下来。

你倒在那一片有阳光的黑暗中。

那些阴影如同潮水般卷土重来，笼罩着你，包裹着你，哪怕是最微弱的光线也不为你留下。

你什么都看不清。

你躺在黑暗中，尝试什么都不去想，但刺骨的寒冷又逼迫你不得不与之对抗。

你燃烧的心脏也变得微弱了。

你知道仅仅这样是无法战胜那些阴影的——你绝对无法做到。

但值得庆幸的是，你没有让那些阴影完全吞噬自己，没有完全败在寒冷的侵袭之下。

你从自己那快要燃烧殆尽的心脏中分出一小团火焰来，随手抓住了身旁的什么物体，便将那火焰往上一抛。

点着了。

你举起了那个物体。为了举高它，你用尽全力站了起来。

你将它举过头顶，终于又感到一份温暖。

眼前仍然是一片灰暗，却被那一小团火焰映出了些许光亮。

你不知道自己应该向哪里走去。只是因为头顶的那一小团火焰照亮了前方的一点点空间，你便挣扎着向前走去。

你又感到冷了，你努力将那一层迷雾拨开，尝试接收更多来自那一小团火焰的温暖。

你成功了。你的周围逐渐不那么冷了。

你又开始跑起来，向那一小团火焰的方向跑起来。

你越跑，便越热。

你只是跑，你不顾一切地跑。

孤独是你此刻唯一的伙伴，所以你开始尝试与它共存。

你并不奢望完全脱离那些阴影，你只是想看清被阴影遮蔽的世界中的，真正的景象。

但你没有发觉，那一小团火焰将你途经的每一寸空间都点亮了。

因为你没有回头。

你尝试寻回原本照亮这个世界的阳光，但那片阳光被阴影驱赶得无影无踪。

你无处寻得阳光，你便把那一小团火焰当作太阳。

不知为何，渐渐地，那一小团火焰在你奔跑的过程中离你越来越远，却又变得越来越大。

你周围的景象也越来越清晰。

你的身体越来越温暖。

你的心脏再次剧烈地燃烧起来了。

你仍然在跑，不断地跑。

终于，光芒照亮了周围的一切事物，阴影与寒冷不知何时已没有踪迹。

和以往不同的是，那些荒芜消失了。

或许是因为那些荒芜与阴影共同消失了，又或许是因为那些荒芜原本不存在，它们只是曾经的阳光不曾照到的阴影罢了。

你仍然在跑，你在远方的某处感受到了一片更为强烈而温暖的光芒，正像是那一小团火焰的光芒一般。

你仍然在跑，你向那个方向跑。

你离它越来越近。

终于——

你回到自己的阳光下了。

……

“好。”我对父亲说。

我到阳光下走，以免让自己太冷了。

“哎，爸！”

“怎么了？”

“你读过《白夜行》吗？”

“没有。”

“那《郢书燕说》和《颜氏家训·勉学》呢？”

“也没有。”

“在白夜中秉烛。”

“什么？”

“没什么，突然想到的一句话罢了。”

——赠予每一个迷茫的人

单元贯通写作

自然与人生

郑子恒

"莽莽苍苍的群山之中走着两个瞎子，一老一少，一前一后，两顶发了黑的草帽起伏攒动，匆匆忙忙，像是随着一条不安静的河水在漂流。无所谓从哪儿来、到哪儿去，也无所谓谁是谁……"

姑且先以史铁生《命若琴弦》的结尾作为此文的开始吧。

史铁生的缺憾是身体上的残废，是病痛的反复折磨和终身相伴；小说当中的老和少两个盲人的缺憾是对黑暗的无助，是一生无论如何也见不到光明的宿命。但结尾处描述的两个盲人绝非仅限于此。"无所谓从哪儿来、到哪里去，也无所谓谁是谁……"这一句显然是一个象喻，盲人象征着缺陷和不足，象征着人生而不可得的事物、人生而不愿面对的死亡，正如《赤壁赋》中的那句"哀吾生之须臾，羡长江之无穷"，人生而不愿接纳也无法明白自己的残缺，正如《我与地坛》中史铁生"想过我为什么要出生"，却终究无法明白"为什么要来这世上"。人生而有缺，生而不完整，却始终无法摆脱人生。

正如这两个盲人无法摆脱失明那样——在命运面前，我们都是双目失明的人。

但辽阔无尽的自然，正为我们心中带去光明和希望。人们从自然中感受寂寥和永恒，感受方寸天地之外的开拓。他们在辽阔中寻觅、彷徨，最终却自适自解，面对缺陷，傲然而立。

"这时候最热闹的，要数树上的蝉声与水里的蛙声；但热闹是它们的，我什么也没有。"现实中温和敦厚乃至善良懦弱的朱自清，自然难以和理想中那个有着狂热"五四精神"的人格和睦相处。不宁静的他，漫步于月光下的荷塘，自得于独处时的短暂自由。月光下浮动着的荷叶，清风徐徐而至的清香……光与影和谐地结合与一致都使他欢愉，使他自在。但保守而中规中矩的他最终仍回归到那个寂寞中，怅惘着自己的无福消受之苦，在独自一个人时，舔舐心中最深处的疤痕。

他游离着、彷徨着，询问着不安的灵魂，应走向何方。

无人应答。

“可是啊，北国的秋，却特别地来得清，来得静，来得悲凉。”郁达夫对于故都北平秋日的喜爱极为深厚。一生多舛的他敏感细腻，如没有皮肤遮掩的人。他执着于北方秋日的悲凉萧瑟，无论是槐花的细密敏感，秋蝉的哀飒与落寞，还是洗尽铅华的秋雨，都是他的所爱。秋风萧瑟，秋风急猛，“秋花惨淡秋草黄”；春天的姹紫嫣红没有了；夏日的绿树荫浓没有了；活跃的生命体沉默了，天色晦暗了。

大自然褪去了伪装，回归了平静和寂寥。

平静的代价是舍弃。人们舍弃了过剩的活力，放下了无度的情感。他们直面起生命的萧索和颓废，在静谧中“引起深沉，幽远，严厉，萧索的感触”。

郁达夫寻觅自然，并在中国文学特有的晦暗中感知自然。

“冰雪，无瀑水，无鸟兽音迹。至日观数里内无树，而雪与人膝齐。”姚鼐登泰山时无一处对自己和朱子颍的描写，每一处均在写山记水，有登山时的艰难，日出时的雄奇，在日观亭上君临天下之感，下山后回想起泰山之庄严肃穆、孤寂苍劲……它们叠加在一起，便是完整的泰山。此刻的姚鼐，便是山中的一部分。景中无人又如何？他姚鼐就是山间之景，便是山中的一部分。

他找到了自然。在宁静雄伟的山景中，他放下了文坛政界的不悦，放下了自己对于势单力微的忧虑；他亦在与自然共舞，感受“绛皓驳色，而皆若偻”的开阔，在日观峰之巅，高喊“我亦鹤骨撑青穹”。

“盖将自其变者而观之，则天地曾不能以一瞬；自其不变者而观之，则物与我皆无尽也，而又何羡乎！”苏轼那声自在的呐喊在文坛诸人的耳畔回响了悠悠千载。在滚滚长江中，他没有妄自菲薄，而是在豁达中超越无与有、死与生，正如庄子在《秋水》中所言，“道无终始，物有死生”。事物之间的比较终究还是相对的，长江水位低了之后又复涨起来，无边的云朵聚了又散，一代代人生老病死，“一切皆变”，但从更大的维度来看，存在过的事实即永恒。人生百年“哀吾生之须臾，羡长江之无穷”又如何，“人生百年几今日”又如何？那一天，苏轼和“客”在赤鼻矶上泛舟，写下的不朽名篇定然会千古流传，留下永恒的一抹色彩！

既然如此，又有什么值得羡慕的呢？我便是我，快意当下，享受自然，超越自然！

言已至此，史铁生提出的那个与生命相关的问题似已得到了解决。人在生命中觅得缺憾，在自然中彷徨游走，在游走中与自然共舞、共适，最终在自然中自我超脱。纵然生命中的缺憾不曾消失，自然的力量也足以愈合他的创伤，在通往黑暗终点的人生路上铺洒生命之光。

君子之知

施悦然

知是什么？中国古代哲人与西方先哲对此都进行了深度剖析。孔子将知的内容定义为自己不懂并追求的事物。苏格拉底、柏拉图将知抽象成崇高的善的理念，很抽象，看似不可见，却反映着社会生活、自我修养中好的一面。对知的求索，也被视为君子修德养身的基本要求。

（一）求知

知的抽象性的本质决定了寻找它、获得它的困难程度，因此规范求知的方法、树立正确的求知态度成了一个值得探究的客观命题，中西方先哲身体力行，做出了求知的个人化示范。

第一，自知己无知。苏格拉底认为自己的智慧微不足道，并为自己"知己无知"而感到庆幸，因为，这是一个学习者在求知之前必须有的基本品质。孔子说："盖有不知而作之者，我无是也。"他强调了自己知的局限性并以谦虚的态度求索，这便是君子的自知。对自我的高度无知带来的是虚妄的自知的错觉，人陷入知识的排他性，拒绝外界输入，故黑格尔说"他必须限制自己"。

第二，排除知识的绝对目的性。孔子说"不患无位，患所以立"，"位"便是物质性的，一种奖赏性质的目的。君子修身求天爵，人爵从之。知识的求索与修养相同，物质奖励与获得知识的过程中的美好巧合，却不是求知的根本目标与最终结果。君子"好名"，屈原虽然感叹"老冉冉其将至兮，恐修名之不立"，这一点本身没有错，但它与求知过程中的不断探索并不矛盾。"名"与"利"是君子追求的正当的东西，他们的获取方式却是间接性的，而不是求知以索名利。本末倒置，反倒失去了求知的本来意义，名利一定是一种相对目的。

（二）习知

求知的难，以上已有讨论，由此我们可以看见求学，完善的求学包含脆弱性，而在求知的基础上，习知则是更高一级的需求。

习知可以指导人的道德修养。韩愈《师说》中知的结果直接通往复儒，治风气。可见知的一大意义是与道德脱不了关系的。《论语》中有这样一段话，“好仁不好学，其蔽也愚；好知不好学，其蔽也荡”，如此这般，六种品德与六种弊病两者的直接转化条件便是是否有知、是否学习。苏格拉底也对智慧对美德的塑造做出评价，“一切美德只可以用一件东西来交易”，这是一切交易的标准货币，这就是智慧。个人意义与道德离不开习知的实践，可见各种品性需要智慧的协调，需要智慧带来理性的约束。知的桥梁，直通人的灵魂，规范、塑造着一个人的内在品行。

同时，习知对于求知的排斥目的性有了进一步的深化。习知所能带来的是个人的欲求的满足，它是自我的滋养，是灵魂的推理部分。它不能保证任何一种实质性的物质好处，而它本身因此比求知更加困难，所以需要学者更高的精神觉悟。孟子在这一方面可以说是良好的典范了。“有人于此，其待我以横逆，则君子必自反也：我必不仁也，必无礼也，此物奚宜至哉？”中国古代的君子之学，要求君子求诸己。君子求诸己，而小人求诸人，这强调的是一种自省，这是一种要求极高的精神觉悟。在习知的过程中，必然存在着一种风险，苏格拉底为实践自己的知识，与时代逆流，直接加速了他生命的脚步，而他不怨人，是因为他无畏，习知有危险性，他的目的性甚至不包括生命本身。正如亚里士多德所言：“明智与智慧作为理智的两个部分的德行，即使不产生结果，也自身值得欲求。”他们事实上产生一种结果，即幸福。这种结果依旧是一种只限于自身的结果，而实践的过程却可能是布满荆棘的原野，因此，君子的习知需要的是更高的自知与更强的习知意志。

（三）融知与魂

许多古之先哲已在知的方面达到了极高的境界。

第一，有行而不逾矩。利伍德有言：“哲学家掌握了全部真理以后，同神一样自由。”孔子的“七十而从心所欲，不逾矩”也宣告着知的极高境界，知行合一。当规范融入人的欲求时，自我便享受到了充分的自由，他们能够做到脱化格律，好比那娴熟的卖糖人张秉贵，已无须磅秤的辅佐，这便是君子知行合一、融知于行的境界。

第二，有知而能变。“知者不失人，亦不失言”。社会上的交往对象丰富多元，有知之士需懂得适度。《中庸》说“君子中庸，小人反中庸”。君子会按照所处的环境做到适度，这是在对知的掌握的基础上，对合适的人说合适的话，同时又不违背所学，这样的人在亚里士多德口中是善于灵活转向的，也体现了一种在非常时期存道存知的非常状态。譬如，“宁武子邦有道则知；邦无道则愚”。并非真愚，而是善于在逆境中失道的坚强。

第三，有死而无惧。柏拉图《斐多》篇中提及一辈子真正追求哲学的人，临死前是轻松愉快的。这是将知追求到了极致并无畏于死的人。他对于哲学的追求是一种对死亡的学习。他学会直面死亡、研究死亡，在死亡面前镇定自若，这都源于知性、源于对人生意义的透彻认识。也只有将知识的意义探寻到极致，除此之外并无其他牵挂的贤者，才会进入“朝闻夕死”的状态。这种状态背后的大智大勇，这种将知贯彻于自己人生意义的精神是最值得敬仰的。

君子的知不仅属于一个贯通时间的培养与实践，它需要的还有心灵上、精神上的绝对意志。无论是对知的求索，还是对知的实践，能够在时间上走到自我知的终点上的人少之又少，所以我们更加景仰先哲，并从他们的知之道中汲取精华，贯彻在当今的学习中。我想，从这个意义上讲，这应该也是一种知的传承吧。

《〈论语〉东西方对读》贯通写作

周姝含

两千多年前，中国与西方是两条几乎不会相交的线。站在孔子授业讲学的杏坛前，向东是一片汪洋，向西是重重的远山与大漠，怎么也望不到地球另一端的亚里士多德学园。在那书信很远、车马很慢的时代，东西方的圣贤就想着如何在有限的生命里将他们所追寻的道沿袭下去、弘扬开来，被更多后人知道。

孔子说：“道不行，乘桴浮于海。从我者，其由与？”柏拉图则在颠沛流离中多次辗转西西里传道，尽管那是个令他伤心的地方。他们在有限的空间里走过了无限的时间。他们的一生，可以说是走得很远了。正因这一代代先哲的不懈努力，在两千多年后的今天，这些古时候的圣贤得以跨越时间、空间、语言的障碍，以一种特别的方式进行一场场对话，有时仿佛是博弈，而更多时候则像是唱和。

思想有时很神奇。像是孔子即兴赋了一首诗，亚里士多德也友好地和了一首，也可能相反。我本以为中庸之道仅在东方甚至仅在中国的文化中有所体现，这时亚里士多德来了一句：“不及与过度都同样会毁灭德性。”孔子则说：“过犹不及。”还说：“中庸之为德也，其至矣乎！民鲜久矣。”可见，东西方圣贤对基本观念的认定有相似性。这点在东西方对礼乐、道义的看法上也有迹可循。

那么，若东西方的思想完全一致，那还有什么意义？文化差异又从何而来？因此，东西方思想上那些微小的不同更为可贵。但由于基本观念的相似性，东西方思想最终大致是殊途同归。

在政治方面，孔子提倡以“仁政”治国，亚里士多德则认为该用“善德”治理城邦。《〈论语〉东西方对读》的编写老师说：“两位先哲的思想有诸多相似之处，但社会土壤不同，决定了其政治理念的本质区别。”“仁政”是在君主专制制度下提出的，而“善德”的前提是民主。政治制度的差异，由此可见一斑。

在理想方面，由于社会的关系，东西方差异较大。中国是乡土社会，是差序格局，以自我为中心，由己及人。就如孔子说的“恕”，指的是用自己的心推想别人的心。《论语·乡党》中讲：“厩焚。子退朝，曰：‘伤人乎？’不问马。”是故以人为本，即爱有等差。同样，对于人来说，“以直报怨，以德报德”也很好地阐释了这种思想。西方文化的爱则由神而来。《马太福音》里有：“你们听见有话说：‘以眼还眼，以牙还牙。’只是我告诉你们，不要与恶人作对。有人打你的右脸，连左脸也转过来由他打；有人想要告你，要拿你的里衣，连外衣也由他拿去；有人强逼你走一里路，你就同他走二里；有求你的，就给他；有向你借贷的，不可推辞。”这是以神的标准来要求人，就有些令人难以接受了。而儒家的则更切合实际，更有人间烟火气。相比较而言，我更认可孔子的做法。

在品质方面，孔子和苏格拉底都列举了“仁”“善”的几个表现，但苏格拉底更强调理性。在苏格拉底与美诺的对话中提到：“一个人若是没有理性，勇敢对他是有害的；但他若是有理性，这对他岂不就有益了？”可见在他看来，理性应是一种更高层面上的品质。这里，西方哲学家看得更为通透。

在礼仪方面，孔子说：“周监于二代，郁郁乎文哉！吾从周。”孔子看到了不同朝代礼仪制度的延续性，伯里克勒斯和苏格拉底也重视从传统中追寻重振雅典人道德的力量。但孔子认为礼仪也需要有一定的损益、变革，这一点我认为他是超越西方先哲的。

当今社会，人们大多走在先人智慧汇集成的河流中，并将他们的思想作为自身行为准则的参考，故而有了仁、义、礼、孝、善、勇等一些被普遍认同的美的品质。《论语·乡党》里说：“朝，与下大夫言，侃侃如也；与上大夫言，訚訚如也。君在，踧踖如也，与与如也。”培根也提到：“一个人在侪辈之中一定可以得到亲密的；因此要矜持一点才好。在下属之间一定可以得到尊敬的；因此亲密一点好。任何事情里头都有他，以致惹人厌倦的人是自轻自贱的。拿自己的力量去替人办事是好的，只要显出我们这样做的动机是出自对某人的尊重，而并非因为天性易与就行了。通常在赞同别人的话的时候，却要附加一点自己的话。例如你赞成他的主张，可是要稍有分别；你愿意附议他的动议，可是要带点条件；你赞成他的议论，可是你自己还要加上点别的理由。”这与孔子的想法大致一样。这些可以说是礼在不同场合的体现，也可以说是社交时的小技巧。在夏、商、周那些遥远的朝代，具体的礼仪已不可考，当时的礼仪与我们现在的礼仪应该也是大相径庭，但基本的礼仪准则仍被广泛应用在家族、职场、校园里，在现代有着重要作用。

当今中国社会老龄化越来越严重，一些年轻人卸下赡养老人的重担，早早将父母送进敬老院。这是当代有些人“孝之不复”的悲哀。但从长远的角度来看并不要紧，因为几千年来对美德的共识，人类会自觉地赞颂、推崇、传承那些好的行为，而对于那些违背伦理、没有教养的行为，则有法律作为底线，并将遭到指责与唾弃，永远不会有出头之日。

可以说，学习东西方对读更多的是一个求同存异的过程。我们读着《论语》《孟子》等中国典籍，接纳着中国先贤的伟大而磅礴的智慧并因此体会到一种叫作“文化自信”的神奇力量，同时对于《理想国》等西方经典，我们思考着和他们思想一样的部分，而对于有差异的地方，我们在自己的脑海里不断斗争，最后接纳了自己认同的那一部分，并在一定程度上形成了属于自己的新观点。

这是人们探寻人类命运与价值的过程中必不可少的经历。

费孝通先生在《费孝通论文化自觉》中提到这样一句话：“各美其美，美人之美，美美与共，天下大同。”当今世界已经不局限于一个地域了，我们有能力看到中国乃至东方世界以外的地方，那里同样有着优秀的文化。我们要像鲁迅先生说的那样，将一切好的文化拿来。正是这种开放、包容的姿态造就了当下丰富、多元的盛大世界。

青春的力量

刘欣蕾

初读第一单元，给我留下深刻印象的既不是橘子洲头的澎湃波浪、地球边上的放号、小得可怜的蜘蛛和纯粹而至美的云雀，也不是燃烧的红烛与红被上的百合花，而是《哦，香雪》中的一张插图——毕竟一眼望过去，黑压压一片文字矩阵总没有一张浓妆淡抹的青春面庞来得吸引人。在学习完第一单元后，这张插图在我的心中又上升了一个台阶。它像是一扇窗，透过它，我看到了一个全新的世界。

画中描绘的是香雪站在车窗下同乘客做买卖的场景。头上包着的红色纱巾、手上揽着的竹筐无一不表露着她的身份——一个身处深山里的闭塞村庄的少女。而她的眼神，是画面中最值得细细品味的部分。微微垂着眼，蹙着的眉透露出她的羞涩与纯真，抑或还有一些忧郁。回想起她在公社上学时遭遇的冷眼，不由地升起了对她的怜爱。不可忽略的是，在这种情感的笼罩下，她仍是朝外看的——怀抱着对外界的渴望与憧憬。青春的力量从薄薄的纸面上的颜料中迸发出来，青涩的成熟，逆境中生长。

“鹰击长空，鱼翔浅底，万类霜天竞自由。”《沁园春·长沙》中的这句话阐释了青春中的生长状态。深秋时节，满山红叶在风中瑟瑟，江水清澄，诗人独立在这纯粹的景色中，心中本应是悲秋之意——此时的革命形势并不乐观。但诗人的境界超脱了这一假想，他看到了在逆境中自然万物自由自在的生机力量，并展现了以天下为己任“万类霜天竞自由”的愿景。

生长的尽头，便是“明澈强烈的欢快”——正如雪莱在《致云雀》中所描述的。云雀在诗中是一种象征，因为它拥有永恒的生长能力，所以所有的忧伤与不完美都是过去式，是曾经的一个足迹。未来永远是光明的，是可以期盼与寄托的，因而，云雀有着凡尘之外超脱的欢愉。在我看来，云雀是凝固的青春，每个人在生命的某个阶段都是一只云雀。

另外，青春时代的生长有一个特点——它具有独立的思想，不会像个空瘪的口袋，一味地将新事物囫囵吞下，而是像细胞膜，有选择性地透过。香雪在通过火车停留的一分钟窥探外面的世界时，对那只宝盒子有着热切的喜爱，觉得它能使一切顺心如意，能够实现她的理想；同时，不像凤娇与其他的姑娘一般，对别在头上的金圈圈与比指甲盖还小的手表兴致盎然，她的理想是超越物欲的。而在《峨日朵雪峰之侧》中，昌耀的青春的个性更能得以体现。大跃进时期，昌耀被划为右派，发配到青海劳改，“棕色深渊自上而下的一派嚣鸣，像军旅远去的喊杀声”。在被排挤的痛苦与艰难中，他却能够脱离喧嚣，同一只小得可怜的蜘蛛，一同默享大自然赐予的快乐。这种独立于时代、不被同质化的思想，正是青春独立的体现。

将上述概括起来，我认为不断的生长、纯粹的欢愉与独立思想，是青春向内的力量。在不断试错、不断辨别、不断进步中成长，是青春独有的魅力。

在《立在地球边上放号》这首诗中，诗人郭沫若描绘了一幅波澜壮阔的场景。滚滚的波涛要推翻那旧的世界，无穷无尽的力在少年的胸膛里跃动，五四的新浪潮拍打在脸上。青春的破坏力是独特的，它既是青年对自我的探寻，又是他们对世界进行改造的愿景。这种破坏并不是无章法、无意义的，它不总是尽善尽美的，但它的存在为未来埋下了一颗希望的种子——谁能说现在青年的精神，与五四运动没有一丝一缕的关系呢？

青年们所追求的，正是坚定自己的信念，从而将学习所得回报给社会。“烧吧！烧吧！烧破世人的梦，烧沸世人的血——也救出他们的灵魂，也捣破他们的监狱！”冲破迷茫之雾的红烛知道，燃烧是有代价的，只有自以为是的利己主义者与尚未觉醒的人才会以保护自我为前提去发光，而它在理想的指引下不畏惧死亡。“莫问收获，但问耕耘。”《百合花》中那个掩毛竹的青年人，正是怀揣着这样的信念，扑向了那颗冒着烟的、即将爆炸的手榴弹。新媳妇噙着热泪为他盖上那条洒满百合花的被子，这是对像这位青年人一样的革命战士的奉献致上的最高敬意。像席慕蓉的诗中所写，他们“我如金匠 / 日夜锤击敲打 / 只为把

痛苦延展成 / 薄如蝉翼的金饰”，这样，当痛苦因帮助他人而生时，痛苦就不再令人难以忍受，甚至能够使人拥有至高的欢愉。

青春有着积极的力量，它不完美，却总是顽强地生长，像无法停止的春天的雨，虽然下得满街泥泞，却也洗净了茉莉的小花心；它又是无私的，用自己稚嫩的怀抱去拥抱世界的疮疤。再次欣赏这张插图，我似乎看见了蓬勃的、新绿的芽，自泥土中、于少年的胸膛里生长，在风雨里开出洁白馥郁的青春之花。

青春的力量

胡卿云

以前听过一个说法：到了青春期，人会开始照镜子——注意自己的形象是自我意识的开始——这是青春的诞生。到了高一，高中《语文》必修上册第一单元文章写到的是青春的力量，以前从来没感受到的语文课文选择的匠心，这时候突然非常真切地感受到了。

青春，引人遐想，本身便写尽了诗情画意，本身就是托着梦起飞。“青春”之时，是自我认识开始的时候，是一段迷惘、无知而无畏的时间，是最接近创造时机的。青春的力量可称作无知无畏、埋头猛进，不知方向却仍向前冲，已知方向则更激昂。青春本就是以美的形式绘画生命——在老师课上的总结中，青春的力量就在于“超越”的斗志、“超越”的行动，青春就是一种永恒存在的、永不止息的新生。

青春的力量在于破旧、创新。在《沁园春·长沙》中，“粪土当年万户侯”；在《立在地球边上放号》中，是不断的毁坏、不断的创造。第一单元中的诗歌，写青春均为展现意气风发的意象乃至如此的一种境界，这会使人感到壮阔、激烈。力是由内向外的，人生（至少是青春）的那种奇迹式的创造力量在于自强不息。在毁坏与创造的冲突中，青春迸发火光。

“旧”“新”与青春的关系也常常会使“时代”与“青春”联系在一起，比如我们会以人的青年、壮年、老年比喻一个朝代的兴衰。青春的力量会是一个初生社会的力量，蓬勃而充满勇气。它正在挣脱“旧”的肉体，成为“新”的生灵。青春的力量会见于矛盾中：五四的狂飙突进，改革开放的大开大合……像

《哦，香雪》中的主人公，她会感到“新奇”，会以探索无数个“第一次”的态度去参与到全部的生活中，会尝试使“旧”与“新”有交汇融合的地方。青春的力量推动无数个香雪闯入新的时代、新的天地，在那里他们站在潮头，眺望曙光将至之处。

青春的力量势必诞生在一个人或者一个时代的风浪中，青春是个人的风浪，如果可以这么夸张地称呼的话；青春与其力量协奏成浪漫、英雄。峨日朵雪峰的峭壁上，青春昂着头，展示一种不屈的、超越于生活的苦痛、冷静而有韧性的形态；红烛火光中，青春充满了奉献自我、莫问收获但问耕耘的神采；云雀鸣叫，青春的力量是希望的力量、博爱的力量。青春的力量在于高于一般胜负的对理想的追求，在于年轻时代的奋斗带来的激动人心，青春的力量还是无私地燃烧、发光——青春无论何时都是发光。

人在青春时开始自知，自知使青春收获向前的力，不仅是能力，还是意欲知道前路有什么的能动性。自知的过程是一个彷徨的过程，青年毛泽东发问：“怅寥廓，问苍茫大地，谁主沉浮？”闻一多先生提问“是谁”二句，昌耀看见一个犹豫的太阳……但最终每篇文字落脚于崇高精神的追求与坚定的步伐。青春的力量是清醒的先驱，这力量奔向远方。

单元中的两篇小说都是出自女性作家笔下，她们更加细腻，你会发现青春在她们的笔下变得那么纯净、那么浑然天成，如此地具有美感。青春的力量又是最纯美、最灵性的，如同《百合花》中一系列美的画面所印证的一样，是一种脱离于黑暗的美学体验。

在更古老的时期，古希腊人在雕塑中表现青春的力量，他们展现俊美的形体，创作出理想化的年轻形象。这座艺术高峰令人叹为观止。观者从中感受到的不止青春的力量，还有美与艺术的力量、理想的力量，这些都成为生命的力量。如果没法看见这些，就仿佛自己缺失了某一部分。这样以后发现所有的生命，所有同时存在的生命，离不开同时存在的青春，哪怕只是青春的看见。

感性上说，青春在我的认知中一直都是风华正茂、英姿勃发的。苏轼写自己的壮志时仍使用“老夫聊发少年狂”，少年时、青春时，就应当壮志凌云。

《浮士德》中有这样一句话：“亲爱的朋友，所有的理论都是灰色的，而宝贵的生命之树常青。”脱离它原本的文本曲解一下：客观存在没有那么重大的意义，人的生命抛开“时间”等物理特点，可以永远青春。只要生命中有永远执着的某一个向往，生命的下一刻有与过去不同的地方，永远有成为超人的意志，那么青春常在。你在青春中认识到自己是一个什么样的人，那就有了生命之树，生命之树长青。

歌曲《我和我的祖国》本是唱爱国的，这个单元本是讲青春的价值的。这里一并曲解——在歌词中有这样一句：“在这片古老的土地上，到处都有青春的力量。”在这里，青春的力量是奉献、是广阔的呼唤，唤醒高山，改变河流。青春的力量必然会产生一种天地的共鸣，让更多的人不由自主地被吸引到那种力量中去——这样青春的力量会汇集成能够超越一切的、青春的洪流。

我与自然的关系

任长天

要讨论我与自然的关系，就避不开讨论人与自然的关系、艺术家与自然的关系。在讨论完这些后，我与自然的关系便明了了，因为我是人，是自然的产物。

从广义上来说，自然是指自然界，大可以到宇宙，小可以到微粒。从生活上来说，自然是花园里的一汪池水，是海礁下的整个微缩世界，还可以是雪峰之侧、高山客栈。自然一言不发，却环绕在人类身边，抬头的一瞬，面前不再是伤痕累累的木桌，而是万条垂下绿丝绦，一种春意涌现心间。人类来自自然，属于自然，大自然是人类的归宿，更是文人和艺术家的归宿，因为自然有一种文气。

自然之大，无奇不有。两百多年前，一位文人，不惑之年，以养亲为名，辞官告归田里，除夕前夜，苍山负雪，明烛天南，大风呼啸，积雪拍面。破晓前的泰山，黑茫茫一片，黑夜包围，无言，风声为伴。身边是友人朱孝纯，他却流露出一种柳宗元游小石潭的孤独。曙光带来了视觉，便带来了自然中一切的面貌。观日出，遥想东海。

这是北国的自然。

几百年后，那深深吸引着另一位文人辗转于各个车站，把稀饭换成馍馍，把黄酒变成白干的，同样是北国的自然——故都的秋。

细细品味文题，我本想在“秋”前加一个“金”“深”之类的字，可忽觉“故都的秋”四字妙不可言。郁达夫笔下北京的秋天，不像巴黎的金秋，林荫大道上裹着厚厚的一层金红色，也不像上海的秋天，街边老树颓唐，有淡淡的夕阳，而是一种压抑的、忧郁的、无色的深秋。

北国之秋，是自然在画布上留下的杰作，浓淡并存，光影结合，不说轰轰烈烈，但是有声有色。自然勾起了文欲，自然是姚鼐的缪斯、是郁达夫的缪斯，也是人类的缪斯。

姚鼐登泰山时，泰山高耸入云催促着作者向上攀登，挑最艰险的路攀登，这便是自然带给人的令人震撼的勇气，而那故都路面灰土上留下的一条条扫帚丝纹和不休的蝉鸣，更是自然带来的一种空灵和清静，寂寥之下，蝉鸣反而成了乐子。自然无孔不入地从各个心灵的窗口穿透出光芒，把诗人和艺术家的心弦拨得余音绕梁。

人与自然的对白，不像“生存还是毁灭”那种不屈于命运的极端对立，也不像是冉·阿让对信仰和大爱的绝对臣服，那种对白是一种融合，伴随着顺从。

我相信每个人心中都有自己的“地坛”，只是有人选择在那里思考，有人选择在那里抒情。朱自清是那个在清华园荷塘前抒情的，他和史铁生一样日复一日经过他们的“地坛”，但自然在他们身上的映射却是完全不同的：一种是至浪漫，一种是至沉静。

空谷幽兰，仿佛是朱自清的高贵，只有这样高贵的人才能用毫不妖艳的华丽辞藻描绘印象派的荷塘，荷花在他笔下成了抽象的概念，成了用通感送来的一阵风，他说他“爱热闹，也爱冷静；爱群居，也爱独处”。荷花就是这样啊！半夜烟雾朦胧的清华园，蛙声和水声，万千荷花与无数舞女飘逸的裙摆，在烟花世界中独具一格，在热闹的自然世界中静静地投来神秘的一眼。朱自清在荷花池中看到了自己，看到了万籁俱寂之下没有工厂噪音和革命危机的如梦似幻的自然世界，这是不可多得的一处供闲庭信步的地方，在这里文学家和艺术家的灵感发出碰撞，他们在自然中发现自己，在自我中发现属于自然的那部分。

我看荷花池，想到了睡莲池，想到了白色睡莲池旁的杨柳和日本桥。莫奈，他的晚年在白内障的煎熬中度过，一个印象派画家最需要的是对色差和光影的把握，可此时的莫奈却唯恐自己哪一天永远瞎了，这是对他多大的打击啊！他十年如一日地徘徊在睡莲池边，看着静静的睡莲，视力每况愈下。他渐渐开始用记忆里的色彩来描绘眼前的事物，四季睡莲的梦幻和日本桥系列画作就是在这样一种带有精神煎熬的忧伤色彩中完成的，孤独的桥，漂浮着的花。在莫奈生命的前几十年里，他都是用美感和灵感来创作，阿让特伊滨海长廊、圣拉尔扎火车站、圣亚德斯海岸、干草堆、蒙日龙池塘、孟梭花园、象鼻山与海岬，甚至是他艺术生涯的转折点《日出·印象》，这些都是即时的灵感的迸发，而睡莲池和日本桥，是他的画册中少有的连着十几页都能看到的类似的作品，但每幅又有所不同，好像有不同的心境和思考。他过去的创作是对光与美的捕捉，而此刻的他却像是池中静静的睡莲、林中做梦的果树，用最干净单纯的存在投射出自然的美好。

睡莲池是莫奈晚年的“地坛”。我们此刻该说说我们一路谈下来的“地坛”的出处了。

人与自然的关系是一种互相融合的对白，可人十分渺小，和自然的无穷相比却像是一种被吞噬的猎物。史铁生是个被命运嘲弄的人，也是个在后半生因为自己的励志故事而有名起来的作家，他固然有自己对人生和自然的思考，他在《我与地坛》中记述了自己和地坛的故事，也描绘了地坛那亘古不变的沉静和他在园中遇到的人的变化。我说过，朱自清是至浪漫，而史铁生是至沉静。在他那可悲的一生中他永远离不开那用轮椅托着的一身病的躯体，他拖着躯壳走进古园，像是溥仪晚年偷偷跑进故宫坐在王座上回忆少年时期一样悲戚，在夕阳下他痴痴地待在这座古园里，经历着生的痛苦和死的召唤。死亡的必然降临，像是旭日的必然落下一般，他的生命直到落下帷幕之时还留着地坛带给他的东西，他那悲苦的一生，却好像是太阳落下、月亮升起，天上总不会空着的循环。自然和一个无数次想了结生命的灵魂之间碰撞出了别样的火花，只是这火花极热，就像他文章中蕴含的至今仍未见底的情感，但我们始终看不透，就像我们从他的表象没法看见他的内心一样。

可我们都出自自然之手，我们能与他共情。

一样憋屈的还有苏轼和张岱。

可这两人却又是完全不同的风格，前者的豪放不用多说，是由于他自己的个性和自然赋予他的哲理，但后者的无法缓解的压抑却值得一谈。张岱的《湖心亭看雪》中，白描色彩极强，“绿蚁新醅酒，红泥小火炉”，鹅毛大雪，湖面上空无一人，却发现岛上有几位金陵人，顿生亲切，却怎么也亲近不起来，船夫喃喃："莫说相公痴，更有痴似相公者。"张岱不同于几位偶遇的金陵客和舟子。金陵客是有雅趣，大雪天有兴致在湖心亭饮酒赏景；舟子是单纯无知，只是在尽工作的义务而情不自禁地感叹和疑惑；张岱不能说是真正智慧的人，可在这段场景下他是那个被自然拨动心弦的人。

金陵旅人们被这雪景美呆了，可张岱却在心中仍有亡国的痛楚，那种隐隐的痛苦让这番美丽的雪景化为自然与人间独白的窗口，张岱说："惟长堤一痕、湖心亭一点、与余舟一芥、舟中人两三粒而已。"自然给夜晚铺上了雪花的羽衣，可在张岱眼前却变成了模模糊糊一点点的黑色轮廓和白茫茫的天、云、山、水。自然给予了他独特的视角，他看到的情景能用山水画表达出来，可这时候仿佛用水彩最为恰当。那种孤寂和亡国之痛带给他的不是山水画上棱角分明的山峰与冰封湖面的轮廓，而是朦朦胧胧的在世界最阴暗角落中的那种深邃和无尽，这是山水画的空明悠远所带不来的，而这一切都是艺术、文学、情感和自然的联系。

姚鼐、郁达夫、朱自清、莫奈、史铁生、苏轼、张岱、任长天，虽然最后一个远及不上前七人，但他也是自然的产物，自然也是他的缪斯，自然和他的独白也同样具有美和安宁。

八大诗人的人生境界

胡昊玘

"诗人是人间最孤寂者。"朱光潜先生如是说。诗，似乎纵贯了中国历史。每一个时代的诗歌，都在映射一个时代的命运。一个什么样的时代，必将造就如时代一般的诗人。一个以艺术为主流思想的时代，必然造就艺术的高峰。诗人们在时代中生活，用自己的诗歌书写这个时代的精神，其实，也是用时代书写自己的人生。

三国、两晋：乱世与选择

曹操，一代枭雄。有人吹捧，有人厌恶。不论后世评判如何，他确是进取之典范。陶渊明，一代隐士。有人疑其淡泊，有人称其退缩。他确是为后世寻了另一条路。可曾想，三国纷争，为乱世。东晋分裂，同为乱世。曹操拼尽全力，未能站到权力之巅；陶渊明，有了官职，却弃之而去，过上“平凡”的人生。乱世之中，古代士人往往遇如此选择。而曹与陶，以他们的诗，诉说着时代与人生。

曹操——白头之前

长江面前，他不由地想起自己意气风发少年时，不迎权贵，倡义兵，讨董卓，取袁绍，平北方。如今，他的壮志只缺两块拼图。五十三岁的他，生活在一个混乱的时代，也是混乱造就了他。人在时代中浮沉后，往往觉得几十年如南柯一梦。他眼前一幕幕镜头闪动，马儿饮着长江水，军中欢乐透着严肃。曹操对着觥筹交错之景，难掩思绪，放声歌起。人生几何之间，真挚，恳切，与时间赛跑。他必须在白头之前到达终点。而壮志之实现，必不可失的是有才之士相助。他写“青青子衿，悠悠我心”，并非为爱情，而是为人才，他志做周公，吐哺迎士。如此之急切，正映其壮志满怀。

于我们，一辈子或足矣。于曹操和他的志向，一辈子远不够。青山从未老，人间已白头。要做的事愈多，时间愈显得少。且不论曹操终了未实现心愿，他“天下归心”的胸襟，并愿为此付诸终生时间的决心，又有多少人拥有，又有多少人行动呢？

横槊赋诗，长江饮马时，他未曾想过下一场战争又是人生的转折点。那场战争让多少人敬仰诸葛亮多智，却忘了同样有英雄情怀的曹操。并非崇拜曹操，而是说，史上英雄，比成功者要多。

陶渊明——形影神，归去来兮

隐者同样是人。在我们的印象中，陶渊明似乎正变成一个符号化的隐者形象。但可曾想过，作为人，他是否有人的自我矛盾与解脱？

《形赠影》言生死：“愿君取吾言，得酒莫苟辞。”人生如寄，及时行乐。《影答形》言当世之善：“立善有遗爱，胡为不自竭。”行善留名，以垂不朽。《神释》解惑：汲汲求乐抑或求名，对生命都是一种伤害，“纵浪大化中，不喜亦不惧”，顺应自然自能通达。陶渊明并非否定前两者，但后者一定是“理想”。

因为陶渊明也未全然抛却前两者。

“少年罕人事，游好在六经。”陶渊明年轻时确是标准体制下的才子，他游官几处，辞职几处。并非为隐居，而是胸有大志难酬。为参军之后，仍难大展宏图，再者生活仕耕交替，难弃田园。

终于，在四十岁这一年，他辞官而去，归隐田园，做出了他的选择。

陶渊明多次出仕复仕，其确有政治理想。或是官场污浊难以自容，因而他最后发出淡泊又“用力”的一个叩问——“归去来兮”？

这篇宣言式的辞赋诞生时，陶渊明蓦然回首，发现所寻之物正在此处。若是自由的鸟，生来应在树林里翱翔；若是潜于渊的鱼，为何要拘于水池？当他返家时，或许正日光和煦，鸟儿轻鸣。农桑正当时，车马进城去，他却逆流而行，视旁人如无物。他眼中似乎繁华褪尽。他趋步向前，眼前是农田、童仆、壶觞。多简单的问题啊！田园荒了，为何不回家呢？

唯有山林之间，才能见“依依墟里烟”。他的隐居并非人为地逃避狂欢，而是心境通明的隐居，长叹一句“复得返自然”。

这正是陶渊明的人生境界，他有过困惑与矛盾，却在最后走向自然与简单，只有经历过复杂，才能走向简单。这样高远的境界是难以达到的。后世多少“隐士”，大多只得陶渊明的形，未得其神。有其神，处处皆大隐；空有其形，处处嘈杂乏味。我们并非要盲目追求某种形式，而是要寻“本性”，这才是他的境界。

唐：诗、酒、剑

一个充满自信的时代，必然造就充满自信的人。一个以艺术为主流思想的时代，必然造就艺术的高峰。这也是唐诗无法被后世中国诗歌超越的原因。诗人们生活在这样的时代，用自己的诗歌书写这个时代的精神，其实，也是用时代书写自己的人生。

诗、酒、剑成为唐朝最重要的三个关键词。这三个词像三个箭头，指向通往艺术与美的境界。唐朝离我们越来越远，我们却越来越清晰地看到那个时代的浪漫与潇洒、自信与豪放，甚至清晰地听到他们的笑声和哭声，看到他们的命运轨迹、人生际遇。至今，在词典上看到“唐诗”这个词时，我仍觉得它富有魔力，熠熠生辉。

传说李白是跃入水中捞月而死。我多么希望这是真的，因为这告诉我，他选择了超我，并且是以最浪漫的方式。那一刻，神灵与人群同样鸦雀无声。

李白——寂寥于神灵和人群之间

李白或许会问：自由浪漫与济世安国能共存于一人体内吗？

他“仰天大笑出门去”时，答案或许是肯定的；他叹“凤孤飞而无邻”时，答案或许是否定的。他“永愿辞人间”又渴望“扶摇直上”，“安能摧眉折腰事权贵”之后，又是“欲济苍生未应晚”。

李白本身就是个矛盾体，他高傲自负与官场格格不入，他自由散漫难以参政。当时代用锉刀略对他的意气才情下手时，他便逃，逃向神与仙。

想象神灵是李白浪漫的一种方式，也是世事无处发泄的出口。他本身从来不信仰神灵，但诗歌中又多以神灵为意象。将仙境世界理想化，处处都是对现实生活的厌弃。也正是这个时期，他做了那个流传千古的梦。

天姥山无边无际，擎天地之间，清幽安宁，仅有几声猿啼，而景色非凡，令人沉醉其中。正待再上一阶，似乎天色大变，山崩地陷，竟别有一番洞天。足下海不见底，半空日月争辉，仙人以霓为衣，以风为马，直直而来，五光十色又消失难觅，仅余一枕席，才觉乃一梦耳！

虚幻与当下，哪个才是真实的？那一刻，他离神灵有多远呢？仙人挥手而笑，他难弃凡身而去。世间的游戏规则，早让他出了局。此时，正是寂寞之时啊。他所求的超我，太远；他鄙弃的本我，太难脱出。他在人生两端疾走，终究是难以对付，还好他找到了诗歌，作为生命的出口。

杜甫——生命无法承受之痛

登高，有人抒凌云之志，有人抒伤感之情。对于杜甫，显然是后者。杜甫写自己“飘飘何所似？天地一沙鸥”。他的流寓生活是苦痛的，疾病摧残着他的身体，苦难折磨着他的意志。

若是我们立在江头，看“无边落木萧萧下”，是何番心境？是叹学业未成？是叹时光荏苒？是叹生活苦痛？

少时读杜甫，多少能感受到其诗之“悲”，却难言“悲”在何处。若是悲个人境遇，史上多少诗人牢骚无数；若仅仅忧国伤时，同样有大批诗人，为什么偏偏是他？杜诗也绝非极尽粉饰文采之流。

或许，可以从“诗圣”来解读他。“圣”，我们会想到孔子。孔子以爱国闻名吗？以辞藻华丽闻名吗？并不是。而是他提倡“仁”并且将这个观念执行得彻底。反观杜甫，我们或许明白了，杜甫的诗由“怜悯”而伟大。

从“大庇天下寒士俱欢颜”到三吏三别，都是对那些普通人的怜悯。或许正因为杜甫是一个“共情能力太强”的诗人，他才会如此悲伤。或许他将目睹的苦难转移到了自己身上，这正是他走向“圣”的那一步。

这样的痛，并非个体的生命可以承受，理应一个时代承受的东西却压到了他的肩头。他只能写和说，压得越重，便说得越急切。可到头来，诗歌只能记录苦难。这使杜甫形神俱伤，他感到自己如同螳臂当车，这令他感到绝望。他如同西西弗斯，将石头推上命运的高峰，无休无止。他不知道所谓的意义，唯有“圣”心驱使他向前。

当所有苦难撞了满怀，《登高》流淌而出。万里——离乡，悲秋——悲时，悲家国——年老，多病——力衰，独登台——无人相伴。他已如此悲苦，还要担起世人的苦痛。如何受得！最后，不过一杯浊酒，胜过无数言语。

那一年的江岸边，秋风萧瑟，季节更替依然，长江滚滚奔腾而来。杜甫只身立在江岸，似乎风便能吹去，迎着风，时代吗？太像一个玩笑了。风吹着，他兀地流下泪来。这个秋天，未免太长。

白居易——浮云不系，字乐天

乐天知命的他，在那场风花雪月的梦里眼泪不绝。

白居易少时苦学求仕，“口舌成疮，手肘成胝”的他“十七人中最少年”。少时中进士，生活却远比考试难。家有母亲要照顾，关内又遇饥饿。直至三十二岁，他才正式进入官场。后来倍受皇帝赏识的他一步步前进。同时，他又写出《长恨歌》，终于调入朝中，可他的直言又令他处于困境。最终，武无衡之死使一切事放上台面，他被以荒唐的理由远贬江州。

在江州，他开始变了，从一种“乐天”，到另一种“乐天”。他开始明白，他一个人根本无法对抗朝野上下的弊端。倒不如寄情山水之间，“何似泥中曳尾龟”？

那时，又发生了一场邂逅。一个琵琶女，在古时或许是被“物化”的，白居易却动了情。当我们遇到处境相似的人时，或多或少会有感怀。而琵琶女的故事，却是每个士人乃至圣人都可能遇到的故事。多少士人在政坛的风雨中七零八落，文人气节与政治敏感少有共存。他们落魄、仓皇赴死。慌张地挤进官场，又四处逃窜，那里寄托了他们所有的理想，也埋藏着他们的痛。你可以把这理解为“虽千万人，吾往矣”的壮烈，也可以嘲笑他们堂吉诃德式的幻想。可他们在看到琵琶女时，一定会感动。人生之变，一念之间。只有时间能够评价选择。

琵琶女在悲伤什么？白居易在悲伤什么？琵琶女自叙身世，甚至有几分骄傲、自豪。骄傲的背后是留恋。她拥有一个不后悔的青春，她也不需要悔过。她难道是悲人老珠黄？我并不觉得。我以为，她悲的是“夜深忽梦少年事”。是的，就因为如此。记得歌剧《悲惨世界》中有一首唱段名为 *I dreamed a dream*，其中歌词写道：“我梦见，往昔时光；那时，希望满怀；那时，生命丰盛；那时，真爱不渝。”或许，琵琶女少时也梦想过能嫁进显贵人家，成为民间传奇故事和戏文里传唱的佳人。可当梦想破碎时，一切多么残忍。少年时代之后，她进入平淡的生活，这种落差，无奈又必然。她所有的自哀自怜，都来自她走过的惊艳的青春年少——尤其她的青春，还被梦想包裹着，是不是只差一点儿运气，她就会成为那个女主角？

于人类而言，残忍的事莫过于我们身体、感官、头脑的巅峰，都在少年时期。随着壮年不在，我们必须怀着年少的记忆去迎接身体的衰老。感官不再敏锐，头脑日渐没那么灵活，这已然足够令人伤感。

白居易也是如此。他见过京城的繁华与豪奢，明白琵琶女在伤感什么。当地人是不会明白这种哀伤的。似乎你已吃穿不愁，何必伤春悲秋？曾经名动长安，才绝京师，醉情声色之中，恍惚之间误把他乡作故乡。离开之后才懂得，长安，谁来了，谁走了，依然繁华鼎盛，不过换了一批又一批年轻又有梦想的人罢了。

真正经历过繁华的人，是很难甘于平凡的。只有听见那一首琵琶曲，那份孤独才被理解。这正是白居易的伟大，他没有李白与杜甫的超越，而是活出了饱满充分的本我。他有辉煌，有济世安邦，有低落，有独善其身。可无论如何，他总是能“感动”。这异于杜甫的“怜悯”，这是一种更有生活气的能力。当我们仿佛听见水上琵琶声时，便说明他感动了我们。这种感动，除了生活，还能从何而来？在这个人们描述月亮只能说“真圆”的时代，人生的波折于我们真的又有感动吗？

宋：圣人很多，因为是个悲剧

宋朝，好像是个文人崛起的朝代。历史告诉我们宋朝重文轻武，也告诉我们其间多少家恨国耻。宋朝，好像一直都在迁都、送地。这样一个辗转、流浪的朝代，却有多少感人至深的故事。王安石激进的一搏，陆游心系家国的情怀，都产生在此时。

在这个悲剧里，圣人们故事太多。在这样的时代里，文化得到了充分的发展，也受到了充分的约束。如同一只笼中鸟，每天有专人打理羽毛，却不能高飞。即便如此，也有人脱离时代而觉醒。

苏轼——风流千古的放逐

苏轼、李白、陶渊明是三个常被称为天才的诗人。可他们都是有弱点的，李白弱点太多，因而生活坎坷；陶渊明弱点更是显而易见，因而隐居自保；而苏轼的弱点，又有不同。

苏轼二十岁出头便受欧阳修推崇。可他的一生并不平坦，灿如彩云的才华，并不能阻止一个人陷入命运的泥沼。他的心直口快并不利于他在政坛上与人处好关系，最终莫须有的“乌台诗案”不过是一个必然，可他也没想到，这一贬，就难以回头。

得天独厚的才华与坎坷波折的命运，共同成就了这位伟大的诗人。他的人生轨迹、文学轨迹太简单了——一场放逐。在这场放逐中，他完成了对自我的反思，用自我剖析的方法让自己脱胎换骨，用“一蓑烟雨任平生”置换“拣尽寒枝不肯栖”。这时，他真正走向达观。他锋芒毕露的聪明削了几分，清澈添了几分。

在黄州，他迎来了诗文创作的高峰期，《念奴娇·赤壁怀古》正是当时所作，前半篇豪情万丈、澎湃激昂；后半篇深有哲思。可我一直在思考，他为何写周瑜，并说：“多情应笑我，早生华发。”这并非悲伤，而是自嘲。他从来不会羡慕任何人，他才是那个时代的骄傲。周瑜是一个落幕的英雄，是不完美的存在。而这，也是他的本真。苏轼异于周瑜的是，他能脱于物外。他乐观豁达，而非悲慨，悲固然有，却非某种愤世嫉俗和矫揉造作。“多情应笑我”并非劝人无情，而是劝人不囿于情。若能如此，便可将超我与本我联系起来，达到另一个境界。

回望苏轼一生，多少带点变幻莫测。窃以为，当轩冕荣华和踽踽独处在一个人生命历程中交替出现，当无尽无休的磨难袭来，智者总是可以在岁月中学会洒脱，以足够的勇气和力量藐视身外的一切。苏轼，正是以洒脱之心，把生活的苟且与泥沼过成了诗歌。他从来不觉得世界对他有亏欠，也不因命运而捶胸顿足、郁郁不前。作为天地间一蜉蝣、沧海间一粟，尚能“闲看秋风，洛水清波”，这就是他的人生。

结　尾

结束时，我们应当思考为什么八大诗人必须是他们。他们所做的事，在于充分实现当世的生活以及追求精神与艺术的超越。我们应当庆幸，他们告诉我们人生还有那样超越的可能性。

关于辛弃疾和李清照，因到了交稿时间，并没有写。辛弃疾，大概是“无人会，登临意”的男儿悲情。李清照，则是古代女性在时代中被左右的无力代表，人空瘦，泪先流。

关于八大诗人到底是哪八位，并没有一个固定的说法，文章至此，我还需思考八大诗人的选择原则。我认为，八大诗人需要“艺术造诣”“精神造诣”，更需要“文化造诣”。中国文化多源自儒、释、道三家，八大诗人应当具有文化内核的代表性。又或许，每个人心中都有八大诗人。

自然与人生

——必修上册第七单元单元贯通写作

王思宇

当进入这一单元时，我的眼前扑面而来一股清新气息，也许是它太与众不同了吧。相较于第一单元在青春中迸发的活力，第二单元的劳动热情，第三单元的古美典雅，第六单元的文韵理致，我认为这一单元是悠然、自在、清新缥缈的。可能这也是自然最本质的特征——包容万物，并使万物之间的协调达到极致。

借自然之景而寄情的文章往往很容易让人有代入感——毕竟这份自然之感，对自然独特的感受，人皆有之。“来得清、来得静、来得悲凉”这十个字被老师念了无数遍，问起缘由，老师却说：“不这样，你们怎能理解得透啊！”这句话也一语点醒了我。我试着将自己完全代入这样的直接感受来理解文章，才看到了其真正面貌：那清秋正是那慢节奏的赏景、享受，静静地听蝉声、雨声，漫想 Golden Days 与诗集。与其说是清秋促进了它们，倒不如说清秋的真正定义，也就是它们吧。

人的内心世界是极为奇妙的。人通过感性整体认知事物，再把可传达的部分从脑中的图景里摘出来写到纸上：其他人拾取了这碎片，竟也能拼凑出中间缺失之处。对于这类借自然之景抒情的散文来说，能做到这样就必然是因为我们面对自然有着相似的脑中图景，看到缺失之处就能从自己那里摘出相同的感受吧。

“颇不宁静”一词可谓是直抒胸臆。朱自清笔下那夜晚中颇为宁静的荷塘实际上也“颇不宁静”。朱自清不堪白天世俗之事的烦扰，来到荷塘追寻精神上的自由，而荷塘也的确回馈了他。那出淤泥而不染的荷花与高洁的月亮，无一不营造出无比幽美的意境。然而，“热闹是它们的，我什么也没有”“无福消受”……眼前的美好与现实的苦闷不断形成反差，更显出了他对自然的状态、自由自在的身心的无比向往。

正因如此，自然更是我们的老师：自然教导我们什么是活在这世上的最好心态，什么是应有的生活态度。

能与地坛公园结下如此深厚的缘分，恐怕也就是遭受如此挫折命运的史铁生了。在《秋天的怀念》中，我仍记得他双腿残废后自暴自弃的模样，但他已找到了情感倾诉之地——地坛。

在那时的史铁生看来，地坛是多么像他啊！一幅荒芜冷落的衰败景象，一个废弃的古园。然而，地坛并没有说什么，它只是照常伫立在那里，迎接每一天的太阳，任凭杂草、小虫生长，悉心地听着史铁生的倾诉。在那里，他深刻地思考着“死”的含义，以《毒药》和《死国幻记》做假设，证明了天堂（死国）= 地狱（毒药）——既然如此，那苦难是否就等于幸福？在那充满无限智慧的大自然的引导下，他终于摆脱了“苦难为什么偏要降临到我头上”的困境，转而在《回归自然》中写道：“启动一半关闭一半，难道不是违背自然，倒算回归？”

在这里，他超越了对具体个人困境的思考，上升到了一种对形而上的普世的思考。与所有人类都被限制的“能力”相比，残废所限制的极其微小，也许人类永远无法到达苦难的尽头，但永远无法到达并不是不去追求的理由。那最终目标的极大价值，正是追求它的理由，这也恰恰成了它的价值。这即是——悲伤也成享受。

而在这一单元的所有文章中，《赤壁赋》是最能表现自然的永恒与缥缈的。其中对景物的描写让我不禁想起了《梦游天姥吟留别》，两者在景物的带领下走向仙境方面，有异曲同工之妙。《赤壁赋》却更进一步：通过自然，使人生更加充实。与其说“客”忧虑的是人生相较自然之短暂，倒不如说他是在讲人生之无意义——就连曹操那么伟大的枭雄做的事都已无影无踪，我一个寻常之人又能做出什么事来呢？——这其实就是虚无主义思想的部分体现，与我以前所想过的基本吻合，因此我在读到这篇文章时也很有感触。

而作为“主”，苏轼讲了变与不变的辩证关系，从自然中的细节入手，浅显易懂地告诉了“客”：人生的意义就留存在自然中，留存在自然亘古不变的馈赠中。既然与自然相比人生就如一瞬，那还不如放宽心，没有羡慕的必要；人生的意义便是珍惜这一生的机会，好好地去立足自身找到生活的意义与趣味之所在。苏轼的思想也体现了“存在先于本质”，主张从自己出发去做自己，实际上与存在主义如出一辙。

正如《遥远的村庄》中一直描绘的自然之景，“村庄”的神看不见、摸不着，但总是随着一篇篇的文字逐步深入人的心中，深不可测。所以，当人恍惚的时候，他就常常幻化为炊烟、沙石、没人搭理的榆木疙瘩，出没于那风雨日头空气之中，行走于土路之上。自然既已支持了那么多代人走来，无论将来现代化多么严重，人们都还是会以自然为最耐心的朋友、最渊博的老师。“惟江上之清风，与山间之明月，耳得之而为声，目遇之而成色，取之无禁，用之不竭，是造物者之无尽藏也，而吾与子之所共适。”自然带给我强大的力量，我且无边地受用好了。

自然与人生

——必修上册第七单元单元贯通写作

张宇翀

“寄蜉蝣于天地，渺沧海之一粟。”

古往今来，无数仁人志士都发表过自己对自然与人生的看法，其中令我印象最深刻的还是苏轼的这句“寄蜉蝣于天地，渺沧海之一粟”，它真正体现了大小的相对性，告诉我们在大自然面前人类的渺小，具有通透的人生观。

郁达夫的《故都的秋》，先以南衬北，以南方秋意的浅淡衬托北方秋意的浓厚，鲜明地突出故都秋味的深刻隽永；然后从视觉、听觉等多重感官角度进行描写，描写的对象由碧绿的天色到驯鸽的飞声，再到槐树叶底下的日光、牵牛花的蓝朵；最后写到牵牛花底的秋草，从高到低、由远及近地绘形、绘色、绘声，逐渐展开一幅色调清冷、线条疏落的画面。同时缘情写景，多取昼夜所见的清秋景象，将回忆、想象出的多幅画面组合在一起，把个人对生命盛衰的深沉、幽远的感受投射到清、静、悲凉的故都的秋之中，使物与人同悲喜。

朱自清的《荷塘月色》，通过描写出淤泥而不染的荷花和高洁的月亮，展现中国文化神韵，创设出幽美的意境，既抒发对自由的向往，又流露出想清高却无法摆脱矛盾的情绪。文中多次出现景物描写，如“曲曲折折的荷塘上面，弥望的是田田的叶子”，运用“曲曲折折”“田田”等叠词，细致贴切地描绘出荷塘的形状、荷叶彼此相连的状态，富有韵味，生动地表现了月下荷塘的诗情画意，传递出作者对清高自处的追求和对现实的不满。再如“微风过处，送来缕缕清香，仿佛远处高楼上渺茫的歌声似的”，运用通感，以“远处高楼上渺茫的歌声”描摹荷花的清香，形象地表现出其若有若无、时断时续的特点，打通了听觉和嗅觉，引发对高楼歌女的联想，创造出朦胧清幽的意境。

史铁生的《我与地坛》中有对地坛的一系列描写：第 14 段四个“又”字表明地坛里处处都有作者的车辙和母亲的脚印，这是凝聚了母亲情感的风景，也凝聚了作者对风景依旧、时间流逝的感慨，给风景以时间累积的情感厚度。第 7 段中多用“光辉”“高歌”“暴雨骤临”“坦然安卧”等书面语，以一长串典雅凝练的排比句突出地坛中各类生命的落寞、沉静和坦然不屈，表现出作者对地坛厚重历史的尊重，以及对其所蕴含的伟大生命力的感动和赞颂，情感深沉而耐人寻味，表达出作者通透豁达的人生观：在突如其来的悲剧面前，我们不能指望消除困境，但我们能够不让困境扭曲我们的智慧，并且只有平静地看待苦难，坚守自己的生活方式，才能坦然地生活下去。地坛承载着作者对世界的观察与思考，也是作者创作灵感的来源地，对作者个人的写作和人生观有着长期而深刻的影响。地坛的荒芜冷落也与作者残疾颓废的经历相似，这想必是作者与地坛、与自然之间宿命般的缘分。

苏轼的《赤壁赋》，继承了赋家主客问答、抑客伸主的手法，一难一解，借客之口宣政治失意、人生无常，借主之口表达乐观的生命态度。夜游赤壁，以情感起伏为线，借风、水、月之景，寓情于景、寓理于情，展现了旷达、乐观的人生态度。其中，月的意象贯穿全文。澄澈明净、圆润皎洁的月亮象征着令人向往的美好事物；明月当空，高远清雅，月色空灵，蕴含着超脱尘俗的意味；月亮可望而不可即，寄托了追求美好理想而不得的惆怅悲伤；月亮跨越古今，是永恒的代表和历史的见证，成为感叹人生短暂渺小的参照物，其阴晴圆缺暗喻官场沉浮、人生变幻，承载着作者对变与不变哲理的思考。《赤壁赋》语言上多用整句和短句，如“舳舻千里，旌旗蔽空，酾酒临江，横槊赋诗”，也有散句，如“固一世之雄也，而今安在哉”，紧承于之前的整句，语言急转直下，从而凸显出人生无常的悲戚。整散结合，既朗朗上口，加强语势，又灵活自如，便于抒情议论，字里行间充满了对自然与人生的思考，使作者的主观感情色彩表现得更为浓烈。

姚鼐的《登泰山记》，描写泰山的雄浑景象，语言朴素，简洁明了，不加渲染，背后蕴含了对山河的赞美，既无冷落萧条之感，也无孤芳自赏的清高，更无独钓寒江的孤苦，基调积极豪迈，寓人生真谛于自然美景之中，充分展示了雪后登山的别样情趣。全文多数以短句、散句进行白描，几乎没有修饰性的成分，语言简洁凝练，节奏明快有力，突出登山所见风景的特征——泰山山石树木的质朴刚劲，也是作者个性的真实写照。《登泰山记》一文以雪景作结，整体勾勒出泰山在冰雪笼罩下山石刚毅、松树苍劲的寂静景象，表现出山上的天气寒冷。最后一句定格在“雪与人膝齐”，无一句议论，却令读者深切感受到积雪之深、前行之难和作者登山的坚定意志。冰雪苍茫中登山者坚韧跋涉的身影和泰山浩大沉毅的气象融为一体，让人觉得余味无穷。《登泰山记》重叙事，在记游时准确交代了游览的时间、方式、对象特点、整体过程等内容，按作者游踪的先后顺序进行叙写，移步换景，在对自然景象的描写中间接抒情，情感表达相对克制，这样更好地淡化了自然与人生的界限。

人类生活在自然中，自然也深深融入人类的精神世界，成为人类心灵的寄托。在自然面前，人类渺小得微不足道，因此我们要更加重视自然保护，与大自然为友，这样才能激发自身对自然美的感悟力和对自然与生活的热爱之情，才能做到对江上清风和山间明月“耳得之而为声”“目遇之而成色”。

礼乐之道

——《〈论语〉东西方对读》贯通写作

左珈诺

不可否认，礼乐制度在中国古代尤其商、周有着极其重要的地位，从孔子对季氏“八佾舞于廷”的愤慨中，能清晰地体会到万世师表对礼乐的提倡与维护。礼乐能如此受青睐，可见，礼与乐大有可谈之处。

先来说礼，礼在中国古代是社会的典章制度与道德规范，既是中国古代法律的渊源之一，也是古代法律的重要组成部分。“礼”原本并没有等级制度、伦理道德方面的意义，在阶级社会出现以后，人类开始有了等级之分，宗教祭祀也随之出现身份的限制和区别。西方在不同等级、辈分、关系、职位间也有相应的礼仪限制，中西之礼大多相通，却又有所不同，但礼的重要性都是很突出的。

礼的展现形式是富于变化的，“礼之用，和为贵”，中西方都将和善待人、以和为礼作为为人处世的重要品质，不同场合有不同的礼仪，孔子与下大夫谈话“侃侃如也”，在国君面前“踧踖如也，与与如也”，展现了礼的角色意义与多变性。

礼的推行方法也不少，君臣等级和职位的强调是礼制的核心要素，只有清楚自己的身份地位，才会有自知之明。社会成员各司其职，礼的推行就有了介质。礼是离不开形式的，礼又不止于形式，但如果没有特定的形式、仪式，礼不过是纸上谈兵，形式的存在令礼从抽象变为具象。礼的推行更需关注仁义的培养，仁在内心，礼为外显，从内而外的培养其实是极有效的。就像天爵与人爵，天爵至，人爵自然随之而来。

礼盛行的原因很大程度上取决于它的重要作用。一则协调个人与他人的关系，明白自身的地位与职责，尽到义务与责任。二则区分小人与君子。“事君尽礼，人以为谄也”，礼的原则不变如初，但人性已分门别类。对于礼的不同态度，便是最直截了当的归类标准。三则感化人心。“礼，与其奢也，宁俭”，适合廷臣的黑色服装反映出东西方圣哲的同一认知，礼反映的是一个人的内在心灵，也是对思想与精神涵养的映照。这也是为什么形式不是礼的全部。四则对成长的重要影响。礼是一种准则，一种对行为的约束、对性格成熟的催化、对成长的重要陪伴，成长过程中必是学礼、行礼的过程，直至“立于礼”而完善个人修养。五则在治理国家方面的实际效用。礼是为管理国家服务的，乐也是如此，这些将稍后再提。总之，礼在政治、社会、人伦还有经济、军事等方面都有很大的益处。

相比礼，乐似乎是难理解的，乐在古代的含义，并不限于音乐。乐是社会文化不可缺少的部分。乐是寄托思想与哲理的。孔子听《韶》乐，三月不知肉味，是因为其寄托的仁德思想。美与善的统一，才是圣人追求的大美。对音乐之美的最高评价聚焦于其背后的德行，即仁善、理性、和谐，“尽美矣，又尽善也”的《韶》乐与“尽美矣，未尽善也”的《武》乐是不同的。孔子的评价又能展现出其中庸思想在音乐上的实践——中和之美。

乐在普通人耳中不过是一段旋律，圣人却能听出个门道，可见乐确实有将人分类之效，而根据亚里士多德的说法“音乐之所以必须学习，不是只为了一种益处，而是为了许多益处”，我们知道乐的作用还有教育、心灵的“净化”、理智的享受、紧张劳动后精神的放松与休养。礼与乐，不是绝对独立的两种事物，它们密不可分，共同构成礼乐制度，礼乐的本质是人。“人而不仁，如礼何？人而不仁，如乐何？”礼是依仁行事，乐是依仁制音。讲礼就是人心的外显，善于欣赏尽善尽美的音乐；就是乐在仁中；就是在仁中成人。礼乐制度是以乐从属礼的思想制度，以礼来区别宗法远近等级秩序，同时又以乐来和同共融礼的等级秩序。乐教使人将礼的外在束缚转化为内在自律，两者相辅相成。

礼乐制度的目的就是实现社会秩序化，礼乐是礼与乐，但不限于礼与乐，它可以是夏的历法、殷商的辂车、周的冠冕，是建立一个和谐理性社会的各种方式。

相比古代，现代社会更加多元，思想更加丰富，有的国家正在尝试消除阶级差异，实现人人平等，那么产生于阶级社会的礼乐是否会因此消失呢？答案自然是否定的。时代在发展，礼乐也在进步，今天的礼乐不再为维护阶级的存在而存在，而更侧重对人性的教化与完善。一个社会如果没有礼乐，必然是混乱的，所以礼乐是为和谐地存在而存在的。但礼乐不可独大，毕竟重要的是人，是柔性的引导，这就说明了法在当今社会的重要意义。刚柔并济是治理社会的关键。对于大多数人，礼乐的教化能够帮助其敬德修业、提升境界；而对于少数教化效果不佳者，那一定是要用法来强制改造的。综上所述，一个和谐社会的建立，礼乐与法都是不可或缺的。

劳动之美：凡性与神性的难舍难分

——必修上册第二单元单元贯通写作

高可悦

医生这个职业大约是把凡性与神性二者最好地统一起来的职业之一了。身边的医生，是我的父亲。从一个特殊的旁观者角度——医生的子女去看这份职业，才知“有时治愈，常常帮助，总是安慰”不是那么容易，却也不是那么无力。

2 月 12 日，大年初一，新年的第一天。当我还在睡梦中，父亲已在前往医院的路上，准备救治一位肠梗阻急诊患者。病人家属担心八十一岁的老父亲承受不住手术不愿签字，父亲只好说出“手术不一定死，不手术一定死”这类话来。手术再加上其他工作，一直到晚上七八点，父亲才急匆匆地赶来参加家庭聚会。医生是一种身份而非状态，随时随地有患者急需手术的消息，深夜患者家属打来的询问病情的电话，把他下班后的时间层层切割。

我常觉得医院是我最不喜欢待的地方——里面充满了未知、病痛、眼泪和死亡。父亲却在里面工作了二十多年，俨然把那儿视作自己的阵地了。医生最大的神性就是能改变一个人的命运。当我问父亲，为什么能在医院那个充满病痛的地方待上那么长时间时，他说：“每一个病人来的时候都是愁眉苦脸的，但他出院的时候都是高高兴兴的呀，这就够了。”

与此同时，凡性也是医生这个职业最大的特征。有些人对医生实施暴力行为，大约是因为忘了这一点：医生也是普通人，用知识和经验救人，而非魔法和神力，面对患者，医生顽强又脆弱。

生活里的父亲，健忘。他常常取袜子不关抽屉，被外婆调侃：“他是不是所有的关注力都在工作中用完啦？”父亲有点儿职业病。把学校外的家长说成“家属”；坐在饭桌旁边吃饭边看手术录像被我母亲嫌弃。父亲有点儿迷糊。文艺复兴时期有名的艺术庇护人美第奇家族，在他嘴里变成了米奇家族。这样一个人，也是在一场大手术前搬来几本书反复研究准备，为了手术时视野更清晰买来“奢侈品”——手术头灯的人。面对自己的职业，健忘有时尚存，迷糊却一点儿也没有了。

劳动的最美之处，便是凡性与神性的难舍难分。我们明明知道，所有人都是凡人，又谈何神性，但仍然有人在自己的岗位上成了那个具有神性光辉的人。同时，这个有神性的人，又不可避免地展现出自己凡性的一面，属于人的一面。

常说“医者仁心”，但医者绝非完美。我的父亲在凌晨的睡梦中接到电话，被患者反反复复地询问时也会烦躁无奈；也会把油嘴滑舌，不太真诚、安分的病人描述为“老上海油条”（实际上应该说“上海老油条”）；即使是医生这样的职业，有时科室也会有“钩心斗角”“柿子捡软的捏”这类事情发生。这些凡性之处是属于人的特征，是属于劳动者的而神不具有的特征。

我们生活在一个穿着衣服、烹饪食物、拿碗筷吃饭、用手机联系自己和他人、小孩子要上学、成年人要工作、老年人有退休金、生病了不用等死还能去看病的世界，这一件件事将人类与其他动物画上泾渭分明的界线。人类世界的种种价值与自然中的永远不再等同。劳动者，在自然的眼中，是改造世界的“神”；在人类的眼中，是做好本职工作的“人”。每一位劳动者，便在“人”与“神”、凡性与神性的变幻莫测中，成就自己为自己定下的价值。

科室里进行年终总结，分析死亡案例，我问父亲他们组今年怎么样。他“嘿嘿”一笑，“我们今年比较太平，没有人去世”，脸上是满满的、小孩般的得意。

《〈论语〉东西方对读》贯通写作

赵安妮

人固有一死，或重于泰山，或轻于鸿毛。

——司马迁

死亡是不可避免的话题，也是永恒的话题。从中西方对待死亡的不同态度上，我们可以看出二者不同的文化背景和思想底蕴。

中国文化注重当世，西方文化直面死亡。

在中国文化中，代表性的人物孔子在被问到生死的问题时说："未知生，焉知死？"可见他对于死是"存而不论"，持保留态度的，其背后更深层次的原因便是重视人间世、当前世。"厩焚。子退朝，曰：'伤人乎？'不问马。"儒家的生死观是立足在"以人为本"的基础之上的。而具有西方文化代表性的苏格拉底说："一辈子真正追求哲学的人，临死自然是轻松愉快的，而且深信死后会在另一个世界上得到最大的幸福……真正的追求哲学，无非是学习'死'，学习处于'死'的状态。他既然一辈子只是学习'死'、学习处于'死'的状态……"苏格拉底毫不避讳地谈论死亡，并且指出哲学家追求哲学的过程就是学习"死"的过程，从容赴死是他的态度，死亡才是人生最忠实的伴侣。其实这两种态度和思想具有一个共同点，即对人生意义的透彻理解。苏格拉底认为真正困难的不是避免死，而是避免做不义之事；这又与儒家思想中孟子提出的"舍生而取义者也"的观点、孔子"君子义以为上"的观点相同，也说明了中西方文化共同的一点，即追求比生更崇高的义。

中国文化强调集体，西方文化强调个体。

苏格拉底的勇，是对于死亡的毫不畏惧，是求真之勇，是一个独立个体对于"活得正当"的抉择。孔子所说的勇，大多体现在与身边集体的关系之中，将士为国赴死是英勇就义，死亡的意义在于同社会的联系和价值，且"身体发肤，受之父母"。这是社会格局不同导致的。乡土中国有差序格局，以自己为中心延伸出亲缘、地缘的关系网络，不像西方社会群体的界限分得清楚。西方讲独立和权力，中国文化中的"独立"却是以自己为中心，向外扩散。正是因为团体界限不清晰，我们讲交情而不是权力。孔子强调社会与自我两者的统一。纵向为主的家族模式，使我们注重父母养育之恩，才有“身体发肤，受之父母”。

“勇敢是恐惧与信心方面的适度，是面对一个高尚的死时在恐惧方面的适度品质。”（亚里士多德语）西方的勇在很大程度上是与死相关联的。“中庸”和“适度”在中西方不同文化中是共同的追求。中国人常常对死感到惶恐，也许一部分原因是没有直接研究和坦然接受死亡的意义。再有，西方在乎的以及当世所做出的义、勇都体现了对于死后灵魂不朽的追求，他们寄希望于来世和灵魂的永恒。中国文化很少有这样的考虑，人们追求的是当世的德行在当世留下的不朽印记。无论最终追求的是什么，当世共同的要求就是义、勇在德行上的体现。

识天理、依天理、用天理

——必修下册第一单元单元贯通写作

王汇茹

天理是什么？

天理是万物运作的规律，是人世间风云变幻的原因。自古以来人们就试图在世事变迁中找到那个“恒常”来，像个“人生攻略”一样，用它来活好人生。这个单元就写到了其中好几个哲人的想法，在做总结之前，先来梳理一下他们各自的主张吧。

首先就是万世师表孔子的《子路、曾皙、冉有、公西华侍坐》。其中四个弟子都以自己的方式表达了自己的志向，最核心的是他们的“为国以礼”。治国以礼、为家以礼、待人以礼、对己以礼，在孔子的思想中，天理便是礼乐。

在孔子之后，孔子思想的继承人孟子在《齐桓晋文之事》中以与齐宣王对话的形式阐述了自己的观点。他的思想和孔子的大体上重合，但孟子更强调“民本”，鼓励君王“保民而王”。他提出的天理，就是“民本”。

道家的庄子以《庖丁解牛》为喻阐明天理。在他的文章中，庖丁对牛有细致深入的认识，对牛的形态结构完全了如指掌，因此解牛“恢恢乎”。孟子在此探讨的是“养生之道”，即“如何把日子过好”，进一步便是他感受到的天理：

掌握客观规律，明白“自然之道”，“顺应自然”。

继儒、道两派思想，《左传》和《史记》中也蕴藏着对天理的体悟。《左传》的《烛之武退秦师》中晋文公提到了三个处事原则——仁、知、武。从烛之武的行为以及作者的情感来看（明显是有“赞赏”烛之武行为的成分的），也可以从侧面体会到“忠”的重要性。《左传》，或者说《春秋》中的天理体现在为人的品格上和道德操守中：仁、知、武、忠。

《史记》中的《鸿门宴》是千古名篇，在郑燮的《潍县署中寄舍弟墨第一书》中就称“鸿门之宴”为《史记·项羽本纪》三最之一。《鸿门宴》这篇文章比前几篇更加复杂，没有作者明确表达或者读者易于理解的那个“道理”在里面。小时候，我读现代文翻译的《鸿门宴》的故事，故事对《史记》进行了一定程度的扩写和改动，其中就非常明显地有在批评项羽的做法，我现在还有印象，称他拿了沛公的玉器后“久久抚摸玩赏不能放下”，一旁的亚父对其恨铁不成钢。要是真实历史的答案这么直白就好了，但《史记》中并不那么清晰。读《史记》中的《鸿门宴》，我能感受到司马迁对项羽的“默赞”——没有明里称赞或肯定，但从司马迁塑造的形象便可感受到刘邦的虚伪、做作，甚至是怯懦和不敢担当，另一面则是执守道义、坚持荣誉、心胸宽广而待人有礼的项王。真实历史上的两个人物我不是了解得很确切，但司马迁这么写就隐含着他本人的价值判断。项羽最后自刎于乌江，而刘邦称王天下。我感受到司马迁所表达的天理不再是一个“人生攻略”，不再是“活得更好”，而是一个“即使活不好也要坚守”的东西，那个被称为道德和荣誉的东西。

其实前面几位哲人也是有这层意思的，只不过没有这样去陈述。他们或是在世间游刃有余地处事，或是守卫自己的国家百姓，或是面对失败和死亡义无反顾。那么，天理是什么？所有人看到的那个共性是什么？

我觉得各人有各人的理解，像是阐述同一个事物的不同方面。这个事物或许说来很俗气，但我觉得它就是人心中那个被称为“善”的理念，人心中总是有它的。至于天理究竟是什么，我觉得需要对最终那个比喻做一点说明：或许一开始人们是为了“活得更好”去找一个处世之道，然后找到了很多，古今中外都是。最后他们都超出了这个“活得更好”的目的，成了“变成一个更好的人”，或是说“活得好”的概念不再是物质上、利益上的了。我们追求幸福，追求情感，追求和他人的联系，追求社会中一个人的处所，然后找到了那个“善”。

天理一定是永远成立，永远存在的吗？我想既是也不是。是，是因为只要我们坚信并奉行，它就是永恒存在的；不是，是因为“善”并不是随处都在的，也并不是有了它一切就都会好——但它就是因为稀有才珍贵，因为“善”不一定导向好结果，所以它才珍贵。或许我们信奉天理、践行天理，不是因为这样比较好，而是因为我们别无选择：没有天理、没有“善”的世界我们无法生存，一旦天理在心中被打碎，我们就会沉沦、会发疯。依天理是一个人活得彻底、活得坦荡的前提，因为我们必须信奉一种东西，不然我们会疯掉；而我们又要信奉一种好的东西，不然我们会痛苦。至于天理是否真的是（客观上）万物运作的定律，我不清楚，但我知道作为人去相信它，依天理，那么天理就会存在。

那么，用天理呢？我们该如何用？我觉得这里又可以回到前面几位哲人的主张中——通过这些形式表现内心的情感和理念。整个过程就像一个放松，收紧，又放松的过程：从百家争鸣的思想中萃取那个天理，然后在用的时候再次放射回去，应对世间百态。天理本来就客观存在，要看人类是否观照到它，识得后如果不依，也等于不存在。

既识，便依，便用罢！

意　义

——必修上册第七单元单元贯通写作

郭芷煜

人活在世界上，身处于自然中，自然也裹挟着人。人这一辈子，除了面对自我与孤独，还要处理“我”与其他的个体、人伦社会及自然的关系。

面对当时国势衰微，郁达夫深感无力；面对多年未归的故都郁达夫非常想念；面对秋，这个几乎成了一种文化符号的季节，郁达夫心中弥漫着淡淡的忧愁。“一椽破屋”“落蕊”“秋蝉的衰弱的残声”，连作者都在文中直言：“潜意识下并且还觉得有点儿落寞。”尽管秋天天赋异禀，让人生出些萧瑟清冷之感，但细细品味作者笔下流淌着的文字，会觉得他仍有热情。作者对故都的秋，不加掩饰地怀恋与热爱。“碧绿的天色”，牵牛花的色彩，熟人间的闲谈，果树叶落，果实成熟，在明丽的色彩中，作者静“对”着牵牛花，细数着“漏”下来的阳光。在跳跃的动词中，一两句或嗔或喜的闲谈中，故都的秋味、秋的乐趣铺洒在人们面前。

时代氛围紧张，白色恐怖笼罩着一切，本来是避风港的家庭也充满矛盾。漫步在有些清冷的月光中，朱自清自言感觉自己“是个自由的人”，而不知不觉间，又回到家门口，返归于生活。

人的一生总有坎坷，史铁生在一个意气风发的年纪双腿残废，而当他用笔杆子走出一条路时，母亲却在肝癌的痛苦中撒手人寰。有些人抱怨上天何以要降这么多苦难给这世间；有些人选择与之抗争，或成功，或失败；有些人妄图改变命运，却不知命运在哈哈大笑，当你自以为改变命运时，又怎么知道这不是命运的安排呢？史铁生写道：“就命运而言，休论公道。”每个人都在充当那些苦难的角色；同样每个人都在体会着世间的幸福。有些人是乐天派，有些人则是杞人忧天、郁郁寡欢。有些人把苦难视作幸福，有些人把快乐视作苦难。人执着于寻找生命的意义，却忘记生命的意义，有时便在于其本身。

“盖将自其变者而观之，则天地曾不能以一瞬；自其不变者而观之，则物与我皆无尽也，而又何羡乎！”在《赤壁赋》中，苏轼谈到了变换角度看待生命，将其归结于万物与我为一的永恒，当然也不尽于此。“物各有主”，对自我的把握使苏轼免于所谓“怀才不遇”的郁结；江上之清风，山间之明月，物我合一，与天地相融，放任、听任，坦然地接受命运带来的一切，在“不知东方之既白”的沉醉中品味人生、热爱人生。

而苏轼这种豁达的态度、对自我的把控，是无法学习、无法复刻的，这也是为什么世上只有一个苏轼。但隐藏在史铁生坎坷命运背后的思考却是最贴近我们、最贴近常人的：“譬如祭坛石门中的落日，寂静的光辉平铺的一刻，地上的每一个坎坷都被映照得灿烂……”“当牵牛花初开的时节，葬礼的号角就已吹响。但是太阳，它每时每刻都是夕阳也都是旭日。当它熄灭着走下山去收尽苍凉残照之际，正是它在另一面燃烧着爬上山巅布散烈烈朝晖之时。有一天，我也将沉静着走下山去，扶着我的拐杖。那一天，在某一处山洼里，势必会跑上来一个欢蹦的孩子，抱着他的玩具。”

是坎坷亦是灿烂，是夕阳亦是旭日，是开始亦是结束，是短暂亦是永恒。这样的矛盾，其实来源于观察者内心的不同、角度的不同。而流淌在史铁生的文字中的这种美好的力量，不仅在安慰自己，也是在激励他人。他如此细腻，写初开的牵牛花，希望你也可以去领略它的芬芳；写既是夕阳也是旭日的太阳，让你一扫“只是近黄昏”的遗憾；写人生的轮回，告诉你看清生命的本质后，人生依然值得你去热爱。他真真正正找到了那条所谓的“对的路”。

个体与世界、乐观与悲观、瞬间与永恒、绝望与希望在其中都得到了完美阐释。

命运于朱自清，是家庭的矛盾与白色恐怖笼罩的大地；于郁达夫，是国势衰微，无力改变；于史铁生，是往后轮椅上的人生；于苏轼，是乌台诗案，受诬遭贬；于姚鼐，是泰山之雄伟，与世俗不应。每个人的人生，都可能会有荆棘。在人生的变故中，他们叩问命运的不公，他们有时自以为找到了答案，而在其中，他们思索，他们探求，他们找到了什么，姑且称为人生的意义。

木心有这样一句话：“生命好在无意义，才容得下各自赋予的意义。”所以倒不如说他们成功地各自赋予生命意义。他们在生活中、自然中、思索中，选择与命运和解，与自然相融，与万物相和谐。自然本身没有情感，是作者将情感寄托给自然，将自我创作赋予自然，自然实则成了一份载体。他们也因此摆脱了那份郁结，继续保持着对生活的热爱。

学习之道

——必修上册第六单元单元贯通写作

王汇茹

我认为学习大致可以分为三种：为了娱乐、为了增长知识和为了提升自身修养。起初这三种分类是给阅读的，但推行到更大的学习范畴也同样成立。本单元的核心词是“学习”，描述的主要是这三种分类中的一种或多种：来阐述学习的意义，讨论学习的态度、方法，描述学习的感受。

学习的意义是什么？早在荀子生活的时代就有无数答案，选择荀子的《劝学》作为代表可能是由于荀子对学习尤其重视：主张“性本恶”意味着只有靠无休止的学习才有可能成为君子，《劝学》首句便说：“君子曰：学不可以已”。不断地发展，不断地提取精华，在制约和凝聚中改进、改变，才会“知明而行无过”；借助外力，拓宽视域，才有可能超越自我的界限，走向江河千里；锲而不舍方能“积善成德”，是学习造就了我们“人”的身份，而“不可以已”也不限于学习方法：在某种程度上，它是学习的定义。学习是一种永恒的动态，拥有属于自己的生命，停止的“已”是一种静态和死亡，“不已”便是学，也只能是学。荀子的文字是在勉励人们，要做君子一定要“不已”地学，又更像是劝诫人们为了生存、为了活着去学，因为停止生长的那天就将迎来死亡。

然而不学之人也不少，韩愈在《师说》里长叹“嗟乎！师道之不传也久矣……今之众人，其下圣人也亦远矣，而耻学于师”。当时的学习变得越来越静态和束缚，骈文之风盛行，“士大夫之族，曰师曰弟子云者，则群聚而笑之”。

学习不再是为了“传道受业解惑”，越来越受限制，到了几乎停滞的程度。官场上、科举考试中挥笔写下一首漂亮的诗，然后止步于此：若学习本身会枯萎凋零，大概就是如此吧。在三种学习中，止步于娱乐和增长知识的学习是残缺的，正所谓“小学而大遗”。韩愈在一个几近停滞的世界里试图打破这种寂静，极力推崇古人从师而问的生命力，抹去时人束缚自身的隐形屏障；“是故无贵无贱，无长无少，道之所存，师之所存也……是故弟子不必不如师，师不必贤于弟子，闻道有先后，术业有专攻，如是而已”。在一个无声的时代里，他重拾了荀子的“不已”，不顾世人的嘲笑和讥讽。学习是不息的，学习是永恒的。韩愈留下了自己在历史中的印记。无论在哪个时代，总会有崛起的希望和生命，代代相传，学习不止。

即使几千年后也是如此。毛泽东在《反对党八股》里呼吁人们摒弃八股文风，和死气沉沉无活力的八股剥离，用新的文风建立新的生命力。鲁迅在一个充斥“闭关主义”和“送去主义”的时代里告诉人们要“运用脑髓，放出眼光，自己来拿”，占有，挑选，物尽其用，当毁则毁。只有“拿来”，人才能成为“新人”，文艺才能成为“新文艺”。个人需要学习，才能前进、提高和改变，时代需要学习，才不会凋零。学习可以有很多形态，包括写文章，也包括做人的态度和方法。即使在黑暗或者动荡的年代，也要“学不可以已”，始终如一。要保持学习的大局观，学习不是给别人看的装饰，不是炫耀的资本，更不是求取功名利禄的手段。无论在何时何地，学习永远有一种突破、生长、改变、不休、寻“新”的本质。有了学习，这一个人乃至一个民族、一个国家才会发展、才会繁荣。

学习的概念可大可小，大到包罗万象，囊括民族、国家，小到个人，最熟悉的生活习惯。我们常常用“读书”来指代学习，阅读也是学习中具有代表性的活动，和学习一样，阅读可以有很多目标，其中最典型的是娱乐、增长知识和提升自身的修养；无疑，虽然前两种目标都有其意义和重要性，但最后一种最贴近学习的本质。学习是为了改变和生长，学习使人成为人，造就了人性和人情，其标志就在于自我的完善、进化。黑塞在他的《读书：目的和前提》中写道：“真正的修养一如真正的体育，既是完成同时又是激励，随处都可到达终点却又从不停歇，永远都在半道上，与宇宙共振，于永恒中生存。它的目的不在于提高这种或那种能力和本领，而在于帮助我们找到生活的意义，正确认识过去，以大无畏的精神迎接未来。”这既概括了读书的精神意义，也点明了学习本身的特点。阅读之所以能够经常代表学习，就是因为它拥有学习的几乎所有的特征，以具体的形式体现出来。阅读是一个无限外扩的过程，从一个人读到一群人读，从一个民族读到一个世界读，“无穷的远方，无数的人们，都与我有关”。阅读可以代表人最本质的东西，因为文字是文化记忆的承载者，读者有一千双眼、一千颗心，抚摸历史留下的最本质的生命。黑塞点明了这种传承和记录的本质：无论来自何时何地，这些承载人类文明的东西总是存在一种共性，几千年来人类总在探索同样的问题，拥有同样的痛苦和欢乐，其重要性并不在于答案，因为亘古不变的问题本就不可能出现唯一的答案，而在于问题本身——它们就是人心和人情，贯穿所有的历史、所有的文学、所有的思想，定义了阅读，也定义了学习。

如果说黑塞给阅读下了宏大的定义，那么王佐良的《上图书馆》则是用具体细致的叙述表现了阅读和学习的乐趣。固然只为了娱乐的学习或阅读并不算高明，但把“乐”和“提升自我”融为一体的学习和阅读印证了孔子说的“知之者不如好之者，好之者不如乐之者”。王佐良描述了自己一生的阅读体验，在歌颂上图书馆之乐的同时也点明了学习是贯彻终生的，这些上图书馆之乐和切身生活的结合，与《读书：目的和前提》中“我们先得向杰作表明自己的价值，才会发现杰作的真正价值”相呼应。只有表明自己学习之心的“诚”，学习的大门才会打开，从而展现一个世界，学习之人才能感到“乐”学的形式有无数种，但有一些亘古不变的道理是贯彻始终、贯彻古今的，这些道理大概可以称为“学习之道”，被一代又一代的人重演，这便是无休止的推进、改变、不停止和一腔赤诚。学习教我们“成人”，是指成为君子，也是指学习使我们得以成为现在的模样，让我们确切地相信我们还真正地活着——“我思故我在”。

“学不可以已”。

青春——无限可能

——必修上册第一单元单元贯通写作

李琪钰

“青春”这个词一经提起，便让人如沐春风，似眼前展开一幅宏图。那是空白的纸，任你图画、发挥，有的人选择将它填满，有的人选择留些遗憾。无论如何，每个人的青春都是私人定制，每个人的青春都有无数种打开方式。

对于一些人，青春的价值在于在社会上大显身手、激浊扬清：是毛泽东独立寒秋时眼前万物霜天竞自由的寥廓图景下的联想，百侣挥斥方遒，随时准备中流击水，雄心四溢；是郭沫若所歌咏的排山倒海般的青年之力量，他们推翻一切旧制度、创立新气象的磅礴之力使人热血沸腾。对于一些人，青春的价值在于更好地体悟自己的生命：他们选择来到峨日朵雪峰之侧与蜘蛛为伍，发现再渺小的个体一样能成为英雄；他们选择燃烧自己来体悟生命的本质，即奉献；他们追逐美好、幸福的云雀，在它那永不干涸的灵魂乐声中不断地追问、反思，找到青春应有的模样。

我情不自禁地发现，不论是哪种人的何种青春，都是青春本身赋予他们的无穷的改变的力量、体悟的力量。青春是一个在特定时期开启的宝库，随之蹦出的是好奇心，是激情，是一种“我总要在这美好青春做些什么”的意识。

在过去那个时代，或许青春的价值体现为变革，而随着时代浪潮的推进，我诞生了，拥有了自己的青春宝库。奋斗应当是我青春中的主旋律。青春之于我的价值是它赋予我改变命运、享受生命的权利。

我想起梧桐树沿街的小马路转角后复旦附中的校园，每日在课堂上勤奋地学习各种知识：在语文课上逛过浪漫的文学花园，体悟古代文人的情韵，思想的激流在脑中绽开一朵朵雪莲花，让人珍爱；在数学课上感受过理性世界，体系的井然有序，逻辑的种子在心中播下，线条与图形交织着，使我入迷；在英语课上聆听过另一种文化的声音，与自己的文化相比较，碰撞出四溢的火花……傍晚，秋实楼二楼某间普通寝室中白色灯光下奋笔疾书的姑娘们正书写着青春的诗篇，每张卷子、每份订正、每篇拓展材料……都在不经意的瞬间丰盈了我的大脑，让我变得更加有力，去面对下一刻的生活、学习。可以通过学习来改变自己的命运，可谓青春之一大幸也。一种安全感，是不断的努力所提供的。我可以看到自己未来的无限种美好、可能，或是当一名外科医生，或是来到异国他乡……它们如星辰般在我心中光辉灿烂地闪烁。

我看到香雪在那孤独的大山中心怀憧憬地望向夜晚的星空。她并不感到孤独、无力，她的青春是通过知识改变命运的强大意念勾勒出来的。铅笔盒与她做伴，不知何时已成为未来拼搏的火焰来源的象征。即使不在大城市，她也一样能畅想自己的未来，是青春赋予她改变命运的希望、无限的期待与幸福。

为什么说青春教会我更好地体悟生命，享受生活？晚自习结束，仍有零星商铺亮着灯，星星点点几部车，跑着跑着，渐渐消失在浓郁的夜幕里，卖糖葫芦的老婆婆还在守着，等待最后一批顾客——我们这帮学生。所有这些人，他们从哪儿来，又将到哪儿去？每个人又有着怎样不同的际遇？要永远怀有好奇心，永远对生活充满激情与信心。这些是青春之画的主色调。一个人在任何时候都能享受生活。可若是童年，他懵懂无知，脑中只有几个简单的想法：“妈妈”“玩”。他依附着长辈，一半通过自己，一半通过妈妈的眼睛看世界。若是中年，他已成熟，不再有那么多梦幻与纯真，曾经虚无缥缈的瑰丽差不多沉积完全，留下的是务实，是功利的事和人。若是老年，他则对任何事处之泰然，不显波澜的衰朽。不难看出，青春是人一生中的缤纷时代。有的是梦可做，有的是事可写，一个青年人的脑海中一定充盈着美好吧！那里有朦胧、喜悦、对未知的好奇……正是在这个时期，青年带着最丰富和最具有想象力的视角看待整个世界，他看到的仅仅是一棵树，然而他可以想到生命的萌芽、绿叶在雨露下的滋长；他可以想到在阳光下洒着碎金的树荫里乘凉的惬意，全身每个感官都被调动起来。他开始重新思考这个世界了！他想一些无意义的问题，诸如：生命的意义何在？他带着疑惑与不解的眼光打量着这个世界，再加上人体内青春期独有的各种激素的作用，他当然能更好地享受生活、体悟生活。

要看到的是，我们现在的青春之所以如此美好，是因为无数前人的奉献。何人青春不宝贵？可小通讯员等人在战争中献出了自己无价的青春。他们在创造一段圣洁感情的同时将自己的青春作底，一点一滴汇聚成了我们今天所拥有的幸福。其中的每一个细微点滴在茹志鹃笔下显得格外动人。新媳妇的绣着百合花的被子庄重地盖在了小通讯员的遗体上，一朵青春之花凋零了。但他没有白白牺牲，他为后人铺就了一条幸福的路。

我看到青春如此美好，转头却遇见了周志强的“为什么青年‘消失’了”，我觉得纵使其笔下的青年已经消失，但随之取代它的青春绝对不是娱乐至上的消费主义。我们的确会在影院看电影，自拍，偶尔看看娱乐新闻……但这些都是广大青春期青年们学习之余放松自己的多种选择。这么多形式的生活说明这个时代生活的多样缤纷，然而努力学习的主旋律是不会变的。或许过去的“青年”更有“冲劲”，那是因为他们处在那个动荡的年代，正对着抗击，革命精神振臂疾呼。现代社会给青年创造了一个肥沃的学习土壤，青年当务之急应是学习知识武装自己，争取在最好的年华提升自己的能力。等到步入社会，青年人便可在合适的时机实现自己的理想。在这个网络时代中，网友围观、抗击某一社会现象与现实生活中有为青年改变社会并不矛盾，两者应当是相互促进的。

青年从未消失，只是以一种新的青春形式存在。青春即无价，青春即无限可能。

劳动三境界

——必修上册第二单元单元贯通写作

陈夏烨

劳动有三境界。在冰心一片、物我两忘的情境下，保持雷打不动、脚踏实地的笃实，这是诚实劳动；在发自肺腑、专心如一的热爱之下，废寝忘食、尽心竭力地付出，这是辛勤劳动；在臻于至善、超今绝古的追求之下，创造出类拔萃、巧夺天工的卓越，这是创造性劳动。

诚实劳动，此第一境也。在所做的工作合法的前提下，劳动中不投机取巧、不耍滑头、不破坏劳动工具、遵守劳动纪律、按时完成劳动目标，即为诚实劳动。如果把劳动广义化为“任何人类活动”，诚实劳动就是“实干”。所谓实干，就是避免黄粱一梦、投机取巧，脚踏实地地做事。这是一切劳动的基础。不需要额外的辛勤，不需要惊人的创造，只要符合规定地去做，就是诚实劳动。《芣苢》写道：“采采芣苢，薄言采之。”不难看出，采芣苢是一种非常简单的劳动。其中又写道：“采采芣苢，薄言有之。采采芣苢，薄言掇之。采采芣苢，薄言捋之……”无论以什么方式、什么心情去采，只要保质保量地完成了采芣苢的目标，便是诚实劳动。

辛勤劳动，此第二境也。这一境为第一境的延伸。诚实劳动强调踏实的态度，辛勤劳动则强调情感付出。投身一项劳动，想要提高劳动效率，就需要尽心竭力地付出；想要尽心竭力地付出，就必须有专心如一的热爱——所谓行动上的勤劳。艰难困苦，玉汝于成。筚路蓝缕，披荆斩棘。只有艰苦奋斗，才能完成民族复兴的使命：不管是老一辈的革命家，还是新生代的青年，都在以实际行动告诉我们辛勤劳动的崇高。奋发干事，勤勉为人。

一个人只有热爱劳动，才可能优质地完成劳动。被评为全国劳动模范的张秉贵，只不过是个售货员，在北京市百货大楼卖糖。他一心一意为人民服务，热情，友好，公平，公正，体贴入微；他能及时照顾老弱病残顾客，随时倾听顾客的意见、解答顾客的询问，改善自己的售货方法、提高效率……他用尽全力，仅仅是为了一件很简单的事，为什么？辛勤劳动的境界！在他看来，他劳动，不仅是为一个平凡的顾客服务，而且是为整个社会、为中国、为社会主义服务。他拥有的这种发自肺腑的对国家、对社会的热爱，促使他废寝忘食、尽心竭力地付出。

创造性劳动，此第三境也。第三境很少有人能做到。就连张秉贵的劳动，亦不是创造性劳动。张秉贵卖糖是重复性的劳动，他没有创造超越其劳动本身的事物。创造性劳动是最令人向往的。它使我们的生活有了直接而且永恒不变的意义。“创造性劳动，最伟大！”小说家随手一扬妙笔生花，一个新的世界便架构了起来，他们的创造性劳动是在创造世界啊！科学家冥思苦想，灵光顿现，一个又一个新的规律被发现了，他们的创造性劳动是在探索未知的世界啊！但是，创造性劳动，必须建立在前两境的基础上。莫泊桑人生初期学习写作，看了多少文学大家的作品，写了多少文稿，师从福楼拜几载，才登上文坛高峰；袁隆平在上百亩的稻田中实验千余次，才找到击退饥荒的杂交水稻……

什么是工匠精神？

我们把这三境结合，便是工匠精神了。脚踏实地，诚实劳作；苦干笃行，愈挫愈勇；追求卓越，超越想象。

自然的循环

——必修上册第七单元单元贯通写作

徐僖彤

有时早晨起得早，会在笃志楼附近看到一幅小小的日出图景。夹道的梧桐疏疏落落的，和笃志楼的红墙在路的尽头画出一个倒三角，暖橘色从最底下一点点蔓延、晕染上来，直到上面的淡淡的青空。看着，就好似那暖色从心底一层层蔓延开来，人不再疲倦，只沉醉在此情此景中：就好像午间极困倦时，趴在桌上小睡十分钟，又变得清醒了。

有时我想，这自然何以能产生这样大的、治愈人心的力量呢？它明明总是这样一言不发的。而后我想，它虽不发一言，却又处处都在诉说着；它虽不含情，却又处处都引出深长的情思。

《登泰山记》中那场划分了前后两年，又划分了姚鼐前后半生的日出便是如此。“极天云一线异色，须臾成五采。日上，正赤如丹，下有红光动摇承之……回视日观以西峰，或得日或否，绛皓驳色，而皆若偻。”东岳巍峨高耸，与好友乘风雪观年终最后一场日出，姚鼐看着那一轮红日，冉冉升起，驱散了寒冷与黑暗，又是登泰山而小天下的环境，心中定然生出了一份对未来生活的勇气与豪情。事实上他打破了从前的生活方式，开始了新的生活，就好像冉冉升起的红日，自然的力量无疑对他的新生有着不可忽视的影响。山顶日出是雄伟的景色，激发了人的雄心壮志，能“消其沉忧”，从此，“即今同立岱宗顶，岂复犹如世上人”。

登高所见的日出雄伟，而《荷塘月色》则是幽美得令人心醉。田田的叶子，零星点缀的白花，蓊蓊郁郁的树木，波痕、流水、光影、月色、荷香，每一景都是幽静而朦胧的，叫人心生宁静。日出使人的心飞扬起来，荷香、月色却是使人沉淀一点儿，再沉淀一点儿，将自己的心沉静下来。它给人的感受是由心灵的静谧而生的一种轻快自由，也只有这种美到极致的景，才能给人以这种感受。这种大规模的美也只有自然才能给予。

不只是那些壮丽的、优美的自然景色可以治愈心灵，那些看似忧伤的自然景色也可以。郁达夫笔下浓郁的北国之秋里，“几根疏疏落落的尖细且长的秋草”“秋蝉的衰弱的残声”都是必不可少的元素；《我与地坛》中剥蚀、淡褪、坍圮、散落的玉砌雕栏与越发茂盛的野草荒藤抚慰了一个失魂落魄的人的心；登泰山路上的迷雾、冰滑，还有“无瀑水，无鸟兽音迹”“无树”的苍凉中更是透了几分幽怀远韵……为什么看到悲景我们反而觉到美？我想，是因为自然之悲更宏大、更有持续性，比自身之悲更深远。又有什么能与“无边落木萧萧下，不尽长江滚滚来”中的那种“无边”与“不尽”相比呢？自然像一只足够大的船，载得动许多愁，使人们的心通向彼岸，从而消解人内心的疲惫与忧愁。因为见识了更深重的愁，对比之下，个人的愁也就微不足道了。人们将悲情寄托于自然，从而获得自身的解脱。

更进一步地，自然还可以引发人的哲思。苏轼与客泛舟赤壁之下时，想到了世事无常；想到了天、地时时在变，然人类与自然代代相承，物我无尽；想到了物各有主，因此人不能有非分之想与僭越之心。他不仅消去了忧愁，而且得到了宝贵的人生体验，这些都是由自然引出的。因此我想，自然中的那些景物：一草一木、一花一叶、一山一川，总是寄托着人们的情思、治愈着人们的心灵、诉说着一些深刻的哲理。它是人心停泊的港湾——同样，人对自然有润色的效果。

泛舟赤壁，当苏轼与同游的友人感受着徐徐吹来、连水面都不曾吹皱的清风，用兰木做的桨划破那浮动着月光的水面逆流而上时，苏轼说：“惟江上之清风，与山间之明月，耳得之而为声，目遇之而成色，取之无禁，用之不竭，是造物者之无尽藏也，而吾与子之所共适。”自然的无尽宝藏在为耳所得、为目所见之后才成了声、色。若无人之耳目，则自然再美也无人欣赏，也就失去了一份意义。可以说，正是因为有人的感官与美学思考，自然的意义才发挥到了最大。

此外，人的存在、人留下的痕迹又为自然增添了一份意蕴。看到山，我们会想到“势拔五岳掩赤城”，想到“会当凌绝顶”，想到“苍山负雪，明烛天南”；看到水，我们会想到“恰似一江春水向东流”，想到“奔流到海不复回”；看到梧桐，我们会想到“秋雨梧桐叶落时”“梧桐更兼细雨”；看到荷塘，我们会想到“低头弄莲子，莲子清如水”“涉江采芙蓉，兰泽多芳草”……赤壁没有壮观的景色，但因为那场千余年前的战争而成了历代文人墨客怀古伤今的场所，又由那些流传千古的名篇进一步升华成了鲜活在每一个人心中的意象。地坛曾是那样破败萧条，但因为其间有史铁生的车辙与他母亲的脚印，成了一个救赎的地方，使人们一见到它即想到它的特殊——它记载了深沉的母爱，救赎了一个失落的灵魂，多么令人动容啊！还有泰山的日出，一篇《登泰山记》，姚鼐为这日出奇景增添了一种意味：新生。从此，日出就使人想到，这不仅是美景，而且是新一天的开始，或许更是新生活的开始。纤尘不染的文字仿佛使日出变得更有味道，使登山的路变得更为纯粹。由于历史、由于文字、由于人们留下的代代相传的深思，自然一层层地被加上了文化底色，更美了，也更吸引人了。

人与自然就是这样相互成就的关系吧。那些愿用生命去体察自然的人，自然也报之以无尽的抚慰、愉悦与思想。人将从自然中所得的情思、哲理代代相传下去，从而有更多人愿意，也能更好地对自然加以体察，如此，构成一个循环。无论是什么人，普通如为看见日出而欣喜一场的我，伟大如写下名篇流传千古的人，都和那些“造物者之无尽藏”一起随时间流逝而把思考倾注进这循环中，使它越发丰厚。

万物轮回，循环不止，由此，物与我也随着这自然的循环，变得无尽了。

走进科学

——必修下册第三单元单元贯通写作

雷天辰

当今我们正处于一个科学的时代，做任何事情都要讲科学，都要理性地思考，这样当十年之后科学发展的重任降落在我们身上时，我们便能自信冷静地拿起接力棒，向人类的未来冲刺。

我们应当培养科学思维和创新思维，加强分析事物的能力，了解科学的基本含义。科学可以分为应用科学和经验科学。我国科学家屠呦呦，受中医研究院的任命，与她的团队一起进行抗疟药物的研究。经过数年大量的试验和不断的学习，最终从青蒿中提取出了青蒿素，为全世界的抗疟事业做出了伟大贡献。屠呦呦的研究属于应用科学，她从事科学研究是为了公用性的目的。加来道雄因从小观察池塘中的鲤鱼而产生了强烈的好奇心，通过不断的实践和探索，成了理论物理学家，他的研究则属于经验科学。他所做的一切并不是为了达成什么目的，而是出于对科学发自内心的热爱。

他们的研究虽然分别属于应用科学和经验科学，但在各自的科学研究中，他们有许多相同点。一是坚持不懈的精神，这是一个成功人士必须具备的素质。屠呦呦在提取出青蒿素之前，收集了2 000多种方药，翻阅了大量的文献，进行了大量的临床试验。加来道雄为了弄清楚爱因斯坦论文的内涵，天天待在斯坦福大学的物理学图书馆中。二是类比思维。当我们看到一些发明时，总会情不自禁地说：“这不就是那个吗？为什么我没有想到呢？”殊不知这种对于事物的迁移能力正是一种非常重要的能力。孔子曾说过：“举一隅不以三隅反，则不复也。”可以看出类比迁移的思维能力，从古至今都为人所重视。屠呦呦和加来道雄都是查阅了大量书籍，获得了大量的知识和灵感才取得最终的成功的。类比思维不是生搬硬套，而是通过学习和思考获得的。对某一体系的迁移过程，是充满智慧的。第三点也是最重要的一点，是对结果的大胆猜想，或者说，是对科学真理的坚定信念。有人认为这并不符合逻辑，但是有些东西是理性解决不了的。怀特海在他的《现代科学的起源》中说过，科学从来不为自己的信念找根据，或解释自身的意义。所以这种略显不真实的信念更像是一种侥幸心理，它为科学的发展做出了不可估量的贡献。哥伦布发现新大陆、富兰克林发明避雷针等都是典型的例子。甚至在人的信仰方面，侥幸心理也起到了关键作用。欧洲自“二战”以来已不是世界的中心，逐渐被美国和中国等国赶超，自身老龄化程度又很高，渐渐走向了衰落，其中我认为最主要的原因正是信仰的缺失。过去的欧洲信奉基督教，认为自己的未来已被各种神灵创造，是光明大路，于是便有了动力。而现在越来越多的欧洲年轻人不相信这种东西了，这是一种内在源泉的断流，衰败也成了必然。其中的信仰便是一种侥幸心理，是理性无法解释的一部分。

但就是在这个急需科学人才的时代，我国对科研成果的宣传方面还存在很多问题。在当今中国的教育体系中，学生大部分是被当作一颗盆栽来培养，未来的道路在我们出生之前就已经被铺好了，有时候甚至我们都没有多余的时间来思考问题，这对我们的发展是不利的，尤其是当我们踏入社会，遇见问题时便会手足无措。人的本质是有欲望的，我们不是要去限制它而是要正确对待它，找到它应该处在什么位置，也就是每个人都应该明白自己想要的是什么，这才是学习的内在动力，这种认知便需要从小开始培养。上补习班是无用的，多留给孩子一些时间自行安排，带着他们去郊游是最好的，这是贴近自然的最好机会，和自然接触可以培养孩子对科学的直感，为将来的创新打下基础，毕竟小孩子是最好的哲学家。现在在网上，我们看到的更多是关于各种明星的讯息，对科学家的宣传力度远远不够，甚至我国航天领域的尖端人才竟然会因待遇不够好、薪水不够高而跳槽或辞职。这些问题急需解决。

甚至我们人类都应该做一次彻彻底底的反思。人类自诞生以来，就被赋予了探索这个世界的本质的历史使命。但我们似乎把问题想得太简单了，自爱因斯坦的相对论以来，科学已进入微观世界。但这个世界确实让人琢磨不透。宏观世界的理论在这里已不适用。科学家在不断地探究构成世界的最小微粒，试图发现这个世界的本质。但这就出现了一个或许是根本性的错误：就算你能把世界拆成最小的单位，你也没有能力把它组装起来。世界并不是只有几个微粒和几个力，它或许十分复杂。但这就是人类，我们总是喜欢将和谐的自然一一拆分开来，并一一做上批注，我们企图对所有事物加以解释，我们为自己创造的各种定理而沾沾自喜。我们相信原子下又是一个奇妙的世界。如果真是这样的话，为什么会有两套不同的理论呢？或许是人类还没有发现能统一两者的体系，但我相信，这个世界本身便无法解释，世界本身便是自然的、混沌的。这也正是老庄的哲学。有人会觉得这样理解，是一种对科学研究的全盘否定。其实研究的结果或许并不重要，重要的是研究过程中的一种获得和领悟。毕竟对所有科学家来说，探索的过程本身就是乐趣，就是目的。

在不远的将来，我们将向世界证明：世界是无法解释的。

荒谬与赤裸

——必修下册第六单元单元贯通写作

陈　石

我在思索，不同的生命、不同的心灵、不同的思想组成不同的时空、不同的维度、不同的世界……什么是这一切“虚构”的中心命题？——是失魂者、抗争者、一个套子中的人、一只“斗”笑朝廷的蟋蟀……还是“被抛”的可怜甲壳虫？——是荒谬面前人性的赤裸！

批判小说是世界的“手术刀”，将社会的角角落落、人性的点点滴滴用“荒谬”剖开，把“五脏六腑”掏出来给人看——这便是“神医”。鲁迅写的祥林嫂无疑是“苦”的，在热烈的“祝福”中，她却“一手拄着一支比她更长的竹竿”“一手提着竹篮，内中一个破碗”“只有那眼珠间或一轮，还可以表示她是一个活物”。这是一个失魂的人，一个勤劳、淳朴、守节的封建礼教的牺牲品，以至于她对“苦”都失去了知觉——“没有精采的眼睛忽然发光了”。问及灵魂，是对现实的彻底绝望；眼中发出的光是对死后更大的无助与苦痛的畏惧。然而对于悲苦之人，人们只有虚假的同情：“流下那停在眼角上的眼泪，叹息一番，满足地去了。”他人之苦与我何干？低劣的社会之荒谬在“毕毕剥剥的鞭炮”中达到高潮，在“繁响的拥抱”背后是人对弱者的不屑，是对僵化、冷漠的人性的莫大讽刺。

如果说自私与冷漠是人性挥之不去的阴影，那么被侵害、被排挤之人应是这个社会中最可怜、可悲的。安守本分，委曲求全，遭人陷害，一路遭贬，直至那个风雪夜，林冲劈开一切压迫与屈辱，拿起长枪与世界抗争。扶危济困，忍辱求安，一个社会的老实人，即使一再被迫害，在“街上寻了三五日，不见消耗”便又“自心下慢了”。“那雪正下得紧”，林冲踏着碎琼乱玉，背着北风迤逦而行；这场风雪，此番逆行，是他与世界的诀别。片片雪花落在地上寒冷着他的心，对于社会最后的憧憬与希望随着“草料场里火起”，“刮刮杂杂”地烧为灰烬。“将三个人头发结做一处”“穿了白布衫，系了搭膊”“提了枪，便出庙门投东去”，每一个动作坚定而冷静，沉重而有力——义无反顾。权力与地位遇上贪婪与势利便是社会上层的荒谬。当官的无理，百姓就无助，而林冲手握长枪，以义士之担当刺破了小人脏腑、趋炎附势的人性——“那雪正下得紧”，一片一片，荡气回肠。

君不爱民，民不聊生；君若非君子，又不慎行，其人性之丑恶即成社会之荒谬。“宫中尚促织之戏”，看似轻描淡写的一句话，却引出了底层百姓的种种悲剧：“每责一头，辄倾数家之产”。“为人迂讷”，又是一位老实人遭人利用，为“蟋蟀”“薄产累尽”，“两股间脓血流离”，“惟思自尽”；就如可怜的卖炭翁，“苦宫市也”。在一个掠夺性的体制里，丧命容易，得财自然也易；成名之子化为虫，战无不胜，“上大嘉悦”，短短几年便“裘马过世家”，而抚臣、令尹也“受恩荫”——当官者目中无民，只有自身利益。作者将成名之子描绘得越是勇猛善斗——“张尾伸须，直龁敌领”，成名一家的结局越是圆满——“俾入邑庠”“楼阁万椽”，就越是让人感到荒谬。作者借彼时之事讽当今之朝廷。一个社会的荒谬，是大部分人暴露黑暗人性的共同结果，甚至会成为默认与共识，这将是难以挽回而根深蒂固的可笑、可悲与荒凉。

当安守本分成了一种悲哀，这样的社会是可悲的；但安守本分也可能是身不由己：人性衰弱，精神被物化，人的“本分”只是社会机器的“螺丝钉”。“我选了个多么艰辛的职业啊！”身体成了甲壳虫，脑中仍旧是工作，他被异化的程度之深令人诧异。在旁人“假意”的关切中，一开始，妹妹最为动情，在“一片难堪的寂静”里“抽泣起来”，可是此番抽泣是他们一家人人性最后的微光了。格里高尔·萨姆沙是最大的受害者，然而每个人却都是甲壳虫，没有“真正的友情”、亲情，将工作、金钱、私利放在第一位，这与一只“贪食腐物的甲壳虫”别无二致——父亲的“啾啾”声像极了一只老甲壳虫。当每个人都变成虫，谁又还会去在意呢？当荒谬成了常态与“真理”，人性的阴恶就是“理所当然”。

契诃夫笔下的俄国就是这样一个畸形的社会，人们被顽固保守的封建制度蚕食、腐化；而别里科夫就是一个被精神压迫、被环境同化的个体，他既是施害者又是受害者：“全城都受着他辖制”，所有人巴不得这个套子里的人快快离去。“只有政府的告示”，“其中规定着禁止什么，他才觉得一清二楚”，这也是他能辖制人心的原因，因为保守的思想根深蒂固，人们就本能地将规则与权力、权威联系在一起，别里科夫成了最受人“尊敬”的“傻瓜”。“可是这种装在套子里的人”“还不知道有多少呢！”短短一句话道出了全社会被异化的事实：如此荒谬，企图将人性扼杀得干净，又要将兽性掩藏得“体体面面”；人性被极大地束缚，在荒谬面前只剩下“响亮而清脆”的笑声——是解脱，更是自嘲。

我们常听到人性的种种险恶。在一些种族歧视事件中，我们作为旁观者看到民众如何被政治的浪潮同化和裹挟，如果在激进的思潮中我们不由自主地顺其大流，就会不可避免地沦为精神的弱者——和祥林嫂一样无人同情，像格里高尔·萨姆沙那样无可奈何地舞动可怜的细腿。对于荒谬，不求猛烈的抗争，但是我们应怀有对美好的想象、憧憬，保有对弱者与苦难的同情，坚守精神的独立——接受人性固有的赤裸的丑恶，在观察与批判中完善自我。

诗人与现实

——必修上册第三单元单元贯通写作

文宇瑶

我向来认为，站在现实的世界眺望诗词的世界，犹如雾里看花。雾是氤氲的、朦胧的、湿润的、感人的；花是美的象征、生命力的体现、希望的缩影。然而，现实却往往是冰冷、残酷、充满遗憾的。在现实的种种羁绊下，诗人们倔强地在精神世界里探索，寻觅与现实对抗的力量。真正的诗人们，在情感的阻塞下、在时局的冲撞里、在历史的激荡中，其个人的意志与精神得到了震撼与磨砺，于是情不自禁地拿起笔，成就了一首首余响不绝的艺术杰作。

学完了第三单元之后，我对诗词与现实之间的冲突与联系有了更加深入的理解。

第三单元汇集了不同时期、不同体式的诗词名作。

曹操的《短歌行》表达了对时光流逝的感慨以及建功立业的宏愿；陶渊明在《归园田居》(其一）里抒发了对官场生活的厌倦，以及辞官归隐、躬耕田园的自由喜悦之情。两首诗都表达了诗人的心志，一个是积极的入世思想，另一个是淡泊超远的出世思想。

李白在《梦游天姥吟留别》中刻画了瑰丽壮阔而富有变幻的梦境，感叹人生苦短须及时行乐，表达了自己对权贵的蔑视和对名利的淡泊；杜甫在《登高》里抒发了对生活多艰的悲叹，也表达了对民生疾苦、国家危亡的忧虑。一个豪迈地吟咏“安能摧眉折腰事权贵，使我不得开心颜”，另一个却沉郁顿挫地慨叹“艰难苦恨繁双鬓，潦倒新停浊酒杯”。从二人创作的诗歌中都可以看见前人屈原的影子。他们的本性或许都是豪放而旷达的，只是由于所处的时代不同，一个人的豪情在万般阻塞下仍能挣扎着飞升，另一个人却将那份激情藏匿起来，化作了沉重的愁绪、严肃的抗争。

白居易在《琵琶行（并序）》里刻画了沦落天涯的琵琶女，抒发了自己怀才不遇的苦闷，表现了对知音的渴求；苏轼在《念奴娇·赤壁怀古》中借着对赤壁之战场面和周瑜雄姿英发形象的想象，抒发了怀才不遇的无奈、对人生变幻和短暂的感慨，也借着作品中的宏大时空，表达了他的旷达。琵琶女是否真有其人有待考证，而身处黄州的苏轼写的故垒绝对不可能是三国时期赤壁大战处。是虚？是实？在这人情冷暖、变幻莫测的现实世界，他们或许是虚的；在诗人的精神世界里，他们或许是实的，那里的一切都是经过高尚品格洗礼过的，都是美好的、感人的。

到了宋朝，辛弃疾在《永遇乐·京口北固亭怀古》中大量用典，气势恢宏，抒发了报国无门的苦闷，也透露着悲愤中的豪情；步入晚年的李清照在山河破碎、无家可依之际长叹："这次第，怎一个愁字了得！"统治阶级的无力导致了历史的必然，这人世间不知有多少人的载不动的愁绪在暗中压抑着，李清照字字珠玑，替他们咏叹了出来。

纵观这几首诗词，不难发现它们都是现实与理想的矛盾冲突的产物。无论是辛弃疾的直抒愤懑，还是李清照的家国嗟叹，都是理想破碎后郁积已久的情感的迸发；无论是李白的梦境，还是白居易与苏轼二人的想象，都是与现实的适当割裂，与理想的意念的相会。如果说曹操在《短歌行》中表现出的求贤若渴是一种现实与入世，那么联系蜀国最终的灭亡和那句流传千古的"出师未捷身先死，长使英雄泪满襟"，从一个更宽广的经纬度去看，不禁让人哀婉叹息，倒不如陶渊明淡泊出世，避开终将化为尘埃的功名利禄，在精神上获得永生。朱光潜先生曾说过："美和实际人生有一个距离，要见出事物本身的美，须把它摆在适当的距离之外去看。"诚然，这种若即若离的朦胧感勾起读者想象与加工的空间，佐以文字的艺术张力和情感冲击，在不同时间不同地点反复诵读，永远不会腻味，反而会产生不一样的人生感慨，这也是诗词艺术的魅力所在。

作为后世的读者，我们无法切身体会诗人们经历的坎坷和最深的苦恼，因而品读诗词就可以成为书斋雅座春花秋月之事，我们对那些激荡的冲突就可以抱着单纯的审美态度。然而，当时的诗人们是无法将自己从现实中抽离的。"艺术家在写切身的情感时，都不能同时在这种情感中过活，必定把它加以客观化，必定由站在主位的尝受者退为站在客位的观赏者。一般人不能把切身的经验放在一种距离之外去看，所以情感尽管深刻，经验尽管丰富，终不能创造艺术。"由此看来，诗人们必有不同于常人之处。他们无须时代或空间的隔离，能够在孑然直面苦难时书写艺术而非经验。那么，促使他们在悲凉的贬谪之地、在破败的茅屋或在漂泊的旅途写下这些文字的力量是什么呢？

首先，或许是因为他们技艺高超、才思敏捷。当情感炙热得如熔融的钢铁之时，他们可以直视自己内心最深的痛苦和煎熬，无须“痛定思痛”的艺术观照，在艺术的情思里倔强地写下自己的心声。他们的眼神定如摩西雕像一般坚毅，他们的心灵容不下分毫尘污。他们的文字一旦沾染了物质的尘埃，便永远不会被他们自己的精神所接纳。他们脆弱而又固执，永远在希望着、寻觅着一种正义，最能体会美好与痛苦对内心的撕裂，正如法国诗人勒内·夏尔所言，他们有着“同痛苦相对称的清澈，与绝望相均衡的坚韧”。

但更重要的，或许是他们的责任感、使命感。“你可以不做诗人，但是必须做一个公民。”（涅克拉索夫）这是林贤治先生《寻找诗人》的引言。每一个公民都应当有责任感、正义感。在涅克拉索夫眼里，这是成为诗人的先决条件。精神散漫、灵魂没有归宿的人不可能成为真正的诗人。“在普遍受难的时代里，诗人的声音，往往不是清越的、悠长的、雄壮的；即便激愤如滔滔而下的江河，也必定有漩流和浅滩的呜咽。”诗人可以把自己心心念念的家乡的土地视为归宿，把热爱着的祖国视为归宿，也可以把全世界视为归宿，心中能容纳俗世的烟火气，也能容纳人类的情思，怀揣着对人类命运的悲悯与关切。在普遍受难的时代里，他们甚至愿意用生命践行自己诗句的精魂。而在和平时代，诗人的气质是最容易被遗忘、丢失的，故当今时代，真正的诗人一定拥有横渡疾水不逐流的魄力，拥有承受得住孤独与痛苦的躯体，拥有敢于挣扎而永不沉沦的灵魂。

“为大地所生而歌唱着大地的人便是诗人。”他们冷静地看清了时局，将自己强烈的情感艺术化，希望以自己微小而顽强的力量警醒世人、唤醒时代。时光流过千万里亦念及滥觞，多元的内容与形式之下，不变的是一片赤诚。

“称为‘诗人’，是因为写了诗，但是却不仅仅因为写了诗。”真正的诗人的世界中，有瑰丽的梦境、有荒诞的设想，更有完整的现实和人格。

孤独星球

——选择性必修上册第三单元单元贯通写作

许怡文

在森见登美彦的小说里，有一位叫“李白”的矮个秃顶老人。他是京都最富有的人，传说中秘酒的拥有者，却在晚年沦为“流感之神”：他独自一人躺在病床上，身旁许多华丽的钟飞快地旋转着指针；一咳嗽就让丛生的树木都凋零，画面变成灰色。这场使世界黯然的流感叫作“孤独”。

我们惧怕孤独，越来越怕。当代社会学家齐格蒙·鲍曼在《人多也孤独》中说，现代社会，人们发的短信越来越多，正是因为躲避孤独的需要。但是，孤独感并没有因此减轻，屏幕后的空虚反而越来越重了。而远在19世纪，年幼的大卫·科波菲尔在货行里当童工时就对孤独有了心酸的体会：他的身边无人陪伴，内心无人理解，孤零零的，仿佛与其他人都不相干。对此，三岛由纪夫这样解释青春的孤独：“我们所称的孤独，是指在这种精神性的共同生活中所产生的那种唯独自己行将被埋葬掉的感觉。”

孤独变成不够合群或者是不幸的标签，吸走生命的温度。

如何治愈这种有害的孤独？笔者想说：去给予。等待着幸运来敲门或者好心人相伴就太无助啦，若是每个人都缩在自己的壳里，悬空而脆弱，不去创造火花，城市就会一直冰冷下去。而小大卫也许就会认为“世界不会好了，都是谋得斯通一样的人”。幸运的是，他与米考伯夫妇的生活交织，在相互倾诉、相互帮助中重新创造爱与温暖。除此之外，在列夫·托尔斯泰的《复活》一书中，聂赫留朵夫主动打破自私与成见，把唤醒被迫堕落的玛丝洛娃作为自己的责任，使两个孤独的人都实现了自我的复活，在给予中创造互相成就的可能，使空荡的生命重新又饱满起来。

但是，即使我们努力度过了青春甚至完成了救赎，反而会发现孤独的内涵不止于此——它是一个扎根于生命深处的存在。

“如果这是一场梦就好了，我好想醒来。”

这天，小男孩不在，老人必须独自一人去面对大海。

那夜与大海的搏斗展现的是最真实的个体生活状态或曰生命本质：我们被抛入这个世界，正如里尔克所说，在最深奥、最重要的事物上无名地孤单。那些“我”的存在意义与形式，无人能替我书写、同我一起解答——只能去创造答案。在这场搏斗中，老人独自一人出海，他必须赤手空拳地面对大海，展现自己的力量，这样才能证明在无法避免的危机前的人的力量。

正因如此，黑塞才会在《德米安》中写道：“上帝借由各种途径使人变得孤独，好让我们可以走向自己。”

但即使正视了孤独对找寻、塑造自我的价值，这也不是问题的终点。有一本书叫《百年孤独》，它关乎一个家族，一个没落的文明。每个“阿尔卡蒂奥”“奥雷里亚诺”的孤独就已足够沉重，我们如何面对由个体孤独的循环往复构成的闭塞的、向内的螺旋？如何理解一段文明的孤独？当地域文明扩充至人类文明——在辽阔的宇宙中，小小的地球是否也深感孤独？

可当我们把这个蓝色星球作为一个整体，放置在宇宙和流动的时间中时，我发现我不再局限于我自己的、小小的“灰色流感”里，而是融入了一个更大的、更包容的整体。人类总被自我困住，置身在偌大的世界却只拿着放大镜去把玩自己的孤独。我们缺失的可能是一筒望远镜。我们可以想象自己站在月球上看繁星间的地球，看万物在永恒中流转——进而看见每个生命之间存在的微妙联系，加入这场游戏，以自己小小的力去共建一个世界。正如庄子所说：“天地与我并生，而万物与我为一。”

我们不甘心就这样度过短暂的一生。小说家们尝试在自己有限的生命长度中去回答一个问题，去穷尽一生书写爱与发展，书写心灵的辩证、永恒的抗争，书写民族的根。在从一个人的生活中生发出的那一个自己的问题上，我们确实是孤独、茕茕孑立的，但当所有问题都因“对生命的探寻”这同一个力量而凝结在一起时，我们成了跨越时空的伴旅。

你看见了吗？孤独星球上的我们，在长于生命的日夜里互相陪伴。

选择性必修上册第二单元单元贯通写作

顾彦非

孔子提出：“人而不仁，如礼何？人而不仁，如乐何？”给人一种仁是礼、乐的立身之本的感觉，但实际上仁在孔子的学说中偏向于中庸之道，礼和乐在民俗文化里其实可以不守中庸之道，各人的礼可以有各种不同形式的变化。在当时，礼是国家制度，是应守中庸之道的，但是在现代是否已经不适用？而在《乐记》中提到“凡音者，生人心者也，情动于中，故形于声”，又说：“乐者，所以象德也；礼者，所以缀淫也。”可以看出，乐是循自然的道，表各人的情，中庸之乐，恕难以想象。

孔子提出：“知者不惑，仁者不忧，勇者不惧。”在我看来，这方圆天地之间的知识是无穷的，越是“知”的人，由于知识面的广阔，其知识面与整个知识网络的接触范围更大了，求不得解的事情反而更多了；而仁者不忧，仁者确实不忧己，但范仲淹在《岳阳楼记》中提出了“古仁人”“先天下之忧而忧，后天下之乐而乐”；至于勇者不惧，真正不惧者，是莽夫，永怀对生命的敬畏，才为勇者。

文中提出要“明明德”“亲民”“止于至善”，这三个说法有一个共同的问题：何为善，何为恶？孔子的仁可以说是中庸之道，顺应天地，老子、庄子的道亦可以认为是无为无不为，顺应自然，而善、恶的概念本就是人为界定的、人为去强行对立起来的，恶人就没有原则了吗？所谓的“明明德”是在标榜所谓的善，那么善便一定是清清白白的善吗？所行的每日一善都是出自我们自己的判断，而非他人，那又何来一个统一的标准呢？而“止于至善”，何谓“至善”？说是道德修养的最高境界，但道德的准线也是人为界定的，这个时代的至善未必适用于上个时代，“至善”根本是一个不存在的概念。

文中也提出格物致知方能意诚心正，而格物本就是一个从事物外表出发，以自己的“道”为路径从而总结出更高的“道”的过程，但是格物致知中的“知”本就是自己的价值观通过事物表现的另一种具体的形式，何来的意诚心正？格物致知最多只是不断完善世界观的过程，不可能去纠正一个人的价值观。

在这些文章里，“道”是最高标准，而“道”从何而来？是因为人想要天下太平，所以总结了天下太平的必要条件而使其成为行规守则或是想要成就一番事业而对事物进行推演总结，那么，实际上，所谓的“道”，所谓的天理，都是我们的人欲的产物，说白了，就是人性的复杂性，何必为了所谓天理而去人欲以让大道，天理本就与我们的欲望是一体的，为什么要将一个人的人性简化成一个守矩的机器人？没有了人欲，天理就没有存在的价值，因为已没有七情六欲为它所制约。人生，就是在天理和人欲间寻找平衡点，正是这种无形的人格抗争，成就了人。

在所有这些论述中，所谓“至善”、所谓“道”仿佛都是一些虚无缥缈的、不可捉摸的东西，那么，既然不可捉摸，为何不定一个更标准化的规则，这种虚无缥缈的“道”牵绊了多少人一辈子。侠者有侠道；文人有文道；武夫有武道。去探寻究极的、归一的道虽然可以帮助自己证自己的道，但总不如自证己道更容易。道不是一个统一的东西，它是天下规则的集大成者，正是所谓的

“举头三尺有神明”，更是“公道自在人心”，写的一个字，走的一步，皆有道可言，那么何必证道，道必自证。

《人皆有不忍人之心》这篇文章并没有对“不忍人”中的“被不忍人”给出范围限定，所以我们在文中看出君王应施行仁政，轻徭役，减赋税，但是对于真正触犯底线的人，是不可能去同情他的，难道说一个罪大恶极的犯人不值得“忍人”的手段吗？我觉得，在这样的表达下，“不忍人”应当说清楚范围。国家虽推行仁政，严法也是有必要的，这正是所谓的“恩威并施”。

而在这篇文章里，提出了“四端”。看起来所谓的“四端”仿佛是我们与生俱来的天性，但事实上，所谓“恻隐”“羞恶”“辞让”“是非”都是我们后天所处的原生社会在特定时代背景下潜移默化形成的一种“常识”，在不同的时空，便有不同的含义，故没有这“四端”的，不能下定义说其“非人”，只能说他还没有在一个相对完善的社会体系下形成一个个人的完整的包括“四端”的世界观、人生观、价值观。同样，对于“仁”“义”“礼”“智”，在不同时代下有不同的定义，“四端”未必能导向它们，所谓这些天道的概念是一个动态平衡的存在形式，并非一成不变。

孔孟在儒家学说中提出的“义”“礼”“智”“信”之道，更偏向于一种人为的、社会的道德标准。在做人方面，似乎老子也不可免俗，提出了“要谦虚”这样的箴言，但事实上，道家的说法和儒家的说法又有不一样的地方。结合“无为无不为”来看，无为并不是真正的什么都不做，而是做了，仿佛又没做，潜移默化中深入人心，又好像是说不做那些宰相、朝廷能做到的事，要做，就做直接改变天地规则的事，让人身在其中不敢变化；又好像是说，当一个错误的纠正者，做了胜似没做，保证一切的正常，就好像女娲的补天石补了天，好似是天没有漏过一样，让万物回到本原，我觉得这终究和宗教中看山是山、看山不是山、看山终是山殊途同归，追求的是不断发展的现世下最质朴、最本真的根源。

还是回到道这个话题上。道是一种难以寻求的法则，或者可以说是体悟。每一个人的道与别人的有不同之处，就仿佛人与人的世界观在一定程度上极为相似，一定程度上极为不同，取决于个人的视角不同，那么，道的长存，也就是“死而不亡者寿”的正确性值得讨论。流传下来的道真的是原先死者所理解的道吗？必然不是。流传下来的道是后人取了相似的部分，加上自己对道的理解，从而产生的新的事物，是这种道的创造者的道与传承者自己的道的中间产物。道是不断变化的，就像是时间，永远向后推移，在一代又一代人的传承下，不断地更新迭代，以适应当代社会，这种道更贴近生活，但是否还有一种道在天地之间，以天地万物为载体，未曾改变呢？道就像水，容器形状不同，它便变得不同。

而在我们自身，我们对待事情的不同看法往往取决于我们自己的世界观和方法论，就好像之前在格物一部分中论证的一样，我们看到的、了解到的、学习到的，是我们想看到、想了解、想学习的，所以格物是一件非常主观的事情，取决于你自己的眼光。

庄子的思想在我们现在看来与前面的几人太不一样了，他的思想是浪漫的，自由而不受限制的，“汪洋恣肆”，他个人也同样是如此。庄子拒绝入朝为相而讲出泥中曳尾之龟的故事脍炙人口，但是他的自由，注定了他会付出一个小小的代价——穷。惠施并不是没有起过接济他、帮助他的念头，但是被庄子拒绝了，还扯一堆故事嘲笑他，当然惠施也没说什么，这两个人就是这样。然而庄子因为穷，就向地方官借米，结果地方官大概觉得他没有能力归还，就不借米给他，庄子那个气啊，就开始讲故事嘲讽人家，嘲讽完了饭还得吃，怎么办呢？去河边钓鱼，鱼是多高级的蛋白质啊！从前姜太公钓鱼可不是钓鱼，是钓誉；后世文人钓鱼是附庸风雅、修身养性，这种事情做了有没有效果我不知道，但庄子钓鱼，是因为他真的饿。在那个信仰、教义、学派遍地开花的时代，庄子依旧孤独得像一个外星球的来客，孤独地钓着外星球的鱼，也许这样格格不入的些许辛酸，成就了一个这样可爱的庄子，成就了一个孤独的思想家。这年头总有年轻人说：“我有故事，你有酒吗？”所谓将红尘看破，潇潇洒洒。但我觉得，真正的，像庄子一样有故事的孤独的人，我们应当没有他想要的酒。我曾听一个人说过：“我成为一个点蜡烛的人，我点起了自己的蜡烛，我希望看到的，是所有看到我的人去点起自己的蜡烛，而不是来蹭我的光。”也许，庄子看见了四周百家争鸣的光，而他，试图用自己的力量，点亮月球。为什么是点亮月球呢？因为月球的浪漫，月球作为地球唯一一颗卫星的孤独，月球的阴晴圆缺的变化，更贴近庄子。

而墨子“兼爱”的学说仿佛是共产主义社会的完美形态。自爱而又能“兼爱”他人，这是一个非常难以达到的目标，在封建君主专制的社会背景下，缺乏一定的可实践性。君王就算再博爱，也难以顾及所有的臣民，“兼爱”在那个时代，确实难以实行。

《论语》谈礼，《孟子》论仁，《大学》重贤，《老子》解道，而《墨子》最看重的是人际交往。古代的百家争鸣，实在是一股涌动的思潮，也是那个时代的奔涌的后浪。

春天里

张榆萱

“莫春者，春服既成，冠者五六人，童子六七人，浴乎沂，风乎舞雩，咏而归。”曾皙曾这样对孔子描述自己的志向。暮春时节，天气和暖，不必再裹着厚重的外衣，自由而轻快，于是人们可以纵情。这样一幅太平盛世的图景，确实令人心向往之。

因此，如若人生是四季的轮回，我愿意借“春天”来指代每个人渴望到达的目的地，即用终生追寻的归处。它却也不一定只有一处，正如人生不止一个春夏秋冬。人们常常到达一个终点后只是驻足，眺望远处一山更比一山高，随后继续出发，如此又是一个四季的轮回。古往今来，人们各自怀抱着理想穿行在生命的其余三季里，各自憧憬自己的春天，路途上迈出的每一步都心安理得。

生活在春天里似乎是一个理想的目标，但我们不可能时刻停留在春天里，这涉及“春天里”的真正概念究竟为何。暂且放下这一概念，最好的状态应是不受季节的影响，即使身在寒冬里跋涉，心仍能在春天里灿烂。这就要求我们拥有对外界取舍的智慧和超越当下的洒脱。

在这一点上最透彻的应是先秦的老庄。除了不停地向前追逐，他提出另一种做法，即随风而行，随心而动，边养护生命，边追寻理想。早就参透了“以有涯随无涯，殆已”的道理，他的生命变得轻快，也从不看重自己的才能。庄子笔下的轮扁懂得依顺天理，使得身为平民的他在齐桓公面前都能侃侃而谈。这也正揭示了懂得常法之后才能“从心所欲，不逾矩”的道理，我们也必将先学习后成长，在适应自然规律后才能慢慢拾起个性，从而成为一个完整的人。因而我相信，要想穿越三季到达春天，必将有所舍弃。

我想到了项羽，不过他是个反面的例子。“力拔山兮气盖世”，他本是一代豪杰，却意气用事，看重了自己的才能，过分地展示自己主观判断的能力。鸿门宴上，他几乎颠倒了所有的该信和不该信。这一悲剧源于他过分显现了主观意愿，他最终止步于“看山不是山，看水不是水”的迷茫和颠倒中。

不只是对于自身，外界事物常常也纷繁复杂，因此，要想尽快到春天里去，不应沉迷于当下的一时享乐，适可而止的决心必不可少。《红楼梦》中的最后一次中秋夜宴上，贾母似乎已经意识到繁华将尽，可她害怕曲终人散，不舍得告别宴会，延续到深夜，最终只平添了凄凉。林黛玉和史湘云不爱热闹，她们独自傍水联诗，“寒塘渡鹤影，冷月葬花魂”体现的是本性的孤傲和清冷，可我想这也是属于她们的洒脱。因告别的热烈，我们得以冷静下来省察自身，继续前行时反而快活。

放眼当下，前赴后继赶往春天的旅途中仍有迷茫的人们。余秋雨曾这样评价一代上海人：“他们做过的，或能做的梦都太多太多。载着满脑子的梦想，拖着踉跄的脚步。”在繁忙的事务中我们应时常抬头看看，看清现实和欲望的区别，然后专注现实、抛开欲望，迈着轻快的步伐大步向前。如里尔克所说：“好好忍耐，不要沮丧。如果春天要来，大地会使它一点一点地完成。”

尽管如此，春天代表的绝对理想似乎仍有些可遇而不可求。其实春天的最大意义不在于到达。最重要的是，春天让我们拥有了对生命的美好解释，无论何时、何地，我们总能以昂扬的姿态看待一切，就像是已在春天里。它将带来系统性的影响，让人们真诚地相信前方便是柳暗花明又一村。

让我们把目光送回那个百家争鸣的时代。人们在追求“道”的过程中，催生了对人生、命运的深刻思索以及厚重的使命感。他们四处碰壁，理想抱负不得实现；礼崩乐坏，精神遭遇困顿。可人们依旧不忘享受生命的快乐，始终昂扬、向上，他们有着优雅而洒脱的风度。孔子想入仕而屡屡受挫，他周游列国，政治主张不得践行。可他说：“道不行，乘桴浮于海。”失败不曾打倒他。尽管理想的实现或许遥遥无期，但是他始终憧憬着太平盛世。他曾说：“君子不忧不惧。”因而，古往今来，许许多多同他一样的仁人都有着饱满的内心，对自己的生命抱有美好的解释。他们所追求的不仅仅是“礼”的外在规范，他们还偏爱“乐”，并因此志趣高远。

对生命抱有美好解释的人，能够达到审美的境界。孟子说：“我善养吾浩然之气。”他拥有坦荡的胸怀、和谐的心性。杜甫写下《茅屋为秋风所破歌》，“安得广厦千万间，大庇天下寒士俱欢颜”，内心足够饱满，“归来倚杖自叹息”过后，他的身影依旧挺拔。所以说，对生命抱有美好解释的人哪怕身陷泥沼，依旧向往阳光、相信桃源。这种心态上的积极乐观是很重要的，因为它系统地改变了人们认识事物的方式。他们评判事情的标准不再局限于理性的成败对错，而是加入了审美的认知。他们从美的角度汲取力量，因而总是心胸疏朗，步履庄重。

所以，“春天里”的概念并不停留在字面上。生活在春天里的人们不一定已经到达春天，他们或许正在路上。因为自认美好，所以也相信自己在靠近理想，志向高远，便也是春天。如曾皙所说：“莫春者，春服既成，冠者五六人，童子六七人，浴乎沂，风乎舞雩，咏而归。”这样的春天太过美好，以至于让人念念不忘。朱熹称这是“尧舜气象”，实在是当之无愧。

“日月忽其不淹兮，春与秋其代序。”生命便是这样的四季轮回。只要始终抱有对生命的美好解释，不论身在何方，都不必忧愁沮丧。因为心中常是春天，所以日日都晴朗。

从诸子之“爱”说当下“爱的教育”

——选择性必修上册第二单元单元贯通写作

李湾钰

诸子百家如璀璨繁星，虽产生在两千多年前，但至今仍深藏着智慧，给人以深思与启发。

“己欲立而立人，己欲达而达人”“己所不欲，勿施于人”，第一个字都是己，最后一个字都是人，可见儒家的“仁爱”是推己及人。更因其易推广与可实践性，当下人们或许更提倡儒家的爱。然而，这种“推己”却在时代的洪流中异化成了“利己”与“为己”，爱逐渐变为冷漠与沉重，常让人喘不过气来。人们往往从自身出发，陷入刻奇的圈套里，“这样做都是为了他们好”，殊不知被给予者在这“好”的面前感受到的是窒息，而施予者却自我感动。真正的“爱的教育”应是促进本性成长，增益幸福，回归本我。

在当下，或许道家的爱更能帮助人们回归本真与纯粹。道家强调大爱不爱，这是从人类与生命的角度出发，强调自然之爱、本真之爱、纯朴之爱，具有一视同仁的博大情怀。

道家立足于人在宇宙中的位置、人与宇宙万物的关系来看待事物，这种爱宽容、包容，体现了一个人的悲悯情怀。

现如今，许多人已被压力的重击打垮，只剩下一颗麻木的心，迷失在巨大的迷宫里，没有什么能激发他们的内心。他们追名逐利，肝脑涂地，仍不罢休，最终像个奴隶一般在世俗的监狱里服役。“各人自扫门前雪，莫管他人瓦上霜”，人们在潜移默化中习惯了事不关己，高高挂起的行为。此时，道家的爱为一剂良药，“物物而不物于物，则胡可得而累邪”！人应顺应本性。万物各有其特性，只有遵循自然和社会的内在规律，才能最大限度地发挥人的主观能动性。我们在现代社会中不应只是追求纯学术的“象牙塔”，而要为更宏大的社会现实问题出谋划策。我们应不为传统的知识所累，摒弃已有的限制，保持纯朴的本性，发挥直觉思维的创造功能，去探索更高的智慧。

这种超越性的爱源于对自然的崇尚和对人性的原始性理解。人们应亲近自然，找寻到在物欲横流的纷扰中丢失的感官，坚持对人性的思考。此种对于人类生存和生命的关怀，可通过自爱而爱人的道德法则来实现，它强调自然而然的大爱不爱，即泛爱万众，天地一体也。人应对外物常怀宽容之心且不损害别人。道家的人生哲学如镇静剂，能安慰人们精神上遭遇的幻灭与痛苦，维系人生的平衡与温度。

为何为物所累？因为有执必有失。若用道家的宏大视角来观照这个世界，便能到达无执故无失的高度，这样，人便能达到心灵的宁静致远。

从诸子之“爱”说当下“爱的教育”

——选择性必修上册第二单元单元贯通写作

窦雨辰

当今社会缺乏爱吗？有些人实为“精致的利己主义者”，他们高智商，世俗，老到，利用他人却只为达到自己的目的；有些人过度在意来自外界的评价，总是放低自己而刻意讨好他人，最终陷入自我否定的泥潭中不能自拔……无论是利己还是自卑，其本质都指向同一个社会问题——当今社会中爱的缺失，以及“爱的教育”的匮乏。

何为爱？回溯千年，中国古代先哲对爱的阐释可谓众说纷纭，爱的方式亦各不相同。儒家主张“仁爱”，推己及人。老子却说“大仁不仁”“道之所以亏，爱之所以成”，认为大爱应当回归到原初的本真状态，顺其自然。墨子则指出世间之乱皆起于不相爱，“若使天下兼相爱，爱人若爱其身”，不分你我地做到“兼爱”，天下则可大治。这些古人的思想都闪烁着智慧和道德的光辉，然而道、墨两家“爱”的方式对个人的品格提出了极高的要求。纵使历史的车轮已经向前推动了千余载，“兼爱”“无我”在当今社会的大部分人眼中仍处在高不可攀的境界。

汉朝董仲舒罢黜百家、独尊儒术有其历史合理性，因为相比道、墨两家的崇高境界，儒家思想因其可实践性和应变性有着显著的优势。儒家讲求“仁爱”。仁，即人与人互相亲爱，从自身出发，用讲礼仪的方式处理人际关系。在这个将工具理性无限放大、利益至上的物质时代，推己及人的“爱有等差”显然比普度众生的无差之爱更易被接受和实践，因而在当今“爱的教育”中更具借鉴意义。

儒家之爱以“我”为出发点，如同落入池中的石子向外推开涟漪般，以差序格局辐射爱。因此，“爱己”乃“爱的教育”之基础。李白以一句“安能摧眉折腰事权贵，使我不得开心颜”，在官场尔虞我诈的污泥中坚守自己的原则，绽开一朵灵魂与精神的花朵。要进行“爱的教育”，首先要摆正自己的位置，明确自我的原则。这便是“爱的教育”的根本——自爱、敬己。

可若仅仅做到自爱，而拒绝与外物产生情感的对接和气场的交流，则离爱远矣。但是当个人利益与群体利益的冲突在所难免时，儒家提出“克己”。试想，重庆坠江公共汽车上的那名乘客若能在那一瞬间惦记着车上其他乘客的安危，遵从“己所不欲，勿施于人”的古训，克制住自己愤怒的情绪而不去扭转方向盘，又怎会酿成一起重大事故！樊迟问仁，孔子说“爱人”。可见，以自己为爱的出发点绝不意味着把个人利益作为价值判断的准绳，为自私找借口。所以用爱教育人们心怀他人、换位思考，无疑成为时代的召唤。

那么又该如何践行“己欲立而立人，己欲达而达人”呢？这要求我们在进行“爱的教育”时扩大爱的格局，培养以人类的幸福为我之幸福的大爱。杜甫的“戎马关山北，凭轩涕泗流”中包含着多少忧国忧民的愁思。苏轼牧守杭州，留下名垂青史的“苏堤”，徙知徐州时，退洪水，修黄楼。比起百姓的福祉，他将个人的荣辱看得那么微不足道。韩愈遭贬潮州，在海边一块蛮荒之地视政八月，这里山河易姓，“一片江山尽姓韩”。历史的车轮载举着无数与之相似的“仁爱”例证，指导我们通过“爱的教育”，把自己从小我扁平化的视角中解放出来，以博爱的胸怀与全世界同呼吸共命运，自发地去爱己、爱人、爱万物，向着真善美的理想人格进发。

《礼记》教育我们，士大夫应修身、齐家、治国、平天下。让我们从修身出发，推己及人，以爱为桨，驶向理想的远方——“为天地立心，为生民立命，为往圣继绝学，为万世开太平”！

从诸子之“爱”说当下“爱的教育”

——选择性必修上册第二单元单元贯通写作

张怡阳

“父母之爱子，则为之计深远。”这声呐喊自远古走来，至今还回荡在神州大地上。现代社会这种“为之计深远”的“爱”更是以一种疯狂的形式体现在学习方面。

在升学的压力下，由于对落后的恐惧以及社会上愈发激烈的竞争，父母通常都会为孩子选择提前学习，这使得超前教育成为常态，甚至出现了从幼儿园就踏入补习班大门的现象。学习的功利化现象愈演愈烈，使得学习的真正意义难以坚守。

过早开始的知识学习和超负荷的学习内容都会在一定程度上削减孩子对学习的兴趣，造成普遍的厌学情绪。这时，父母的“爱”已经不再是爱了，而是沉重的负担和枷锁。《庄子·至乐》中讲鲁侯“以己养鸟，非以鸟养鸟”，最终造成了鸟的死亡。当代社会的家长若是在“爱”的名义下把适用于某一个体的价值强加于另一个体，往往会适得其反。

在超前学习和非理性竞争愈演愈烈的今天，我们该如何践行“爱的教育”呢？

要判断爱的价值抑或是任何一种人文精神的价值，就要看它能否造就一个高尚的人格。在这个方面，中国古典人文精神堪称气象大焉。

庄子所说的“无为而治”，应是当下“爱的教育”最好的姿态。柳宗元的《种树郭橐驼传》便揭示了这一看似平凡却很难实现的道理：“顺木之天，以致其性”。郭橐驼种树“无不活”的诀窍是“天者全而其性得”。无为不是无所作为、放任自流，而是顺应事物发展的规律。养树之道也是养人之道，因为“教育的本质，不是把篮子装满，而是把灯点亮”。在教育方面，尤其是对幼儿“爱的教育”，节奏的把控最重要。每棵树的花期都不一样，家长们应当接纳和顺应孩子的每一个阶段，带着对孩子个性的尊重去寻找节奏。

“道之所以亏，爱之所以成”，道家的爱实际上讲究的是大爱不爱，这时候的爱更多体现为一种宽容，一种“无为而治”的宽容。在这样的爱里成长起来的孩子才不会汲汲于学习的回报，才不会用功利的眼光去衡量生活中的一切，他们会知道人的自我完善之路不会因为时间、空间的变化而变化，会学着正视学习和生活的真正意义，以平和的心态接受“无用性”，达到“无用之用，方为大用”的理想境界。

文化是人类精神传承的载体。诸子之“爱”的意义正在于此，五千年的灿烂历史中无数哲学家与伟人以独立的思想和自由的意志向时代发出挑战，创造出具有超越性意义的文明成果。让我们在无知中受到启发，去反思当下“爱的教育”，如尼采所言“在自己身上克服这个时代”，再带着这份勇气与力量继续踏上人类文明的征程。

从诸子之“爱”说当下“爱的教育”

——选择性必修上册第二单元单元贯通写作

王晨萱

诸子的智慧就像一颗颗夜明珠，千百年来用其独特的光辉照亮了中国人的心灵，也为人们指明了前行的方向。当今，国内各类文化教育、兴趣教育、劳动教育遍地开花，却唯独缺失了“爱的教育”。或许是“谈爱”这件事太过于主观，令我们找不到正确的方向。这时，就不妨回到中华民族的精神文化根基，借诸子百家思想的火种，点一盏灯照亮尚且黑暗的角落。

在当今这个时代，很多孩子集全家的宠爱于一身，浸润在爱意中长大的他们从小就将自己看作最重要的存在。他们认为自己受到他人最大的关爱是理所应当的，却从来没有人告诉他们要将自己的爱推向别人。长久下去，越来越多的人将成为利己主义者，我们所处的社会将愈发冰冷。而诸子之“爱”能在这一方面弥补当下“爱的教育”的缺失，教会人们去爱他人，去爱世界。

从利己转变为利人，是一个推己及人、不断扩展爱意的过程。孩子们背诵的“己欲立而立人，己欲达而达人”，正是教诲他们由自己的愿望出发，进而关注到他人的愿望。儒家孔子所主张的“仁爱”，是一个让爱意荡出波纹，以自己为中心，一圈一圈向外延伸的过程。当我们收获到身边的人的爱之后，也要将自己的爱传递给别人，这样整个社会就会处于爱的湖泊之中了。所以我们从小就被教导要孝顺长辈、友爱同学、尊敬师长、学会去爱身边的人、做力所能及的事。而长大有能力后，就自然能以一颗更宽广、更仁爱的心去关注社会问题，将“仁爱”的范围进一步扩大，给予更多的人帮助与关怀。

要学会爱己，学会爱人，然后平等地去爱整个世界。全球化的时代，爱的广度得以无限延伸。墨子的“兼爱”曾被当作一种理想，而随着全球互联，“使天下兼相爱”的伟大愿景一步步成为可能。爱无等差，爱人如己，现在的人们可以为大山那一头的孩子们寄去书信和文具，可以在全国范围内筹集抗疫的物资，可以在公益募捐平台上聚沙成塔帮助患病的小孩……“我没有需要为之哭泣的人，所以我就为所有人哭泣。”墨子的“兼爱”精神在当今被不断扩展和延伸，“兼爱”的理念促使我们去关注天下人的疾苦，尽自己所能，将爱意播撒到世界的各个角落。当下的我们要真正拥有大爱的视野，以一颗博爱而真诚的心，向那些平凡而遥远的陌生人送上温暖。

从利己到利人，从利人到利世，诸子之“爱”启迪着当今的“爱的教育”，教诲人们摆脱利己主义的枷锁，将爱心和温暖分享给周围的人和整个世界。我们应以诸子之“爱”作为精神内核，在当今时代继续传承和发扬中华民族的爱的信念，让“仁爱”思想和“兼爱”思想继续在神州大地闪耀光芒。

从诸子之“爱”说当下“爱的教育”

——选择性必修上册第二单元单元贯通写作

陈奕汐

古时的先哲虽已离我们远去，但是其思想中对“爱”的思考至今仍能带给人们启发。从诸子对“爱”的阐释中，我们似乎能得到一份关于如何爱自己、爱他人、爱世界的答卷，从而实现当下的“爱的教育”。

现代社会的忙碌往往让我们忘了爱自己。我们时而会觉得自己是一只挣扎在时代蛛网上的小虫，整日被没有止境的任务推着度日，抬头羡慕别人如蝴蝶般自由自在，却不得不低头面对自己乏味单调的人生。

但现实真的如我们所想的一般吗？当我们觉得生活欺骗了自己时，往往是我们误解了生活的本意。道家的“大爱不爱”为我们提供了一条放过自己的道路。“天地不仁，以万物为刍狗”——造物主并不特意给予谁一帆风顺的好运，顺道而行、合乎天命，借道家养生之道以适己，我们就会有更加平和的心态。

当我们悦纳自己后，便应该进一步思考：我们该如何去爱他人？在这个现代化与工具理性大行其道的社会，“爱”这个本应是如同“不忍人之心”一般的本能不断退化。当人们的价值理性逐渐被侵蚀时，溯儒家“仁爱”之本以重新唤醒爱人之心不失为一条破局之道。

在当今竞争激烈的大环境下，任何人都可能是稀缺资源的掠夺者，而这也造成了社会关系的剑拔弩张，即使是亲密的同学、同事也不能免于利益上的计较。此时《论语·雍也》中子贡之语或许能提供一二开导。“夫仁者，己欲立而立人，己欲达而达人。”没有谁是一座可以脱离他人而独存的孤岛，因此立人、达人的过程实际也是在立己、达己。想通这一点，便不会在爱他人时被利益层面的负担束缚了手脚，反而能拥有一颗更加宽广的心灵。

只是，儒家之仁爱是“父为子隐，子为父隐”、差序格局中如水波般由亲及疏的爱。在当今这个世界命运共同体的时代下，墨家“兼爱”思想独特的价值，其“天下大利”的美好愿景都值得在当今爱的教育中称道。

墨子说，“若天下兼相爱则治，交相恶则乱”。墨家谈“兼爱”意在求天下太平，而我想“兼爱”实际是个体心灵得到升华的最好方式。罗素在《幸福之路》中谈到，要以最大的善意对待他人，而这正是个体获取幸福最稳定的方式。我想，这样发自内心的对他人的善实际是个体心中热忱的体现。永远对生命怀抱热爱的人才会有足够的能量关怀他人，而幸运的是，在这个过程中，他温暖了他人，照亮了这个世界，也满足了自我实现的需求，使自己获得了持久不褪色的幸福。

所以，当下“爱的教育”其实很简单。我们要以“大爱不爱”教会人们如何爱己，以“仁爱”与“兼爱”教会人们如何爱人，而这两者又互相促进，共同编写着一首爱的颂歌，让世界被爱围绕。

二、课堂过程写作

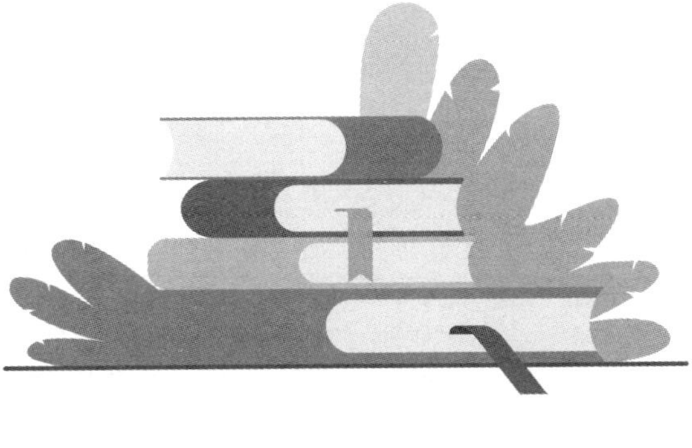

导 言

一次作文，一次新生

黄荣华

引导生命体验与表达是中小学写作教育的重要途径

文章的本质特征是什么？语文界一直将文章理解为“独立成篇的、有组织的文字”(《辞海》1980—2010 年先后六版都是这样定义文章的)，这实际上主要是从文章形式——篇章体式及其组织结构的角度解释文章。这一解释大体自刘勰所述而来：“因字而生句，积句而成章，积章而成篇。”我以为，这一影响深远的文章定义，对文章的解释是片面的。这片面的解释直接导致中小学写作教育长期片面地从文章形式的角度用力。这也就可以很好地理解，为什么有人宣称，只要按他设计的 100 个作文训练点训练，学生就能掌握各类作文之法；有人自诩，他设计的作文 50 个台阶可以引领学生登堂入室。事实上，这些辅导书多数都是按审题、立意、选材、结章、修改等几大部分展开的，每一部分又从方法、角度设立二级内容，每一方法下面又按不同方法分设若干三级训练点。

那么何为文章？

我以为不仅要从形式上去理解，还要从内容的角度去理解。如果关注内容，那么可以说文章是作者生命的转化，是一个生命体的某种欲念、情趣、意志等的表达，它带着作者可感可触的体温，响着作者或舒缓或急促的呼吸与心跳，展现着作者非常个性化的爱好与趣味……个体人生独特的酸、甜、苦、辣、哭、笑、悲、喜、爱、恨、情、仇都在文章中显现。所以美学家宗白华先生说：“艺术为生命的表现。”清朝叶燮论诗时说：诗中表现的“事”“情”“理”三种内容，全部紧贴诗人本身的人生——“事”反映诗人多种多样的生活经历和人际遭遇，“情”淋漓尽致地表现诗人各式各样的人生欲念和人生感慨，“理”述说诗人不尽相同的人生概念和人生哲学（《原诗》）。其实，无论是诗人、散文家、小说家、戏剧家，还是一般的作者，他们作品中所述的“事”“情”“理”，都是作者对自我生命体验的开掘与把握。正是这种开掘和把握，使得文章有了作者个体生命的独特性。从“路漫漫其修远兮，吾将上下而求索”和“信而见疑，忠而被谤”中，我们读懂了屈原；从“究天人之际，通古今之变，成一家之言”中，我们认识了司马迁；从“采菊东篱下，悠然见南山”中，我们感受到了陶渊明；从“今宵酒醒何处？杨柳岸，晓风残月”中，我们感喟柳三变……

如果将形式与内容统一起来理解，我们可以给文章下一个这样的定义：文章是借助特定的形式表达作者生的意念的独立成篇的文字，经典文本都是内容与形式高度统一的个性化文本。

从这样的文章定义出发，我们也就可以给中小学生的作文下一个定义：作文是学生表达自我生命存在的一种方式，它是学生表达的对世界的发现（发现的自我与他者），它是学生介入生活时表达的对生活的见解（对社会与生活的认识、对他者与自我的认识，包括自我的缺点、缺陷）。

从这样的定义出发，我们应当说，引导生命体验与表达是中小学写作教育的重要途径。教师应通过引导学生的生命体验与表达，解开他们成长过程中的一个又一个情感纠结，解决他们成长过程中的一个又一个思想困惑，使他们获得一次次生命感悟，逐步成长为具有文化表现力的生命体，并使他们拥有坚韧不拔的毅力、善感深思的智性以及执守求实的理性精神。这样，中小学写作教育就完成了它的使命。

鉴于对写作教育的这些理解与实践，我将自己的写作教育概括为“一次作文，一次新生”，这是为了彰显推动学生人格养育、精神成长与生命发展的教育理念：每一个题目的写作都引导写作者获得一次生命的跨越，获得一次新生；一次一次的作文，就是一次一次的新生。

写作教育具有鲜明的“过程性”特征

与功利地对待其他行为一样，写作教育也早已被社会功利化，其表现就是“过程性”早已被忽略，甚至没有了“过程”这一概念。而学生要写出好的文章，教师要完成写作教育并实现写作教育的意义，则必须关注过程，落实过程，让“做好‘过程’”成为实现写作教育意义的第一方略，使写作教育呈现鲜明的“过程性”特征。

写作教育有怎样的“过程性”特征呢？

我们知道，“过程”就是走过的路程；“过程性”就是说具有过程特征。其奥秘就是：关注过程，即走好每一步；结果自来，即自然抵达目的地。写作教育的“过程性”有如下几个特点：

第一，清晰。从进校时的第一次作文，到毕业考试作文，小学、初中、高中的全部写作构筑成一条清晰的、不断向前延伸的路线，每一次写作就是前行的一个脚步。因此，每一次写作都是不可或缺的，都是写作者推动自己前进的“自动力”。也就是说，每次写作对写作者来说，都具有推动自己生命成长、发展的必然意义；最显性的表现就是推动自己的作文不断成长、发展，最终收获良好的“过程性”结果。

第二，有序。有序是清晰的保证。“过程性”特别强调 1+1+1+1……强调每个“1”的必然意义和所有“1”的累加效果。因此，从第一次作文到毕业考试作文，严格地说，每次写作所构成的写作顺序具有必然性，每次写作的顺序是不可变更的：每个“1”都在“此时”（学生写作时）具有最高的写作价值，具有最佳的写作效果。这样一次一次具有最佳写作时效的写作的不断累加，就体现出了写作的有序性。

第三，适切。适切是有序的保证。“过程性”强调每一次写作都切合学生的学习实际，即符合学生学习成长的内在需求。在复旦附中写作教学的三个系列——课堂写作、随笔、单元贯通写作——中，课堂写作和随笔是动态写作，即根据学生精神成长过程的需要设题；单元贯通写作是相对的静态写作，即根据单元学习进度设题。因此，课堂写作和随笔，每届学生的写作题目变化很大，相同的题目极少；单元贯通写作题目虽然每届大体一致，但因为与课本单元学习进度保持一致，静态的写作题目实际上有了动态的某些特征。这样，动态写作与静态写作结合，就形成了“过程性”写作的适切性特征。

写作教育过程是将言语之“术”融于育人之“道”的整体性生成过程

本文所述的写作教育过程不是“记叙文→说明文→议论文”的教学过程，不是“审题→选材→结章→修改”的教学过程，也不是“描写方式→叙述方式→抒情方式”的教学过程，因为这样的过程只以关注“点”（每次作文训练的写作技能点）上的“结果”为目标。

在传统的课程观中，“点”（每次作文训练的写作技能点）上的“结果”是非常重要的（甚至是最重要的）。如写作教学有这样一个流程：老师从文章写作技能的角度按系列设计在某个“点”上布置一个作文题目→学生据此写成一篇文章交给老师→老师主要依据写作技能“点”的达成度，或详或略地批改并评分或给一个等级。在这个流程中，有的老师可能在学生动笔之前有一定的指导，在批改之后有一个讲评。这看起来也是一个过程，但这个过程只是教师完成某一作文技能教学任务的一个基本的必要的程序，并不关注写作教育作为语文教育的育人意义的整体性生成的“过程性”的自觉追求。对教师而言，这是以知识为本的灌输式教育的典型表现；对学生而言，这是被动接受知识的接受型学习的典型表现。在这一过程中，无论是教师还是学生，最看重的还是学生写作中呈现的“这次作文”本身对写作知识的理解与运用的质量。这种教学，其深层的教育理念，是“把学生当作知识的容器与学习的工具”“把学生当作完成教师布置的知识点学习任务的工具”。

而如果是“关注写作教育作为语文教育的育人意义的整体性生成的‘过程性’的自觉追求”，就有这样的一个“自觉的过程”了：勾画小学、初中、高中语文教育的整体构想，明白写作教育在整个语文教育中的地位→每个年级分别要完成什么样的写作教育任务→每个学期要实现怎样的写作教育目标→每篇作文在整个写作教育过程中的意义→学生写此篇作文时表现了怎样的作文潜能、出现了哪些困难、具有怎样的发展可能→根据此篇作文表现出的种种情况，设计（或执行原计划，或修订原计划）后面的写作教育行为。

在这一过程中，每次作文虽也被视为整个写作教育中的一个点，但它关注的不是从写作形式的角度设计的“点”（每次作文训练的写作技能点）上的训练“结果”，而是从将言语之“术”融于育人之“道”的整体性生成的角度，由一个点一个点连接起来的整个过程的有序性、完整性、实在性；不是学生每次作文表现出来的写作技能运用得熟练与否，而是学生每次作文表现出来的情感向度、思想高度、思维精度所显示的可持续发展的写作教育启示；不是教师对学生作文给出的静态的分数或等级，而是学生作文表现出来的可供教师设计或修订教育策略（或参考）的动态的教育资源。

因此，教师对学生的情感、态度、价值观的关注成了教育的生长点，学生个体的人格养育、精神成长成了教学的主旨；学生参与整个写作过程时的热度、深度以及完整度，学生表现出来的情感向度与思想高度以及用何种形式来表现这种情感向度与思想高度，成了教学研究最用力的地方。这就要求教师把握学生的思想脉搏，理解学生作文的现实需要，认识学生作文的潜在需要，渗透学生作文的终生需要，将当下激励与长远谋划深层次地结合起来，使学生带着持久的热情参与到这个学习过程中；要求教师的教学设计从学生精神成长的现实性与可能性出发，将必要的写作技巧训练有机地融入引导情感向度、抵达思想深度、提升思维力度与写作高度的学习过程中。这样，就要求教师关注学生的精神困惑，尽可能找到能触及他们灵魂深处的作文生发点，激发他们的表达欲望，引导他们尽可能做深层次的思考，不露痕迹地让他们把他们的成长需要的写作技能巧妙地融入写作中。

所以，我的高中三年写作教育设计，有整体性目标规划：高一主要引导学生表达生命“存在”与“发现”，少量表达“见解”，写作技能训练以叙述、描写为主，议论为辅；高二主要引导学生在表达生命“存在”与“发现”的基础上表达“见解”，写作技能训练以议论为主，叙述、描写为辅；高三引导学生立足时代，思考现实，反思自我，形成比较成熟的看世界的方法，写作技能训练以结章和恰当运用写作手法为主。通过这样三个各有侧重又有内在关联（由感性到理性的螺旋式上升）的阶段，将写作技能训练融于写作内容开掘之中，将言语之“术”融于育人之“道”的整体生成之中。同时，又根据每届学生在生活认知、写作心理、文化理解与思想高度方面的差异，设计出每届都不同的写作题目。不同届别的学生我只保留 3—5 个相同或相似的题目，其他题目都紧贴不同届别学生写作的实际需要，随写作进程发展而生成。

对学生来说，在这样一个“马拉松”式的写作学习过程中，会很自然地获得良好的写作学习的结果，不仅能较好地应对各种考试，而且能逐步习得成长需要的情感力、思想力、文化表现力，最重要的是其坚韧不拔的毅力、善感深思的智性以及执守求实的理性精神都将得到良好的养育。我将这看作一个良好的“过程性”结果。

由此也不难看出，这种关注作文内容的“过程性”写作教育，是关注学生人格养育与精神成长的教育，是满足学生生命成长与写作成长的内在需要的教育，所以具有前瞻性、诱导性、启发性和实在性。其深层的教育理念是“把学生当作人”“把学生当作成长中的人”，因而它是真正以学生的发展为本的教育。

这样的写作教育过程，概而言之，就是发现自我存在→唤醒生命良知→发展精神纬度→彰显生命价值（“止于至善”）。这个过程是由己及人、由人及物、由近及远、由低到高、由感性到理性的精神成长过程。

（本文原题为《一次作文就是一次精神上的新生》，刊于《人民教育》2017 年第 22 期，被人大复印报刊资料《高中语文教与学》2018 年第 3 期收录。后以《一次作文，一次新生》为题，收录于上海市教委教研室编辑的《素养与经历——上海市中小学语文学科课改 30 年》一书，收入本书时有改动）

9月2日这天

（一）

吴明喆

9月2日，我回寝室后趁熄灯前几分钟的空闲，打开手机，看一眼微信，发现妈妈发了条朋友圈。

这条朋友圈写的字不多，配的图是九宫格。我点开一看，有我们班在各处的集体照，有班主任在活动时拍的照片，有护旗队的照片。照片中的人很多，但仔细看总能找到我，我在做操、在护旗、在与班级同学练校歌……我不知道竟然这么多照片中都有我。

我想到了妈妈给我发的消息——她每晚都会发——“寝室怎么样？”“是不是要买《中学英语语法》和《新思路》？”“今天饭卡怎么只扣这么点儿钱，你要好好吃饭，别因为贵亏待自己。”……有时我会惊讶，有些我自己都记不清的东西，她在几十公里外记得清清楚楚。

她记性不大好的，我记得。

我想象她每天时不时地查我饭卡余额的样子；我想象她或在班级群或在学校公众号中寻找照片中近乎成了一个点的我；我想象她搜集信息，早早帮我买好工具书，放好，等待仍未到来的周末，还有两天，四十八小时后才到来的周末。

她有时会把黑白衣服混在一起洗，洗出来是灰色的，真不细心！我记得。

常听人说“母子连心”，我知道我是她牵挂的对象，清楚地知道住宿的真正原因不是因为路远——再远她都愿意送，肯定的。而当一个人牵挂的对象或是事物与之分离，他（她）会愿意吗？我们会愿意吗？或许是为了让我得到锻炼吧。她好像很放松地说着：“高中不体验一下住宿怎么行呢？你要是一直住在家里，我像初三时一样每天要想着做什么好吃的菜，我可受不住，刚好最近我要绣一个作品挂墙上，我也好有自己的时间……”背后却是许久的犹豫与内心的纠结。

我默默地给她这条朋友圈点了个赞。那是她9月2日唯一的一条朋友圈，已经发出来三四个小时了，我却是第一个点赞的——以前她朋友圈总是有很多人点赞的。

或许是仅我可见吧。

（二）

郑乐怡

刚开学，又进入了新学校，我手忙脚乱，像只无头苍蝇在校园里瞎转、在寝室里匆匆整理、在食堂里赶着排队吃饭。9 月 2 日这天，发生了许多啼笑皆非的事。

上午最后一节课下课铃一响，我就开始欢呼雀跃——下午的体育选修课都没开始，这意味着接下来的时间全是自习！我和小伙伴商量着中午一起去吃心心念念的铁板饭。这是食堂里排队最长的、价格最划算的、最美味的饭。谁知，走到楼下，A 同学饭卡忘拿了。她奔上去拿卡时，瓢泼大雨落下。“别干等了，我们先跑到食堂避雨，在食堂等她。”我转念一想，这样也行，便动身走了。可谁知，冲到三楼，铁板饭窗口早已人满为患。望着黑压压的队伍，我想铁板饭肯定泡汤了。热乎乎香喷喷的铁板饭离我而去，留给我的只有一楼的阿姨早已做好的饭菜。吃着盘里的饭，听着淅淅沥沥的雨声，我真乃感极而悲者矣。

原来以为下午的体育选修课是自习，体育委员却带领我们到体育馆听老师介绍各项课程。有足球、篮球、排球、乒乓球、网球、健身……课程多种多样，但对我而言都一个样——不擅长。大家都在热烈讨论，我一点儿兴致都提不起来，只对网球还算感兴趣。在吵闹声归于平静时，体育老师开始了他冗长的叙述。他讲述了经济学、社会学等无关内容，我听得快睡着时，他终于进入了正题。“注意，网球课只有 16 个人，任课教练如果觉得你不适合学习，就会将你调剂到其他课程。”一道晴天霹雳击碎了我的网球梦。

选课的时候，我万分犹豫，迟迟没有报给体育委员。等到我下定决心选乒乓球时，却吃惊地发现只剩下舞蹈和足球。跳舞？算了，广播体操的跳跃运动怎么都学不会呢。我迫不得已选择了足球，后来听说女足是学校的强项时，我心里一沉：肯定要被踢到其他课了。抑或是偶然间发现了我的足球天赋，为校争光！我的命运要到下次体育选修课才会揭晓。

上完晚自习，我飞奔回寝室，拿出早上丢进洗衣机洗的衣服，又一股脑儿全塞进了烘干机里。调转按钮，启动——搞定！睡觉前，和室友下去拿衣服。回到寝室，我们把盆里堆成山的衣服整理好，分清哪件是谁的。衣服整理完了，但我们多了两条裤子，少了一件白T恤衫和一个垫子。洗衣机是可以随意打开的，一定是之前有同学准备洗她的衣服，把我们的拿出来时漏了，又和其他同学洗完的放在了一起。丢白T恤衫的F同学急得团团转，她明天要没衣服穿了，搜遍角角落落，寻求宿管阿姨的帮助。寝室里一阵哀号，发誓下次再也不在宿舍楼里洗衣服。

细想上一次洗衣服也是这样状况百出，一团纸混在衣服里，经过洗衣机彻彻底底的搅动，所有的衣服都沾满了纸屑，怎么抖都抖不掉。两次洗衣服，每次都出现意料之外的状况。找权益部投诉无果，只得无奈地说句：算了，习惯就好！算了，下次不洗了！

显然我还不习惯高中的生活，9月2日这天见证了我的手足无措、啼笑皆非。但它是我高中生活的开始，回想起来，也一定会是美好充实的一天。

校园漫步

（一）

范云枫

我推开寝室门，走廊尽头有姑娘在跳舞。

或许是什么节目的排演，肢体的舒展随性而慵懒，在一扇摇曳着枝条的窗前，被晨光勾勒成一道曼妙的剪影，晃了我的心旌。

我想起昨夜，浴室里有歌声，轻快和谐，含着一汪笑意。乘着氤氲的水汽，她们的心情轻易便传递到我这里。

还有某一个在相辉楼的课间，楼上淌下一段琴声，沿着一圈圈的楼梯回响、盘桓，把有限的空间一次次无限地填满。

纵有万难，这时候心思总如融化的糖浆，被拉得透亮、稠长。

然而闸机一扇扇向我洞开，踏入笃志楼便是放出一支无可回头的响箭。楼梯一阶连着一阶，笔记一页连着一页。一次次匆匆卷起纸笔，跑向选修课的教室；唰啦啦地扬着标满问题的化学卷，追在老师后面；一遍遍地抬腕，向手表询问着时间。可时间似只捉不住的雀，一振翅便凌霄不见。好像前方总有什么事还未完成，还完成得不够出色。心神似紧绷的弓弦，一整天一整天不敢松懈。

中午匆匆踏出教学楼的那一刻，一片干枯卷曲的梧桐叶忽然自高处跌落，撞向我脚边，一棵梧桐的一小部分生命便这样炸开。我慌忙抬脚，才发觉早已过去这许久，我却仍像棵生长在夜晚的树，枝叶向周遭的白雾里胡乱地触探着，茫然没有方向。

今夜是我头一次在晚间走出笃志楼，旦华楼煌煌的灯火融化在门前的池水中。转过葡萄架，花坛边悠然跃出一只白色的猫，再沿着红墙走下去，踏上松软的操场。

我只是走，慢慢地，无目的地走，感受着沾着夜露的草地。原来墙外的路灯是这般颜色，暖融融的一团挂在水杉的枝丫上，软化了这杉树平日里要刺破天的凌厉气势。原来秋天是忽然漫开的，天空那样高而辽阔。又是那样一个无云的良夜，只能借由那朗月垂下一绺并不恼人的凉意。

我便这样走，慢慢地，无目的地走。指尖渐渐颤动起来，敲出几个不具意义的音符，喉咙渐渐放开，哼出一段没有出处的曲调。仿佛眼前又浮现了一扇摇曳着枝条的窗子，耳畔又响起了浴室里的歌声，远远地相辉楼又淌下了琴声。我忽然想在这月下起舞了，尽管我根本不会跳舞。于夜风里展臂，抬腿，旋转身体，感受到一股泉流般的滚烫，自心底的最深处涌向指尖的最末端。

所幸我正身处校园，身处一个不论向哪个方向探出枝叶，都将得到回应的阶段。选修课上，老教授用目光扫过整个教室，叮嘱我们，一定要跟着自己的感觉走。我火急火燎地怀揣着一箩筐问题追上化学老师时，她俯身细看，与我说，不急，你还有很多时间，我们一道一道来。年轻的女教师在语文课上告诉我们，“浴乎沂，风乎舞雩，咏而归”，是何等至高的人生理想。

鸟雀扶摇而上，翅羽尚且有张有弛。生命自有其韵律。与其一直奔跑，不如遵循交替的节拍，偶尔于湍流中缓行，等待着与一个最合适的、最如愿的自己相逢。

我漫步在校园里，殊不知也漫步在我自己的身体里。

直到某一天，当我试图摘月时，却发现拨开云雾，月亮便在眼前。

（二）

李雨璇

“丁零零——”上课铃响了。我最后看了眼窗外阴云下有些黯淡的树影，压下已经飘向远方的思绪，目光收回到黑板上，开始上课。

“……中，是中和，是指面对挫折和孤独，要以平和的心态去调和情绪……”可惜只是徒劳，老师的一句话，又把我带回了课前的思绪。

孤独啊，现在这样，算是吗？一个人料理生活，一个人走进校门，一个人消化焦虑，一个人压下自豪。不知道什么时候起，抱怨怕只带来负面情绪，兴奋怕被当作炫耀，再多的情绪好像也没有理由和第二个人诉说，全都留给自己。走得再近的朋友，聊的也只是无关痛痒的话题。

虽只是些闲愁，却也是“欲说还休”。

“可有多少人是不孤独的呢？我们常说苏轼乐观，可苏轼不孤独吗？‘惊起却回头，有恨无人省’，他只是学会了与自我调和，与万物共处，才有了‘也无风雨也无晴’的坦然和平静。”

风带着树叶的厮磨声从耳边拂过，我漫步在校园中，已经下课了，唯独老师的话萦绕在耳边。抬头仰望楼层之上只觉黯淡的高大的树，层层树叶无言中竟缝起了如此厚密的绿荫；垂目对上锦鲤探出水面的额头，忽而好奇它安静的目光中映出过多少人的神情。从红墙脚下绕过，我对它的了解可能还不如一只长居于此的猫；抬起的脚步带起数根干草，它的一岁一枯荣看不尽任何一届学生完整的三年。我看着校园中的一草一木，好像我从未看过它们似的。陌生与惊喜之余，我扪心自问：这万物的景象，可曾真正被我看进心里吗？

如果我曾真正看过那棵高大的树，我会与每一个在树下抬起头的同学产生共鸣；如果我曾真正看过那条锦鲤，我会透过它的眼睛想象每一个它曾见过的行人的思绪；如果我曾像想家一般看向红墙，那只猫便是我亲昵的伙伴；如果我曾把草地当作同伴，那我在校园漫游的脚步就有记录和陪伴。

我不知道苏轼望见山水时在想什么，我未经历过与他相当的苦难和相同的山水。但在这座并不算大的校园里，我、同学、老师，我们看见的是同一番风景，我们产生的是类似的情感。倘若孤独是每个人、每件物必然要经历的，那孤独本身便能引起共鸣。而共鸣，便足以缓解悲伤，一如此刻漫步在校园中的我，忽而变得平和安然，悠然的脚步一时不愿停下，便在此刻的平静中，多享受片刻的清闲吧。

光影突然鲜艳了起来，抬头一看，原来是风牵走了云，露出了太阳。阳光之下、校园之中，我所看到的世界，在这一次漫步中，好像有什么不同了。

我在高一课堂的三个瞬间

赵碧畅

日光透过窗棂，暖意融融地铺满白瓷窗台，几分温度弥留在指尖，缓缓蔓延至心底。远处的旦华楼被镀上朦胧的金色光辉，台阶上的少男少女说着笑着，空气中隐有微尘漂浮，折射出别样的秋日风采。复旦附中的生活情趣盎然，复旦附中的课堂熠熠生辉。

真与美的瞬间

开学不久后的写作课，有急促的起立声倏然打断沉吟的思绪。“有时我们一味追求写作立意和主题的塑造，堆砌繁复的辞藻与描写，因此我们一遍遍地在记忆中拾取最精美的那片。可有一天我们回首再看，记忆中纯净的、飞扬的那页已被打磨得面目全非。”那男生声音清脆，可语调已无法平缓。那一瞬间我似乎看见他黑框眼镜后隐有泪光闪烁。

我想起曾写过在古镇邂逅的靠着门栏刺绣的老婆婆。那篇文章是经过我精心打磨过的，添加了很多的情节与细节的刻画并安上一个意境高远的主旨。我多想人生如初见，停留在记忆深处的，依旧是那日午后的静谧。我静静瞧着的那一幕流水人家，如同轻巧的羽毛落在心头，而非那些高尚的民俗艺术的长袖清风。思绪在那个瞬间飘了很远，像是有风拂面而去，就此穿过碧波荡漾的水面，透过水里的青荇。那是澄净透亮的真与美，高高吹起，让我的心也轻灵起来。

浅谈青春的瞬间

已记不清那节语文课谈至何处，老师在黑板上徐徐落下“青春”二字。有同学说，青春是不朽的，是每个人曾路过、正走过或将经历的；有同学说，青春是一种心境，是心有猛虎细嗅蔷薇的姿态；有同学说，青春是明知山谷没有回音却仍选择纵身一跃；有同学说，青春是选择、失去与值得。

最怕便是“欲买桂花同载酒，终不似、少年游”。还好，正值青春的我们总是意气风发。终会凭着青春拼搏的张力，让迷雾涣然冰释，找到那个以梦为马的自己。

唇齿交锋的瞬间

辩论赛前夕的班会，就辩题“心灵鸡汤是否有营养”，每个人都做了一回辩手。有人说心灵鸡汤是低谷的我们前行的勇气；有人说心灵鸡汤给予人无谓的心理安慰，使我们停滞不前；有人说那是多年后延迟许久的感动和顿悟。有人在座上蹙眉沉思，有人在台上据理力争，相同的是，铃声响起时每个人脸上释然的笑意。我在多少唇红齿白之间、思想的碰撞瞬间，亦收获灵光乍现。

琥珀光阴，默忆少年风采。那些瞬间，或明净，或悠远，或卓绝，镌刻着片刻流淌的思想，让我在那些并不盛大的碎片中畅游哲思，常存微小的感悟与念想。这些瞬间，我愿追寻……

国权路上的初冬

（一）

张哲远

“还有五分钟就要关门了，请赶紧离开寝室。”抓起书包冲向斑马线，穿梭在浩浩荡荡的队伍中。日既西倾，扫了一眼慢了五小时十七分钟的懒得看说明书调正的手表，奔向了383。

这条每天被我们跨越六次的国权路，似乎成了我们匆匆的见证者，默默忍受着因跳跃而增大的压强，但又经常在我们回过神来之前调快了时间前进的速率——用以惩罚我们。随着这变化的，是越来越晚和越来越匆忙吗？当有一天意识到自己要改过自新时，将时间往前提，使它变得充裕，但它的生存空间终究还是被压缩到了崩溃的边缘。

声声叫着夏天的知了不知在哪个黄昏停止了歌唱；绿叶不知在哪个夜晚换上了黄色的睡袍，安然地飘落在地面入睡；柔和的风儿不知在哪个清晨变得尖酸刻薄，猛地扎进人的心里。冬天似乎总是不讨人喜欢，似乎总是想把它不想看到的东西拒之门外。夏天第一次来国权路吃饭的饭店终究还是没有熬过这个冬天，关门了。于是心情也因为回到原点而变得恶劣——正如《1984》中说的：“当你的一切痕迹，甚至是不具名地在纸上划拉下的字迹都不可能实际存在时，你又怎能向未来呼吁？”

一天、一周、一月，形成循环，我们似乎在其中得到的只是当初灿烂的失去，“国权路”这个名字在提到时也没有一百多天前的兴奋感。梧桐更兼细雨，洗刷了夏日的闲适。但是在雨水的冲刷后就只剩下柏油路上可怜的坑坑洼洼吗？我想未必，在那小水塘里不也流淌着我们收获的成果吗？我们抱怨时间过于迅速，但我们真真切切在每天都有收获，或小或大。也许会回到最初的起点，又见那青涩的脸，但哪怕是重复过后的些许提升也会使我们心旷神怡。

冬日，想着战胜寒风的身影，在斜阳下拖着长长的影子，螺旋过后总有提升，就像我们来回于校区间的路程肯定不为零一样，提升自己的充实感有时能盖过光阴飞度的恐惧。

深夜，国权路上偶尔驶过的汽车划破了黑夜的宁静，也打断了我的思绪。台灯的微弱光线，映出我略有所思的神色——有时候打断能引出新的思绪。如果一直沿着国权路这条单行道行驶，迷失在树梢间斑驳的光影中，不也是合乎情理的吗？心中有着清晰的目标，在路上不忘初心，才能使这条人生的向量指向正方向，而不会因偏离而指向万丈深渊。

冬天其实并不是那么孤高，在它寒冷的外表下，存着一颗温暖的心。车灯的灯光，联结着路灯的、笃志楼的、旦华楼的灯光，泛起一阵黄晕，在细雨中渐渐溶化开来，使顺路带来的奶茶的芳香和甜蜜，融入我们心间。从“秋天的第一杯奶茶”到初冬的，不变的是关心。月光下戴着围巾，呼出凝结成雾的水汽，在临近圣诞的水波荡漾中，有同学的温情一路相伴，在彩灯的映照下，变得五彩斑斓。

这条国权路，必将被赋予更多不同寻常的意义，承着更多深厚特殊的感情。因而我们不必担心会沦为重复者，在这赋予的动作中，我们本身就和“重复”划清了界限。国权路上的学子不是死板的，我们充满着人文的情感与思想。生活有了在情调中的坚定与追求，也就有了意义。寒风与暖阳交相呼应，谱写了每一天，正是这种多元和有时有缺憾的美，点缀了情调，造就了浪漫的初冬国权路。

（二）

詹博闻

国权路上的初冬，没有凛冽的寒风和晶莹的冰雪。若不是外联部的校服通知变成厚重的冬季外套，我真不知道冬天已悄然而至。

早晨的国权路是极具人间烟火气的。七点钟，走出地铁站，我瞬间被滚滚气浪淹没。包子铺里蒸笼一屉屉放着，旁边的豆浆铺已经排起了小队；水果店老板正在打理店面，几个大妈正在用上海话讨论蔬菜水果的行情；身后远远传来糖炒栗子的叫卖声，巨大的炒栗机正一圈圈旋转着。马路上有很多车，就要进入早高峰了。学生们背着（或拖着）书包，逆着车流的方向，一步步向学校前进。仔细看，他们嘴边吐着白色水雾，在空气中若隐若现，给初冬的晨曦增添了一些迷蒙与隐约。

进入383校园，从笃志楼的窗向外望，国权路上却又有一种萧瑟与冷清。路边的树都秃了脑袋，露出了绿叶包裹下的真实的自己。这或许是植物与动物的一大区别吧：越是艰辛困难的寒冬，植物越会剥落一切伪装去展现自己，而动物却选择用厚重的皮毛去掩饰自己。都说植物才是星球上真正的智者，如今看，果然如此！

转眼到了中午。卖冰糖葫芦的小贩早早等候在国权路上，似乎也把学生串在了一起。初冬似乎是单调的，它有学业压力的骤增，它有期末考试的悄然靠近。但每一颗冰糖葫芦都追求着更甜的滋味，每一个人也都追求着生活中的美好。初冬午间的阳光照在人身上，暖暖的，似乎有着手掌的温度，让握笔的手逐渐舒展开来。远远听到广播里的音乐声，律动的旋律牵动了所有人的心。

晚饭后的国权路是最美的。太阳缓缓沉下了地平线，旦华楼顶上缓缓升起了第一颗星星。同学三三两两地行走在路上，身上闪着或红或白的灯光。抬头看向远方，那是合生汇大楼，楼顶火红的灯箱勾起了我的回忆。“要是抬头能看到合生汇，那你离家也不远了。”我曾和初中的挚友如是说。不仅是国权路，世界路甚至晨晖路的夜晚，都有灯光点缀夜空。可是那明亮的北极星啊，那些与我同行的身影如今又在哪里？人生便是从一条路走向另一条路，而那灯塔与宿命，都紧紧缠绕着我们，无法挣脱。

夜晚的国权路，街边飘着鸡腿与奶茶的香味。再一路往前走，灯火逐渐暗了下来。路上的车稀疏而急促，打着大灯从身边飞驰而过。空气中有了一丝寒意，我不由得紧了紧衣服。

再抬头仰望星空，一瞬间我似乎感受到苍穹的宁静。那是不断变化却真实到静止的宇宙，那是广纳世间万物的基源。星星眨着眼，正调皮地说：“走吧，走下去呀。”

又是初冬的另一天，似乎是重复与重复，却暗含着无限的新鲜与生机。冬天来了，春天还会远吗？

旦复旦兮不问归期，四时与你同行。

这是上海最美的时节

（一）

胡侨诣

上海的夏天，骄阳可能不如北方那样热烈，但丝毫不影响热情的点燃。

如果说春天是从冬天的桎梏中逃脱，那么夏天便是经过充分准备后的尽情绽放。冲破补习班的束缚，我也终于能饱览夏日上海的活力与魅力了。哦，这上海最好的时节。

2020 年夏天父母答应的初中毕业游因疫情而搁浅，我只得在上海本地寻觅好的去处。时值盛夏的上海，热浪翻滚，催着行人加快步伐却不至于冲昏头脑。不时可以看到，女孩们身着清丽的汉服从容出街，在塞着耳机匆忙赶路的人群中成了一抹足以让时间穿越的亮色。虽是高度国际化的现代大都市，无法听到蛙声一片，可蝉鸣总是不缺的。有人说白天的蝉鸣惹人心烦，但夜晚，倚窗凭栏，听得清风送来夜半轻微的蝉鸣声，自觉心绪宁和。

小吃店在夏天有着令人无法抗拒的魔力，而夏日上海传统冷饮店的老板更是忙得不可开交。捧着一满杯老上海绿豆刨冰，吮吸一口，顿觉心旷神怡，身心也随之飘飘然了，此时，抬头望向布满星辰的天空，更觉浑身舒坦。

八月中旬，快乐暑假已过半，在赶写暑假作业的疲惫时刻，我却分明感受到了整个上海由内而外散发出的油墨香、书卷气，是的，一年一度的上海书展开幕在即。我算是上海书展的忠实读者了，从 2012 年开始，每年的上海书展我都会参加，那是我与夏天的一个约会。遗憾的是 2020 年由于疫情限流，妈妈没有及时在网上买票，我与上海书展擦肩而过，这使我难受了一阵，仿佛丢失了心爱的宝贝一样。

上海书展于我而言就像是一位心有灵犀的老朋友。在互联网高度发展的今天，纸质书的阅读似乎日渐式微，而日益繁重的学习又挤占了阅读的时间，消磨了阅读的热情，但来到上海书展，能够感受到一种捧起书来读的魔力，它让你在卷帙浩繁中流连忘返，它让你不由自主地感到人的渺小。小时候爱逛的童书嘉年华展厅我已不常去了，长大的我更爱在几家专业出版社和著名高校出版社的展柜前徘徊、寻觅。翻开一本书，摩挲着光滑簇新的书皮，不必低头去闻，氤氲的芬芳墨香自会钻入你的鼻孔，渗入你的神经，继而使你晕眩沉醉。上海展览馆金碧辉煌的展厅，人头攒动的购书、观书氛围已经成为我脑海中永远抹不去的记忆。上海书展让热爱阅读的人们在喧嚣的尘世找到了一个宁静的角落、一个世外桃源，它也在无形中见证了我的成长足迹。

夏日的上海不止有书香做伴，更有各种主题的国际文化交流活动和群众性文化活动，令人心旷神怡。上海国际电影节、上海旅游节是上海夏季最具特色的文化项目，丰富多彩、高端大气的国际文化交流活动和群众性文化活动使上海这个城市以及它的夏季更具人文情怀和温暖迷人的情调。从二十世纪九十年代举办至今的上海国际电影节已经成为国际A类电影节，其受欢迎程度可谓是一票难求。

上海旅游节与浦东新区同岁，虽然其主题与“买买买”密不可分，但随着中国共产党成立100周年的到来，曾经被人诟病缺乏旅游资源的上海，已经成为红色旅游的最佳城市。来自全国各地的人们不分男女老幼，都纷纷前来一睹这座城市悠远而灿烂的峥嵘岁月。上海的包容、大气以及小资情调凸显出这座城市的内核——开放、创造、积淀、多元，正是在这一次次的文化交流和互鉴中，这些特质才得以彰显和发扬光大。

虽然上海的夏日无荷风送香气，无竹露滴清响，有时暑热难耐，但我们依旧能感受到时有微凉，这微凉不是风，而是那人群中的亮色、书香里的清甜，还有那无尽的活力与热情。春天有一时新的无边光景，春风却易醉人；秋天有火红的枫林和霜叶，但终是有些萧瑟。春秋之间的夏日则最能体现上海这座城市的热情与美好，体现它的开放和活力。

我爱上海，我爱夏日的上海——这是上海最美的时节。

（二）

万洲桐

就算没有这个作文题，我也一定会坚持，这初夏影子下的春日着实是上海最美的时节。

可若要我写地理意义上的“上海”，我一定是看不全更写不全的。上海对于我，大概在很长一段时间里无非就是世界路、国权路，以及记忆里走过的路罢了。而“美丽”更是非常主观的，心情美丽，万物即明朗可爱。

我见到的上海的春，是非常暧昧的。她常带着余冬的温度，与夏纠缠不清，既不浓郁又不寡淡。此时之万物是最美的，因阳光与风（作为万物底色），都恰到好处。

你能在一棵树上同时感受到这两者，那种带着金色的翠绿，偶有一闪即过的光，树冠上一簇一簇的叶群的微波，如厚重的层叠雪纺礼裙走起路来牵带的波动。或者看那面白墙，淡黄底色上不知何物的影子在微晃，哦，但你知道那墙面之底色是太阳的影子，就像翠绿上混着的金黄，像残冬落叶的生命最后的光亮，而微风的足迹也早被寻到。或许看向窗外，偶尔会被那阳光开温度的玩笑，可出去看看，透过掌间的风又是那样凉，但又拔去了冬风的刺。这是春最聪明的地方，借了初夏的阳光，又留住了些冬日的风。

我坚信一个季节的美几乎是由阳光和风决定的，因为有了它们就有了雨水、温度、营养与能量，它们催生了花草树木与世界之颜色。

秋冬的风是不讨人喜欢的，它在尚可忍受的萧瑟中掺着丝寒气，刺激着皮肤，宣告严冬主权的即将来临；而夏日的风是膨胀的，鼓吹着热量，徒增热力之威风。阳光更不必说，秋冬它吝惜，夏日它肆意，唯有这时节是最美的。因为它聪明地拣选了两极之季美好而有力的事物，也因为这阳光告诉你它只会越照越亮，这风在你的掌心上写下它只会越吹越暖，即在平衡之季中趋向正向。一言以蔽之，这时节给人希望，给万物注入期待。

可，季节为何带上了期待？这时节仅是季节吗？

一个时节的底色是记忆赋予的，而记忆是那些用力的情感——疼痛或是深爱，也可能只是简单但确定的快乐——刻上的。而当这烙印与时节产生联系时，就构成了时间。

故这时节有另一个名字：第二学期。

第一学期总是挣扎的。一个新年级甚至新阶段的开始，充满着各种不确定性，对未知的摸黑探索，再加上秋风、残阳和课文中的萧瑟游子，甚至没有美丽的心情去寻找残破中的美。故第二学期理当成为美丽的幸运者。

它是熟悉，是获得，是阳光下的领奖台。

如果说冬是隐忍的蛰伏，夏是外溢的活力，那么秋大概是频顾留恋走向深渊，而春，是攥着的拳头里藏着糖。

那是我最熟悉的地方

（一）

张若晏

和无数个已过的夜晚一样，面前的木制书桌和窗外沉得乌黑的夜空是我唯一的战友。从我能拿起笔开始（包括那乱涂乱画的幼年），这张木桌就占据了我生命里很大一部分的时光。不是名贵的木料，却用它结实的骨架托起了我的十六年。我像熟悉自己一样熟悉这个地方，每一道划痕、每一块墨迹、每一片木纹的走向，我都记得清楚——这让木桌前的小区域成了我最熟悉的地方。

写字，停顿，写字，停顿。这是我在木桌前唯一的工作。

在那个质疑万物的年龄，我质疑到了自己的身上，像个布谷鸟时钟一样反复问自己学习的意义何在，坐在木桌前静若雕像，但脑海中掀起了波澜。做出了如今看来大胆又绝对愚蠢的决定，我逃离了自己最熟悉的地方，去追寻那些所谓的意义与乐趣，让它们产生的快感麻痹了自己。

直到现实给我一击。

这回不需要我来质疑自我了，旁人看向我的或担忧，或焦虑，或惊讶的目光迫使我不情愿地回去。将全身压在木桌上，侧耳贴住，听着通过木桌传来的我自己的扎实的心跳。我抚摩那些划痕、墨迹，摇摆身体，跟随着思维中叛逆的旋律，然而老木桌并不随我而动，还是稳稳地、无声地立着。

大彻大悟。

木桌会考虑意义吗？不会。他只提供一个我熟悉的地方，就一直这样立住了。人生也是这样吧，在最熟悉的行为中、最熟悉的思想中、最熟悉的地方生活，在反复循环的磁带卷中，寻找让鼓膜震撼的特殊频率，在熟悉中寻找伟大。

木桌，是我熟悉的大山，那些趴在大山上感受窗外的夜晚，那些幼时躲在大山里避开父母搛蔬菜的中午，那些躺在大山上小眯一阵的午后……它一直置于我最熟悉的地方，从未移动。在固定的熟悉面前，人们才可以体悟到自己的渺小吧。永不过期的记忆里装下了木桌，也装下了我的渺小。我的每一次变化，都让我再熟悉它一点儿。只有回到家，跑进卧室，一屁股坐在木桌前，我才有了“着落”的感觉，犹如脆弱的婴儿在母亲的臂弯里酣睡，这一刻，我是渺小的。

在熟悉中寻找伟大，在熟悉中感知渺小，这是我最熟悉的地方赋予我的意义。它包容着我的一切，感知着我的一切，在我的灵魂上烙下爱不断蔓延的印记。

我回归到胚胎时期，在我那最熟悉的地方，浅眠。

（二）

陶一苇

正如史铁生常到地坛去，一待就是一整天，园里的众生百态谁也不如他熟悉，我也常到自家书房去，一待就是一整天，那是我最熟悉的地方。

名为书房，实则用途多多。除去三个贴着墙站、顶天立地的书柜外，我的书桌、座椅与躺椅也悄悄混入其中。我常常写作业写到一半，人不自觉地就歪到躺椅上去了。随手拿起地上书堆中的一本，一摊就是一下午。直到暮色昏沉，惊觉窗外江对面正在施工的电焊枪闪得人眼花，才后知后觉地打开灯。于是一天又过去了。

拿着书瘫坐与瘫坐着看书是两回事，谁知道随手拿的是《半生缘》还是《管锥编》？前者够我津津有味地读一个下午，然后在赶去找母亲交流感想的路上蓦然发觉作业之多，不由得开始自怨自艾。后者是天书级别，每回我以为已经参透，父亲写在旁边的批注又令我摸不着头脑，接着又因文言文素养低下而郁郁寡欢。总之，书房里的我每到夜幕将至时，心理上总要进行一番斗争。享乐派与发愤图强派吵得不可开交。幸而，发愤图强派战果斐然。

于是到了晚上，总能瞧见我在书房中勤恳地整理着。每当我想“洗心革面重新做人”时，照例都是要捯饬一顿书房的。将越走越慢的钟拨快一些，将躺椅边的书换成各类原版书——虽然它们的价值总会止于助眠。把玻璃柜里各种不知名的小玩意儿拿出来挨个儿擦一遍再放回去。于是远远望去，书房和先前别无二样。我才会满意地坐在书桌前，开始用功学习。

除去以上周而复始的行为以外，书房切实陪伴我度过了许多难忘的日子，譬如中考备战期苦练数理化的日子。那时候的书房，书桌左侧是历年真题，书桌右侧是我的错题，书桌上则摆着好几叠演算纸，复习累了就背语文，再累就再背。偶尔地，望着因地方大小限制而被堆在躺椅上的各色书籍，也会质疑自己甘愿作茧自缚于应试框架中的意义。但离经叛道的念头往往也只是一闪而过，只要在我最熟悉的地方，心就能静下来，我把中考当作一场再普通不过的试验。

我有时也会困惑：四方刻板的小小天地，何以让我沉浸其中，将大把时光抛掷于此，以至于让其成为我最熟悉的地方？我想，或许是因为我明白这是属于我自己的休憩所。无论我在为什么而奋斗着或只是一味地在迷茫处徘徊着，书房都不会成为旅途的终点。我知道小小天地之内，我还有无限的可能。书柜里摆着的看过或没看过的古今智慧总是为我安设着无形的屏障，告诉我无论岁月几何，生活的意义总在生活本身。如果能有值得奔赴的目的地，那么大胆地向前吧！心中的自在书房会为我留守。心间有一方净土，世间万物均可替我掌灯引路。

人在书房内，望着窗外皎洁的月光，常常误把它当作海洋，可谁又舍得凌空其上？有了心间的净土，才会那样高兴地看到：未来的正道已然处于脚下，延展开来的是无限的可能与希望。

而起点呢？那是我最熟悉的地方，我的书房，我的心房。

这是我的行动力

（一）

沈许样

小时候，在老房子里，在爷爷的书房里，总是飘着一股浓郁的墨香，总能看见爷爷手中握着毛笔，在宣纸上写下一个个娟秀的小字，如同用钢笔写的一样。但当我尝试时，却总在宣纸上画出粗大歪扭、半边“飞白”的墨迹，不禁羡慕无比。

长大了些，我仍对书法充满了憧憬。去老师家中学习书法，必定要从基本功练起。毛笔入手清凉，但驱散不了我内心的忧惧。站在桌前，手拿不稳笔有些微抖，一遍遍重复地写“横”，手臂略有些发麻，身上出了许多汗。想放弃，但内心对书法的憧憬仍支撑着我继续。老师最后将我扶到椅子上，我对书法的追逐因此开始。

练习了数年，我成了以前的自己羡慕的人——我羡慕那些写得比我好的人，羡慕那些能临摹更难字帖的人。不明白为何要羡慕，或许是对更难、更美的追求，或许是我的要强。但我意识到书法从我当年简单的憧憬，已经变成了一种追求，或者说一个梦想。

初三临近，拉响了我学习书法的警钟。初二考取了业余八级证书，我还不满足。就算不能再追逐下去，我也要达成自己的目标——考取业余十级证书。就是妥协，也要不屈。

暑假挤出了时间，在十一月的考试中，我却没有得到回报，我没有通过考级。一模要来，自主招生考试要来，乃至六月的中考……第二年五月的考级，是最后的机会。等升了高中就更不可能练习书法了……

我明白自己的内心，我不愿放弃自己的梦想。

初三复习时，我挤出晚上的时间练习书法，突如其来的疫情，让我有更多的时间……五月，戴着厚厚的口罩，我忐忑地写完了字，仔细回忆着字形与笔画的细节，却不禁想起自己学习书法的点点滴滴，回忆中的字形，亦更加清晰。

人有梦想、有目标、有憧憬，并为之努力，即为行动。为了实现梦想，为了使人生圆满而奋斗，即是行动力。我想起一句："不问收获，但问耕耘。"又或一句："念念不忘，必有回响。"

我实现了目标。

我将为梦想不懈前行。我会记住那些在追逐中流过的汗水、泪水，我会将它们铭记于心，它们正体现了我的行动力。

（二）

陈睿哲

提笔，笔在纸上书写的沙沙声划破了夜的静默。

《周易》里有这样一句话："君子终日乾乾，夕惕若厉，无咎。"是说，能自强不息，保持警戒，就能免于灾祸。用来概括我的行动力倒是合适。

那是乾卦的九三爻，也就是《周易》的开头。那时我兴致勃勃地打开书，迎面撞见六十四卦里最朝气蓬勃的一段，于是壮志满怀立下誓言，向至圣孔子看齐，一定读到"韦编三绝"才肯罢休。

踌躇满志常与盲目并存，一把火燃起的热情常在繁杂词句面前一败涂地，面对一本不怎么厚却字字艰深的书，读书的行动力被简单定义成"风风火火"，离错谬也就不远了。

《周易》一遍遍尝试把我拉回——"龙战于野，其血玄黄"。讲战争，是让人不要急躁冒进。

可惜耽于翻书之乐的我并没有想到这一点。

于是"黄裳，元吉"的各类解读、"西南得朋，东北丧朋"的晦涩内涵、否极泰来的奇异转化，逐渐使满心向往成了一团乱麻。读了很多东西，又似乎什么都没读到。

——回想当初读《周易》的经过，其实也在预料之中。

有没有人说过《周易》如同一片森林呢？或许着急穿越的冒险者会与携带着好运的鹿擦肩而过吧？他又怎么会想到所寻的秘境正在身侧的深邃之中呢？

"即鹿无虞"，进入深林没有山神的引导，便找不到潜在树丛中的鹿。这山神，可以是外人，也可以是自己。重读，有意放慢脚步，没有刻意寻找，却蓦然发现以往错过了太多。

隔三岔五便有诸如“利贞”“大有德”“利有攸往”这种呼唤行动的话，而同样频繁的，是“勿用”“无所往”“硕果不食”这种告诫不可冒进的话。适度，初学的我却当没看见，如今字字入眼方才醒悟——实在羞愧，仿佛被恨铁不成钢的周文王隔着千年痛骂了一通。我的行动力，那种盲目而冒冒失失的脚步，是将周文王的行事主张全盘错解了啊！

之后并不一帆风顺，但不自觉地能够背出几十条爻辞，甚至道出其中的隐意，藏匿于其中的智慧也日复一日鲜明起来。

我感受着每一则上上卦读罢的畅意与每一次凶兆过后的警惕，吉利有迹可循，而凶险中也并非全无机会。赞成行动力的同时，它予以告诫——那是敢于行动并谨慎权衡的人生智慧。

命运为行动力出了道选择题——进或止。我曾不假思索地信仰前者。《周易》教我选择隐藏其中的选项三：热情、勤奋依旧，保持适度克制。我们总呼吁勇于行动、勤于行动，把效率与实干当作行动力的全部，《周易》则为行动力的定义添上了清醒与沉静，它更厚重，也在对个人的增益上更胜一筹。

那句“终日乾乾”后紧跟着的“夕惕若厉”，昭示着“无咎”的真正路径，是勤奋而不冒进、自强而不失稳重的行动力。

这便是我的行动力——我庆幸自己终没错过这两个成语。

七十二年的时间

阅读下面的材料，自选角度，自拟题目，写一篇不少于800字的文章。

一份调查显示，若一个人的寿命为七十二年，那么，他睡觉占去二十年，吃饭占去六年，生病占去三年，工作占去十四年，读书占去三年，文体活动占去八年，闲聊占去四年，打电话占去一年，约会等人占去三年，旅游占去五年，梳妆打扮占去五年。

“物物而不物于物”地驾驭人生

陆盛瑶

庄子说：“物物而不物于物，则胡可得而累邪！”倘若将不曾停止流转的光阴算作“物”，那么驾驭一生的时间便是自啼哭开始从未停息的一场修行。一份调查显示，若一个人的寿命为七十二年，那么他用二十年睡觉，六年吃饭，三年生病，十四年工作，三年读书，八年参加文体活动，四年闲聊，一年打电话，三年约会等人，五年旅游，五年梳妆打扮。耗费二十九年——多于三分之一的寿命用在维持生命机体的基础运转上，十四年用在维持生计上，剩下的时间皆在“游手好闲”——不少人笼统地这般概括。仅是这般吗？非也。我们的人生是“物物而不物于物”的一场修行，万物皆为修行的必经之路，生存是物、困苦是物、进修是物，享乐亦是物，“物物”是根本真谛，“不物于物”是不忘初心、活出自己的金科玉律罢了。

“物物”的前提，是正确、友爱地对待自己的身体。人有生老病死，命运之轮摸索不透，那便活好当下，该睡则睡，该吃则吃。也不必追求笛卡儿因身体不好睡懒觉，望着天花板发明出坐标系的境界，但要驾驭作息，切勿学宰予昼寝，被痛斥“朽木不可雕也，粪土之墙不可圬也”。于日光流转之际读书工作，于素月流光之时和衣安眠，万物各得其时，作息亦然。

“物物”的重点，是给予自己同忧患和解的权力、放松的空隙。我的母亲总让我将闲聊、胡思乱想的时间花在正经学习上，宛如一本《论语》，告诫我克己复礼，舍生取义；我虽“深明大义”，可依旧想在重压下出逃，遁入《南华经》里喘息平复，“身若槁木，心若死灰”般无为，“堕肢体，黜聪明，离形去知”般坐忘——这是我必须拥有的精神上退守的空间。闲聊、打电话和旅游的部分意义也在于此，这绝不是游手好闲或虚度年华，否则一个人为何不花四十三年奋力拼搏？要驾驭忧患与苦难，驾驭消解苦难的天性，正如卢梭所言：“谁最能容忍生活中的幸福和忧患，我认为就是受了最好教育的人。”如果没有涅槃的自由，但还有生之留恋，那么不妨逃走。

而“不物于物”的关键，则在于明晰事物的界限后仍泰然自若地自处。懂得“以有涯随无涯，殆已”，那怀揣谦卑的心涉猎人类无穷的智慧，不奢望遍识，但求饱尝。自知“尘土仍归于地，灵仍归于赐灵的神”，那就将“每一个不曾起舞的日子，都是对生命的辜负”视作人生信条。或如陶渊明意识到误落尘网，嗟叹“世与我而相违，复驾言兮焉求”后毅然归于田园。

君子使物，不为物使。生命的意义由人来赋予。物物而不物于物，切于物而不粘于物，则超然而无往不乐。

垂死之梦

王敬然

2079年6月。

我躺在豪华别墅的大房间里，轻软的羽绒被盖在身上。可是我已经感觉不到真丝睡衣的柔软舒适，听不清耳边播放的轻音乐，闻不到几分钟前佣人给我点的熏香，连画着名画的天花板也模糊不清了。

死亡是件很突然的事。

等眼前的事物再次清晰，我已经站在了天堂入口。那儿有个面容和蔼的男人，没有翅膀，不知是天使还是神。

“欢迎回来，我的孩子。”他缓缓开口，“现在我们来看看你在人间的表现如何。你活了七十二年，是吗？二十年用来睡觉，六年用来吃饭，有三年你在生病，这些指标完全正常。”

一个人一生要睡二十年？我暗自惊讶。想来也是，学生时代上课睡的懒觉，都被上班后无休无止的加班和熬夜抵消。

“下面是工作，你花了五年，这一项比正常标准低了九年啊。”

哦！我自己是清楚的。工作没几年，我就厌倦了辛苦的日子，嫁给了一个我不爱但是有钱，能助我过上奢侈生活的男人。“跟了他，我能少干二十年。”这个男人的确给了我钻戒、跑车、豪宅、名贵的奢侈品，还有种种数不清的财富。“后悔吗？”我悄悄问自己。

“接下来，文体活动九年，旅游七年。这都略有超标哦！”

当然，我出入有司机接送，行程有管家安排，平日无事可做，花在旅游、文体活动上的时间自然就多。

那位天堂入口尽职尽责的守卫者接着拉出一长串清单：打电话二年，约会等人三年，闲聊七年，梳妆打扮六年。

该死，我的后半生在做什么？怎么时间都用在这些无意义的事情上了？仔细想想，孩子们交给家教人员，家中大小事务交给管家，我只负责出现在各种社交场合，奢靡享乐……

他似乎看穿了我的心思。“不着急，还有一项：读书四年，超额完成！”

什么？读书超额？我可不记得成年后碰过书一下！哦，想来大概是高中时期读的书，背的古文？这会儿，我发现了一个努力的自己，被遗忘许久的自己。结婚前的我虽然苦、累，但一直有理想，所以快乐；结婚后的我成了一个埋在钱堆里等死的富太太，而这样的生活并未给我带来多少快乐……我现在恨透了自己，替自己前半生的努力感到不值。

“这里恐怕不适合你，孩子。”他严肃的语气里透着失望，“你这一生干的有意义的事不到四分之一，我想……”

有意义、无意义，我痛苦地咀嚼着悔恨的滋味。突然，有股力量把我往回拽，接着猛地一推，我从云端掉了下去……

“啊！”惊呼一声，我睁开眼，面对的是老师布置的长长的作文材料和一字未写的作文纸。我轻轻地笑了。幸好我还只是个2021年的高中生，幸好这描绘希望、改写未来的笔，还紧握在我的手中。

有硬度事物的描述

（一）

卢　实

我见过一块美玉。

那是千年前的文物了，也许是官员的玉印。它立在博物馆方正的玻璃展柜里，有束明亮的光打在它身上。它是方方正正的，中正的白，晶莹而不张扬；坚挺的青，细若游丝而不偏不倚地缀在玉面上，隐隐闪着温润的光泽。我看到它的第一眼便知道它是有硬度的，因为纵然千年的历史让它的表面不再光滑无瑕，那永不褪色的玉白却在向后人昭告，无畏地袒露着澄明的内心。玉印方正的结构中竟无一丝裂痕，是什么让它如此坚硬地经受住了千年的来自各个方向的外力的扭曲，方正而不变形，甚至没有在内心留下裂痕？持玉的人，也是如玉一般的君子吗？当他拿起玉印办理事务时，是否有着玉印一般的意志，背负着千百年历史的畸变，仍中正硬朗，光风霁月？

君子如玉啊！坚硬、方正、坦荡、温厚而笃定。

我见过一棵巨树。

那是在吴哥窟，坚若磐石也早已被历史消磨的地方。信仰崩塌，佛像倒在地上；神庙塌裂，一块块巨石散落，当地人久已遗忘的文字刻在上面。哪里还有生命？树啊！循着那穿梭在巨石中的板根向上，一棵巨大的榕树，挺立。它那纷密、错综的板根，一条条硬是从巨石中穿过，崩裂、生长。在那里，一棵植物的意志以它寂静的繁荣向人类的力量发出挑战，它那活生生的气息告诉我什么是生命的硬度，什么是草木之躯的坚硬。当那些砌了神庙的石头安于荣华，被历史遗忘时，它以蛮荒的意志在废墟中不断向上生长、向外扩张，千年来它早已子孙满堂。

生命如树啊！命运将其抛到哪里，就在哪里硬朗生长、独木成林。

我见过一条大江。

那是在三峡。从前我无数次想象三峡的风急浪高，是不是滚滚长江东逝水？是不是江间波浪兼天涌？然而看到它的第一眼，我就对长江的平静感到惊愕。碧绿的江，平静如止水，嵌在高山峡谷中，似一块翡翠。但我知道即使有了水库，翡翠下仍是暗流汹涌，泱泱江水以不可逆转的意志平静而迅疾地向东流逝，抵抗着一切外力的阻挠，在三峡的群山间切出道道沟壑。它也是有硬度的，至柔的水啊！刚硬。那抬头可见的数百米垂直山崖、不见曦月的重峦叠嶂，就是它亿万年来抗争的印迹。总说水善利万物而不争，但一艘艘船朝发白帝暮至江陵的背后，是江水坚硬地奔赴大海的意志，挟着无数个日月，飞逝。

心志如水啊！静水流深，至柔则刚硬。

这就是有硬度事物的描述，温厚如玉、纤弱如木、柔静如水。在那坚硬的意志前，历史烟尘、金石牢固、山高地广……有什么能阻止柔弱之躯以不可阻遏之势并刀如水呢？

（二）

薛金昊

在那肃穆无声的玻璃展柜里，我第一次看见了青铜。那极富金属光泽、沉淀土地千年又得以重见天日的鼎身，都在歌颂着不屈的硬度。

在辽远广袤的先秦土地上，先秦的青铜裹挟着土地的芳香和诗的韵味，以不可挪动的天姿望着芸芸众生。历史的印记只在它身上亲吻，却不曾损害它一丝一毫。它庄严、寂静；它身上镶刻的铭文空蒙、抽象，营造出一种伟大命运的感觉——这是我第一次这么近、这么长时间凝视这个颇具硬派美学的东西。

随着人流，中央便是博物馆的镇馆之宝——大克鼎。它是那么庄重，却又那么轻盈；它是那么古老，却又那么年轻。它矗立在那儿一动不动，可它却给人以动感的画面：诸侯祭祀，向它虔诚地奉上牺牲；随后惊雷响彻天空，众生跪倒在它面前，祈求风调雨顺、社稷安定——而它，以王者之势俯瞰众生，使星月斗转、阴阳调和……尽管现代文明的科学技术对这些超乎现实的神不屑一顾，可依然改变不了大克鼎“居其所而众星拱之”的地位，依然折断不了它的硬气——这便是青铜的硬度，我所倾倒的硬气。

然而我最喜爱的并不是这个鼎。一壶琼浆置于桌之上，以一小樽笑看万里河山。这樽椑，是何等的扣人心弦！桌上刻着一两句铭文，却又是造物者何等的匠心！虽说饮酒误事，可身居高位，掌控天下大局，左右臣子伺候，美人在侧，纵使再理智的君主，亦会情不自禁地乐享一杯！因而，樽口一再的平滑、一再的平整，只是为了能在饮酒享乐之时更尽兴罢了。樽榫的碰撞，寄怀着古人的多少欲望与快乐？而当热唇碰上冰冷樽口的那一刻，又有多少人会幡然醒悟，不再沉沦？笑看人生百态，举杯更尽一杯酒，于人世，不正求得这一份洒脱？而洒脱之后，或一鸣惊人，或提剑跃马、驰骋沙场，不正是樽榫给予人的硬气与阳刚？纵使冰冷坚硬，当热唇与冰冷的金属相融时，人心已被热情消融……

皆谓书画柔情似水，殊不知缄默的青铜也有灵气。青铜正因一身硬气，姿态亘古不变。高贵与否，卑贱与否，仿佛无足轻重。在现代文明坚硬的大街上，青铜的出现总能引起众人一片哗然，谓之“千年古董”，却未曾想过，千年前青铜是否也是追捧的对象？书画柔软娇贵，须妥善保存才能流芳百世，因而圈粉无数；可人们是否想过，青铜深埋地下千年得以保存，其所秉持的特质是什么？是其不屈的坚硬和它坚毅之间所镌刻的灵气。

“尘土仍归于地，灵仍归于赐灵的神。”谁说冷酷的青铜坚硬的外表下没有沸腾的血液？有的。坚硬的铜壁下是古匠们打入的灵气，是缄默的青铜器闪耀光辉的不竭源泉。

冷酷的青铜下是极富硬派美学的灵气；而灵气的赐予者一定有一颗看似坚不可摧，实则柔软细腻的心。它与中原同心跳，与大地同呼吸……

（三）

张若尘

硬度？

作为一种常见的物理性质，我的第一反应是金刚石，天然生成的最硬的物质。可我又觉得，有时候一把铁锤便可以轻松碾碎它，它似乎不够格。

继而我又想到了摩天大厦、金库与防核掩体等。这些是渺小而顽强的人类在长达千万年甚至上亿年的进化后，以无尽的智慧凝结而成的璀璨明珠。作为人类刚强不息、拼搏不止精神的见证，它们是相当有硬度的。而我又不满足，许多年后它们终会在某一刻瓦解，伴随人类的一切成就归于尘土。因而，有硬度的，我想还是非自然莫属。

自然是个模糊的概念，难以描述，因此我们姑且把它定义为“未被人类改造利用过的事物”。试问这样的自然还剩下多少呢？我害怕极了，以至于不敢开口。但这样的自然必定是有极强的韧性与硬度的。文明程度再高的地方如果三五个月不管理，自然便会用它凌驾于一切之上的手开始对这些有“硬度”的事物进行改动：它的孩子渗透到每一处钢筋与混凝土的罅隙中，发散至阴冷地基滴答着水的每一处裂痕中，开始分解破裂，将完整如柱腐蚀成斑驳点滴脱落，将光洁如玉重新刻画出磐岩皴裂之重；所有的人造物会蒙上一层灰，继而在一段较长的时间里将腐朽化为本初——好像没什么有硬度的事物能阻止这不可逆的分解与重构，即便是切尔诺贝利的放射也在几十年内被绿蔓青藤团团围住。

然而自然的硬度就仅止于此了吗？好像还有些意犹未尽。仿佛在进行破坏与逆文明化的自然，不过是在完成它自身的工作。这是天理，自然的硬度显而易见来自它的天理，这就延伸至“顺其天理”的范畴了。这天理的存在必然有其合理性，而这种合理的存在就是博大与宽容。自然从来不会像个小孩一样被抢了东西就哭，否则海啸掀起的狂澜早就淹没了大陆：它大度地给予，之后还会友善地回收，帮人们温柔地处理追求“硬度”的后果。然而万事万物都有度，“不及与过度都同样会毁灭德性”，在人类不断地冲击自然的底线后，自然的双瞳不可避免地染上一层晦暗的血色，因此自然超常的硬度便开始发挥作用了：自然像个不哭不闹生闷气的孩子，攥紧了拳头，眼角处划出一滴毫不令人注目的泪，落到地上，就像《三体》中的水滴撞了地球，进而搅起地震、海啸与龙卷风，给人类带来喧嚣与波动。自然大概在喃喃自语：“这才叫硬度。”

所以我们面前站立的是一位可能握紧“硬度”拳头要出手的“母亲”。我不愿意看到有朝一日自然将人类划拨到它的对立面中，因为对于它看不惯的，毁灭是最简单且实用的办法。而人类更不应该妄想战胜自然，老实说它比你硬得多。

我不知道“母亲”那充满了“硬度”的身体喝了核废水会有什么反应，然而我知道它一定会很不舒服。“天行有常，不为尧存，不为桀亡。”令我更加恐惧，担忧着某天忍无可忍之后是无须再忍，一切都将被那双曾给予我们一切的手碾成齑粉，还管什么硬度。

大概有人会认为我杞人忧天，但我希望人类能借这双有硬度的手去描绘美好的生活，而不是让它来抹平自己。

我是由我自己雕刻

电影《夺冠》片尾曲第一章最后几句为："我想要成为你，却怕失去自己；你懂得，我是由我自己雕刻。"请以《我是由我自己雕刻》为题，写一篇不少于800字的文章。

（一）

周小琰

我曾经看见过一座雕塑，她的上半身如阿佛洛狄忒一般完美，却脱胎于那丑陋的、臃肿不堪的下半身；她的左手紧紧抓着一柄利刃，右手握着一把钉锤，正狠狠地锤打着她下半身的赘肉；她的神情痛苦到几乎狰狞，她的眼睛却灿若星辰。

我知道，她是由她自己雕刻。

雕刻，不同于绘画，不是在画布上涂上一层色彩，而是在最坚硬的石上、玉上，用锋利的刻刀一笔一画地刻出硬挺或者柔和的线条，开料、剥皮、碾琢、抛光，一层一层痛苦的蜕变，才成就一座伟大的雕塑。

雕刻自己，要明白该把自己雕成什么样，我们活成什么样子取决于我们想要的样子。衡量自己的标尺，永远只存在于我们自己心底。我们可以像闻一多的红烛一般活着，放了光、灰了心，照亮了他人前行的路；也可像昌耀的那只小得可怜的蜘蛛，在雪线上匍匐，有别于其他任何人所追逐的雄鹰和雪豹。我们可以像孔孟之道所宣扬的端方君子，周而不比，卑以自牧；也可像嵇康在那个虚伪荒唐的时代斥笔写下"非汤武而薄周孔，越名教而任自然"般离经叛道。正如王尔德所说，"每个人生来都是君王，但大多数人像大多数君王一般，在流亡中死去"，我们不必迎合他人，不必赶时髦，唯有坚定自己想要成为的样子，才是雕刻自己的前提。

雕刻自己，就要敢于对自己下狠手，用最尖利的刻刀扎进肉里，削掉不必要的血肉，重塑经脉，剔除枯骨。就像叶子从痛苦的蜷缩中用力舒展开来，人也要从不加思索的愚昧里解脱，这才是活着。舍弃浮华、喧闹，舍弃让人愉悦却致怠惰的过多的休闲，舍弃懒散与优柔寡断，舍弃莽撞与懦弱……这所有的一切舍弃都是痛苦的，但这正是痛苦赋予我们的意义。胡适狠下心来与自己过去的纨绔子弟身份告别，终成大家；女排队员日复一日地艰苦训练，伤痛甚至用钉子来坚持，终拿下中国女排的十一连胜。“没有经过战斗的舍弃是虚伪的，没有经过苦难的超脱是轻佻的”。舍弃不该有的“废料”，才能雕刻出超越感性世界的心中镜影。

要雕刻自己就要沉浸在心中的那方净土，专注自己选择的这条道路，哪怕人迹罕至，哪怕孤独，也要耐得住寂寞，守得住心性。也许会有鲜花着锦，烈火烹油，但大多是“板凳一坐十年冷”。孔子一生求仁，曾子践行“仁以为己任，不亦重乎？死而后已，不亦远乎”。有的画家一天画一幅画，画了十年才卖出一幅；有的画家十年画一幅画，一朝就被有识之士竞逐。工匠们以灵魂为引，一生只做一件事，一心只待一花开，才做出了精细的作品、壮阔的景观。碌碌之人，今天忙这个，明天忙那个，一生困囿在求而不得的愤恨中，又能怪谁呢？专注地雕刻自己，不因外物喧闹而改变，任歌舞升平钱币玎玲，任金戈铁马机器轰鸣，只一笔一画琢出自己，才能做出旷古之像成就自己。

电影《夺冠》片尾曲里，“我想要成为你，却怕失去自己；你懂得，我是由我自己雕刻”出现的那一刻，我潸然泪下。雕刻自己，唯有坚定自己应有的模样，狠得下心剔除浮华，十年磨一剑地精雕细琢，才能无畏地说出：

“我是由我自己雕刻。”

（二）

陈　睿

当眼前摆着现成的模板，告诉我们只要付出努力，付出单调而重复的劳动就可以取得成功时，我们心甘情愿地接受。此时，定义我们是否成功的是那条A+的分数线。恍兮惚兮，在非理性竞争浪潮中的我，已经失去自己的色彩很久了。

我见过有人似美玉，温润、充实而有光。可我，大概是一块顽石。如果说美玉需要细细打磨，那么石头，真的有雕刻的必要吗？我苦笑。石头，有什么价值呢？

可是生活偏要将我雕刻。

生活中的阴霾和重压伴随着初夏的雷雨一齐到来，黑云密密地挤作一团，梧桐树宽大的叶隙间滚下细密的雨珠。原本对生物有充沛的热情和饱满的信心，在那场雷雨中几乎要被粉碎。老师的劝告还在耳边，一声声“再考虑考虑”挥之不去。那时生活中的许多压力一齐朝我涌来，我又开始犹豫如何选科目了。

不知道从什么时候开始，外界的评价标准开始决定我的选择。“默然忍受命运的暴虐的毒箭”，这仿佛是我的写照。忍受，逃避，一旦出现选择就会纠结、犹豫、焦虑。期中考试前拼命复习生物得了 A，讽刺的是，打算放弃的地理反而得了 A+。我问老师生物的竞争压力太大了，自己是不是该选地理，老师的回答犀利却真切：“你太投机取巧了。一次考试不能代表什么，喜欢什么就去做，努力做到最好。”

是的，一直以来都是生活将我雕刻，我一直活在外界的评价中。眼前的路不好走，就想换条路走，却从未做出过遵从本心的、自己的选择。

这一次，我想从命运手中夺回那把雕刻刀，自己雕刻自己的生活，以势必实现的决心，付出自己全部的热情。我喜欢生物。接触生物让我感觉一幅生命的画卷在徐徐展开，从分子到个体、个体到种群、种群到环境，我能真切地感受到生命的痕迹。虽然遗传图解让我焦头烂额，但是喜欢就去做吧！去付出努力，去做到最好！

雕刻，是我们所做的每一个选择。那些看似细小的选择，其实都默默地为未来埋下了伏笔。为了迎合和适应外界的评价而改变自己，那么生活会将我们雕刻，它像流水一般流淌和冲刷，它改变的不仅是我们外在的棱角，还让我们的内心变得千篇一律的圆滑。但若是想自己雕刻自己，唯有遵从自己的内心，我们才能保留自己成长的痕迹。遵从本心，纵千山万水，踏浪而往，终将抵达。

石头，有什么价值呢？我会告诉你，即使再驽钝的品性，再粗粝的纹理，我也会将其雕琢，保有本心，保有原来的色彩。毕竟，你懂得，我是由我自己雕刻。

三、获奖作文

导　言

有限时间内迸发的灵智

孙梦依

本章精选了复旦附中学生在上海市中学生作文竞赛及鲁迅青少年文学奖中的获奖作品六篇。上海市中学生作文竞赛由上海市教委教研室主办，作为上海市唯一的官方中学生作文竞赛，迄今已举办三十三届，每一届都有不少复旦附中学生斩获佳绩。鲁迅青少年文学奖是由周海婴先生生前倡议发起的全国顶尖的青少年文学创作盛会，自2009年至今，已成功举办了十一届，复旦附中学生更是获得了第一届、第十届、第十一届的全国高中组唯一的特等奖。

从选取的六篇文章中，或可一窥这些十六七岁的少年在考场的有限时间内迸发的灵智。铿锵的书写流露出少年人迅捷的才思、敏锐的洞察力、广博的视野、对自我价值与生活方式的追寻与叩问、对家国未来的关切和担当。获奖意味着一种肯定，这种肯定既是对学生出众才情的肯定，也包含了对复旦附中一直坚持的以“真实性”“过程性”“成长性”为准则的语文写作教育的肯定。

“真实性”是写作的第一要义，也是近年来同类高水平作文竞赛不约而同达成共识的评选原则。但在实际写作中，也成了最难落实的部分。学生虽然自小听惯了“我手写我心”，可落笔时往往不敢写“我心”，甚至发现无从寻找“我心”。对于前者来说，对高分或奖项的渴求往往带来的是致命的诱惑，刻意而虚假的迎合造就了中小学作文易流于假大空的宿弊；对于后者来说，愈加繁重的学业、机械的训练和快节奏的生活侵占了学生去真切发现、体察的热情和空间，光鲜的成绩背后是苍白、虚空的思想和生活，这使得他们不得不走上前者的老路，汲汲于写作技法的雕琢。因果逻辑的倒置带来的是无限重复的恶性循环，是以复旦附中在语文写作教育上一直致力于革除假大空、套路化的老毛病，引导学生开掘作文的“真实”，去真实地体察、真实地发现，运用自己真实的语言书写自己真实的思想。这诚然并非易事，学生对真实的体认和追寻需要经历漫长的过程，必须在一次次写作主题的设置和引导中去除自以为是的遮蔽，破除刻意的标新立异，恢复敏锐的感知力，从熟悉的生活中发现陌生的风景，以近取诸身的方式肯定日常、肯定微小、肯定触手可及却常被漠视的真实生活，事实证明这是脚踏实地通神明之德、类万物之情的必要途径。正如张诗雨同学笔下那吹进自习室却让人纹丝不动的热风，塞着耳机的侧颜或者书橱里喧宾夺主的射灯，都为异化等主题的思考垒筑了细密的砖石，让人书写出独属于自己的个性。

复旦附中学生在作文竞赛中屡有佳作，这次集中选择了张诗雨同学自高一至高三四次参加上海市中学生作文竞赛的获奖作品，恰好可以观察到复旦附中语文写作教育的“过程性”与“成长性”。三年中，张诗雨同学关注的问题始终有聚焦、有延续，集中在两个最根本的，也就是语文教学与立身处世始终面向的问题上：其一是人与自我的关系，即如何抵抗异化，保留诗性；其二是人与外物的关系，即如何在庸常的生活中安放自身，与周遭相处。可以看出，在每一次写作时，张诗雨同学都是在诚恳地发问、思考、探寻，以语言为载体梳理思想的脉络，在构筑语句的同时为自我解惑，实现思维与精神的双重成长，每一篇文章都为自己在成长中书写出一个思考的节点。而相较于高一高二的文章，张诗雨同学高三的写作似乎更为高考规范所青睐，但正所谓“根之茂者其实遂，膏之沃者其光晔”，与“技进乎道”的技巧训练相比，广博的积累、丰富的体察、扎实的思考才能成为茂盛有力的写作根基；将写作视为与灵智对话的成长途径而非获得分数的手段，才能长久保有热切、好奇的写作动力。

“语言的觉醒”则是复旦附中在语文写作教育上不断探索的另一个重要课题。相信读者在阅读这些获奖作品时，会有感于这几位少年作者透辟锋锐的语言功力，在天赋的惊才绝艳之外，亦或多或少可以看出复旦附中在“语言的觉醒”上一以贯之的追求，而这一追求方向与“双新”语文写作的目标是高度契合的。部编本高中《语文》必修上册第八单元是词语积累与词语解释，这一单元的设置足见新教材对作为写作基石的“语言”的重视，复旦附中陈晓蕾老师亦曾就这一单元开设“语言的觉醒”公开课，展示语文组在语言教学上的探索成果。汉语是最具诗性的语言，经典的文学作品在词语的使用上无不具有强烈的象征性和“一字不可易”的必然性，优质的写作必然离不开对词语的敏锐感知力和挖掘丰富意蕴的能力，思维的建构也离不开语言确立的秩序。但在日常学习中，学生的语言表达往往是机械、扁平、词不达意的，因而在教学中，引领学生从词语认知本身出发，自觉去除日常的遮蔽，让词语脱困于刻板单一的囚笼，恢复汉语应有的力度和美，在认识、理解词语的过程中被语言驯化，继而创造自己的语言，成了语文写作教育的必由之路。张诗雨同学对“格局”一词由园林本原至自我与外物的关系的逐层讨论，展示了语言认知由表层至深层、由说明至阐释再至象征的思维逻辑建构方式。席铁群同学对鲁迅“深根者”“清醒者”“神箭手”等身份的定义，也展示了其对语言的绝对控制力以及对鲁迅思想的深刻把握。这样的语言并非赛场上灵机一动的侥幸表达，需要日常学习中日积月累的语言自觉。

不同于其他领域的竞技，作文竞赛不仅是激扬文字的热烈比拼，而且是在真实地面对世界的过程中实现自我精神的激荡、碰撞与新生，如黄荣华老师所言“一次作文，一次新生”，若每一次写作都能如此，相信结果自然“修天爵而人爵从之”。期待未来能读到更多真实、精彩的青春灵智！

遥在彼岸，近在远方

张诗雨

站在这里，极目远望破晓时分的天光，在灰白、苍茫的背景下是村落低矮的几座平房，踏上覆了白的草，贴近了黄土的心脏，远远地，传来唤醒一天的秦腔。

贾平凹先生在描摹秦川时沉醉，我亦被戏班排练时全村出动的热情打动，敞开了听放开了唱，生活一场戏，在水一方。

就像泰戈尔说的“遥在彼岸”一样，即使寤寐思服，仍道阻且长。你有你的“速食文化”，我享受我的碎片时光，无线电总能有效地填补焦虑的空闲，无所事事多么不道德，只因为我们是学着数理化、身上立体环绕着电磁波的孩子们。尽管有学者站出来告诉我们：“现代人的困境就是弗兰兹·卡夫卡的困境。”可惜靡靡之音泛泛，石沉大海。

正如弗兰兹·卡夫卡《变形记》里的那个兢兢业业的主角格里高尔·萨姆沙，日复一日的机械生活和家人的期望使之麻木不堪，如此才有了开篇一句——“一天清晨，格里高尔·萨姆沙从烦躁不安的睡梦中醒来时，发现自己在床上变成了一只大得吓人的甲壳虫。”弗兰兹·卡夫卡抛出这样一个问题：当人被特定的环境异化，人要何以为人？

格里高尔·萨姆沙的父母无法忍受儿子脆弱而丑陋的身躯，趋向冷漠无情的嫌恶，他的妹妹起初善待他，后来也开始觉得负累和羞耻。

人脱离的是人性的本质，弗兰兹·卡夫卡拉了一个长镜头，残酷地一拉到底。

反观库克的话，人工智能永远成不了人类这般会思考的芦苇，我们却会在信息时代汹涌而至的速食狂潮里丢失“眺望彼岸”的眼界。校园自习室涌满争分夺秒的人群，即使有热风不停地灌，里头的人仍毫无察觉地写，可贵又可惜；再者说早年还没安装空调的旧公共汽车，可随意寻人叙话而不显冒昧，今时若侧头一瞥，入眼的不是忙忙忙就是耳边塞了耳机的侧颜，无人能真正摆脱智能的桎梏。

人没能变为虫，异化成了编程中的一串字符。

早在二十世纪，马塞尔·杜尚创造了实物主义的《喷泉》来讽喻艺术家们的守旧，敲打着年轻人的脊背，掷地有声地告诉我们：手握新兴主义来开拓自然造物的艺术。那位波兰女诗人辛波斯卡作一首《种种可能》警醒我们“存在的理由不假外求”，所以她写植物的独白，昆虫的告解，此中小而美的素直精神无处不在。

庆幸的是，我们仍能读到“自牧归荑，洵美且异。匪女之为美，美人之贻”。异代重温生动俏皮的古时爱情，也有“之死矢靡慝。母也天只！不谅人只”的可歌可泣。回归一种自然朴实，一如秦腔。触摸自然的脉搏，追寻彼岸的诗情。

思想信马由缰，目光随意笃视，这一天才是有脉搏的。

张旭书法几多人欣赏，几多人描摹，可几人能知他挥笔而就的《肚痛帖》里是人间的烟火气？“忽肚痛不可堪”，他忽逢肚痛，不能忍了，难受得纠结，写得也纠结了。这古人生活闲庭信步的慢与情调，有三两挚友，能青梅煮酒，便是有趣了。

闻说这则逸事，联想起秦川那片土地时时上演的生活戏剧，锣鼓震天，热热闹闹开场，心下柔软。

昨日与朋友一同乘地铁回家，读着那本《秦腔》。

正如那句“差异交会成雷同”——

朋友压着领口，手指刷屏飞舞，车厢里都这样沉默不语。

待我拿了行李箱下了车，也遇见了那位朴实的麻辣烫老板娘，看见她藏在雾气氤氲背后含笑的眸，收获了几人笑意，几缕温柔的目光。

它们如此不同，格外灵动。

它们遥在彼岸，近在远方。

（本篇获上海市中学生作文竞赛高一组复赛一等奖）

孑然一身方尽欢

张诗雨

中国的日夜是酒旗风飐下，贴了白底黑字的“太白遗风”，柜台上玻璃缸中盛着的“参须露酒”，蓝布褂子舀了勺酒颤颤地往回走，破旧了的收音机咿呀放着梅兰芳。张爱玲见了这些，入了心，便有了《洋人看京戏及其他》的开头。

那时她辨认的上海，算是有了几分洋气格调，但仍是三两弄堂，支了木椅，随意开嗓。书店招牌是规整的方字，精明的女孩子们偏爱的，一定是霓虹招牌，挂了英文，具有小资情调的咖啡吧。

彼时，她故居常德公寓下还没开那家“张迷”主题的书坊。如今，多少书迷闻其大名前去一访。见静安高楼林立，欧式穹顶建筑在街心一方，而那座窗棂红漆尽数剥落，颇有“垝垣”之态的公寓平房，遥在彼岸，遗世独立相望。最后谁都没能一感那位才女所言的，捧一把盐水花生，细看中国的生活。

那家书坊人满为患，入座咖啡吧，一杯咖啡，几人畅聊。书橱的射灯显然比未开封的书籍有趣，点亮手机，将光影定格，“美”仿佛紧握在了拍摄者手中，时间拉长，渐次遗忘。

“最美书店”创建了一种能与书香之美匹敌的视觉饕餮，适合闲逛，值得流连，唯独错误预估了书本身与外在世界的联系。我既醉心文字，场景与歌曲的变换一如默片；我既于书中万千世界畅游，秉烛夜读与明暗刚好的射灯有何分别？

愿如庄子云游自在，得鱼而忘筌；愿似陶潜悠然，望南山而识真意。

场中美色眼花缭乱，往来者易被美色所耽。书店诸多主题设计层出不穷，我于此将书架的设计、书籍的摆放视作一种“书店艺术”，引万千“游客”共欣赏。却更愿跨千山万水，绕过花哨的心灵鸡汤，走进复旦旧书店拂素蟫灰丝，赴约一场。

某尼顿悟大道，认为美在窗外的一枝梅上。宗白华先生却觉某尼仍不够深刻，人类的哲思岂如此即了？古往今来，有人闻关雎鸣叫，思起淑女好逑；林逋山园一游，拾得梅之风骨。我触摸到“七月流火，九月授衣”的苦中作乐，生活诗意；读到辛波斯卡的长诗一首，俯身拾起自然的精神，念昆虫的告解。

外放的表象之美，怎能轻易内化成彼岸的诗情？

可若真心实意，怎会惧怕拨开荆棘，见旧时月明？

我因在茶峒与翠翠相遇，赋予淳朴的情歌深厚的意义；我因被地坛里的母亲打动，在夕阳下秋风燥时起万千心念。

我们生来便拥有主观移情的能力，在有事可感之时化作了文字。它们在庞大的内心里别无居处，潜藏在书中的字里行间，理应安静充盈，无人可扰。

形式成了主流，“书店艺术”喧宾夺主。我们消费的是一种商业的情致，张爱玲的名字印在宣传单的标题。

赴这场盛宴，勿携尼采探讨生活时所说的目的。

传统阅读的唤醒是“路漫漫其修远”，因它是莲，是人们的一缕心念，心生喜。

引朱子言——

饔飧不济，亦有余欢；囊橐无余，自得至乐。

如此孑然一身，才能既见真意。

（本篇获上海市中学生作文竞赛高一组决赛一等奖）

于囹圄之中翻身上岸

张诗雨

这个三口之家坐上那辆他们认为的通向未来幸福生活的蒸汽火车，摆脱了那只名为“哥哥”的虫子，妹妹终于舒展了身子，展示出她犹如舞者般的青春姿态来。弗兰兹·卡夫卡把这样一个残忍的长镜头一拉到底，我读了又读，在布景喧闹的场景里却分明感到不堪重负，冷意翻腾。

《变形记》开头一句：“一天清晨，格里高尔·萨姆沙从烦躁不安的睡梦中醒来时，发现自己在床上变成了一只大得吓人的甲壳虫。”足以使人对这荒诞的情形望而却步，也足以让人对“人之为人”产生难以抑制的困惑。

重读弗兰兹·卡夫卡的《变形记》，格里高尔·萨姆沙坚硬的背壳和无数在空中无力蹬动的细腿似乎随我年龄的增长有了明确的指向，教科书里的形象不过冰山一角。“异化”的主题被反复咀嚼，却难以在现实中螳臂当车，发出如机械火车般的隆隆巨响。

尼采说打字机改变了他的生活方式。正如时代与格里高尔·萨姆沙命运的捆绑，我们之于海量信息的迷惘。如果说格里高尔·萨姆沙异化成虫后所背负的甲壳是他自身否定自我价值而扣上的枷锁，那么正体现了其时之人的功利和贫乏。用释迦牟尼的话来说，这是人之“障”；要我说，那一片甲壳上即使曾有过温情的假象，但实质上仍旧是未开垦的荒原，望不到彼岸的希望。生活失去了仪式感，这样机械的日子不会给予我们观察清晨的茶花和审视自身的机会，愈发扁平的“人”最后到底会不会成为三维世界的二维虚像？

我跻身摩肩接踵的城市地铁，在自动门关门警报结束的前一秒看见飞奔而上的“幸运儿”，徐徐关上的闸门背后拥满了低头看手表的人、刷新社交软件的人和无法计数的网络看客们。娱乐至死的狂欢心态，审美和信息的二元对立，在钢筋水泥里借着人们的浅薄肆意滋长。

谁不是格里高尔·萨姆沙呢？

相比起来，格里高尔·萨姆沙的人性似乎更高于我们。他在听到妹妹的小提琴曲被房客不屑时，仍保有欣赏和维护亲人的简单渴望。我们对各种事情发表言论时可以滔滔不绝，紧跟着大部队的脚步肆意评判，实则却得问：我们真的思考了吗？

便利店的玻璃门应声而开，商场的推门有专人为你拉开，这扇门仿佛的确为我们而开了，我们仿佛的确紧握着人生甚至是时代了。一如格里高尔·萨姆沙的主任上司和那三位寄住在他家的嚣张房客，自以为已经捏准了他人的命脉。而真正重要的是我们却还没意识到手中握住的是如沙般的反常现象，我们关注其实用价值、其娱乐价值，却不能体悟《小王子》里所提出的生命应该有某一时刻与其他时刻不同的仪式感。而《变形记》的重量应该像格里高尔·萨姆沙背上陷入甲壳的那只令他发炎、疼痛的烂苹果，维持着我、我们的社会痛觉，不至于让我们跌到“反常”的陷阱里去。

我忽然惊觉芥川龙之介的一句话用于此处最恰当不过——

揭露他人缺漏并非值得夸耀的资本，真正有价值的在于认识到自我的认知局限。大意如此。

弗兰兹·卡夫卡所指之痛，在于让我们发现“现代人其实是单向度、扁平的‘怪人’”。至于如何重新立体鲜活、顶天立地，应该从《变形记》里汲取养分。

而我们也曾拥有丰富的审美和情怀——《易》之变化，《礼》之永恒，孟子的性善，荀子的君主。最早发明的火药用于庆典，最古老的指南针用于风水，我们追寻的彼岸是文化本质的诗性，精神可得庇护的居所。

周国平回答读者提问时说：“幸福并不是一种没有痛苦的状态。”当今社会的幸福是囊括了自我价值实现和审美意识觉醒的，是与痛觉并行的。

隔年多次翻阅《变形记》，我渐次体会到“异化”的内涵在于唤醒我们这些“文化掮客”和“美盲”，并暗示一种可持续的生活方式仍有待寻找。

《变形记》之于我，确如陷入格里高尔·萨姆沙甲壳的烂苹果，时时发炎，隐隐作痛。我看见了曾经辉煌的文化诗性，也目睹了大跃进时期遍地工厂所生产的一地渣滓。

我们都曾身陷囹圄，现在也想翻身上岸。

（本篇获上海市中学生作文竞赛高二组复赛一等奖）

从“画中”走到“画外”——论摆脱困境和提升格局

张诗雨

宗白华先生谈中国诗词的内核，认为其源泉是一种“散步的诗学”——在探索自我与外物的界限中又达到自我与自然的融合，是一种不张扬不沉重的缓释与洗涤。凭借物的无尽与永恒来确认自身的存在价值，把人从名利、享乐、平庸的雾障中解放出来，代之以体察现世，人格完善地追求放眼看世界，其格局甚于数种形式的“小善”。

格局是中国园林艺术的常用词。颐和园有一亭榭名为“画中游”，粗看未见新颖又不甚别致，但若置身于内，再从各方窗口向外窥视，则入目所见东南西北各不相同。正是这种不能纵观而赏玩于几席之上的建筑理念奠定了其小中见大的审美格局——“游于画中的人”和“观赏画的人”形成了互为补充、彼此圆满的视觉关系，启示着我们一种生存智慧：小我的局限是必然的，但不是说这种局限是有缺憾的，它完整了我们对于微小和世俗之物的想象和认识。而跳脱出“画”本身的桎梏，则是洞见自我与外物、自我与他人，并能正确处理二者关系的最后关键。在这两种语境的铺垫下，“大格局”才有了成形的条件。

有人劝诫年轻人：人生要有大格局。我认为这句话表达了一种对年轻一代的忧思——我们从福柯定义的“规训社会”走入韩炳哲提出的“功绩社会”，此前从未有一个时代充斥着如此繁杂又荒芜的讯息，也从未有一个时代面临的诱惑能像今日一样丰富、伪善。超时长、高压力、非理性竞争的工作模式压缩了年轻人思考与独处的时间，竞技场一般的生活节奏鼓励我们追名逐利。《穿普拉达的女王》向我们生动地揭示了这一温柔陷阱的美妙和危险：前赴后继的年轻实习生跪拜家财万贯的时尚达人，把逢迎当社交，用人情换升迁。久而久之，被浮华钝化的感官就丧失了共情和反思的能力，这种天然的激励机制告诉我们没必要回头看。

因此，我们大概可以得出这样一种结论：我们认知世界的方式正在被单一化。在这一已被事先预设的价值观中，“散步”已经无法满足跟紧大部队的现实需求，“格局”更是无用之物。唯有降级自我，将身体视作一种可被优化的功能客体，才有利于追逐战的最后“加冕”。

这是一种西西弗斯式的生活困境，“庸俗的日常”就是我们手中的巨石。但这种困境是无解的吗？阿尔贝·加缪认为“西西弗斯拥有全部的无声的快乐”，岩石也可以成为一种事业。诚然，大多数人会质疑：无限反复的推石惩罚无异于精神上的酷刑，如何会感到快乐？问题的关键恰恰在此，耽于庸常的年轻朋友们惯于管中窥豹，琐碎的小事没有助长处理生活的能力，反而让我们丧失复活日常、坚定信念的意志。因此，阿尔贝·加缪想教给年轻人——置身“画外”，复活日常以重获自由的大格局才会屡遭摒弃。

《荒原狼》中的哈勒尔在魔剧院无情地剖析自己，他杀死了代表享乐主义的赫尔米娜，完成了从“画中人”到“观画人”的身份转变——在无限荒原和善恶局限的观照中，确定了自我处所和前行的目标。可见挣脱西西弗斯式困境以获得更高、更广的人生格局的契机，就在于与诱惑之物、庸碌之物、险恶之物博弈的决心。所谓“吸吮生命精髓”的崇高理想都建立在反躬自省、缓释欲望、走出荒原的基础上。

但丁在《神曲》中反复提及的蛇、母狼，象征着人的淫邪和丑恶。是的，我们不得不承认人性有着致命的弱点，不得不承认小我是有局限的，但这不是说小我是有缺憾的，恰恰意味着一种更大的善的起点，意味着人可以通过自我突破、建立理想达到外物与个人的统一，在这样的提纯中获得大格局——日常便不再沉重。

恰如文章开头所说，中华文明的内核是一种诗性的大格局。在中国，最初的火药用于庆典，最早的指南针用于风水；陶潜出走官场，看闲云出岫，识人生真意；苏轼叹“寄蜉蝣于天地，渺沧海之一粟”，豁达而诗意。不被功利绑架的精神是幸福的，回归理想、不断前行的旅程是西西弗斯全部的无声的快乐。

从画中走到画外，提升格局意识，不失为建立长效的、摆脱西西弗斯式困境的有效途径。

画中虽有乐趣，画外却更别有洞天。

（本篇获上海市中学生作文竞赛高三组决赛一等奖）

人格的力量

黄胤羽

亘古以来，人类以其一瞬之寿在这整个天地中交叠、更替，从四足发展至直立，手中所持由泥陶到彩陶、青铜到黑铁，乃至现今的电子科技。但人格如影般伴随着人类，是时代中一直存在且无法磨灭的东西。

但——若您问：“现今之中国人有人格吗？”我定会支支吾吾，于自己的回答中显出些愧疚神色来。因为我也不知道。

中华民族之人格是历来存在的，而人格的力量是给浑浑噩噩的民族以刺痛。

自古以来，我们有苏轼、有嵇康、有文天祥、有李白……中华民族之人格包含壮志凌云、淡泊名利、忠心为国……

回首清末、民国时期，国人宛如吸食了大麻般混沌，民族在国际上跪于列强，大家却不敢苟同中国人失去了人格。因为——我们有梁启超、有林徽因、有陈独秀，有那么多燃烧着的人。

——我们有鲁迅。

鲁迅先生并非仅仅是蜡炬、火把，他更像是一根烧红了的针。

阿Q、祥林嫂、孔乙己……这些都是那根针捅破的迷雾。在满世界沉重的夜幕里，以自己的文字作为热量，去点燃蜡烛、火把甚至灯塔，于是中国人走向光明。如同徐葆耕说的，去寻找一根针，将灵魂刺痛、刺醒。

斯人已逝，感怀良久。

若先生见了当今之中国，也会于天明前独坐，而后抽些烟，最后沉默着离开吧。毕竟现今，生活富裕，精神贫乏。我们又从光明的地方，走到暗黑的角落里去了。行至半途又回到了起点，谁人不叹息离去呢？

但我看到，鲁迅先生从未放弃，他从来都是用人格的力量来引导着大家向上走的。即使逝者如斯，他依然用自己的肩扛住了闸门、用自己的骨血著书、用自己的人格作针。

若您问我人格的力量，我们便从人格谈起。中华民族的人格并非一代代成长，而是一事事圆满起来的。鲁迅便是其中无比重要的一页。他的铮铮铁骨是近代以来中国人人格的支柱，是撑住中国人膝盖的东西，体现了民族文化的真正觉醒。他几乎是救了中国灵魂的人。

于千百年的混沌中大梦初醒，他仿若一个父亲，沉默且耐心地教以白话文、教以古代神话……只是他的诙谐中，是带着刺的。也许有许多人不明白，但他的思想，才是塑造了民族之人格的东西啊，我几欲流下泪来。

当我们谈人格的力量时，并非谈些虚假的例子；而当我们谈具体的人时，是鲁迅先生以骨作柱、以血作画，才有如今尚未圆满的中国之精神。尼采说：“余爱以血书者。”他们，谁又不是如此呢？

可当我们对那些血书无动于衷，失去盈眶的热泪时，这并非说他们失去了活在所有时代中的意义，而是我们失去了活着的价值。如同站在黑白的世界中便拒绝了色彩，在无声的世界中便拒绝了天籁，在囚笼中便拒绝了自由。我们是亲自熄灭前代圣人的炬火的一代。

这是我们的悲哀。

而鲁迅天生以其有力的人格穿过了时空来向我们呐喊：“愿中国青年都摆脱冷气，只是向上走，不必听自暴自弃者流的话。”我们现在仿若他笔下的小人儿，蚕食着女娲的血肉而沾沾自喜，殊不知如此蒙昧，似未开化的夷族一般令人耻笑。

无妨，无妨。

已经有人被先生点燃，在时代中有炬火，便有向上走的希望。只是当我们无法被人格感动时，我们又如何圆满民族的人格？在这整个时代中，最先被唤醒的人是最快乐的也是最痛苦的。

但是，当我看到蒋勋先生、熊培云先生的时候，我便知道了前人人格力量的强大。穿越百年、千年地呼唤回来，震撼着一代又一代的人们。

“能够点燃闪电的人，一定在云中沉默已久。”在前人的思想中迈步，我们已是“得天独厚”。

所以——开始阅读吧！开始思考吧！当我们真正拥有沉思、审美、感动与震怒时，我们才能够拥有自由的灵魂，才能够去爱和前进。

伴随着晨雾中的玫瑰浅眠。

读完先生的文字，感动、迷茫、愤怒……灵魂饱满时能够感受到书页中的文字暗流涌动，欲挤进我的血管中来，胀裂、战栗。

人格的力量，给他人以刺痛……然后成为光。此时此地，“吹灭读书灯，一身都是月”。

“此后如竟没有炬火：我便是唯一的光。”

去成为光吧！

（本篇获鲁迅青少年文学奖全国一等奖）

鲁迅是谁

席铁群

鲁迅是谁？

“他是伟大的文学家。”“他是二十世纪东亚文化地图上占最大领土的作家。”“他是中国高尔基。”人们这样说。

在我眼中，他是一个有思想、有力量的“深根者”。

他是用毛笔书写现代中国的现代中国人。鲁迅先生的字，我是有幸见过的。落笔铿锵，涂改甚少，让人了然他的字是自然流淌出来的。百草园中嬉戏奔忙，社戏台下深情凝望，风筝影里茕然惆怅……泼墨千万点，至今仍跳珠般跃动着，笔力万钧。但更多时候，他长叹的是“吟罢低眉无写处”。任他文辞高绝，刀笔撕破华彩，便是一个中国的勃然大怒欲加之罪。“现代中国人”的身份听来何等开明美好，毛笔又是何等翰墨清香，但现代中国的麻木不仁他逃不过，文字狱般的浩劫他亦逃不过。他的希望倾注在了青年身上，但即使自出工资使之过活，展读来信直至深夜，倾尽全力长谈相帮，他们仍然“一个个地被捕”。于是他沉吟许久，《为了忘却的记念》一挥而就，却在沉默之中，有一种“将来总会有记起他们”的深切自信。惯于长夜，深味光明。

他是潜入中国文化最深处的最深刻的清醒者。读完《红楼梦》，字字看来皆是血，他会喟然一句“悲凉之雾，遍被华林，然呼吸而领会之者，独宝玉而已”。我想我们同样可以说，“独鲁迅而已”。大观园中的宝玉享尽荣华却味尽悲凉，鲁迅看尽人情而呼吸悲凉。从他开始，建立在中国古代基础上的小说的题材不再止于狐鬼花妖、才子佳人，而有了贯通古今模板化、普遍化的鲜活淋漓的跳脱。我们之所以桎梏于此，是由于自身认为的对中国文化的清晰认知，看山是山，看水是水。而偶有奇思的，则翻出新意，山不是山，水不是水。但到最后，先生阅尽沧桑直至斑斑点点几行陈迹，看山仍是山，看水仍是水。他写，仍写那些为人熟知的典故；推演的同时加以庄严与荒诞，强烈冲击的浪潮，便有了穿越千年的力量。因为史书陈迹他呼吸领会，现代中国他亦呼吸领会，所以能够形成思接千载视通万里的千古叩问，能够从笔下飞出一只被他从巨石中一眼看穿的鹰。深知溪谷，直飞杳冥。

他是以外国神矢射中中国灵台的神箭手。风雨如磐的黑暗中，他抬起头来，寄意寒星。历史再次体现了其惊人的相似性，“荃不察余之中情兮，反信谗而齌怒”。但他没有低头，而是呐喊出了“我以我血荐轩辕”。破帽遮颜，漏船载酒，仍要中流击水，浪遏飞舟。每念及此处我都会忍不住想起洞穴理论，人们都睡着了，而他看见了光亮，并未逃离洞穴而直扑过去，而是返回洞穴企图劝说。他扶植着“刚健质朴的文艺”，呐喊着一代人的希望，瞄准了中国久已沉睡的“灵台”，挽弓如月。他用尽全力，使他的“外国神矢”飞得又快又远。他射中了吗？他自知，是“灵台无计逃神矢”的。然而他射中了吗？正如洞穴理论的结局，人们并未因此而心灵震颤，至少没有震颤到为之觉醒改变的地步。他把自身广大的牵念化作文字，一箭而出，本是出色地完成了任务，“速朽”即可；然而跨越时空，文章不朽，余音绕梁。渴望改变的仍然存在，与他用以改变的工具一同。毁灭价值，直击心灵。

鲁迅是谁？

中国人强调“盖棺定论”，死前，他一夜夜地失眠，让许广平“把灯打开”。许广平没有明白他的意思，他却一直想着万室皆明，让他看看远方的人们。“无穷的远方，无数的人们，都和我有关。”

“他是伟大的文学家”“他是二十世纪东亚文化地图上占最大领土的作家”“他是中国高尔基”，他是现代中国人、清醒者、神箭手，他也是有思想、有力量的“深根者”。我们还能说他是思想家、革命家，甚至是以旧体诗交友、以《芥子园画谱》定情的国民根性揭露者……

这一切都是因为——

“万家墨面没蒿莱，敢有歌吟动地哀。心事浩茫连广宇，于无声处听惊雷。”

鲁迅是谁？他便是那个心事浩茫、兀然屹立在现代中国大地上的穿长衫者！

（本篇获第十届鲁迅青少年文学奖全国高中组特等奖）

四、语文人物

导　言

以文会友的身边榜样

迟文颖

诗社的才子，校报的主笔，文学大赛的常客……在校园文坛中最闪耀的，是每一个独特、丰富、会思考、爱表达的少年。他们的文字，虽然尚存青涩、骨力未坚，但已经颇具章法、初露锋芒。从2006年起，我们每年都遴选出写作方面的佼佼者作为“语文人物”，他们虽然文风各异、性情不同，但都借助文字来彰显自我，这些习作见证了他们高中写作的成长。我们将历届“语文人物”的代表作品编录成集，试图将其作为这些年复旦附中语文写作教育的某种注脚，同时与大家共同探讨语文写作教育的价值与力量。

首先，语文表达的生长与个体的生长息息相关。我们发现，所谓的“写作秘籍”，其实始于对自我的发现与认知。语文的觉醒即个体的觉醒，完成这个觉醒的过程，就能从他者的重围、生活的丛林、文字的迷宫中层层跃出，进入一个真诚的表达语境。各届“语文人物”共有的一个特征是诗性的敏感。这种诗性的敏感从何而来？习作中处处可见他们对生命的梳理，由此向内挖掘出一种深情。这与我们多年来坚持单元贯通写作和过程性写作不无关联，我们启发学生持续关注和寻找自身，并提供相应的写作空间和写作过程。本次编录成集，我们选出一些“语文人物”的单元贯通习作，将人物和他们的作品视为经纬，不难看出二者在成长过程中的同步刻痕。反求诸己，自视，自知，自省，自新，发现个性并尊重个性，从自我的内部逐渐生长，形成坚实的写作底色和独特的写作风格。

其次，写作的动力源泉来自于自我与外物交融的“兴”感过程，需要对自然的体察，需要与生命的对话。语文的读、写之路不是封闭孤立的，而是在一个开放的视域中，拓展自己生命的边界，让“发现自我”与“发现世界”并行。这意味着认知、理解、共情，意味着要尝试去理解一个也许完全陌生的世界、倾听一个也许相隔甚远的人生。一个成功的写作者，往往首先是一个成功的读者。“发现”的前提是视野的敞开与思维的拓展，应通过大量的阅读来积淀，以经典为主干向深处、广处思考，体验先秦的哲思、唐宋的余韵、希腊的神启、莎翁的哀鸣，将自我敞开在文学宝库中。每一次阅读都成为一次旅程，途中的休止，或来自思想重启的浪潮，或来自心底洪钟的细鸣。而每一次写作都是一次回溯和重返，重拾自己的面目，也重逢旅途中的风景。应回到文学的原野，回归时空的河流，去俯察、仰观和远望，在天、地、人的古老共振中，构建语文的坐标，刻下生命的符号。

最后，语文写作教育的理想状态是人格的化育与理想的构建。少年时期的写作，如何摆脱“为赋新词强说愁”的无力感，是大多数学生面临的难题。语词的泛滥浮靡和应试技巧的牵强堆积，难以让人写出好的作文，更不要提写出文体更加多元开放的作品。好文章需要有风骨，文章的风骨来自写作者的风骨。刘勰说“结言端直，则文骨成焉；意气骏爽，则文风清焉”，语言的“端直”和文意的“骏爽”从何而来？在作为书写载体的语言文字的表象背后，本质上需要实现人的站立，写作风格的熔炼同时也是文化品格的铸就。这种熔铸是一个综合的过程。在历届“语文人物”的代表作中，常见的是以典型人物切入或直接将其作为写作对象，如孔、孟、老、庄，再如李、杜、鲁迅。这些绝不是课本上教条式的僵化面孔。我们不能人云亦云地追捧盲从，而应经由他们人格伟力的感召，在他们的笔下走一遭，再拿笔延续这一条修远的理想主义征程。另外一种有效的路径，是培养“缘事而发”的写作习惯，让自己冷静、敏锐，或是充满温情。应学会以一种恰当的尺度和合宜的角度，将笔锋扎入社会的肌肤，让自己的文章顺着家国的血脉生长，贴着大地的肌理飞行。

文学的本质是人，语文的内核是以文化人，写作的真相是烛照人生。自创设“语文人物”以来，每一年的入选者对同龄人来说，都是以文会友的身边榜样。他们身上有汪洋的诗意、有纵横的情怀、有端方的品格、有澎湃的理想，他们以少年之热望、少年之澄澈、少年之锐意、少年之心性，成为复旦附中语文写作教育的先鸣者。

“嘤其鸣矣，求其友声。”我们相信在复旦附中，永远可以有语文写作的乐土，永远可以有热爱语文的少年，佳木繁荫，花鸟争鸣。我们也期待写作能成为一种精神力量，在从这里走出去的每一个少年身上，绵延不绝。

万雅婷

独立的孟轲

叩响孟子的门是需要些勇气的。假如你没有犀利的口才与之辩驳，没有横溢的才华与之匹敌，很可能会被他的浩然之气逼得无地自容。

孟子的亚圣地位为我们所熟知，很大程度上来自“孔孟”并称的影响。“孔曰成仁，孟曰取义”，孟子在实践方面比孔子多了些战斗的锋芒，因此他的性格显得比孔子硬朗很多、坚韧很多。孔子在路上的十四年极少有和同时代君王的对抗，他的理想寄存在远去的周朝，因此十四年间只是不断地在诸侯间游走。孟子的一生比孔子更富戏剧性，他开的是现世的方，诊的是现世的病。偏偏他的药苦，去看病的人不但不能享受他的热情服务，反而极有可能被他批评不会休养。这样的一间药铺是先秦最特殊的一道风景：看病的无一不是君王，孟子于是被尊为王者师。这远比后世许多效仿者或被放逐或被赐死的结局完满。时代培养出了这样一位洋溢着真性情的血气方刚的大丈夫。

我不能说孟子的药方根除了多少疑难杂症，也很难断定他这一生能否匹配“悬壶济世”四个字，至少从现在看来，每个人的性情里都埋着孟子的药引，如此鲜明地招摇着他的特殊性。仅凭这一点，孟子称得上是位名医了。

孟子的性善论招致非议是能够理解的。人都想还原人本来的样子，以完成整套关于人的理论。每个人把自己的价值观借鉴一些加在这个理想的源头，最后很自然地归结为两条泾渭分明的路：人性本善和人性本恶。大多数中国人支持前者，这并不能论证人性本善是多么正确，只能表明大多数中国人的集体认同感都相对统一。性善论让人有与生俱来的一种轻松感，即我们都是以大善人的身份诞生的。西方人认同后者，相信每个人都有罪，所以人生就是不断赎罪的过程。现在很多人认为后者比较积极，比如人性本善，就好比降生在世界最高峰，不断生活，不断跌落，最终难以坚持最初的高洁。我觉得这样的说法站不住脚。人性本善，那么我们完全可以将这种善保留下去。人性本恶，也不排除人在恶的层面止步不前。这种自甘堕落与自觉攀登的原动力非常模糊，更难界定人之后怎样发展。

人性并不是一条准则、一份尺度，规定人要怎样遵从。若是如此，那和三纲五常就没什么区别了。和许多不成文的习惯一样，多数人大体上都对人性有一个笼统的概念，也正是在这个基础上，孟子提出人性本善，荀子提出人性本恶。正因为有人性，所以好人会有缺点，坏人会有善良的一面。它使我们更接近人而不是神或魔。德国作家黑塞说过："生命赋予每个人各自不同的使命，因而并没有人天生和命定地无能。事实上，就连最瘦弱、最贫穷的人也可以在他的地位上过一种可敬与诚实的生活，对他人有所贡献，只要他接受自己无法选择的生活地位和使命，并且尽了力。这就是真正的人性，永远闪烁出某种高贵而圣洁的光辉……"孟子终其一生虽然未能阐述人性本善的本质，但至少他接受了"无法选择的生活地位和使命，并且尽了力"，向我们证明了人性是可以善到这种境界的。

义是孟子理论的一块基石，它使我们受益于孔子的思想并易于实践。我想，那位坐在齐宣王身旁"不治而议论"的王者师，一定也是位能放下身段为民着想的思考者。"义，人路也"，这种义是可以通过努力修习得到的，所以孟子适时地为人指出了一条净化内心的道路。怀仁的毕竟是少数圣人，况且仁是统领人内心思想、精神气质的关键，内敛而不外露，很难企及。义却是对人的一种基本要求，它把给少数人提炼的准则通过润饰推广为人的普遍体验，从而更接近仁，孟子的贡献是值得称颂的。政治上他推出的仁政思想也有积极的一面，它表现了孟子将理论与实践相互转换的驾驭能力。孟子提倡的"王道"光明正大，融合了社会高层和社会底层齐头并进改善人的美好愿景；更深一层次，铺平了从学到仕的道路，壮大了统治阶级队伍里真正能理解仁政的贤士的队伍。

孟子说："我知言，我善养吾浩然之气。"他是个直率又骄傲的人，所以经常看到他骂人，光明正大地骂，丝毫没有避嫌的样子。正因为他的性格如此棱角分明又有学识，所以连齐宣王也敬重他，任由他骂了去。这样的人气势最旺，也最容易受到伤害。为什么他敢这样毫无顾忌呢？因为他有独立的人格和相对宽松的政治环境。孟子不受雇于任何人，也就没有利益上的牵绊。再者由于当时还没有一个统一的局面，各国君王都求贤若渴。若是在大一统的专制时代，统治阶级必然希望臣子恪守中庸之道，哪里还有孟子坐在君王身旁大口吃肉大碗喝酒的位子呢？

孟子的浩然之气，从他的文章里就可窥见一二。的确，他的文章虽然有时自相矛盾、不明其所言，但是其气势可以震慑住那些伪君子。正是这种浩浩荡荡的“民贵君轻”的自信与气节和自惜才气的独立性使他不害怕任何人，也不曾向什么人低过头。先秦能出现孟子这样的大丈夫气概，何其幸运！

儒家发展到孟子，大体上就停下了脚步，徘徊不前。此后的荀子和程朱理学家们显然都没有气魄将儒家发扬光大。孟子的伟大不仅在于他接过了孔子的旗帜，而且在于他在孔子的理论上添砖加瓦，盖出了自己的风格——那是一种无以言表的大气与独立，逼视着鸿宇，生生不息。

归于淡

“斑竹一枝千滴泪，红霞万朵百重衣。”我觉得在庄子还未走进历史前，人们的生活状态应该如同前半句所言，君王在加紧收起他套在人们心上的绳索，把人心割据成冷淡麻木或许还带着奴性的盐碱地。庄子的冷眼一睁，让人们心中又找回了自然的色彩。

走一条与政治毫无交集的路，庄子的人生注定和名利无缘。我们现在骨子里还保留着的这么一小部分个性和随意，倒要感谢庄子呢！庄子眼中有太多不屑，这种清高脱俗让他与统治阶级格格不入。上天使他亲近乡野、亲近自然，定是想到了庄子不似孟子式的大丈夫作风、不似荀子式的君子矜持守礼、不似墨子式的苦行侠作风……罢了，庄子的脊梁没有坚韧到支撑君王混战的天下，就放他去自己的江湖吧。

这一“贬”，成就了庄子，使人类的精神世界不曾坍塌。人类精神世界里的朵朵白云，莫不是他那洋洋洒洒的精神之床弹出的棉花？

庄子的奇崛，在于他注重的是人生命的过程而非结果。以庄子的冷眼，定会看透人世间的一切皆逃不出一死的必然，如此追究起来，人的出生也是一件悲哀的事，人最终还是会沾染人世间的浑浊而郁郁逝去。无怪乎庄子用了极冷的色调、极偏激的态度、极荒唐的文字去描摹这一片残缺、这种失衡而可笑的轮回。所以他说：“予恶乎知说生之非惑邪！予恶乎知恶死之非弱丧而不知归者邪！”看透了生死，庄子也就踏上了哲学的路的开端，这一走便没有回头。

人在经历生命过程的时候，每一个“我”都是一个个体。人不可避免地有思想的交锋、有个性的对立。如同一棵枫树上的叶片，虽是同根生，但不知每片叶子会在什么时候转红、什么时候掉落。每片叶子的叶纹也大不相同。统治阶级费心要每个人服从他（她），就是要求每个人必须磨去自己的个性、独立性，换言之就是抛弃自我，保持绝对的服从。这在庄子看来是多么可笑而荒谬的事啊！他虽然知道不可能每个人都如他这般潇洒独立，但是至少希望看到一个活的社会：这个社会能够包容每个人的独特之处，人们聚集在这样一个小范围内不是为了认同一个苛刻的标准来束缚彼此、规范对方，而是为了一种需要——需要彼此提醒、彼此感动，为了世界多样的美好和不同声音的存在而感动。

万物有灵，敬畏万物。庄子的确身体力行地论证了这一点。他极力追求万物存在的差异性和不完满的特点。所以在热心肠的庄子看来，每一种生灵乃至万物都是有思想有灵性的，所以他可以躺下来观察并用文字向我们诉说、歌咏这样一种平等的美。直入云霄的大鹏，怒气冲冲的挡车螳螂，自我矛盾的蜗牛，自得其乐的斥鴳……原来世界是活的，是阳光般温暖的。但是为什么只有庄子才看得到呢？因为我们高高在上地站着，不肯也不愿去发现，总是自恃高贵，所以我们的人生如此苍白干涸，怎么比得上庄子带了野味的湿漉漉的自然呢？

庄子之所以贴近民间，沾满自然的朝露，大抵是因为他生于自然、长于自然，心胸也是开阔宏博一如鸿宇，这位以心瓣当桨的船夫从来不曾被墙、屋、界、天乃至宇宙囿住。他生而性灵，不会给自己设下种种障碍来限制他的超脱之气、清高之精魂，因此便神游于天地外，让他的思想、他的哲学浩浩荡荡地一泻千里。历史上为什么只出过这样一位真哲人呢？当你脚踩的不是鞋底，不是地板，不是水泥地，而是土壤；当你头顶的不是茅草屋，不是房顶，而是天空；当你赤脚站在土地上，头顶蓝天，心中又没有这两样东西的时候，或许你可以触及庄子内心一处极柔软的角落。我认为在一个人还没有悟性可以静下心来听听泥土的呼吸、野花的细语的时候，让他去向庄子发问，的确只能听到一片虚无的寂静。他的哲学是从万物起步的，从水的最深处、山的最高峰，悠悠传来，绵延不绝。假使一个人尚且不理解庄子对万物本真的持守，那还远不及惠施有能力博庄子一辩呢！

所以庄子寂寞，寂寞的庄子没有停下脚步抚慰自己的孤独，他要继续用恣意凉薄的语言来刺痛人们麻木的血管，直到看到血脉偾张，他要飘飘乎一身轻地迎接永恒。

所以庄子不该有朋友。当一个人伸出世界那样广博的双臂去拥抱一切极端——极端傲慢不羁、极端激情浩荡、极端失望无奈、极端怜惜热爱、极端怪诞浪漫的时候，他这种弥漫天地间的才情和智慧让他看上去槁项黄馘。他让你深感敬畏、亲切而又心生感佩。融合了如此矛盾的性格，他没有被压垮或是疯癫，这本身就是一种难以言说的大气。以常人之心之气量，又有谁能包容体恤并且像朋友一样接纳他呢？没有。我们每个人身上或许都残存着庄子的小部分影子，但这部分实在是太微小了，所以每每我们审视对方，总能发现彼此仍顽固地保留着那些庄子所不齿不屑的种种。呵，庄子是不可再造的圣哲。

读庄子的文章，没有必要去背负老子的沉重、荀子的教条。只要有一颗纯真的、平静的心，就极容易进入他的世界。他笔下出自生活的鲜活的原型，不曾戴了一张你所不熟知的帝王将相的面具来说教或是蛊惑你接受什么。他是自然的、多变的，让你在阅读的愉悦中跟着他一起观察、一起喜悦、一起悲伤。他的文字触及了你内心连着自然的感官，所以一刹那，本身无法用文字传达的情感透过庄子的指引在你的心湖泛起波澜。你能亲身感受到那一刹那的情感，仿佛自己就是自然中的那株树、那片海，却无法用语言表达出它们的本质。可是庄子这样做了，用他那双冷眼看着每个人因言不及义而不得不舞之蹈之的窘态。庄子的文字凝固了他的思想，究竟是怎样的智慧才能把生命这样完整、毫无疏漏地统一起来呢？此还真意，故应欲辩忘言。

鲍鹏山有一段话我很喜欢，他写道：“庄子是一棵孤独的树，是一棵孤独地在深夜看守心灵月亮的树。当我们大都在黑夜里昧昧昏睡时，月亮为什么没有丢失？就是因为有了这样一两棵在清风夜唳的黑夜中独自看守月亮的树。”看守清冷的月亮，必须是一位具有众生皆醉我独醒气质的哲人，庄子责无旁贷。

从民间角度深究道家和儒家的关系，似乎儒家略胜一筹。可为什么乡野文化的代表——道教也这般兴盛呢？因为庄子的哲学守住了我们身上一息尚存的野味。他给我们提供了一个柔软的归处，让我们得以“满身花雨，又归来”。他的狂放的傲慢有他深厚的学识和思想作为根基，所以他的文字看上去那么蓬勃灿烂富有生机。民间也乐于接受这样一种清风晓月的美，因此民间的庄子构成了中华民族最底层的基石。庄子带给人真正的闲适和轻松，从不以私塾老师的身份拿着戒尺去教育学童。

作为独立的个体，庄子总是游离于世俗之外的。这样一个孤傲的灵魂游走于自然中，他在追求生命与生命间和谐的相处，他在引导一次对生命意蕴的深层向度的开掘。人性通往神性，庄子保持了一定的超越感。他的著作中充溢着对于世界的自发关注、自觉参与。他把自己飞鸿踏雪泥般的人生经验投射其中，于是他的文字就有了一种兴象葱茏、天际流荡的美。

幸甚！这样一位神韵天成的大写之人，自创了一个前无古人后无来者、独与天地精神往来的精神大观。无怪乎他可以醉心于乡野，甚至连楚国大夫请他出山时都持竿不顾，他已优游于世外啦！庄子早已皈依自然去追寻自己的世界了。

庄子的离去，很快就把我们赖以生存的天空摇碎了。几千年后，许多细雨、许多雪花，走过我们的双颊。

不必为他的离去而恸哭。他来到世上本就带着一份厌倦，所以他会狡黠地一笑："予恶乎知说生之非惑邪！予恶乎知恶死之非弱丧而不知归者邪！"令人心安的是，他并非像老子一般绝尘而去。他不曾离开，因为他肩负着守护人类本真的重任。月亮一天不丢失，他便还是旷野中的那棵孤独而坚挺的树。当你真正遁迹于自然来到他的世界时，就会看到。

鲍文炜

生命·自然·美

选修课的科目表一发到手上，心里就暗暗选定了生物课。上课的次数越多，越感叹生命的绮丽壮美。生命孕育的复杂奇巧，生命器官构造的精致神妙……仿佛冥冥之中真有一只巨手创造了世间万物，牵动着无数的生命诞生、成长、凋亡。

无数画家笔下墨彩流动，是为自然的浩瀚所折服；多少文人嘴边华章倾吐，是为万物的壮阔所震撼。是的，苍木擎天，枝叶葳蕤；山花盛放，烂漫嫣然；鸿鹄曲颈之柔弱婉转，斑豹飞奔之阳刚健美……造物主的手下千姿百态，美满无缺。置身于森林之中，耳边是流水淙淙、鸟鸣啾啾、兽吼朦胧、山岚浮动，那是最真切的自然脉动，那是最原始的动人天籁，饱满得好像叶上滚落的晨露，丰盈得仿佛遥天圆月，光辉尽洒，安谧静远。

我以为，这就是自然，这就是自然孕育的生命，这就是生命充满生机的律动之美。只有万物趋向鼎盛，最完整地展现形体上的魅力时，才能令人惊叹、讴歌，才可算得上美。

夏日，正逢倾盆暴雨，我闲坐书桌前，无心地翻看杂志。窗外惊雷滚滚，雨脚如麻，昏暗不辨天日。我突然注意到，在阳台上的芦荟盆中，匍匐着一只斑斓彩蝶。我走到近处，看着这位小小的陌生来客。它的翅膀被雨水打湿，粘连在了一起，正不断地痛苦挣扎。我不由地心生怜悯，用手指小心地捏向翅膀。不想这五彩的翅膀极单薄，立马碎落下一小块。残缺的彩蝶跌落在泥土中，纤细的脚颤抖着。我惊骇不已，只能在心里默默地说声对不起，为这个濒临死亡的生灵祈祷。

回到书桌前，我被杂志上的一幅图片吸引了：一名女子身着练功服，在练舞房内轻盈地旋转起舞。令我震惊的是，她身为一名展现形体之美的舞者，却只有一条左臂！她叫马丽，从小学习舞蹈。19岁那年，一场车祸让马丽离开了舞台。六年后，她竟又重新站上了舞台，参加各种比赛，获得了优异的成绩。铜版纸上的她美丽脱俗，她将左手搭在一块玻璃上，玻璃里映出的影像仿佛她有着两条手臂，似乎在提醒人们：她失去了一条手臂，可她在某种意义上仍是健全的！舞蹈演员，不正是用自己的躯体表达生命的脉动与激情、表达自然界最生动空灵的美吗？可是马丽完全颠覆了这种观念。她看似不完美的身体一样有一种打动人心的力量，那不仅是她的曼妙舞姿，还有一种执着与信念。生命的脆弱与坚强，在一圈圈的旋转跳跃中，生生不息，如花绽放。同样，双腿残废的史铁生以笔行走在文学的辽阔疆域，聋哑的邰丽华用手表达出观音的气象万千，瘫痪的霍金用大脑探索浩瀚的宇宙。他们如同断臂的维纳斯，残缺，却美得令人惊叹。

我原先的观点是多么狭隘啊。生命的美丽除了外观的千姿百态，还有为了生存所爆发的夺目光辉。生命是高贵的，是顽强的，是美的。生命即使短暂，求生求存的顽强之美将在自然中永恒。

暴雨在不知不觉中平息。我抬眼看去，那只彩蝶艰难地飞到阳台边缘，消失于我的视线。它跌跌撞撞，那残缺的翅膀此时在我的眼中，却华美绝伦，灿烂无双。

（本篇获上海“恒源祥文学之星”中国中学生作文大赛“易思·新知”杯特等奖、全国“恒源祥文学之星”中国中学生作文大赛一等奖）

梨树·泥土·云霞

梨　树

我是一株梨树啊，
仰望着漫天云霞。
她五彩的衣袂随着微风，
微风吹动我的头发。

她那么高高在上，吸引着无数的小鸟叽喳。
我问泥土，
为什么我的身体轻轻战栗？

泥土说我能感觉，
也许你爱她。

我用力地向上生长，
想要刺破蓝天，
触碰到，
哪怕她的裙摆翻卷。

我惭愧呀，我简直不敢正视，
我盘曲的根须，
我丑陋的凸芽；
我褐色的身体，
我纠缠的枝丫。

但我仍在挣扎，
挣扎着再向上一点，
向上一点，就是那漫天云霞。

云霞流过我的眼前，
我颤抖地绽开梨花似雪。
她却没有丝毫停留，
仍旧虚荣地追逐着太阳，保持她的通体光华。

她就这样从我的面前走过，
残忍地摧残了我爱情的新芽。

我明白了，我只是一株梨树啊，
有些东西我不可能表达。
我只有在爱走后轻轻叹息，
为她，落下满树梨花。

泥 土

我是一方泥土，
我的上面，是一株梨树。
他的根须深扎于我的身体，
我们的脉搏一起跃动。

我可听见他生命的旋律，
我们共沐阳光，
我们同担风雨，
我见证了他的长大，
他在我的怀里萌芽。

有一天，他问我，
为什么他的身体轻轻战栗？
我的心像被刀割一样疼痛，
我告诉他，也许你爱上了云霞。

我看着他，青涩的他，
努力长大。为了他心中的云霞，
绽放出生命的第一树梨花。
却只有蚯蚓倾听我的忧伤，
我有眼泪，也只能往心里流啊。

他问，为什么今天的水分里有咸涩的味道？
我没说什么，他怎么会明白呢？
我承载着他的生命，
却也深陷里面，无法自拔。

他最终落下满树梨花，

我疼惜地亲吻他的花瓣。
可是花瓣随着微风扬起，离开我，
那方向，
仍是朝着，那漫天的云霞。

云　霞

我其实只是一朵白云，
余晖给了我五彩的外衣。
我寂寞地飘荡在空中，
孤独好似千年沉睡的青铜。

终于当我看见他，
他有伟岸的身躯，
他有修长的枝条，
他向上怒放，
那雪白的梨花啊，正是我最钟爱的颜色。

我多想向下降落，
可是天神会惩罚我的任性；
我多想停滞不前，
可是微风不停地催促我。

其实我不要美丽的外衣，
哪怕褪尽铅华，我只想要一个可以安睡的肩膀。
可是我终于离开了他，
那株梨树，
那些盛放的梨花。

我闭上眼，流下泪，
将他的形象紧紧地印在心中。

有些爱，
怎么就那么残忍啊。

一只小猪给我们的感动

——《麦兜故事》观后感

长大了，当我要面对这个硬邦邦、未必可以做梦、未必那么好笑的世界的时候，我会怎么样？

——麦兜

孩子们喜欢看《麦兜故事》，因为胖胖的可爱的麦兜、引人发笑的配音和粉嫩的色彩。然而这是一部老少皆宜的动画片，大人们也能从中受益良多。与其说它是一部拍给孩子们看的动画片，不如说它是一部献给成人的蕴含哲理的教育片，笑过以后，有萦绕不散的淡淡惆怅与无奈。

看的时候我想到了新加坡的一部很优秀的电影《小孩不笨》，同样将很多问题隐藏在笑声背后，等待着我们去发现、咀嚼和回味。也许我们早已厌倦这个世界的教条，我们更愿意沉溺在这样的一种童趣中去受教。麦兜可爱，没有冰冷的面孔，反而更能激发我们思想无限的可能性，让我们在那些童真的话语中，恍然大悟。

一、春田花花幼儿园

春田花花幼儿园有缺心眼的老师、奇怪的校长，这个幼儿园真是够差劲的。而麦兜和他的同学们，却把这里当作最快乐、最美丽的乐园。他们什么都不懂，什么都无所谓。没有鱼丸，那就粗面吧。

看这一片段时，大概少有人不笑吧。他们是孩子，他们有权力什么都不懂，他们有权力躲在那个无忧无虑的小世界里，那可以是他们的幼儿园，也可以是他们幻想出来的世外桃源。

可他们终究要长大，当他们将视线转移到幼儿园以外的那个钢筋水泥、毫不留情的社会时，他们可能要抹去眼里最后的一丝天真无邪，为生活去竞争、去拼杀。

社会如赛场，优者胜出，劣者淘汰。在学校的时候总觉得读书苦、压力大，等进入社会，蓦然回首，才知青葱岁月是何等的好。

二、麦太太

麦兜的爸爸没有出场。是离婚了吗？是外出打工了吗？还是不幸早早过世了？我们只看到麦兜的妈妈——麦太太，孤身一人肩负起了一个家庭的重担。

有一个令人印象深刻的场景是：麦太太飞奔在香港街头，过五关斩六将，终于胜利。佩服导演的创意，一个女人独自打拼的艰辛就这样以幽默的方式表现出来。“为两顿，为了一个家死也撑着。”

这样的女人遍地可寻，她们强韧，她们隐忍，她们有苦却从来不找人哭诉，她们只是细心地照料孩子，拼命地在职场上打拼。

都说早睡早起身体好，麦太太却是晚睡早起，换个词语，即“起早摸黑”。不这样，她无法给孩子衣食无忧的生活；不这样，她无法为孩子营造一个安全温暖的港湾。

她晚上给孩子讲故事。

“从前有个小朋友撒谎，有一天……他死了！”

“从前有个小朋友很用功念书，长大之后……他发财了！”

“从前有个小朋友很不孝，有一天……他扭伤了脚！”

这些无厘头的故事，让人笑到喷饭。笑过以后，我们却能深深地感到她对麦兜的期望。动画片没有煽情老套的话语，却能让人在笑的同时，若有所得。

她的儿子即使平凡，在她眼中亦是天下无双的宝贝。麦太太就是天下妈妈的缩影，谈起自己的儿女，一定是神采飞扬的。从自己身上掉下的肉，便有注定的缠绕牵连。

不到自己为人父母的那一天，也许永远无法真切感受那种慈母之爱。以前我的一位老师在母亲去世的时候哭着说过一段话，我永远都记得：“母亲没了，就少了一个牵挂你、惦记你、爱你的人，就永远没了最坚强的后盾。”儿行千里母担忧，这种爱总能轻易地触动人心，让人潸然泪下。

三、马尔代夫

最喜欢的地方？有孩子说日本；有孩子说加拿大。可是麦兜，他最喜欢的地方是银城中心，只因那里的“海南鸡饭很大盘”。他太小，不知道有一个词叫作攀比，不知道有一个词叫作虚荣。他也有梦，梦想着去一个叫作马尔代夫的地方，那里蓝天白云、椰林树影、水清沙白，是坐落在印度洋上的世外桃源……

他不知道妈妈的手头多拮据，他只知道妈妈答应了他，要去马尔代夫。与其说麦兜喜爱马尔代夫这个地方，不如说这是他心中的一个符号、一个向往，渐渐成了根深蒂固的一种执着。孩子就是这样，他要这种玩具，千方百计地要，他用食不下咽、睡不入梦、大哭大闹种种手段，要得到他想要的。

麦太太看着账户上不多的钱，深深地叹气。她最终没有办法带孩子去马尔代夫，而是去了香港的一处海边。没有人会指责她欺骗孩童，她已经倾尽了一个妈妈的所有。

麦兜，你可知道，这个世界上，没有什么是想要就能得到的。事事皆有代价。

四、抢包山

麦兜想要拜师学习滑浪风帆，结果师傅却要教他抢包山——一项没有奖牌、没有对手、没有比赛，甚至没有人知道的运动。麦太太希望麦兜成为运动员拿到奥运金牌，这个愿望最后落空了。大家希望抢包山能成为奥运项目，最后落空了。香港申办亚运会，最后落空了。当理想与现实背道而驰时，再多的抱怨也没有用，最后总是归于一种无奈的怅然。

时值奥运会，所有人都将目光投向那些风光的奖牌得主，可是我牵挂那些默默无闻，未取得佳绩的运动员。他们付出了同样多的努力与汗水，只是结果不尽如人意。竞技体育，总有强弱之分。他们有遗憾无人知道。

师傅是怅然的，他深爱的传统项目抢包山最后无人知晓；麦兜是怅然的，他学了一手抢包山的功夫，却无用武之地；麦太太是怅然的，她甚至写信给国际奥林匹克委员会，希望能把抢包山作为奥运会项目。“有一天我看见他抢包山，抢了一个奥运金牌，那是一个母亲所能拥有的最大的安慰。孩子的才干，如果能让全世界的人知道，那么父母做什么事都行。”

信写得很好笑，可是我笑不出来，只感觉眼睛里有一点儿酸涩。

麦兜说：“看完妈妈的信，我决定回长洲继续学抢包山。我不是为了见到珊珊。我不知道为什么要抢包山，也不相信抢包山会成为奥运会项目。可是，我仍然要努力练习抢包山，因为我爱我妈妈。”

五、火鸡

麦兜喜欢吃鸡，吃火鸡是他的另一个梦想。妈妈买回来一只火鸡，吃了半年，最后当麦兜再看到火鸡的时候，哭了出来。妈妈什么也没说，把剩下的火鸡扔了。

麦兜说，其实火鸡的味道在吃第一口之前已经达到了最高峰。都说最值得纪念的是过程，有一个目标、一个寄托，其实是人生最大的快乐。真正实现了，反而会失去。孩子们真的很幸福。他们可以为了吃一口香喷喷的火鸡而感到无比的快乐。我们成人对快乐的要求太苛刻了，我们没钱，不快乐；没房子，不快乐；没车子，不快乐；没地位，不快乐。

麦兜，请教教我们，如何才能轻易地飞入云端，单纯地享受火鸡的美味呢？

六、这个世界，没有天遂人愿，万事如意

麦太太在生麦兜之时，许下愿望，希望这个孩子很聪明，抑或很能干，抑或帅得像明星，抑或福星高照、逢凶化吉。可是麦兜天资平平，没有让人瞩目的才能，没有好运气，没有大成就。

这本来是这个世界角角落落都在发生的故事，60 亿人，出人头地的能有几人？然而在麦兜和麦太太的故事中，我们忽然感到一种特别的讽刺和心酸。当梦想与现实碰撞时，我们往往在强大的命运面前败下阵来。

很多人可能在年轻时都雄心壮志，觉得未来坦荡、无可不为。可我们终究只是沧海一粟、水中蜉蝣，在漫长的时间面前消磨了斗志和梦想。“小朋友麦兜的世界，还有很多梦想，还有很多希望，希望……失望……希望……失望，久而久之，就变成大朋友麦兜。”

我们也不过如此，渐渐沉沦市井，去找到茫茫人海中属于自己的渺小位置。当远离年少的青春飞扬、岁月静好，一夜梦醒，会突然难过得无法自已、黯然垂泪。生命如梭，我们到底为何来，为何去？难道只为了身不由己地成为社会机器上的一环，前赴后继地轮转？难道只为了看透世事冷暖，脱下一身天真烂漫，为生计放下梦想？

麦兜不知道，我也不知道。

在末尾，银幕上打出了“本动画 100% 香港制造”的字样。佩服导演，懂得大都市中谋生的不易，能将市井百态中的沉重与辛酸用这种戏谑的方式娓娓道来。

孩子们真的看得懂吗？也许他们看懂了我们所看不懂的，也许他们看不懂，只是单纯地为麦兜的可爱而欢笑，胜过了我们看懂的所谓的千万个道理。

十年后，我又该看出怎样的麦兜呢？

张俊祎

关于《最后一片常青藤叶》的一些探讨

一、有关小说人物的安排

一般来说，一篇小说，主人公是一个十分重要的要素，可是这篇小说，关于主人公却有几种说法。

一般的看法是，琼珊从小说的一开始就一直是情节发展的线索，可以说她能称为小说的主人公。然而从另一个角度来看并非如此。小说的主人公从表面上看是戏份最多的人，但事实上老贝尔曼是对主旨的一种形象化的阐释，具体地反映了作者对现实的一种理想追求，从这个角度来说，把老贝尔曼称为小说的主人公也是合理的。所以如果只是单纯地“争”主人公的名分，那么这种探讨是无意义的。但为了使行文线索流畅，将这两个人都作为主人公也未尝不可。

除了琼珊和老贝尔曼，小说另外还有两个人——苏艾和医生。作者对于这两个人的安排也是花了很多心思的。医生和苏艾可以说是社会价值与社会态度的体现以及不得志的人对理想的追求的缩影。

在小说的开始部分，有这样一段对话：

“……你的这位小姐已经认定自己的病好不了啦。她可有什么心事？”

“她——她希望有一天能够去画那不勒斯海湾。”苏艾说。

“画画？——瞎扯！她头脑里有没有什么值得她再次思念的事情——比如说，男朋友？”

“男朋友？”苏艾像吹小口琴似的哼了一声，“……”

从引入的这一段对话中可以发现，在社会价值认同中，艺术是无价值的空想，金钱与性才是社会追求的主流目标。而琼珊和苏艾都是虔诚而执着的艺术追求者。在这两种矛盾的价值取向的冲突中，社会的“大流”总是一种绝对强势的主导者；而可怜的艺术家，只能落魄地生活在社会边缘，其处境自然而然可以从小说最开始的那一段环境描写中感受得到。

进一步对不同价值追求进行思考，我想艺术是一种对人类心灵深处纯洁而美好的追求；而对“男朋友”的期盼便是大多数社会个体的一种物质享受与对生命的虚度的一种代表吧。我想在这两者之间的选择应该是毫无疑问的，不然，至少对于我来说就不再有生命与生活的意义。然而若是对社会进行省视，不难发现“大流”的取向并不像我们所希望的那样。或许这也是为什么鲁迅先生希望大家把他忘记，但就是忘不了吧。

二、写作手法的概述

首先可以对小说的喜剧性或悲剧性做一下探讨。从情节来说，最终老贝尔曼因为肺炎——一个气吁吁的老家伙——去世了，而苏艾和琼珊这两个艺术追求者的社会处境没有任何形式上的改变，可以说这篇小说是彻头彻尾的悲剧。但是读小说的时候并不觉得这篇小说给人异常的沉重与压抑。小说开头对“不善”的环境进行描写时，作者始终带有一种幽默的口吻。最后那个一分钱也没收到的收账员的滑稽形象，使原本应被渲染得凝重的环境披上了积极的外衣，而这个收账员的处境也可以说在一定程度上表现了作者的立场。

再来看看肺炎先生的出场。如此的一个大反派，没有戴着恶人的面具与行装，相反作者用了大量形象却带有调侃意味的描写，展现其邪恶的本质。而老贝尔曼的中段出场也与之类似，描写中话语的调侃，多少带有一些贬义的意味，使得这个人物充满了幽默与讽刺。但是这种悲哀的欢笑，定之以喜剧还是悲剧便难以捉摸了。

从美学的角度来看，这悲剧或是有喜剧的分量吧。在中西方文化中这种理解是截然不同的。中国的《梁祝》，尽管结局是死亡，但依旧以双宿双飞给人以温馨与希望。而在西方，悲剧是生命里最深的矛盾与复杂纠纷的壮阔而深邃的表现，它能使人对其进行深刻的反思，它是充实的艺术。悲剧形式的结尾给小说一种深沉的思考，它才能充分展现出小说所要表达的思想的凝重与深刻！

然而这篇小说有一种幽默讽刺式的喜剧形式，它给这种悲剧式的凝重注入了灵魂。它以一种矛盾的空灵的形式贯穿始终，然而并没有给小说带上一种浮夸的风气。作者用一种灵动的形式吐露凝重的哲学态度，使得喜剧与悲剧相得益彰，造就了这篇带着悲哀欢笑的杰作。这正是美式的幽默与风格。

三、老贝尔曼之死

如上文所说，老贝尔曼之死是作为小说悲剧性终结的必然结果，然而老贝尔曼之死还有另外一些“必要性”。

死是笼罩小说的一个话题——琼珊面临生死的抉择，老贝尔曼也面临生死的抉择。每个人的生命都只有一次，所以“死”必定代表了这个生命的价值取向与追求。

琼珊首先面临这样一个抉择：生存还是死亡？其实对她来说并没有选择的余地，也没有选择的必要，因为在她看来她这样的艺术追求者是没有成功的机会的，既然追求理想终将成为幻影，那么这种精神的死亡与肉体的死亡并没有什么差别。

老贝尔曼——也是一个失意的画家，他耍了四十年画笔，还是同艺术女神隔着相当长的距离，连她长袍的边缘都没有摸到——也面临同样的抉择。然而他是一个过来人，尽管二十五年来他从来没有实现理想与追求，但是他对艺术的执着、热爱与信心不曾有丝毫的减退。

同样的死放在了两个人的面前，作者选择让老贝尔曼死，让琼珊生。老贝尔曼在死之前，完成了他一直以来追求的杰作，这是对其信念的告慰，可以说他并没有带着遗憾死去。他的死换来的是琼珊的生；那最后一片叶子重新点燃了琼珊对生的信念。琼珊的生并不是肉体上的病好了，而是被灌输了一种全新的对生命渴望的活力，这种活力使得她重新有信心面对失意的生活。而这种活力便来自老贝尔曼，所以琼珊的生其实是对死去的老贝尔曼的对艺术理想执着追求的精神的一种继承与再生。她让艺术家美好的追求与信念得以存在。虽然当前只是如此微弱的火苗，但能透露出这火苗闪耀天际的希望与决心！

四、总结

细细品味，这篇小说的许多细小情节还能透露出许多信息，在此也无须赘述。总的来说这篇小说是一种悲哀的欢笑、一种凝重的沉思，却又不时透露出一丝希望的踪迹，它以一种最充实的生命的力量，表现了现实与理想的矛盾以及对美的追求。

或许将生死寄托于一片叶子是荒谬的，却是值得思考的。

《哈姆莱特》读后感

一、重识鬼魂

许多人认为鬼魂是老哈姆莱特为己申冤在人间的使者；如果真的是神的旨意，神为何要一手塑造如此一个悲剧？

我认为鬼魂只是哈姆莱特的臆想。一个人离奇地死亡，对其亲友是多么大的打击！更何况是自己的父亲，一国之君！哈姆莱特在悲伤、压力之下惊魂不定甚至产生幻觉。不知是巧合，还是冥冥之中的神力，老哈姆莱特果然为其叔父所杀，这才有此悲剧。

鬼魂出现的时间，集中于剧情的前半部分。戏剧开始时鬼魂极力鼓动哈姆莱特复仇；而剧中部分又劝哈姆莱特安慰其母乔特鲁德。我认为开始时，哈姆莱特确实由于大受打击而疯狂，想要报仇。当他向母亲责难——“乱伦”的婚姻——发现母亲也是受害者时，他才真正清楚地意识到仇人是篡位的国王。于是在良心的驱使下，放弃了对母亲的复仇。

鬼魂是整个悲剧的导火索，鬼魂出现的缘由就成了问题所在。从某种程度上来说，鬼魂是人类精神的一种创造，不可能真实存在。所以，我认为：鬼魂只是哈姆莱特的心魔。

二、哈姆莱特的疯病

一个英武的国王，自己的父亲，突然暴毙，对哈姆莱特的打击有如晴天霹雳，他在心理的种种暗示下，最终承受不住悲伤、压力，失心而疯。没有一个疯子会承认自己是疯子。同样在心理的暗示下，他渐解真情。本我又再次控制了心智，然而现实却使他无奈、无助，以致发出悲愤的感叹：“是生存还是毁灭，这是一个值得思考的问题！”于是心中黑暗之火被仇恨点燃——也许他是高尚的抑或是纯洁的，但复仇是其命运注定的发展形式。对于当前的情形，继续装疯是实行复仇计划的最佳选择。然而可悲的是，一颗充满仇恨的心已无视一切，就连人类最神圣的情感——爱情也无法挽回，成了仇恨的牺牲品！用歌德的说法，“这是一株橡树给栽在一个只应开放娇红嫩绿的昂贵的花瓶里”。最终随着仇恨的无限膨胀、现实的不断打击，一切美好化为泡影，花瓶的下场只能是支离破碎！

三、纯真的奥菲利娅

她是全剧最天真无瑕的人物，她是全剧最无辜的受害者，她是一位最可怜的悲剧人物！

奥菲利娅是美丽、纯真的天使的化身，用尽一切语言也无法形容，反而玷污了她的无瑕之美。她的爱是多么的纯洁。她用真心去爱，然而得到的却是丑陋人心的角逐对她的摧残。父亲因参与其中被杀；爱人因仇恨而疯狂以致流亡。最终她脆弱的心灵无法承受折磨，疯了。但直到死，她的心依旧是纯洁的。也许最大的错误是将这块闪耀着纯真光芒的美玉放入了黑暗人心的世界！可能神为了提醒愚昧的人类而派来了她这位天使，但谁也不会想到，她却成了人心罪恶的对照和牺牲品。

其实，我认为剧中奥菲利娅还承担了另一个角色——哈姆莱特的另一面。有人说哈姆莱特是懦弱的象征，然而他曾有着挺身反抗人世间无涯的苦难的决心，哪怕是瞬间；有人说哈姆莱特被疯狂的复仇与黑暗所奴役，然而他从未放弃对美好的期盼。这美好的、积极的心完全寄托在奥菲利娅身上。他三番两次对奥菲利娅说“让你的贞洁与美丽断绝来往”，就是希望这最后的圣洁与纯真能得以幸存。去尼姑庵吧——让尼姑庵将黑暗的世界与美好“隔绝”，躲避是那一半哈姆莱特唯一能做的选择。

然而这最后的残存的美好也不得不在黑暗的驱使下最终走向毁灭——当哈姆莱特回到自己的国家时，发现心爱的奥菲利娅已经死了。他的爱情死了（这是唯一的真正的情感，因为亲情是如此苍白，友情是那么容易动摇），他的美丽的信念被埋葬了，最终复仇的黑暗之火熊熊燃烧，焚毁了整个世界……

四、小丑——用第三者的语言批判当事人的心灵

第五幕的第一场，两个小丑出现在了墓地。我想是作者希望在黑暗中给出一丝光明，让读者知道并不是整个世界都“发了疯”。他们是心灵的审判者，他们使人沉思什么是对的，什么是错的。

可另一方面，这两个人也是行尸走肉。他们对生命十分漠视，好像他们从未属于生命的世界，没有什么比这更可怕、更可悲。正因为如此，看到希望的

心又重新意识到黑暗的存在。可以说，这是用幽默让恐惧变得更加恐惧！

五、一颗棋子——雷欧提斯——又一个牺牲品

除了奥菲利娅女神般圣洁的人物形象，雷欧提斯是全剧中最刚正、最充满光明之心的人，可惜这并没有使他逃出黑暗的魔爪。他被国王利用，成了一颗无辜的棋子。临死之际，他才幡然醒悟——这比为了光明奋斗而献身更可悲。当光明成为黑暗的驱使者，留下的除了绝望还有什么？作者用这种黑色的幽默，重重地在每个人的心头抽了一鞭！然而又有多少人醒了？

最后，曾经的仇敌占领了自己的王国……

牺牲的人太多了，睡着的人太多了……

这是一幕十足的悲剧，让人为之揪心、为之痛苦、为之沉思。这也是一幕“喜剧”，黑暗最终被光明毁灭。然而是否付出了太多的代价？

吴雪鹭

非凡的典型

你我都在一些方面和另一些人有交集，你我都代表了一个群体，我们都可被看作典型。那么，我的生活岂不是和许多人一样了？那么，我的特别之处呢？

我是一个又一个群体的典型，只不过是一个代表而已，这不禁让人感到悲哀。但是，我还记得尼采教会我们的“悲剧性陶醉”：要知道，生存本身从来不是完美的。

我知道人不能和群体分离，我们成为典型，也就是我们和另一些人紧紧相连。“非典型”总是让人没来由地生厌。这三个字没有人感到陌生，只在后面加了个“肺炎”就夺走了这么多的生命。非典型的人通常也不受欢迎，他们特立独行，总和多数人不同，于是他们难以被接纳、被认可。

于是我还是选择做一个典型的人。

可我为什么要惧怕和他人产生交集？生活状态的雷同远没有心态的趋同来得可怕。

这不是“悲剧性陶醉”，享受生活的平凡是不容易的，却又是必要的。一个真正热爱生活的人，往往能从生命的“绝对无意义”中获得“悲剧性陶醉”——生活诚然是凡庸而平静的，但敢于承担自身的无意义而不悲怨哀叹、消沉堕落，而是隐忍坚韧地生活下去，这本身就是一种生命的骄傲，是心的力量，是不可征服的意志力。

想起《挪威的森林》，里面那些风华正茂的年轻人，好像也感受到了“生命的无意义”，一瞬间的感伤化作绝望带走了一些人，同时也将另一些人带往探索更高价值的路途。

我终于又一次真切地感受到典型并不可怕，当偶尔也与尼采有共同的感伤时，我陶醉于平凡之中，于是我不平庸。

作为平凡的典型，我释然，我坦然。

此时此刻，我相信我又与另一些人一样，成为坦然面对平凡生存状态的一个典型。

用恬淡的心读《夏洛的网》

给阿基米德一个支点，他说他能把地球撬起来；给我一个支点，我想我能把生活撬起来。这个支点就是夏洛的网——夏洛那张上面绣着“爱”的网，与日月同辉，与你我同在。

一

夏洛是一只微不足道的蜘蛛，它在农场的小角落里用与生俱来的本领织网，捕食苍蝇或者小甲虫，习惯了自给自足的生活，生活在天地之间。在农场最温馨的春天里它结识了小猪威尔伯，它们互相给对方带来简单而又诚挚的快乐。翻开浓厚的记忆，你我总能在最深处寻回这样一份温情，那是最单纯的爱和友谊。它们温暖的声音和色彩犹如蒲公英的种子一样，在我们的心里生根、发芽、开花、结果，再坚硬的石头都能融化成一泓春水。小小的情感与金钱无关、与虚荣无关、与利益无关，因为它纯洁而永久地留在我们心底最深最柔软的地方。没有当前情况以外的神秘，不强求那做不到的事情，没有魅惑后面的阴影，没有黑暗深处的探索；你我之间的爱像歌曲一样单纯。

然而小猪是要等着被宰杀做熏肉火腿的。夏洛用它小小的声音肯定地说：“我救你。”它用它小小的脑袋想出了大大的智慧，用它小小的精力践行了对朋友的承诺。谁能忘记它在动物们都酣然入睡时依然为威尔伯在网上编织“救命”大字的情景呢？夏洛说：“你一直是我的朋友，这件事本身就是一件了不起的事，我为你结网，因为我喜欢你。”这就是惊天动地的理由？马雅可夫斯基说：“爱是万物之心。”万物葱茏生长的秘密源于爱的照耀。“生命到底是什么啊？我们出生，我们活上一阵子，我们死去。一只蜘蛛，一生只忙着捕捉和吃苍蝇是毫无意义的，通过帮助你，也许可以提升一点我生命的价值，谁都知道人活着该做一点有意义的事情。”是啊，我也知道，我彷徨着、犹豫着，却做不到。在这只微不足道的蜘蛛面前，世俗的所谓尊严和高贵一败涂地。夏洛因它质朴的心而高尚，因它纯洁的灵魂而永生。我汗颜“一报还一报”的法则根植在了日渐成熟的思想中，“凭什么?”成了最好的借口。在不停的精明算计中，我们把自己弄得疲惫不堪、灰头土脸，也让生活变得日益繁杂。今天，我深深汲取这含有无限温情、无限憧憬的作品给予我们的爱的汁液并借此反思。

二

父亲手拎一把斧子匆匆离去，当八岁的小姑娘弗恩得知是要去杀死那头刚生下来的又瘦又小、看起来活不长的小猪时，她哭着拦住父亲。她说：“要是我生下来的时候很小很小，你也把我给杀了吗?”弗恩用稚气的、让人忍不住微笑的行事和自然而然同情保护弱小的思维方式拯救了威尔伯。

当弱肉强食司空见惯，八岁的弗恩单纯的童真是否也停留在我八岁的记忆里了？曾经充满同情地看着饭店里待宰的动物，曾经如履薄冰地吃着“佳肴”，丝毫不觉得吃这些前一秒还活蹦乱跳的生命有什么滋味可言，那种战战兢兢也停留在我的记忆中了吧！孩子们凭着直觉和本能就能轻而易举地占有生活的真理。可是这直觉和本能被什么消磨了？当餐桌上已什么都摆过了，当自然中濒临灭绝的物种越来越多，是味蕾的刺激和金钱的诱惑让“纯真”不再吗？我相信所有曾经是孩子并且清楚地记得这一点的人都还一样向往“纯真”，至少在“纯真”不再时还保有善良的天性。

三

母鹅怂恿威尔伯：“一小时自由胜于一桶食料。”小猪于是撞开了栅栏，农庄里一场闹剧的结果是它心甘情愿地回到了农场，在自己一方天地里享受吃、睡、与朋友交谈的自由。天性乐观向上的威尔伯对自己纯粹的生活感到快乐而满意。

每个人都至少曾经有过一次出走的念头吧，这栅栏可以是别人好心的管教、处处存在的约束，我们想当然地以为挣脱它逃向远方茂密的森林中会更好。结果呢，绝大多数人都会选择像小猪威尔伯一样，没走几步，还是心甘情愿地安于当下。

我也是。这未尝不是一种对待生活的态度，安于当下并非不思进取，只是急功近利的风吹得太过迅捷。自由有不可略去的限度，有人为了获取金钱利益的“自由”撞破法律约束的栅栏，有人为了个人为非作歹的“自由”撞破道德底线的栅栏。削尖了脑袋撞开栅栏，即使腰缠万贯、称王称霸，那也是生活心态的缺失。到头来不仅没有在栅栏里得享安逸恬淡，反倒在森林里迷失了方向。这样的人看不见“华枝春满，天心月圆”，他们会后悔少了忘怀得失的境界。

四

这个小小的农场为我们的世界勾勒出一幅简笔画。乐观单纯的小猪威尔伯、聪明无私的蜘蛛夏洛、热心的母鹅、爱藏东西不合群的老鼠坦普尔顿、单纯好心的小姑娘弗恩，还有世故愚蠢的农场主们……你我也许就是这些有名字没名字的动物和人当中的一个：拥有过夏洛和威尔伯间的友谊；拥有过弗恩纯真的心地；或者像威尔伯一样有过一次小小的“疯狂”。

“他们（人类）只是在桥上走过来走过去，老以为另一边有更好的东西。如果他们在这桥顶上倒过头来静静地等着，也许真有好东西会来。”夏洛说，“人类每分钟都向前冲啊，冲啊。我很高兴我是一只坐网的蜘蛛。”或许更多的时候，我们就是被远大的未来冲昏了头的“人类”。于是平淡简朴成了过去式，成了空中楼阁。农场的四季，如人生的阶段，悲欢尽在其中；浓墨淡彩，下一秒的情节开阖变化；最后，繁华和喧闹终于收场，悲剧喜剧都已过去，唯独留下恬淡，留下无尽的人生心态。

感谢作者用柔韧无比的银丝编织这张大网——有关友谊、有关纯真、有关安逸、有关一切美好恬静的记忆，充满理想、温暖、温情，简单却不平凡。易于感动的心灵触摸它，因此更澄澈、更细致；不易感动的心灵触摸它，因此增加对生活的理解与感受，添上一抹诗意的色彩。“堂皇转眼凋零，喧腾是短命的别名”。

用恬淡的心触摸它，此刻我的心里也有一个小小的夏洛在细细地编织……

戴望之

梅说

——读《病梅馆记》后

梅非生而有凌寒之骨，傲霜之枝，三寸之苗始破于土，无异于他树。荒生于丛杂之野，茕独于乱木之林。若无植者，或恹恹于百草之间，或萎绝于芜秽之田；纵有生者，亦杂枝乱丫，无嫣红之貌也。植者抚壮而弃秽，滋梅于良土而善待焉。梅冀枝叶之峻茂，愿涘时乎将盛于寒霜冻土。然植者不察夫余心之所冀，锄正删密而病梅乎以求钱，鬻梅于俗世之客，困梅于玉堂琼榭。梅生而以高洁自许，异于他木，有如鸷鸟之不群，不汲汲于颂赞，不戚戚于茕孑。愿去尘绝世而共君子于竹篱茅舍，众芳摇落而暄妍于三冬雪域，此余心之所善，长颇颔亦何伤。梅自有岁寒之心，心之所愿，生之所求，岂随育梅者、观梅者之心而易焉。人所谓才者亦如是也，生而有其所求，求其心之所安而非他者之颂扬。故所谓大才者，困于时而穷且益坚，是其心之有所求而志之有所立也。呜呼！梅者亦有此志，何惧困呼于育梅者哉！

谏己四言

学海苦觅，当以勤为径。业荒于嬉，行毁于随。慵懒以怠当思凿壁不易，畏远而却应知磨杵之难。池边洗墨，王郎终成巨笔；牛角挂书，李密不为庸人。聪慧警捷不足为高，勤确谦抑可称之上。

处世立身，当以俭为德。一粥一饭亦有来处，半丝半缕岂无用途。颜回陋巷，终成圣名；石崇金谷，卒死东市。草堂固寒，可贮忧国思民之心；隆中虽小，不掩经世济道之才。富润屋，德润身。人皆有欲，惟俭可以助廉；金玉无奇，惟德可以成宝。

待人接物，当以诚为贵。曾子易箦，以身守礼；季札挂剑，以信成德。掩耳盗铃，终为蕉鹿自欺；强辩饰非，不如言之以实。诚于中而形于外，养于心而见于行。外强中干，实为败絮；精诚所至，金石可开。

行事言辞，当以慎为宗。行谨以坚志，言信以崇德。杨震却金，天地四知常以为戒；曹鼎不可，慎独三思是以为道。思则通微，慎则不败。结朋会友，应知近朱近墨之别；立言行事，当以慎始慎终为虑。

五常既覆，其道犹存；四言虽小，行之不易。修身诚意，非为齐家治国；作文谏己，只求立身成人。非惟自戒，亦为共勉。

陈启凡

偶　像

盖有非常之功，必待非常之人。

——题记

一个民族没有偶像是可怕的，因为它缺少了精神上的向导；一个时代没有偶像是可悲的。但当民族的偶像与时代的偶像发生激烈的碰撞、冲突、对立，继而消磨、粉碎、瓦解时，今日的偶像又该何去何从？

什么样的人配称为国家或民族的英雄？有个答案不必思考便呼之欲出：“苟利国家生死以，岂因祸福避趋之。”

这种赞颂不是近来才出现的，若要追溯源头，我想可以溯及商朝。我不知这个故事中有多少虚构的成分，但比干明知纣王暴虐，平日对他诸多不满，却仍上谏“勿兴财，平民怨”，直到落个挖心惨死的结果。

周朝闻名的，除了周文王、周武王，便是周公旦。他一生兢兢业业扶持周王室，不敢有丝毫懈怠。扶持幼王十年如一日，平边乱，兴礼乐，天下大治。在流言蜚语满天飞的日子中，他从来没有退缩。

时间来到最混乱的春秋战国，这是个道德败坏的时代，也是个道德崇高的时代。小人和明臣站在两个巅峰相抗衡。于是，有伯嚭这般的佞臣，构陷忠良，亡邦亡族；也有蔺相如此种视死如归的勇士。死不重要，乱世中何人不是“今日脱下鞋和袜，不知明日穿不穿”呢？重要的是死得其所。蔺相如凭借他愿死的决心和能生的智慧，硬生生从虎齿缝中抢出一片赵国的尊严。难道在秦大殿上，他玉石俱摧的勇气，源于加官晋爵的欲望吗？非也！这是高义。与他同期的廉颇，为赵国攻城拔寨，老了却被冷落。无人再问“廉颇老矣，尚能饭否”时，他难道会后悔当初的一切奉献吗？

这样的臣子还有很多：秦朝被赵高妄杀的无数臣子；在匈奴苦留十余年而不改其节的苏武；自刎而死的李广；唐朝置生死于度外，敢事事直谏的魏征；宋朝退金兵，保江山，却死于狱中的岳飞；还有宋濂、刘基、文天祥、谭嗣同、秋瑾……举不胜举。

他们各有各的性格，处于不同的时代，但他们拥有共同的品质：为国家大义，可以生，可以死，可以成功，可以成仁。

有人说这个时代追求和平，没有那么多生生死死，个人的力量太渺小，仿佛也不能做什么……但至少一个堂堂正正的人该有气节吧。

多少人为了蝇头小利，花言巧语，欺人欺己，通过出卖尊严谋求利益，通过谄媚讨巧获得地位，欺世盗名，无所不用其极。

现在还有多少人懂得不欺心怎么写，清白如何念？

不要说什么“心许之”，就连白纸黑字写好的文字常常有人背弃，最终闹到法庭上，双方唇枪舌剑、面红耳赤，气节和操守就腐烂在衣冠楚楚的“礼尚往来”中。

古人言：“不欺暗室。”我想这有个默认的前提：明室必不欺。然而，当人们开始用大脑，而不是用良心说话时，连这条默认的前提都打破了。康德在哲学中将所有东西都数值化，包括感情、品节。我想这是一件非常可怕的事，它磨灭了人性中的无价之宝。

该如何衡量子罕的不贪与宝玉间的价值高低？这根本无法比较！因为当不贪存在时，没有什么价值可以超越它，当它消失时，什么都能践踏它。

也许，这里我用价值一词衡量它时，就已经犯了一个大错。“价值”一词出现在这个物化的时代，从前的人不这样用它！被人们心中倚重的东西，向来不可标价。在廉者眼中，高价有时甚至是一件可耻的事。

《资治通鉴》的作者司马光，不惜洋洋洒洒，写一篇《训俭示康》给儿子，告诫他戒奢从俭。不就是为了一个“清白”吗！

这些都是传统意义上的偶像。“玉可碎而不可改其白，竹可焚而不可毁其节。”向来推崇的高尚精神，都是以执中守一、存白尚节为处世原则和标准的，甚至谈不上极高的境界。

我忽然想起明朝时期，宦官专权时，许多文士惨死。魏忠贤发明了一种打断脊柱骨的酷刑。文士历来不是以脊梁硬，宁死不屈著称吗？他偏要断这个节！但他本身就是个失败者。因为他不明白节在骨子里，骨可断，而节不毁。这样的残酷是明朝无数文士的梦魇，但偏偏又成了他们清誉的佐证。历史用它的残酷告诉我们：有些东西，不可屈。

我又想到了更多文士，他们也许不苟合于世，也许身受大辱，也许家贫如洗，但他们不畏惧将时代写在笔下，将青云之志寄托在万世之后。

“肯将衰朽惜残年”的韩愈，文起八代之衰，欲继往圣之绝学。终生潦倒落魄，却托志于文章，不馁不弃。

司马迁受尽凌辱，一部《史记》字字血泪。

欧阳修穷且益坚，志于韩文而传之。

我不敢想象，在高节消解的时代，这些昔日的偶像将何去何从。难道真要如泰戈尔所说“我的偶像消散在空中，我才知道，神的尘埃比我的偶像更伟大”？

我听闻：盖建非常之功，必待非常之人。那如今，建立非常之功的人还有吗？

偶像一直存在，不过被人遗弃了罢了。

“我”之追求

路漫漫其修远兮，吾将上下而求索。

——题记

我所见到的最直白的说法是“人的本质就是欲望”。对于此话，我不置可否，但其真真道出了人从有意识的那一刻起，便注定与所求相联系。

纵观古今，多少枭雄淹没于“过求”之海，被滚滚而来的贪婪之流吞没；又有多少曾经意气风发的才子志士，止于荣华富贵、安逸享乐，迷茫在“失求”的潮流中，随波而逝，从此虚无缥缈地隐没在历史的角落中。

一语概之，皆为一个“心”字。

所谓念由心生，行为是意识的表现形式。一个人的一切行动皆为内心深处所追寻的体现。

从人类社会建立开始，追寻便开始了。从最基本的温饱到吃得多、吃得好，再到不止于最基本的生活要求，人有了新的追求。

这样的追求，一方面缘于自身，另一方面涉及整个人类社会。

对公平的追求也许就是一种源于本性的想法。不论在哪种形态的社会中，阶级间的矛盾与不平始终存在，然而人的天赋是随机而无限的。在被压迫的不平和欲抒发的才华间，难怪左思会说：“世胄蹑高位，英俊沉下僚。地势使之然，由来非一朝。”这是他对命运不公的无奈，也是不屈于压迫的文人的傲骨，是向居高位者发出的诘问。像这般欲舒展学识，仿佛鹰击长空的卓越，大概是每一个人发自内心的呐喊。谁没有年轻过呢？这种意气风发、敢于责问，是一个人意识到自身价值后期望实现价值的表现，也算是初窥了人生的妙意。

但个人终究是个人，以一己之力，实在难以撼动庞大的世俗体系分毫。而个人价值若仅仅寄托于他人的赏识，或上封的擢升，那本体的价值终究也还是物的价值。农夫的价值在于劳作，工女的价值在于织布，这些价值都仅仅是以物质来衡量的，于个体本身是毫无意义的……

渐渐地，个人价值的追求上升为自我意识的追求。

有言曰：“君子不器。”我以为，所谓“不器”，一方面是说君子不为器使，即不止于技又不滞于形；另一方面是说君子的行为不应受到某一具体事物的约束。君子而应持百种之德行，通融各术，能很快适应各类领域，以期真正获得自我意识。

陶渊明算是极早意识到这一点的。我不想置身于其归隐是否为逃避现实的手段的争议中。但至少有一点，我能肯定：他是知道自己要什么的。他的一掷乌纱、采菊东篱皆体现了他自我意识的觉醒。当他意识到在朝为官只会压抑其本性、污浊其心灵时，他决绝地离去。其中奥秘都在一句“心远地自偏”中。是的，在人类社会中，怎么可能找到世外桃源？而他能得偿所愿、超尘脱俗，是因为他心中有静，这样他才能静。那悠悠的感觉，正是摒弃了普世价值后，重新从心灵深处挖掘出的意境。

纠结于名利纷争的人是不会懂得如此追求的。

而当这样的自我意识苏醒过来，越来越多的人能够倾听内心的声音时，也就推动了社会的发展。

当个体追求和自我意识合而为一、共同实现时，社会的发展就进入了一个新的巅峰。但每个时代都有其特有的矛盾和冲突。

在其中，又一个崭新的问题出现了，即建立人与自然天性的平衡。早在先秦时期，道家便有言：“天人合一，道法自然。”这一句话，看似简单，却隐藏着奥妙。何谓“天”？即天性、天意、天生，人源于自然，因此最终将归于自然，这里的自然就是天。

但在人类社会的发展历程中，有些人忘记了这一点，他虽有心达到一个好的结果，却往往事倍功半。为何？因为他拂了天意。

天意是个很玄妙的词。无论是自我价值的评判，还是本体意识的觉醒，似乎都包含在一个“天”字中。其实，每个人的天性中有很多相同的因素，但由于生活环境、受教育程度、经验阅历、文化修养的不同，天性不同的方面被激发了。（天命，乃人力所以及者。）

“龙生龙，凤生凤，老鼠的儿子会打洞。”人们普遍喜欢将这句话的意思与社会地位、歧视联系在一起，我却不以为然。我想，这句话表现了成长环境的重要性。之所以说真正的贵族只会贫穷，不会没落（人的高贵在于灵魂），正是因为他们家庭中的家长就算在举步维艰时，也不会将所有的精力扑在谋生上，而是仍不忘顺应家中每个人不同的天性，使之各司其职，各守一方。

由此，在唐朝繁荣兴盛的背景下，柳宗元看着唐朝，像一个渐渐疲惫的天之骄子，看着人民困乏的神态，才写出了《种树郭橐驼传》。开头那段以橐驼之名隐没其人的比喻用得何其巧妙？道出了一个“当”字。

这世间万物，无论是取名、植树，还是治国、安天下，不都在于顺天致性吗？顺天致性不正是人回归自然的追求吗？

美好的东西固然是令人向往追逐的，但若是为了追求它而失了原来的面目，天性也就变得丑陋起来了。

我想，天下的曲梅、欹梅、疏梅本是美的，因为它们俏得恰到好处，才令人心生爱怜，作下一首首千古绝唱。

然而这样天然不可复制的美，一旦成为人歪曲本性、强制使之的结果，就失了原来的味道，连其本质的傲骨也变得可疑起来。

难怪龚自珍会“泣之三日”，这不仅是为那些被摧残的梅花哭泣，而且是为那些因爱生怖之人哭泣，因为那些人忘了：真正的美丽生长于自然、发展于自然、辉煌于自然、回归于自然。（正所谓“道法自然”）

这是由对美之向往与对本原之顺应的平衡而衍生出的追求。

好了，现在让我们回顾一下：从个人价值开始，到自我意识、顺天致性，最后是物我平衡。难道人的追求到此就结束了吗？我想不是的。

人生是一场已知而短暂的旅程。每个人的起点是生、终点是死，只有其间不断地追求是截然不同而永不停息的。我想，我们一直在路上，在不断追求的路上。那些东西看上去遥不可及，但我们却乐此不疲地追寻着。“所谓伊人，在水一方。”

人的一生本来就在不断迷失自我、发现自我、追寻自我中度过。将它作为一次游历，而非一场战争。

陈彦林

用生命体察自然

曾经几次在读完张承志的《黑骏马》后热泪盈眶，在日记本上写下："我们的生命何尝有这样的重量？"草原的宏丽与野性完全融入了作家的文字与生命，从而使其在朴实无华中创造出诗一样的激情与崇高。后来我才知道，张承志在内蒙古插队五年，与韩少功在湖南汨罗的知青经历异曲同工。从此，一个人成为黑骏马、北方的河、内蒙古的寒风与淳厚的民谣，另一个人成了层峦叠嶂、红砖土房、茶峒溪水和锄头耙子。这就是草原和山峦在他们身上留下的不同痕迹。相同的是，自然的某一部分，已成了他们表达心灵的方式；自然的丰富辽阔，已成为他们生命中不可剥离的成分，造就了我们艳羡的浑厚重量。

写自然的作家很多，如张承志、韩少功般能让人一提起某地就联想到有作品源出于斯的作家很少。我这些天在思考，到底是何种对待自然的方式改变了我们？毕竟自然的现象从来都是流动的、变化的，一切观点、角度都没有对错。如今叫嚣着要征服自然的显然少了，大家都吃尽了雾霾的苦。剩下的大概就是三种态度：怀念自然、融入自然与揭示自然。其中怀念者的大都是远离自然的，为它找着各种各样的意义，这意义往往是与自己目前的生活相对立的；融入者是完完全全沉浸于自然、属于自然的，他们以最真切朴素的文字捕捉着纯粹的景象；而揭示者，则是融入者的升华，一边是置身其内的观察，一边向外传递着自然多元化本质的真相。

谈起怀念者，有一种谈自己的羞愧在其中。"怀念"的隐含意义便是我们几乎已断绝了同自然的联系。"城市人对自然的怀念令人感动。"有些讽刺，又很真实。城市人在花语鸟鸣中看见永恒与共和理想，实际上比起自然，关注更多的是自己。"文明人所热爱的自然，其实只是文明人所选择、所感受、所构想的自然"。"他们对待自然的态度，常常不过是对现代文明品质的某种测试"。自我中心式的感动中，透着一股米兰·昆德拉所说的"刻奇"的味道。一个典型的例子是《泥土哪儿去了》，我非常赞同作者"恢复生活与泥土的联系"的倡议，亦向往"晴耕雨读"的灵性生活。但细细品味其中的比喻，"泥土被突然赶走，钢筋水泥鹊巢鸠占”，你会有些不适——仿佛我们应退回从前，仿佛技术带来的尽是祸患。这样的想法，可能只是把自然当作工业文明的对立面，当成人类缺陷的补充，失于片面。而《晨昏诺日朗》亦是如此，过度的堆砌与解读掩盖了细节未经雕饰的魅力。仿佛自然虽是一块璞玉，却被放在显微镜下分析研究，动弹不得。

与此相比，梭罗的《瓦尔登湖》就大不一样。我认为最可贵的是，梭罗弱化了“以人为中心”的视角，真正陶醉其中，张开双臂进入了湖水。虽写自己泛舟湖上，却达到了忘我的效果。“一条鱼跳跃起来，一只虫子掉落到湖上，都这样用圆涡，用美丽的线条来表达，仿佛那是泉源中经常的喷涌，它的生命的轻柔的搏动，它的胸膛的呼吸起伏。那是欢乐的震动，还是痛苦的战栗，都无从分辨。”这话写得真美，必是在湖边居住了一段时间，将呼吸调到与湖水同一频道的人才能写得出来。梭罗的描写是清水出芙蓉式的，这点同《晨昏诺日朗》不一样，浑然天成，其中又透着“创造者的喜悦”，因他已是与造物者密不可分的了。像他这样同大自然亲切平等对话的，还有郁达夫。之所以说平等，是因为他们虽毫无保留地爱着、崇拜着自然，却没有怀念者那么多自我影射的代入。自然本就是他们的世界，是由秋蝉残声、槐花落蕊和灰土上的柔软丝纹组成的可爱世界。郁达夫对着北国的槐树，静静地诉说着国与人的悲凉，而槐树报他以秋的悲凉。两者某一刻成为一个统一体，体现着生命刹那的美丽芬芳，与终将逝去的感伤。

如果说自然与现代人之间有一道不甚明晰的界线，那么怀念者站在一边，通过符号化的绿色崇拜反省自己的精神内伤，融入者在另一边与自然共享着一个天人合一的秘密花园。但还有一些人穿梭在两边，向怀念者揭示着自然去除雕饰的美好，亦反思着自然与人类文明的关系，尽可能接近其本质。他们没有粉红泡沫的浪漫想象，有的是理性的反思精神。最典型的思考用一句话概括为“自然的本质不过是千万张欲望的嘴”。其残酷性远远超过我们的想象，却又体现了物竞天择、人类生存的本原。如韩少功这样下乡插队，城市安家，又重回乡土的“漂泊者”，最清楚这一点——人类与自然的关系是复杂的。大地给予我们童年的野趣，然而“没有人想知道斗蜗牛后，那些外壳破碎的蜗牛是否还活得下去”；大地在城市人的眼里有了辽阔无垠的美感，但农田里的劳作者却很可能仅把它当作吞噬自己汗水的无情物，不会以美学的姿态去欣赏、琢磨它；湖水平静安宁，湖边草丛中却上演着无情的搏斗和杀戮。

这一切隐喻着一种矛盾。大地是温柔敦厚，还是冷酷无情？是一株草木就足矣，还是辽阔无垠？是该在田地里摸爬滚打，还是就这样远远地怀念它，种一棵柠檬树就好？揭示者提出了这些矛盾，同时暗示我们，或许这些矛盾的界限只是人为划分的，是人类中心主义的产物。而自然就在那里，无须多言。

最终，有一点是清晰的——“重要的是，恢复生活与泥土的联系”。当我前些天和朋友在校园的红叶李下唱着歌，拾起满地雪白的花瓣收入囊中时，突然感到这样一种幸福。我们需要黛玉葬花式的体验，因为自然不可或缺，因为它将给予我们最真切、最直接的情感体悟。我们要欣赏《晨昏诺日朗》和《故都的秋》，也要了解生物族群间的腥风血雨。如此，才不会将自然过度浪漫化，才能同时取自然和工业文明的精华，弃二者之糟粕，丰富不断发展的人文精神。归根结底，只有在探索自然本质的路上越走越远，和韩少功一样跳到泥土里去，才会模糊那道界限，与万物共同领会天地的毓秀灵气。

说理之美

凡是语言的运用，都要求有艺术性。不仅抒情文、小说、散文如此，说理文也一样。相比诗歌源于直觉的灵性创作，说理文更注重缜密的思维，这不假。但光有干巴巴的道理是不够的，还要对文章所面对的读者有感情。正如朱光潜先生所说，“说话或作文都免不了情感上的联系”。有了充沛的感情，文章就容易生动流畅，思致风发，富有艺术的美感。因此我认为，好的说理文应当一半是海水，一半是火焰：写作者应怀着强烈的热情去发表意见，又须冷静地运用理性来支撑其观点。古往今来，说理文风格迥异，气势恢宏如孟子、汪洋恣肆如庄子、雄伟庄肃如韩退之，却有着共同的特点——言之有物，融情于理，如此方能动人。而要论现代说理文的妙处，便不得不提鲁迅先生。逻辑性、批判性与艺术性并重，他的杂文可以作为范本，在此浅谈一番。

先谈逻辑性。一篇文章要讲的道理通常有好几层，紧实缜密的文字是层层递进，环环相扣，推理严密的；而松散、漫无边际的文字往往充满逻辑错误，前后矛盾，不知所云。鲁迅《我之节烈观》一文是逻辑缜密的代表。文章首先对“女子当节烈”的封建伦理观连发三问：不节烈的女子如何害了国家？何以救世的责任，全在女子？表彰节烈之后，有何效果？三个问题递进式地引出回答，暴露了提倡“节烈”的害人害己的荒诞。继而作者又从道德原则性角度出发，深入两层：“一问节烈是否道德？道德这事，必须普遍，人人应做，人人能行，又于自他两利，才有存在的价值。现在所谓节烈，不特除开男子，绝不相干；就是女子，也不能全体都遇着这名誉的机会。所以决不能认为道德，当作法式……二问多妻主义的男子，有无表彰节烈的资格？”从道德“人人应做”的普遍性原则出发，突出“节烈”这一特殊原则的漏洞，痛快地反驳了鼓吹节烈派，可谓直击要害。不破不立，先驳论再提出自己的观点也是说理文常常用到的方法。

好的说理文，还要有一种批判性的眼光去审视、反思社会常态。张汝伦的《今天我们如何阅读经典》，正是在“快餐文化”盛行的时代，质疑与批判了工具性阅读背后的功利心态，重提阅读经典的多重意义——经典让读者不断反思人类生存的基本问题，而阅读经典能够延续文明、孕育创新，提高大众的人文素质，最终得出了掷地有声的结论：我们应当拥抱经典。事实上，阅读《诗经》等经典已是我们当代生活中稀缺的一部分，而要弥合与过去文明的间隙进而复兴文化，又离不开脚踏实地的阅读。张汝伦的文章契合时代脉搏，极具现实意义，这也正是说理文所追求的。

更犀利的批判是鲁迅对永恒的人性的批判。《娜拉走后怎样》一文，写到主动牺牲者的不值得，给我极大的震撼：“群众——尤其是中国的——永远是戏剧的看客。牺牲上场，如果显得慷慨，他们就看了悲壮剧；如果显得觳觫，他们就看了滑稽剧。北京的羊肉铺前常有几个人张着嘴看剥羊，仿佛颇愉快，人的牺牲能给予他们的益处，也不过如此。而况事后走不几步，他们并这一点愉快也就忘却了。”不留情面的揭示，字字见血，然而揭示之后，还不忘指明方向——“对于这样的群众没有法，只好使他们无戏可看倒是疗救，正无须乎震骇一时的牺牲，不如深沉的韧性的战斗。”鲁迅的讽刺与批判，是极肃杀的，却与冷嘲不同。大儒的冷嘲，是把“我”排斥在受嘲讽的众人之外的，以彰显自己的遗世独立。鲁迅则是一针见血，直指人性的阴暗、现实的弊病，而后笔锋一转，转向未来修补这弊病的方向——面对大众的冷漠，革命者要沉着、顽强、坚韧地做长期斗争，避免像《药》的主人公那样徒留悲壮的牺牲。因此我们可以说，说理文批判性的本身就包含着对建设性的要求。

说理文的艺术性，在于顾炎武所说的“风行水上，自然成文”。要自然成文，就需要根据内容调整文章的形式，或是口语化、书面化语言间杂，或是繁简调和。讲一些较深刻的道理时，难免遇到曲折晦涩之处，这时便需借助修辞手法，化顽石为流水，滔滔汩汩，随物赋形。常见的修辞，如譬喻、类比、引用等，目的是将抽象的、陌生的道理转化为具体的、熟悉的事物，让文字活起来。

《简笔与繁笔》中就有这样生动形象的类比：拖沓累赘的文章，读起来“像背着一块石板在剧场里看戏”；大师们的名著，则有如“顺风行船，轻松畅快”。一下子将轻与重的对比表现出来了。鲁迅杂文更是处处可见精妙譬喻，常利用通俗的事物来切入一些争议性的话题。如针对当时文坛一些空喊缺乏天才，实际做法却在扼杀天才的《未有天才之前》一文，将天才比作好花、乔木，将培养天才的民众比作泥土，显示出先有泥土才有花木、“先有伯乐，后有千里马”的必要性。而后，讲恶意的批评家当头打压青年作者，却不知天才的成长一定是从“幼稚”开始的，“即使天才，在生下来的时候的第一声啼哭，也和平常的儿童的一样，决不会就是一首好诗”。纵使婴儿的啼哭不动听甚至于恼人，却没有母亲会捂住他的嘴巴叫他噤声，等他作得出好诗了才让他讲话。批评家对后起者、革新者的禁锢之可笑，通过这个比喻立现纸上。

“说理文的目的在于说服，如果能做到感动，那就会更有效地达到说服的效果。作者自己如果没有感动，就绝对不能使读者感动。”如朱光潜先生所说，一篇说理文，要能感动他人，一定有着极高的要求，能说服自己是第一位的。我想，写完文章以后，要带着反思的眼光去读几遍，若是辩不倒自己，那么这个目的才算达到了。

史传之美

穆旦有一首诗《理智和感情》，写广漠的时间与空间如同永恒的巨流，我们每个人就如一粒细沙，执着地奋斗转眼就被巨流冲走。幸运的是，读史给了我们一种飘浮于巨流上空的“上帝视角”，让我们观几千年文明长河之宏伟壮丽，品人生百态。“即使只是一粒沙 / 也有因果和目的：/ 它的爱憎和神经 / 都要求放出光明。”以史为镜，我们就懂得把握时代潮流的大势，欣赏那些虽然渺小却执着燃烧放出光明的个体，也就能同时寻找“我”的因果和目的，思考如何过好自己的一生。

诚如郭丹所说，“史传文学的根本特征在于文学与史学的融合为一”。史传是浑然天成的现实主义文学。史官看似朴素的文笔往往突出了生动的情节、鲜明的形象，让人感叹真实比戏剧更戏剧。从《左传》《战国策》到《史记》《汉书》，我们屏息凝神于鸿门宴之惊心动魄，津津乐道秦晋崤之战的宏伟曲折；我们感佩侠之大者的英雄气概，亦会为另类奇才的妙语连珠而捧腹。有一位给我留下深刻印象的另类奇才，便是《史记》和《汉书》中都出现的东方朔。东方朔其人，在汉武帝时以诙谐敏捷、善于讥讽著称。他上书称自己“目若悬珠，齿若编贝，勇若孟贲，捷若庆忌，廉若鲍叔，信若尾生”，厚着脸皮自卖自夸，引起了汉武帝的注意。其后屡出狂言，为他人之不敢为，比如在汉武帝为依法处决其侄而感伤时敬酒，称赞此举刚正不阿；后被汉武帝责问，又笑言：何以解忧，唯有杜康。他不合常规、充满反讽的举动，很有些“别人笑我太疯癫，我笑他人看不穿”的味道。他作《据地歌》说：“宫殿中可以避世全身，何必深山之中，蒿庐之下！”大隐隐于朝的风度，一度让我十分佩服。然而，细读史书，我不免怀疑：东方朔是真的豁达洒脱吗？以劳民伤财之由阻止汉武帝修上林苑，毫不留情地揭穿馆陶公主逾礼之情……史书显示着东方朔正直忠诚的侧面，以及其愿为帝王师的传统士大夫理想。很可惜，他的理想一辈子也没有实现。汉武帝始终将他看作谈笑作乐的伙伴，俳优之上，良臣之下，对他的建议一笑置之——或因汉武帝有眼无珠，或因东方朔从一开始就没摆出一副严肃耿直的忠臣模样，自然也得不到如汲黯这等“社稷之臣”的美名。然而，他风趣诙谐的艺术形象却使他成了史书里最可爱的人物之一。不能不说，历史本身也在玩幽默。

另一个已融入诸多民间文学、戏曲作品的历史形象是苏武。我无法想象，苏武是如何在匈奴的草原上熬过十余年时光的。《汉书·苏武传》中说：“掘野鼠去草实而食之。杖汉节牧羊，卧起操持，节旄尽落。”那样一个荒野之上顽强生存的形象就深深地刻在我心中。相比课本所说的“民族气节”，我更佩服苏武对个人精神信仰的坚守。对汉王朝的信仰，让他在最初愿意以死明志、义不受辱，也让他后来选择抱着希望坚强地活下去。苏武和李陵的两种境遇对比，让我想到《哈姆莱特》的问题——“默然忍受命运的暴虐的毒箭，或是挺身反抗人世的无涯的苦难，通过斗争把它们扫清，这两种行为，哪一种更高贵？”我难以回答。苏武是同时实践了两者的人，他的气节固然令人敬佩，可谁又能说，李陵不是被命运提前剥夺了选择呢？当我们赞扬苏武的时候，也不免为李陵《答苏武书》中镜像般的另一种悲剧泫然泪下。

文学色彩之外，史传也以具体的历史事件承载着作者的价值观与哲学思想。《史记·太史公自序》言，作史者自孔子起皆是“意有所郁结，不得通其道也，故述往事，思来者”。太史公命运多舛，历尽疾苦，于是生命的重量同样赋予他的文墨以重量。他写李广英雄末路，无一字不是在写李陵，又无一字不是在写自己。坚韧的文字、平静的叙述背后，是他对汉武帝的残暴的无声控诉，是他面对无情命运的顽强反抗。英才招妒，世人容不下李广的绝代将才，亦容不下太史公的刚直不阿。于是他们羞辱他，想尽一切办法把全部尊严的重量放在一个人的身上，试图压垮他。

但他没有被压垮。

活着是对荒谬的最好的反抗。他选择以经受过沉重苦难的视角重观历史，用人性的温情为历史的失败者们立书作传，解释生命本质。于是有了令李清照感慨“生当作人杰，死亦为鬼雄”的《项羽本纪》，有了为侠义精神正名的《游侠列传》，有了不屈于当权者的《今上本纪》。他冲破时代主流价值观的局限，站在思想的高地，凭着本心立书作传。《史记》的一字一句，都可以沁出血来。每一次阅读，都感受着生命的重量。

太史公独特的叙述方式也影响着读者理解历史的角度。以楚汉相争为例，《史记》中的项羽和刘邦都刻画得丰满而真实，作者没有明显的偏向。一个单纯而无城府，冲动而少计谋，却可称富有贵族精神，光明磊落；一个老谋深算，不择手段，却当机立断，从善如流。我读来常常同情前者，佩服后者。在项羽这个人物的塑造上，我有两点感触颇深。

其一，是《史记》“不以成败论英雄”的史观，在每个时代都十分可贵。太史公感佩项羽英雄才气，遂将其列入帝王本纪之列——“羽非有尺寸，乘执起陇亩之中，三年，遂将五诸侯灭秦，分裂天下，而封王侯，政由羽出，号为‘霸王’，位虽不终，近古以来未尝有也。”于是我们看到的不仅是一个逐鹿中原的失败者，还是一个富有军事天赋的青年将领，一个不肯过江东的性情中人，一段灭秦兴楚、称霸天下的辉煌人生。其二，《史记》不吝言于豫让、荆轲等失败的刺客，褒扬郭解、朱家等为当权者所仇视的游侠——“其言必信，其行必果，已诺必诚，不爱其躯，赴士之厄困。既已存亡死生矣，而不矜其能。羞伐其德”(《史记·游侠列传序》)。于是这样的侠义精神就此流传下来，成为我们民族性的一部分。李广至死未能封侯，与卫青、霍去病在官爵上相去甚远，司马迁在《史记·太史公自序》中说：“勇于当敌，仁爱士卒，号令不烦，师徒乡之，作《李将军列传》。”指明为李广作传是因其仁、勇的为人。这与“直曲塞，广河南，破祁连，通西国，靡北胡，作《卫将军骠骑列传》第五十一”为其战功大作传不同，亦使后人反思李广冤死之缘由。

鲁迅先生说：“中国一向就少有失败的英雄，少有韧性的反抗，少有敢单身鏖战的武人，少有敢抚哭叛徒的吊客；见胜兆则纷纷聚集，见败兆则纷纷逃亡。”这是极可悲的。失败有偶然，否定失败者的一切会使我们囿于“成功定势”之中，更会使我们目光短浅、功利处世。太史公感同身受，因此能够给予他们深刻的理解。我想现实生活中也是一样的，要客观评价人，绝不能只从世俗得失的角度入手。敢于为失败者身上的高贵精神喝彩，岂不比顶礼膜拜胜利者更难得？

徐毅萌

山水中国

文人愿寄情于山水，皈依于山水，而以“山水”形容中国，的确是十分贴切的。

此时，不由念及十年前初学中国画时，闻得中国画亦称为山水画，山水仿佛成为民族骨髓中的精神，浸染于血脉之中，不可分离。山水画写景，喜留白，峰峦奇伟，怪石嶙峋，山高而险，又带着十足的秀气与峻拔，水多飞瀑，绕于青山之间。儿时见山水佳作多配以古诗，便不由地想：诗人是否在如此的仙境中忘却功名，归于自然，而如此山水胜状于何处可见？

当足迹踏及华夏多地，终于幡然“醒悟”：这样的山水画作也仅是作者的想象，是他们对诗意的描摹罢了。世间何处寻得“飞湍瀑流争喧豗”的绝世凄清的归处？只是自己的心境归于山水之间，而显于宣纸之上——那是理想，是情怀，是一种对崇高事物的敬畏之心。从画作中便不难看出，喜欢山水的，绝不只是文人墨客、迁客骚人，因为在这样的文化的浸染下，从明事理起，每个人就倾心向往于秀水险峰的可能性。这样的情怀，归结起来，还当是民族千年来“天人合一”的灵魂追求。

儒家有“天人合一”，老庄思想中亦有“天人合一”。儒家看重山水的生生不息和永远进取的精神，“君子比德”，于山水中汲取其“仁”与其“智”，得以进入一个蓬勃不息的和谐境界；而道家看重生命的逍遥，放情山水中，忘却世间纷繁，在光明澄澈的境界里涤荡本心，归于天地，忘却小我，还原自然。两者虽为两途，但儒、道皆体现了生命的境界。

孔子的水体现于光阴岁月的流逝，人处其中，有限而年岁短暂；而人不息地追逐时光，在有限之中创造无限的价值。当然孔子也如此地去做了，“韦编三绝”，“乐以忘忧，发愤忘食”，一位追逐似水岁月的老者在自然中获得的启示，留给千载后的世人，凝固为民族血液中的底色。孟子眼中的水“盈科而后进”，“君子务本，本立而道生”，水是有本之物，不干涸，始终流动于天下，滋养万物，成锦绣之章。

自然之水的灵动，体现了儒家书写人生的方式。水成为救世与自救中的栖身之所、寄放灵魂之处，在流动中前行，汲取人格的力量。

老子眼中的水是一个澄澈的境界。水是“上善”，是因其善于处下，而人安为人下而不争高处，是大道。水，展现出的是韧性，这样的韧性可将人的精神带至高点，使人发现“道”的意义。

庄子说秋水，写人的局限性。与儒家的对立给予了其多层次的视角，道对儒“以一己之道替天下之道”的批判，是人归于自然后的另一种思考：警惕自我的大，发现无限的渺小。“吾丧我”“无己、无功、无名”代表着人的超脱与超越，一个和谐的理想境界。

儒以道德观山水，以人伦推及治国；道以自然观山水，人处一焉，本心归于山水。自东汉佛教传入华夏，山水是修禅的灵魂幽境，更是三家共同的精神圣地。

民族的山水零星成了深植的思想追求。

魏晋的文人对山水的眷恋达到了高峰，置酒咏言，终日不倦，心之摹之，咏之诗之，画之绘之而不足。魏晋士人们的山水情结是一种反抗，从山水中对观人生，也是郁郁不得志时的一种寄托，甚至是自我安慰与发泄。

唐人柳宗元的放心于山水之中是一种对生命境界的发现。贬至永州，巴山楚水凄凉地，在邦无道时自称为“愚”，而“守正为心，嫉恶不惧”。实践圣王之道的失败，抗时伸己的失败，傲岸不屈的精神的失败从何宣泄？在山水之中，他得到的不是宣泄，而是解脱，是超凡而坚其志，遗世独立。

在邦无道时奋然抗争，或在山水之中感触炎凉，是不与争，还是用放弃独善其身，明哲保身？不能说哪一种是更好的选择，至少是不随波逐流，见风使舵。前者似水滴石穿，水虽微弱，以水抗石一时难得胜，但其力虽微而有以柔胜刚之念；后者似水之灵动，盈沟浍而奔流不息，守一己之高洁，不染滓垢而得以奔腾。

柳宗元的山水审美也是一个发现的过程。心怀溪水般的清莹透澈，发锵鸣之声，至希夷无我之境，置身在新的心境之中。

求变者至于宋，还有王安石，介甫的文章写观山水、探华山洞的求思。在山川之中的探寻，而后悔未能至于深处，也体现其谋变革新之志。“志”“力”，以及“物相”，可以超越，可以去伪存真，然而为物所抑，那便“无往而非病”了。

在人生的困境中更有子瞻。这是一个将儒、释、道三家汇通于一的智者，是一个不得志的“闲人”，是一个在困苦中让“出世”与“入世”两者自由出入的立于天地的人。苏轼做了一个对山水境界的诠释。

在承天寺夜游，睹藻荇交横，叹何夜无月。苏轼初贬黄州，不可说他是不纠结的。其文可以写超然于物之外，其内心一旦念及不可报国怎会不痛苦？寻访山间之明月，江上之清风会是一种排遣与摆脱困难的方式，或者说“山水”是一个谪士最后想要寄心于其中的事物，似明镜映照心间得以释怀。一个自喻为“鸿”的文人，以“幽人”自称，认识人生之艰，志向高远而心性高洁，落拓不羁。终是，“飞鸿”成“鹤”，更为了悟，终无溺于困，是大慧，是大韧。

庙堂与江湖确实是一对难以解决的矛盾。儒士立德、立功、立言的高远，永恒是一方面，而道者与万物并生，与万物为一之虚无成为心与自然同在的理想，释家的由悟及空更可为一种提升。多重的人格塑造了一个立于高点的天地视角，天光水色中终“不以物伤性”了。而其为文也汲取自然之泽，使山水人格化，以喻人之节操与德志，行云流水，如山石曲折，随物赋形，气象峥嵘。其止于不可不止，其色看似平淡实则绚烂，不正是一位孤高、不屈之士在精神上的探寻与超越吗？

当苏轼游于赤壁，梦一羽衣蹁跹的道士，在惊醒后会想到何事？其中有无仕途迁谪之患？羽化登仙，心处万物者此刻也应已不为物累了，“不见其处”涌现的可能是寂寥，更是彻悟。

这样一个天人合一的汇融将文明推及一个更高的高处。

幽谷深涧，飞瀑流泉；雅士冥思，禅人观水，修心悟空；高山流水，云雾迷蒙，欲界仙都；山川逶迤，江流蜿蜒，心胸坦然。寄青山黛水之于日月，山色似净洗，泉声清如鸣，这些图景已进入民族文化的生命，隐于山水，达于山水，自省自适，兼达天下。

此山水在中国也，而中国亦浸染于山水。

用生命体察自然

人与自然是什么关系？当“孕育”一词闪现时，我想到了鲍尔吉·原野，

“自然之子”的文字历历在目，似瑰丽锦缎而动人心魄。

自然是什么呢？是一个虔诚的归宿，一个脱离喧嚣的归处——生于斯而归于斯。

自然在哪里呢？我的直觉在耳畔响彻：自然很近，但有时会犹豫，总觉得她消逝了，消逝在轰隆巨响中，消逝在残阳烟波的尘埃里，消逝在无人知晓的月夜下……

而自然可以带给生命什么？

郁达夫一篇《故都的秋》是在写北平，写国家危亡之悲凉落寞。故园之情寄于对秋的感念，感念中深植着一个生命对此的悲泣与痛惜。他为什么写秋呢？正如郁达夫所言，秋是最绚烂的季节，自然之物达到绚烂恢宏之后，开始了霜风凄紧、红衰翠减，冉冉物华休，清秋之日正抒心境，三秋纵是佳日，亦无法阻拦涌现的深远，幽厉的感触了——这一切恰若皇城城墙下回荡鸽哨的故国之都，辉煌之后落下大气而孤寂的没落。

自然与人性，心境全然相通啊！尖细且长的秋草是疏疏落落的，极细微的槐树落蕊让人觉得极细腻；因故人也在此情中，会泡上一壶浓茶看着清朗而清闲的地方，闲人雅士眼里，悲凉晚秋，也是国之写照，而体味得到的，只是相近心境之人。

秋给予生命萧索的质感。四季之情韵不尽相近，人却总能触景而生情。春光之余，碧波万顷，和风光景，意气风发之士得自信于繁荣的光景，心有沉郁之事便见落蕊而悲年华早逝，立身立言而不得，空悲泣，泪竞流。至于夏日风荷，仲夏蝉鸣会给予生命之活力热度，充沛了精力；而怀乡者，一一风荷举，又自会念鲈鱼罢官，江南藕与莼菜。然见秋景，会怀乡而为深爱而愁，亦有漫山红遍激扬文字的豪情。人心是自然之写照！

而人心又何尝不愿投入自然之怀抱？赵丽宏写诺日朗，看似游记之作，但有多少游人可将生命放入自然宏大而极瑰丽的背景之中，又有几个人可以真正地理解山水自然？在写诺日朗时，起承转合，栩栩刻画，写游者心境，写瀑布野性，其声、其形，用比喻刻画天籁图景。天成文章，得失寸心，文章自缘情，那么一个本将内心与自然封锁者，是不可能写出瀑布如缕缕白帘、群龙飞舞、水之自由精灵于山谷合唱的语句的。

山川之秀，古来共谈。今日我把我心寄予广袤山河，虽身形难以穿过都市暮色晨光及其烟尘喧嚣的束缚，实则已然在某一个闲适瞬间，心魂出窍，飘然远方。所以我会凝望远天，凝神若思，而心则徜徉在山河苦旅中忘归。因故读这样记游之作，不会不以为然，因为其间迸发的色彩叫作共鸣，心底中自然造物对此怀揣的景仰敬畏奔腾上升，在晨与昏之间炼为永恒——对大山大水，这种永恒即是她们的常态。

在游学时见青林翠竹，手触山泥，轻抚溪水，皆是让我们回溯人类作为自然之子，热爱她并敬畏她的历史。山间雾霭迷蒙，深吸一口气便品味到了幽远却极亲切的滋味；在登西部雄伟雪山时，夜朗星辰照耀，人已然渺小，对视而凝想，悲人生之一瞬，又释然得解。草木山河成了叫灵魂歌唱的教师，浮华灯影皆是有形之物，心慕桃源方才步入空境。

这些，我想说是自然的智慧。

用生命体察自然，就像爱自己的母亲，虔诚地听从智者的教诲。但大家都太迷恋浮华灯影了，以至于忘却了母亲的容颜——甚至都忘记了自己从哪里来，自己之“本”在哪里。中国人，“本”是古老的农耕文明，晴耕雨读是生活的本然，守卫着我们的心灵。可惜耕与读，在一种向西方价值与话语的“膜拜”中，被肢解得支离破碎。有的人纵然知晓心安是归处，那个使心安然的归处真不在城市的废墟与水泥路面下，应在农业文明中那个隐遁于悠远山间的家乡。我们有人终究能体悟到“有离”的悲哀，因为我们离开了泥土的芬芳，离开了“寒来暑往，秋收冬藏”。

遥远的自然——用它形容今日我们的心境最是恰当。感受到了“遥远”，不知“泥土到了哪儿去了”，隐于灵魂深处的本能，使我们竭力问自己：人类对于自然做了些什么？

韩少功说，我们因为效率而殇，不应继续忍受效率世界雷同的产物，而在自然中寻找个异；因人造品的昙花一现而会在自然中寻觅不朽的精神构建的形式，诸如不老之青山，不止之江河；因世俗生活被权力与财富分割，会指向权力之外的事物，而为了感怀，洞开万物与我为一的生命境界……

这些寄托于希望的生发，并非从人的本原心境开始，而是城市文明在挫伤精神后寄托在共和的理想里，成了文明的一种符号。

但自然怎会甘于成为那些文明人的一种附庸？权力泯灭人类保有的很多天性，所以自然更应当是一面镜子，映射这个“文明”社会的一切，借助自然，人方可自我反省、自我批判，补救内伤。

梭罗的瓦尔登湖，梅斯的托斯卡纳，他们的笔触下塑造的灵魂路程，完成了一次对自己天性的超度。很多时候，我会想哭泣，我会念及我的乡土，我氏族所居之所。可仿佛太过遥远了，是因为那里变了。乡土家园是归根的净土，但她抵不过浮华啊！而瓦尔登湖的湖岸也是今非昔彼。雨道不在林间徜徉，缪斯女神的沉默在情理之中，蓊郁群山灵动的眼睛里杂糅了好多尘灰，鸣禽唯有沉默。圣洁的自然难道是屈服了吗？屈服的只是外象，屈服的实则是人类的狂妄——自然万物自会在不变中演绎造物者的喜悦，她们反抗的力量远比人类渺小的身形大得多！

我的乡土是变了，我不能再在晚春的河岸上沉思，任凭花粉粘衣，泥土湿润沁人之气涌入心扉了——我倒是不复为过往的我，这片土地的年月还要长得多，我除了悲哀所失去的，还得向前看。

自然总在那里，不要习以为常。在阴暗的角落中会有惊喜，那就听一听悠远的来自本心的回响吧，弃浮华而超度心灵。

小人物与大节

关注社会底层的文字是被赋予人道主义烙印的，其实说来也确实如此，底层、平民，在社会中充当着金字塔的基座。大多时候，他们是被人遗忘的一部分，哪怕是被发现，那眼神中也是流露出几分鄙夷的。

我出身于一个小人物的家庭，四百多年前满族入关后我别去仕途，返回松江府，于黄浦江的闸港定居繁衍，以农民的身份生活着，承担着历史与生计给予的苦难，祖辈们如此生活着直至今日。但我终究不是在乡村出生，而是在一个中产阶级家庭，我对真正的苦难知之甚少，难以体会那些优雅与美好无从谈起的日子，还有那些人与人相争的战乱时代。但有些时候，我却被那些底层的人震撼着。也许是老王、玛蒂尔德和陈奂生，他们作为小人物是毋庸置疑的，可大节从何谈起呢？

他们贫穷。贫穷似乎是所有苦难的代名词，但贫穷的人们，他们所拥有的心是不尽相同的。有的贫穷的人渴望富贵，其缩影应是玛蒂尔德，也许在来到这个世界时，上帝的精心安排——那优雅与温柔的性情难以给予她们最为渴望的事物——贵族般的生活。尽管那是奢靡与虚妄之物，但物质不会轻易地被舍弃，求之似渴的虚荣便是她们的自尊，可这一切，难免在浮云中坠落，“求福而辞福”，却被外物将心役使于其中，“美恶之辩战乎中，而去取之择交乎前”，最后成为命运的悲剧。

但这果真是悲剧吗？不尽然。生活的苦难，来源于物质生活之欲与梦想，它们让玛蒂尔德坠入了最底层，但所幸，这样的坠落不是最沉重的深渊，而是让其舍弃不可及的幻想，在根基坚实地演绎生活。那么底层需要有欲望吗？玛蒂尔德为何去偿还那可以免去的深重苦难？欲望，人存在于世必有之，人必有所期待，但道德并未在底层沦丧，贫穷不会使其狭隘，在世俗生活中庸俗，但在挣扎中有他们自己的信条，何物可得，何物不可得，这也许便是莫泊桑的设定：居底层者不愿有所亏欠，哪怕人情上的；用耿直的立世精神甘愿心无所欠，默默托起良知。言至此，想起蔡翔文中关于那几段特殊岁月的叙述。出自那半个城市的少年，生于贫寒却不偷回被抄家人的家财的情节确实引起了争议，我们也要相信善良还没有全然丧失。侮辱他人的人格在疯狂岁月里已几近平常，何来高尚之说？环境的确会改变人，但在起初的岁月里，当他们仍甘愿分享艰难，播撒青春，而在“平等与正义”的神话紧邻破灭边缘时，那心态仅是“较富”罢了，在庸俗生活中不是无欲无求，只是心安。这时候，疯狂的思潮在那些人群中尚且未有扎根时，我相信他们还是善良的，这样的情节是值得去信服的，毕竟自己家乡那些“好人家”（地主家庭）在被抄家时，也没有受到太多的欺凌与来自贫穷底层的仇视与掠夺。小人物，至少有善良在心底深处。

至于命运，我想也的确如此。这些事着实有些“生来注定”的意味。一旦出生，我们无法决定孰为父母，我们的家庭如何，我们的生长环境不容我们去改变，正是这个环境塑造了性格，而性格决定了命运的走向。小人物，底层中的老王，他的一生是局外人眼中的悲剧，住所不是一个家，工作难以称其为工作，仅勉强糊口罢了。而那个年代，也许是爆炸式的繁荣尚未抵达，但这亦是次要，他的人格是健全与完整的，他的生命所需彰显的也仅仅是一个生命应有的尊严，不幸中亦为幸运。将他最后的给予代入社会的大背景下，是千万个同他一样身世的人的给予，以淳厚的心表达感谢，正如二十世纪五六十年代千万个受教育与未能受教育的人们，一腔热血注入乡村与边疆。如此看来，所谓的知识分子与富裕者理应愧怍。社会的资源向他们倾斜，继续占有着，占有着一切背后血汗凝结的事物，未报一句感激——可想多少幢教学楼，其建造又有谁用铲子搅动水泥，灌上混凝土，粉刷墙壁，乃至清扫地面？他们是伫立在国权路上指挥着过马路的可爱的人们，在“知识分子”四个字烙印下的我们有过一句问候与点头微笑吗？鲜有！在世俗角度上，金钱是让我们心安之方式，以接济的方式出现，但那不是底层的归宿。而对老王的愧怍是杨绛的自省，亦需成为整个社会的自省，拥有资源与知识的人对这个社会之真正栋梁的自省，对多享受与少工作的自省。小人物的肩头，或许难有“刚、毅、木、讷，近仁”的老王，可还有无数人，就论他们的付出与对尊严的追求，实有大节。

然而小人物们往往远离教育，这让他们如何在卑微中寻求平等，得到尊严？没有知识与文化是因为没有教育，没有教育是由于不平等。这是命运的一部分，但可以改变，然而事实却向相反的方向发展。家乡的小学在三十年间一所所地撤销，一所所地合并，人口与教师一个个地离开，镇上的初中仅有四人参加中考，并不是说一届仅有四人，而是仅有四人有户籍、有资格参加——可想，如此的教育下，底层的命运便已注定了。他们难以搏击时代。在越繁华的地方资源越充足，弹丸之上海，几道鸿沟便让口号中“人人生而平等”的神话彻底地破灭而渺茫，小人物所恪守的信条，也在这个时代中难觅其踪。

陈奂生，一个二十世纪八十年代初的人物，他所经历的三十年，亦是大节被吞食的三十年。一个渴望追求精神生活的小人物，在上城中满足了心愿，却坠入官本位的话语体系里而浑然不知。他面对的深渊亦是多数底层人面对的——权势与金钱。这里不是在否认金钱，对于最平凡者，对富裕的追求甚至会充斥琐碎的生活——这无可厚非。但当那个平等神话走向了深渊时，权力与金钱的组合似乎成了一根稻草，将其从困苦里解救。又谈农村，我的家乡，自儿时与村西的邻里戏语时，他们希望这个未来的“知识分子”可以去做大官，因为只有大官才能改善生活，才能拥有财富——这是底层的理论。正是在这基座般的理论的影响下往昔的信任纽带难以维系。

所以今日，更多的玛蒂尔德出现了，但他们还未能同她一样虽痛苦挣扎却托起了诚信；一个又一个老王走了，不仅仅是形体上的，失去的还有灵魂。这个底层，那些小人物们，即使还居住在与几千年前相同的住所，但漠然、猜疑的种子让他们在大节逝去的路上愈行愈远，走向了深渊与孤独。

谈到小人物，人们想到的是对“当炉女”与《包身工》中“芦柴棒”的同情和怜悯，还有对其坚韧的歌颂，却少了对老王那样的敬重。这是因为这个社会本身，在优越、歧视和钱本位官本位的路上难以创造一片可以培育那个神话的土壤，让高贵的品质在残酷的现实中发芽却走向破灭。

淳厚、感激、对欺诈的憎恶也许被囚禁了，而我们，正需要底层小人物，一个又一个老王凝结成打破枷锁、超脱藩篱的力量，大节再度熠熠生辉！让小人物仍怀有独立人格，冲破平等与不平等的间隔，以更大的胸怀立于天地间吧。

朱庆园

书与人生密码

这是一篇令我无从下笔的单元贯通。首先令我纳闷的是，人生密码是什么呢？如果说它是一道要解的数学题，那么我现在连题目都没读懂——我又能写什么呢？

我突然想到史铁生的那个谜语，那个神秘的“X”：“一、谜面一出，谜底即现。二、已猜不破，无人可为其破。三、一俟猜破，必恍然知其未破。”

恐怕我也是只能将其设为 X 以诚实地遮掩自己的无知和迷茫，更以其他参数的叠加企图一窥其本来面目了。

X+a：“我的世界就是从那个冬日午后开始的。”

也许是冬日的午后吧，不过更应该是床头台灯的灯光下。我知道，睡前故事是某种历史不那么悠久的传统，也知道我父母是这种传统的践行者，更有那些插图精美的童话书、小人儿书待在床头柜的抽屉里为他们做证——可是我想我都忘了，忘了温暖的被窝和台灯的光晕，更忘了讲述者的声音，不管它是温柔的还是不耐烦的。

但我还记得那些故事，知道月亮上有嫦娥，有兔子，还有永远砍不完的桂树；知道龟兔赛跑是谁先到达终点；知道猴子会犯傻捞水里的月亮；知道女娲、夸父、精卫……这些是我从哪里知道的呢？肯定不是从学校课本上，肯定是很久以前很遥远的某个时间，它们以某种奇妙的方式永远驻在我心里了。

那时候我不读书——因为还不识字，但能阅读，用耳朵阅读。

X+b：“我半天不说话，电话里又传来一阵阵小小的风暴。”

我是一个喜欢故事的人，谁又不是呢？对于故事的向往，恐怕是根植于人类天性深处的——还有其他什么能解释无聊、乏味的现实中的人会将自己所有的激情倾注于“楚门的世界”呢？

这种对于故事的向往可分为两种，一种是对真实性的向往，一种是对传奇性的向往。我爱读那些故事，故事里或有一个小孩，我觉得他 / 她和我很像，讨厌大人无止地唠唠叨叨，讨厌他们在饭桌上没完没了地给我夹菜，讨厌老师的说教，但又不会将讨厌说出来，因为我们忙着构造脑袋里胡思乱想出来的小世界。我也爱读那些故事，故事里的小孩能乘着竹筏一个人漂游在密西西比河上，能在遥远的星球和那里的一个飞行员一起经历一次奇妙的冒险……

我读完的第一个很长很长的故事（或者说是读完的第一部长篇小说）应该是《哈利·波特》，当哈利·波特长大了，我也不再是个孩子了。我是一个多么幸运的人啊，相比那些读不起书的孩子——当我还不曾结交什么人生挚友的时候，我已经与这些书中的孩子做伴了，并且可以确定的是，他们是永远不会背叛我的，也不会背叛我们都视为珍宝的东西：纯真、勇气、智慧和想象力。

所以我确确实实被贾平凹的那句话感动了：“书中的人对我最好，每每读到欢心处，我就在地上翻着跟斗，你就乐得直叫；读到伤心处，我便哭了，你见我哭了，也便趴在我身上哭。”而贾平凹那时无疑更孤独，更需要书、故事的慰藉，但这种情感是每一个爱书的人都能体会得到的。我虽已不是个小孩了，但读书读到会心的、高妙的地方，震撼的、激动人心的地方，我还是会像以前一样，禁不住从座位上腾地站起，兴奋地跑到客厅里，再跑回来，咀嚼完这份喜悦再读下去——当然这是在家里，在公共场合便要收敛一下了。

X+c：“我们剩下的生命也许是为盼望那艳丽的花朵枯萎，也许仅仅是在等待她肆无忌惮地开放。”

《安妮日记》我读得太早了，我在小学就将其列为必读书目之一，而我总觉得这是一本起码要初中过半后才能读得懂的书。据说还有很多其他小学将之列为必读书，如果真有那么多人在小学就读懂了《安妮日记》的话，我们早就不是现在这副模样了。

但那时的阅读尽管潦草，半懂不懂，却足以让我平生第一次有了这样的认知：死亡不一定总是降临在坏人头上，正义不一定总能战胜邪恶——起码也要付出很大的代价。童话、寓言中的死亡不是被诗化就是被僵化，现实为《安妮日记》添上的结局让我直面死亡的灰色，让我第一次感觉到恐惧。

这种恐惧为再次读《安妮日记》时的感动与悲悯做了铺垫，让我思考起生命的价值、战争与和平。一扇通往新世界的大门正缓缓却坚定地向我打开。

X+d：“在我写下这行字的时候有一个人死了，有一个人恰恰出生。”

大约是从七年级下半学期到九年级结束，我开始比以往更用劲地读书，那时候一个月读的课外书大概比小学时一整年读的书都多，而且开始更多地读那些经典的中外名著。但我总觉得实际上那时候的阅读既是急增的又是停滞的，是一种带有“先见之蔽”的阅读，阅读所得又加固了这“先见之蔽”。阅读中的思考是直接或间接地为自己辩护，直至后来我才惊悟到自己的无知、偏狭，幸而也不是太晚。是啊，一个好的读者读书不是为了使自己的声音更响亮，而是为了能听到来自“别一世界”的更多生灵的声音。

也是很多人的声音使我从自己的那个小世界中醒过来，其中应该有鲁迅慷慨的怒骂和悲哀的低吟。《希望》中的那句“希望，希望，用这希望的盾，抗拒那空虚中的暗夜的袭来，虽然盾后面也依然是空虚中的暗夜”让我惊异，是怎样的人才能拥有这般沉痛绝望的灵魂，是什么给他留下至深的创痛？许多人拒绝鲁迅，出于各种各样的原因，但我的立场是坚定的，对鲁迅，哪怕不是喜爱，也是尊敬，尊敬他的怀疑、他的否定与自我否定，甚至尊敬他的本地语调——作为一个先驱者，在没有人为其指出前进的方向的时候，在不知什么是正确的时候，除了通过不断地怀疑、否定、排除错误而摸索着前行之外，还能做什么呢？我们否定他，那么我们又能肯定谁呢？

“心事浩茫连广宇，于无声处听惊雷。”鲁迅这首诗与三十三年后西蒙和加芬克尔为电影《毕业生》所作的经典配乐《寂静之声》遥相呼应了，尽管“惊雷”与“寂静之声”所指的并不相同，但同样都体现了个体对于所处时代的清醒认知。“有的人在说着无聊的话语，有的人在漫不经心地听着别人说，有的人在写着那些从不会被传唱的歌，但没有人敢去，打破这份静默。”美国比我们更早进入了小时代，整个社会被霓虹灯主宰，被拜金主义、消费主义的喧闹中空洞的静默笼罩，然后是欧洲、亚洲，乃至整个世界。不再有整体意义，也不再有共同的宏大愿景，人类生活在支离破碎的意义碎片中，历史陷入板结。可说实话，我也不愿因此唉声叹气。人类在过去的一个世纪内实现了超出之前总和的物质上的飞跃，旧有体系的崩溃意味着其中必然存在的内在缺陷，现在人们得以听见过去不被允许发出的声音——诸如底层的愤恨、堕落、呐喊，所以我们被物质所役，所以我们感叹世人的信仰缺失与世界的纷繁嘈杂。这些都是人类的通病，在缺失了权威声音的压抑下轰然爆发。这不是历史的板结，而应说是痛苦而漫长的瓶颈，也许有些过分乐观，但我相信人类会摸索正确的道路，就如以往的每一次一样。每个时代都有人感叹今世不若前朝，不可否认我们不可忘记过去，但人类总还是向着未来生活的。这是最好的时代，也是最坏的时代，每个时代都是如此，决定权仍然在于个人。

X+y。

不是说这世上再无什么永远正确的东西了。有一些被解构了，却更突出另一些意义；有一些被消解了，却更突出另一些实质。但它们终究都是一个巨大多面体的某个侧面，人们处在哪个位置，就看到哪个侧面，多面体的核心或许永远无法被触及，但详览几个能及的侧面对于我们短暂的一生来说已足够。就像这无法破解的人生密码、猜不透的谜，我在书中读着别人的，随即也被编到我自己的密码中，期待着哪一天，“在数十年不计其数的语言和书籍交织成的斑斓锦缎中，在一些突然彻悟的瞬间，真正的读者会看见一个极其崇高的超现实幻象，看见那由千百种矛盾的表情神奇地统一起来的人类的容颜”。

大人物与细节

也真是神奇，这个时代，似乎正以前所未有的速度产生海量的“大人物”，他们成为新闻报纸的头版头条，占据着搜索引擎热门排行的前列，他们的八卦逸事成为人们茶余饭后的谈资中不可缺少的一部分，满足了人们的虚荣心与窥私的欲望。

但有心的人会注意到，这些“大人物”的光辉并不那么持久，现代的新媒体、网络、新兴的通信技术汇成的浩瀚信息海洋中的浪潮可以瞬间将人带到高峰，也可以瞬间将人埋没于万丈深渊。有的人今天被奉为神明，明天被贬得连鬼都不如；有的人今天被称颂传扬，明天便被唾弃、辱骂——几个浪头过后，便被彻底忘却了。这样的人，头上那顶“大人物”的帽子，是用泡沫做的，因为个人权力与物欲的膨胀而膨胀，又因映出金钱和名誉的色彩而格外引人注目——但终究是要破的。他们便是那些只是显得伟大却并不伟大的人，他们便是罗曼·罗兰所说的空虚的偶像，用以匹配低俗的灵魂，并最终被时间摧毁。

而时间无法摧毁的，甚至在时间的流逝中身影显得更为伟岸的，是真正的大人物。

大人物们在他们所处的大时代中，没有戴上那顶光彩的帽子，并以之吹嘘、自夸；大人物们有他们的大节，而这大节让他们甘愿执着地在世界上最窘迫的角落过着最艰难的生活，同时他们对这世界无欲无求的心灵从狭小的角落中放出最亮的光芒。

就如巴赫，这个如今被认为是超乎时空的最伟大的作曲家之一的巴赫，在其有生之年并未享有盛名，而且在他死了五十年后就已被世人遗忘。他到莱比锡出任圣托马斯教堂学校的乐监，法国音乐评论家保罗·朗杜尔说：“巴赫创作的目的并不是为后代人，甚至也不是为他那个时代的德国，他的抱负没有越出他那个城市，甚至他那个教堂的范围。每个星期他都只是在为下一个礼拜天而工作，准备一首新的作品，或修改一首旧的曲子；作品演出后，他就又把它放回书柜中去，从未考虑到拿来出版，甚至也未想到保存起来为自己使用。”

因而，“世上再也没有一首杰作的构思与实践像这样天真纯朴了”！如今我们听巴赫的音乐，觉得其中少有恢宏澎湃的，其音乐如其名，清泉一般的音调，流淌出巴洛克的繁复、优雅与含蓄，流淌出他作为一个虔诚的教徒，心中对人类灾难与痛苦的怜悯、同情以及对幸福、和平的向往。巴赫从未想过称雄、从未想过流芳百世、从未想过显得伟大，却因为对音乐的爱而成就了伟大。或许这便是大人物的细节吧。

真正的大人物不一定要在人们心中留下完美无缺的形象，但一定是真实的，有血有肉的。他们不会愿意被人塑为缥缈的神的形象，也不会轻言舍弃，自称超脱，自视明哲。因为，“不经过战斗的舍弃是虚伪的，不经过劫难磨炼的超脱是轻佻的，逃避现实的明哲是卑怯的”。大人物的真实性，也必是从细节中体现出来。

比如鲁迅的笑。若不是读了萧红的这篇文章，我是不会想到鲁迅也能这样笑的——这般明朗的，发自心底的，能从楼上冲下楼梯来的笑声。我们怕是都少有这样的笑（有时，想笑的时候却要拼命地忍住，不想笑的时候又不得不做出笑脸）。鲁迅在我的印象里，有着深刻同时也因创痛而沉重的灵魂。可是仔细一想，一个不会真诚而尽兴地笑的人，如何会是一个能大爱大憎的人呢？大爱大憎方能为文！的确，鲁迅对一切的丑恶、黑暗给予毫不留情的批判，但他内心不只有仇恨，还有爱，还有对光明的向往！否则，是什么让他在众人紧闭着眼的时候敢于将眼睛张开；又是什么，让他有力量在少数人的理解与支持中继续战斗下去；又是什么，让他有勇气和魄力写下“横眉冷对千夫指，俯首甘为孺子牛。躲进小楼成一统，管他冬夏与春秋”。

直到现在，鲁迅仍被为数不少的人批驳。但我敬佩他、崇拜他，哪怕只是因为他这般的笑。

近来人们似乎很喜欢说这句话：“不要在意这些细节。”这句话挂在嘴边，仿佛给人一种超脱、豁达的错觉，但若细细品味，我们是否又能在其中读到一种麻木、妥协与让步？我们总是在逃避那些真切的问题，而用无关紧要的琐事填塞生活，就如用稻草填塞草人的躯壳，从而试图让自己好过一些，让自己得到安宁。但其实安宁，只有在痛苦的折磨后才能得到。

列夫·托尔斯泰就是这样一个在不间断的痛苦与矛盾中达到灵魂之安宁的人。仁慈、爱怜与怜悯是列夫·托尔斯泰始终的坚守，为此，他一面痛恨着自己贵族地主庄园式的生活，一面忍受与囿于世俗偏见的妻子的不和带来的困扰与苦闷，一面又无法站到那些企图革命的血气方刚的青年人的队伍中去——因为他反对暴力抗恶，他相信“通过暴力不可能建立一种符合道德的制度，因为任何一种暴力不可避免地会再产生暴力”。他从不放过我们所言的“细节”——那道存在于真理、现实与信念之间的不可愈合的缝隙。而这道缝隙，正是我们生命意义之所在啊！所以，他最终（用斯蒂芬·茨威格在《人类的群星闪耀时》中的话来说）逃向了苍天，得到了上帝的庇护。而他是自古以来为数不多的有资格这样做的人。

细节造就、充实、丰满了大人物的相貌，使他们真实而永恒，也使我们得以在支离破碎的小时代中，找到心灵的栖息地。

山水中国

“中国人对山水的看法和西方人有所不同。中国人游山玩水，是持着纯欣赏的态度，而不是持着运动的态度。而西方人则是抱着健行和征服的‘壮志’。”（罗曼·罗兰《中国人与山水》）之所以有这样的不同，很大部分原因在于中国与作为西方文明发源地的希腊的地理环境的差异。如果真的有什么创世造物、主宰人类命运的神明的话，那么他对中国人可以说是格外的仁慈的——他给了希腊人众多互相独立的海岛，使他们因为自己那一小方土地上不足的物质出海远航，却又赐予中国人一片广阔富饶的土地，两条奔流不息的大河，不可计数的重峦叠嶂。“靠山吃山，靠水吃水”在中国人心目中早已是一个根深蒂固的观念，然而是很多西方人无法体会到的。

大陆文明因此相对于海洋文明更具内省性而缺乏侵略、征服的欲望，大陆文明孕育出的人们对自然抱有近乎天生的敬畏、崇拜和感激。西方人因对命运的困惑、惶恐而求诸奥林匹斯山上的诸神，而东方人，尤其是中国人的神明，则与天地山水融为一体，中国人的理想人格是天人合一。

因此，在中国人的心目中，山水自具神性，能调和万物，蕴含着万物兴衰成败的至道。如此这般，古人才会对山水的性情有那么丰富深刻的体悟。从孔子的“知者乐水，仁者乐山”，到老子的“上善若水”，从“海不辞水，故能成其大；山不辞土石，故能成其高”到“夫兵形象水”……这些先哲之言的源头都是统一的。

在上个学期第五单元的单元贯通作文《亭台中国》中我写道：“亭台之高筑，是将人从凡俗琐碎的生活中托举出来，托举至天与地之间，托举至山与水之间，因而能望尽苍穹之无垠，览遍烟波之浩渺。”这句话的前提无疑是天地山水本身的辽阔浩大。由精英计划贵州一行，我才发现在城市中，人类对自然的专制、压迫已经到了何种程度。当我在贵州，面对着连绵的远山、成片的田野，以及那遥不可及的高空的时候，我一边默默地赞叹，一边又无奈地想到下次不知何时才能再置身于这样的环境中。而在城市中，我们无论望向何处，视线总会被遮挡，无论置身何方总有被封闭、禁锢之感；个人的纠结，很容易就被无限地放大。因此，大概也是命运使然，当胸怀大志的人们在宗庙朝廷中受困受挫而被贬至“山水凄凉之地”的时候，他们也因此有了在自然之中释放、整理情绪，以不同的情怀重悟生命的契机，其中或有柳宗元式的与山水惺惺相惜，从而更坚守自己的生存原则的，或有苏轼式的以自我的渺小进行与天地的永恒的对话的。这两种方式的背后大概有一个共同的底蕴——道家思想，尤其是《秋水》中的道家思想。外物好似流水匆匆逝去一般终会消解，而人本身在这个广袤无垠的宇宙中又能到达多大的范围呢？“不似礨空之在大泽乎？”“不似稊米之在大仓乎？”“不似豪末之在于马体乎？”因此无论是声名还是功业，都只是短暂、微小的生命的附属品罢了，不应该成为捆缚、役使我们生命的枷锁，“且夫天地之间，物各有主，苟非吾之所有，虽一毫而莫取”，这句话无论是对古人还是对现代人来说，都具有启示意义。我们时常忘却究竟哪些事物才是我们生命的必需品，而去看重那些本就无关痛痒的外物，甚至花费一生的时间去追寻，最终合演一场“乱哄哄你方唱罢我登场，反认他乡是故乡”的滑稽剧。尽管“浩浩乎如冯虚御风，而不知其所止；飘飘乎如遗世独立，羽化而登仙”“悠悠乎与颢气俱，而莫得其涯；洋洋乎与造物者游，而不知其所穷”的这类神游天地的感受是暂时的、需依赖于特定环境的，但也必能予人长久的豁达心境；尽管老庄的那个“我”在苏轼、柳宗元的“大我”中仅是一部分，却也是给予“大我”以支持的力量的一部分。

相对于同单元的其他篇目来说，王安石的《游褒禅山记》是特别的。山水游记通常是从作者的直觉出发的，然而，王安石将重点置于理性的说理中，阐明了“志、力、物”的辩证关系，表现了严谨求实的主张，亦是发掘了山水之于国人的另一种意义。

张卓尔

听富特文格勒

“于无声处听惊雷”是一件很有酒神精神的事。倘若我讲给孔子听，他老人家也许伸手就是一记爆栗：“亡而为有，虚而为盈，约而为泰，难乎有恒矣。”倘若我讲给老子听，也许只有沉寂。许久，我才一拍脑袋：“大音希声，大象无形。”两千年前他便于无声中听见了万物。

听富特文格勒指挥的音乐也是一件很有酒神精神的事。1942 年的柏林，上演了贝多芬《第九交响曲》，一场空前绝后的酒神狂欢。指挥家富特文格勒与酒神狄俄尼索斯，从此将和永恒联结。然而酒杯的倾斜，就是自我的倾斜；痛苦从本质上，正是欢愉的源头。亚里士多德在《诗学》里指出悲剧起源于酒神的祭典，诚然，我从来不敢多听 1942 年版的录音，因为酒神的请柬上写着一个名字：“希特勒”。

1942 年 4 月 20 日是希特勒的生日。彼时纳粹还在向广袤的苏联大地进军，顿河从此不再沉静，斯大林格勒（今为伏尔加格勒）的冬天尚未来到。果真如艾略特所说，一个温柔而残忍的四月。希特勒究竟是个奥地利人，当瀑布般的 D 大调急板从富特文格勒的手势中奔涌出来时，他的眼里也充满了谦卑。

1942 年 4 月 20 日，曲终，富特文格勒转身，瞬间被掌声淹没。有人问柏林人，在战争年代，是什么信念支撑他们活下去——“明天还有富特文格勒的音乐会”。宣传部部长戈培尔起身，紧紧握住他的手：他又一次，如俾斯麦所言，带给德意志勇气与力量。戈培尔转身，音乐家谢场，富特文格勒一如既往地沉静，从口袋里掏出白色手帕，微微地在戈培尔触过的所有那些属于音乐的关节抑或是褶皱上使劲一抹，然后向着观众深鞠一躬，一如既往地沉静。

富特文格勒从来不是什么英雄。二战后，他被当作纳粹音乐家看待。马雅可夫斯基对于叶赛宁之死，写下了：“在这人世间 / 死去 / 并不困难，创造生活 / 可要困难得多。”当斯蒂芬·茨威格面对欧罗巴的黑夜绝望地告别了昨日的世界时，富特文格勒在黑夜最无声的地方握住酒杯。他从来不曾倾斜，他坚决不致纳粹伸手礼，在整个西欧，或许他是唯一获得默许的人。他尽全力拯救犹太音乐家，不得不带起纳粹袖标与伪君子们周旋。而最伟大最光荣的部分，就是他独自支撑起昨日的世界中伟大的遗产——光荣的柏林爱乐乐团。

在1942年，死多么容易，或者，在彼岸冷冷地观望着欧罗巴的黑夜，是多么容易啊！在1942年，在震耳欲聋的炮声中，在其他伟大的德裔艺术家的静默中，抹去与纳粹高官的握手，那惊雷般的一瞬，足以让炮声本身震耳欲聋。

他的继任者是卡拉扬，一位享誉世界的指挥家。可之后的柏林爱乐乐团，我已经不再听了。

在1951年的拜罗伊特，富特文格勒再一次指挥贝多芬的《第九交响曲》。这一次酒神不再垂怜他，尤其在第一乐章里，充满了痛苦与忏悔，与托斯卡尼尼（指挥家中日神精神的象征）相比，低音弦乐部分是如此模糊不定，以致我甚至质疑富特文格勒：只有战争才能激起他的惊雷吗？

后来我听到伯恩斯坦指挥的1989年12月25日为庆祝推翻柏林墙而演奏的贝多芬《第九交响曲》，初听并不完美，却让人真切地陷入一场浩大的天籁中。那一刻，我才明白了1951年的富特文格勒。那些迟疑与黏滞，是足以让无声者无地自容的高贵灵魂的自我救赎，是无解的疼痛，是人性啊！从音乐里的空白甚至是瑕疵中，我听到了更伟大的惊雷。

人唯一能超越神的地方，就在于人的柔软。我想起老子，沉寂就是他的回答。

富特文格勒经历了两次世界大战的洗礼，目睹柏林从伟大的城市沦为废墟又从瓦砾里生长起来，他终于超越了酒神，也超越了自己。

神是全知全能的吧？那么他们一定不能理解于无声处怎么听惊雷，更不能从空白里听懂富特文格勒。因为惊雷之于他们，也是无声。没了富特文格勒，又是什么支撑他们活下去呢？生而为人，我实在替他们惋惜。

人唯一能战胜神的地方，就在于人的人性。

七月记事

我在傍晚五点醒来。窗外的云
涌升又下沉。在这样闷热的一个夏天

起风了。风从北边来，笋一样
一节一节的。我在朝南的房间里醒来。

我们认识的时间不长也不短。亲密
恰好从我们的语汇里消失。我开始喜欢海
绿色的。我喜欢海里的影子。辽阔如黑夜
声如细雪。我这些年
说了许多违心的话。糊涂的话
可仍是讲，似乎花言巧语
就能大战下一个风车。我想你讨厌这样
既然月光只能注视着你
任你垂泪。你沉默如同你注定的消逝
可是你却从年岁中走出，如此完整
整个春天，你所中意的池里的冰
都在破碎。

想起你的时候
我是落叶的。

张正涛

接受与拒绝

接受与拒绝，看似是相反的动作，实际上却相伴相生。因为一个人不可能不拒绝任何东西而接受什么东西，也不可能不接受任何东西而拒绝什么东西。

一个人但凡接受什么东西，必定有某种价值标准的支撑；而一种价值标准，不可能只告诉你什么是需要的，而不告诉你什么是不需要的。知道了什么该“扬”，自然知道什么该“弃”，反之亦然。与其说价值标准是一把测量事物的标尺，不如说它是比较轻重同时告诉你拒绝与接受的权衡之物。

是故陶渊明追求自由自在的生活，则必然弃绝混沌糜烂的官场；屈原坚持清直耿介的品格，则必然不会谄媚求保；李白拒绝“摧眉折腰事权贵”，与李白浪迹江湖载酒行是一回事。在拒绝与接受的背后，是一贯的人格和相同的精神底色。

当然，在我们实际做出拒绝或接受的决定时，我们未必马上想到它们那同质而对立的另一面，未必意识到自己拒绝或接受的行为背后隐藏的深意，毕竟不是每个人在一举一动中都会对自己的价值标准进行全盘的思考。因此，当我们面临人生的选择，更多时候还得从拒绝或接受的一方考虑——值得庆幸的是，也正是接受与拒绝的同质性，使我们可以在一方给出答案的过程中实现对两个问题的答复。

孔子说：“君子有三戒。”“戒”什么，其实就是要做什么。戒斗，则必然接受平和安泰；戒色，则必然懂得清心寡欲；戒得，则必然归于淡泊自适。孔子作为三千弟子之师，知道教会了拒绝自然也就知道教会了接受。这就是说，在人生道路上，懂得拒绝便也自然懂得了接受，一方可以引导另一方。

不过，尽管有接受与拒绝的互相转换，从更本质的层面来讲，接受却又是比拒绝更核心的东西。人生中有太多的矛盾、有太多的两难，譬如鱼和熊掌，譬如生和义。舍鱼而取熊掌，并非鱼不好，而是熊掌更佳；舍生而取义，并非生不值得，唯其如此，归根到底是接受了义。任何细小的拒绝与接受背后，都有一个更大的接受，这种接受是人完整而自适的原因。与在某件具体事情上的拒绝或接受不同，是一种对生命意义的整个认定与接受，它本身既是拒绝，也是接受，既决定了拒绝，也决定了接受。

我们在人生的修行之路上最终想要的，可能不是被告知具体接受什么、拒绝什么，而是一种接受与拒绝的能力。正如“三戒”终归于儒家理想人格，舍生上升至孟子以来一脉相承的“浩然之气”，拒绝、接受行为背后的东西才是我们真正求索的、重要的东西。它与我们的成长并进，与我们的生命同在。

身累与心累

近些年来，提倡“别那么累”似乎成了越来越流行的话语。究其原因，大概是人们真的累了：在竞争激烈的现代都市中，“朝九晚五”已经算是一种福气；成人无薪加班，孩子假日补习，就连已退休的老人也被裹挟到匆匆忙忙的人群中，为了给自己的家人再增添一些保障……

在浩荡的、奔忙的大军中，有时是想停下来，歇歇脚，看看久违的风景的。我以为是现代生活，尤其是城市生活中巨大的计划性与竞争性给人们造成了莫大的压力。人们似乎不是在为自己工作，而是在被某一种东西赶着跑。因为担心孩子不能在与别人的比拼中具有优势，家长过劳；因为担心客户与上司的批评，职员总是尽可能多做一点。体力劳动使人感到累，心灵的束缚、不自由、不自在是压死骆驼的更关键的一根稻草。“累”本质上是一种心病。毕竟，如果是做自己喜欢的事，即使要付出很大的精力、很多的汗水也未必会感到疲倦，相反只会因满足而忽略了那种消耗。

现代式的累是真正的心灵消耗，当人们不愿再深陷其中时，自然就出现了“别那么累”的呼声。它乍听起来像亲人的关心之词、朋友的暖心提醒，对泡在空虚忙碌里的人来说，犹如一抹冬日暖阳，又好像入情入理，说进了人的心窝，只要照着做就可以解决一切问题——

但是，可能吗？

不仅不可能，还可能带来误导。首先，“别那么累”不是一剂对症开下的药方，而像是一句“多喝热水”式的安慰，它以否定词开头，并未给出任何建设性的方案。更重要的是，它可能混淆了心累与身累的区别，为自甘沉沦、怠惰贪安之人找到了消极对待生活的借口。

对"别那么累"这句话，我们还能做何反应？第一种是放下手头的工作，无拘无束地"享受生活"。

辛勤的工作本不应是一种苦役。前面已经提到过，好学者废寝忘食，求成者闻鸡起舞，这些繁重的工作不会构成痛苦，恰恰相反，是它们赋予了生活意义感。为了我们的热爱，我们可以"不辞辛劳"。若丧失了所有可以为之"不辞辛劳"的东西，其后果必将是面对更加荒芜的世界。况且放弃努力的后果还有我们更不愿意承担的，那便是安身立命的失败。古人云："忧劳可以兴国，逸豫可以亡身。"并不是所有的"累"都是可以逃避的。

否定了这一种做法，那么容易想到的第二种做法就是尽可能调整自己的工作时间，提高自己的工作效率，以期不"那么累"。这理论上是一种好的做法，但它仍旧没有直面当代人最大的"心累"问题，与"改进了机器就可以减少人的劳动"的错误想法是一样的性质。

而最容易被忽略的或许才是最重要的：改变受制于外物、患得患失的心态。当下我们为什么会这么累？显然是因为我们将自己纳入了各种比较之中。在马克斯·韦伯所说的这架巨大的"理性机器"中，一切被明码标价：工资、分数、名誉、地位……我们紧张而犹疑的心态构成了最大的非理性，而这本身是可以逃脱的。像陶渊明在《归去来兮辞》中一样重新确认自己生命的追求，像苏轼一样学会寄情于物而不是受制于物，像孔子一样"学而不厌，诲人不倦"，找到自己的快乐所在，这或许是最可能的出路。

席轶群

于无声处

“心事浩茫连广宇，于无声处听惊雷。”

“如果发出声音是危险的，那就保持沉默。”曼德拉在《漫漫人生路》中如是说。

起初我以为那是生于乱世畏葸不前，但我想起了他在狱中种的番茄。暗无天日的监牢像是人间地狱，他沉默地捧起浅红多汁的果实，如同擦亮了一根小小的火柴。狱友的重拾希望已是其影响力的明证，狱警的态度转变，则使这位摸黑者的生存历程成为奇迹。

眼前历史的车轮扬起飞尘，老庄时代岑寂在化不开的夜色里。老聃道一句“大音希声”，一个乱世的旷代智者于是用“反者道之动”的朴素辩证诠释了缄口世间、停奏琴弦的意义。庄子承于其后论述“以是其所非，而非其所是”的“成心”之弊，说着天然的府库与扩大心灵的涵摄量。黑暗的天空之下对处世方式的争论成为人们哗众取宠寻找“存在感”的方式，唯道家学派提出“莫若以明”。勇敢、热切地去抗争固然成为佳话，但以空明的心态去观照万物的本原，则是绝唱。他们因辩证思考而不再苟且，因“照之于天”而静观花开花落，更因“独与天地精神往来”而与天地并生。于是在本来支离破碎的人间他们呼吸着一切事物的色彩声息，扬弃我执，沉默原是“咸其自取，怒者其谁耶”的天籁。

“万家墨面没蒿莱，敢有歌吟动地哀。”鲁迅穿着长衫，说着“于无声处听惊雷”。作为手执刀笔痛批国民根性的清醒者，他仍然会长叹“吟罢低眉无写处”。那样一个时代的悲凉之雾遍被华林，少数能呼吸感受者，唯他昂扬。他本该有力发光，但在当时的中国，是确无写处，更确无说处的。写来无人看，唯一的“读者”面对毁灭的价值勃然大怒欲加之罪，而真正去“呼吸感受之”的青年们，却一个个地被捕。他写下《为了忘却的记念》，名曰“忘却”，却仍相信着十年后二十年后，总有人再记起他们来。那就是他对沉默中蕴着的卑微但不扭曲的永恒驱动力的深切自信。也正因为如此，他说着“愿我的文章速朽”，刀笔之下字字铿锵却时至今日仍掷地有声。“救救孩子”的呼喊，仍然余音绕梁。

于是想到，其实沉默是那样强大的力量。无论是知者不言言者不知，是抛却语言明心见性，还是无处可写无路可逃，都可视作不卑不亢的长远的对抗。

栖居世间已有十几年，虽未曾见过黑云压城、风雨如晦，更不能有上述任何一人的分毫光芒；但总有那么一些时候，感到深深的无力与彷徨——

身处文科特色班，却再难寻回人文理想。由于分班以及学业负担的种种纷扰，那群真诚、热切、勇敢的人本应放声大笑舞动青春，却埋头题海不问世事。承担的人文方面的事务于是无法推进，使尽无数言语手段，终成破碎迷惘。后来我选择了沉默，但并非从此沉寂，而是于无声中积聚着潜移默化、润物无声的力量。融入他们的世界，找到他们面对的方向，微笑着告诉他们做得很好——突然之间便取得了雨后春笋般拔节生长的关注。抛下原有的主观臆断，学会习惯于这个不完美的班级，有一天我发现，自己再也不是茕茕孑立。

处在理想与现实的纷争中，身边人的不可抗拒的力量近乎使初心化为齑粉。我与世界的关联在那时成为羁绊，对于目标，即便只是“溯洄从之”的动作也“道阻且长”。但放下那些纷争与矛盾，安静地向前，一步一个脚印完善自己，从而为自己的未来寻找无限可能，竟胜过所有刀兵相见的争论。那种无声，保护了我的梦想。

在信息爆炸的时代，站在无数十字路口，惊恐万状。想到不为苟且而得意，想到沉默前行，会产生一种沉静而不可遏止的力量。当你惯于长夜，梦里依稀的本真的自我与眼前变幻的时代洪流交叠成恼人的影像，站在无声之处，即使卑微，但不因害怕被时代抛弃而狺狺狂吠之时，迷茫之中也便有了光亮。

于无声处，归根到底便是深味光明，安于黑暗，以之为天下的准则。在一片宁静之中，无论以何种方式，都不为外物所动而坚定向前。立德做人，无问西东。那样的人生，善利万物而不争，周流演进而不息。

那便从里到外地站在无声的地方吧。

亭台中国

光辉灿烂的中华文化带给人不可磨灭的生命印记。

“独自莫凭栏，无限江山，别时容易见时难。”

以李煜的词开篇似乎有些突兀，只是近来学了第五单元，再对着此标题，那些关于登临送目栏杆拍遍的情思，忽然一下子奔涌了出来，并且不可遏止地要与《阿房宫赋》联系起来，一叹那无限江山天下兴亡了。

我想，写下“楚人一炬，可怜焦土”的杜牧，是面对大唐王朝广兴声色、大兴土木的宝历年间忧思着亭台中国的。他说，“后人哀之而不鉴之，亦使后人而复哀后人也”。不暇自哀的秦人由唐人去哀，看似唐人已是铭记历史、哀怜亡国了，然而太多人粉饰太平的背后，一个王朝的覆亡正如同铜锈一点点晕散开鸩毒的惨绿。“君看六幅南朝事，老木寒云满故城”，樊川便是那少数能做到与“画人心逐世人情”不同的醒者，以那般绮靡华彩的赋文极尽铺陈之能事，最终落到一抔黄土灰飞烟灭，其七宝楼阁陡然齑粉之景，才能够如同石砾击碎一池静水，惊破那迷醉于豪奢宫室之中的浮云幻梦。

“荣悴迭去来，穷通成休戚。未若长疏散，万事恒抱朴。”

写下“使其中坦然，不以物伤性，将何适而非快”的苏辙，是濯着长江之清流，揖着西山的白云，称快着亭台中国的。子瞻、子由与梦得一同被贬，都能做到其中自得，自放于山水之间，最终自适，不以物伤性而内心坦然。子瞻见过太多人生的奄忽随物化，所有的穷通之理早已渔歌入浦深，平生功业，便笑言一句“黄州惠州儋州”。或许在他人眼中他永远是那个且行且歌的稚子，但不如说他是个超然物外的赤子，说到底，他也只是个一点浩然气藏于胸中的萍踪浪迹的游子。这样的旷达背后所含的不是无奈，是一个世界对流星般划过夜空的旷世奇才的不知所措。因而上天给了他一个子由——一个不能像他一样洒然不倦高歌“但少闲人如吾两人者耳”，却能不为外物所动，所到之处皆足以释怀的贤弟。说来东坡一般儒、道、释自由出入，既能言“会挽雕弓如满月”，也能说“也无风雨也无晴”，更会叹“庐山烟雨浙江潮”，人儿到底还是仰望的好，而课本选取子由的“快哉”之情，大抵也为追寻提供了一个较大的可能。便让子瞻逸于超然台上留下一个孤傲的背影，而让子由漫步于快哉亭中与梦得一同潇然自适大呼快哉，于亭台之中作出中国文化中两座不朽丰碑的绝唱，共同谱写这华夏精神吧。

“树越长越茂，人越走越远，思念之情越思越浓密。”

写下“瞻顾遗迹，如在昨日，令人长号不自禁”的归有光，是独坐于仅有方丈的小室，临着小轩窗看那亭亭如盖的枇杷，恸哭着亭台中国的。不能否认旧时栏楯、兰桂增胜的可喜，不能否认偃仰啸歌、冥然兀坐的可喜，不能否认风移影动、珊珊可爱的可喜——但更不能忘却诸父异爨的可悲，不能忘却自幼失母琐屑皆泣的可悲，不能忘却家族没落后继无人的可悲，不能忘却爱妻去世物是人非的可悲。悲伤成了项脊轩中挥之不去的阴云，整个家族渐次疏远的支离感充斥着震川的心，好不容易似乎能够接受这一惨淡的现实了，其自幼丧母的孤身之痛再次置其于茕茕一人的轩中。他会回望那个曾经和美于今东犬西吠的中庭，看着平素鸣于桑树之巅的鸡群栖在本应待客的厅中，但失母之切身剥离，造就了他明显的孤独。在那个时候他抬起头来，看看整个家族的没落，才明白原来自己已几近一无所有。好在最后那生命中不能承受之重有妻子与他一同承担——而斯人已去，再无红袖添香，一捧清泪唯有待其自干。他以喜写悲，以悲写爱，以爱写恋——最终，到底是以恋写痛。我们或许会言其一忆妻母一潸然之情充盈轩中，到底也只能充盈轩中——然而其落笔之细、情感之切、文辞之质、影响之远，何遽不若《阿房宫赋》视域之广、思虑之深、文辞之丽、影响之远呢？寄托于亭台中国之上的境界有大小，但无高下，只论情真，物长情长。

“眼前有景道不得，崔颢题诗在上头。”

写下“总为浮云能蔽日，长安不见使人愁”的李白，是沉吟着亭台中国的。比起与崔颢争高下，总认为《登金陵凤凰台》的意义更在于个人自我的突破，打开一种全新的认识李白的方式。他是擅写歌行的，见到崔颢足以压卷的七律，却不自觉地有了一种生命的觉醒。到底是诗家天子啊，穷尽十数年作那首黄鹤楼诗，最终登临凤凰台，一切的壮志难酬、忧国之思再也难以蒙于思乡情切之下，呼喊着“西入长安到日边”的诗人，终于用另一种情感谱写出了独一无二的铿锵。超越写尽了的乡愁，而去以浓密工巧之辞诉说衷肠，从复兴诗体到提升高度，亭台中国之中再出一全能诗人。

“不愿君王召，愿得柳七叫；不愿千黄金，愿得柳七心；不愿神仙见，愿识柳七面。”

写下“想佳人妆楼颙望，误几回、天际识归舟”的柳永，是牵挂着亭台中国的。他没有，或者说很少有之前所提任何一位人物所为人称颂的“大节”，相反，因其俚俗词风为人所睥睨倒是不少，“针线闲拈伴伊坐”便是典型的一例。然而诗云“乐游原上妓如云，尽上风流柳七坟。可笑纷纷缙绅辈，怜才不及众红裙”。他以词写生活之中的悠情闲思，无论是从词学正宗还是从文学价值上来说，都无愧为“不减唐人高处”的才子词人。他于亭台之上何尝不在颙望，颙望一种对个人生活、古代文化的最佳呈现方式，而他也的确于浅斟低唱之中获得了对私人生活的叩问及觉醒。

“却将万字平戎策，换得东家种树书。”

写下“把吴钩看了，栏杆拍遍，无人会，登临意”的辛弃疾，是慨叹着亭台中国的。一生力主抗金，到头来仍“男儿到死心如铁。看试手，补天裂”。理想与现实的差距似乎只有在一个极其执着于理想的人看来才会如同天堑，相比于其忠而被弃，其余所有的怀才不遇都只能说是一种无可奈何。稼轩不是的，他是从头到尾坚持着的，旁人或许只是看了一眼吴钩、拍了几下栏杆，而他看便“看了”，拍便“拍遍”，做到极致的意志力，凝成的当真是“一字一血，泪一行”。时代选择了他去担当那个偏安一隅的弱宋的时代使命，苟且偷安的虚假太平之中，只有他逢担当之世、得担当之才、具担当之理，却无担当之事。那时的栏杆成为他唯一的倾听者，痛拍之余，一代横槊赋诗之雄才唱彻阳关，热泪未干。

“风前横笛斜吹雨，醉里簪花倒著冠。”

写下“万里归船弄长笛，此心吾与白鸥盟”的黄庭坚，是笑对着亭台中国的。宋朝作为一个文官主政、积贫积弱的朝代，出世与入世之间的斗争似乎成了一个打不破的命题。山谷道人也在这样的权衡中挣扎，但他一生狂傲时有泄愤之辞，虽洒脱旷达不愧为苏门学士，却更多了几分名士兀傲。我说他在笑对，因为他是了却公务斜倚晚晴的歌者，是吟风弄月自放山水的闲人，是世无知音把酒临风的游子，也是笛弄归船鸥鹭忘机的隐士。“桃李春风一杯酒，江湖夜雨十年灯”，他于快阁之中倚着的晚晴，是暮色四合苍茫无际的黯然，更是落日熔金人间珍重的柔光。矛盾之中他承担着中国文化中的必然，生命的自知自觉于亭台中国之中沉淀出一种疏朗与宁静，人在画中，欲唤扁舟归去。

那样的亭台，才是中国。那样的亭台，才在中国。那样的亭台，才在华夏大地之上傲然挺立，在传统建筑雕梁画栋、檐牙高啄的美学价值之上，更添令人思接千载、视通万里的无限遐思。

行进在亭台中国中，你会嗅到每根栏杆上“明月楼高休独倚”的凉思，会触摸到每块青砖的罅隙里沉睡千年的寂寥，会仰望着鸳鸯冷瓦念及其上曾栖止过的飞鸿，更会感动于一砖一瓦之间，光辉灿烂的中华文化带给人的不可磨灭的生命印记。

亭台玲珑幽情起，其中绰约是中国。

且听心吟

——《复活》学习体会

很多时候，我们都缺少了那份真诚。

读《复活》的时候，总是触及各种基于自身人性某方面的缺失而生发的尴尬。

人总是要颜面的，这个时候我们往往喜欢给自己找些理由。例如我会想到，我也常常进行精神的自省。

譬如炎夏之中黏糊糊地蠕动过一阵蹉跎之后立誓从明天开始好好做人，甚至还要发个朋友圈大肆宣扬，引得好友监督，免得明日重复这种苟且。

譬如由于自身心河的暗流涌动对一段交情起不好的（甚至可以说是极坏的）联想后强行扼住不安分者的咽喉，营造出一片风平浪静，再努力尝试理解与弥补。

再譬如不拘生活中的“小节”后常常会感到的来自冥冥之中的自责。

但那些充其量都只是情绪波动罢了，偶有戳到灵魂脊梁骨的，也不过蜻蜓点水。“醒醒吧，聂赫留朵夫那是真正的精神复活，你这些还差得远呢！”于是我又对着书页被尴尬淹没了。

小说中聂赫留朵夫贵族出身，初期的爱情是纯粹烂漫的。他的眼中含着他一生中唯一的（那时他的确是这么想的）女人：只有能当他妻子的女人才是女人，而其他的只是人。他就这么想着，心田中流淌着澄澈真情。

然后他步入了社会。玛丝洛娃于是成了这场由时代、环境与兽性联袂出演的悲剧中哄得人泪落连珠的木偶。

最后便是戏剧性的陪审与精神复活了。看到这一段时我常常会想：聂赫留朵夫身上是否拥有贵族的原罪？

我想是有的。且让我们按照这部作品诞生地区的宗教文化来看吧：人人皆有原罪。不论你是贵族还是平民，生来都需要一次（或许不止一次）生命觉醒。然而出于某种社会的原因，我们常常以为，这种原罪当被加在贵族身上时，显得格外庞大而狰狞。

因此我暂且保留了自己关于男主人公人性的不恰当的表达，姑且称之为贵族的原罪吧。既然有罪，不可避免地我们要选择去救赎。聂赫留朵夫自然被卷了进去，一开始只是为了赎清对玛丝洛娃犯下的罪孽，尔后逐渐演变为有求必应。后期我更愿意称之为发疯，他发疯似的寻求自我人格的完善，甚至已经有了一种与这个世界十分龃龉的无私博爱的神性。他为之付出了一切，放下了一个贵族从小被授予的所有荣光，甘愿过着一种近乎苦行僧式的济世生活。这固然是因为他对玛丝洛娃一事心存不安，但更多的时候则演变为一种对于贵族这个群体所犯下的种种罪行的全部救赎（所以放在一个人身上显得夸张了），在最后则是代表着人类灵魂中神性彻底战胜兽性的理想状态。自然这种状态在现实中是不存在的，但正因为如此，列夫·托尔斯泰的万钧之笔才更震颤人心，他希冀以此微微摇动当时社会植根于人民心中的恶，进而祈求使整个人类群体所组成的社会得以稍显微光。再进一步分析，聂赫留朵夫所肩负的使命使他必然要复活，然而挣扎在宗教势力、贵族阶级的种种纷扰之中，想要复活谈何容易。想来那真的是他心底的声音吧。

稍微转移一些目光给玛丝洛娃吧。作为小说中的平民代表，她呈现出的是不同于聂赫留朵夫的另一种精神复活。小市民身份与底层职业不能给予她与贵族相同的赎罪方式，听起来有些讽刺，但的确如此——她的心路历程甚至从某种程度上可以和聂赫留朵夫形成鲜明对比。列夫·托尔斯泰再怎么描绘，聂赫留朵夫都还是个贵族，而贵族之所以是贵族，其在人们心中的“基础设定”都是原罪极大因而更难觉醒的。这个时候他的觉醒显得尤为珍贵，甚至可以说是可敬的，而在这种状态下他的设定中仍然不免带有宽宏大量与纡尊降贵。玛丝洛娃则不然，生而为奴却又受到某些良好教育，因一场迫害堕入风尘，后来伴随着聂赫留朵夫的复活而复活。一些值得玩味的故事中，风尘女子往往有着这种无辜的双眼，她们仿佛在说“我是被迫的”，鱼玄机、李季兰、薛涛无不如是。区别在于前者生长的环境似乎更容易让人绝望，故事也来得更简单粗暴，而后者的陨落则多少带着一点儿中国文明中暗含必然性的复杂牵连所造成的无可奈何。玛丝洛娃跌落的原因干干净净，复活得也是干干净净，从只顾利益不论情义的墙头草到感念到聂赫留朵夫的善意而慢慢为他改变，最后拒绝聂赫留朵夫的婚约而“委身”于一个政治犯，那个少女终于又轻轻地笑着惹人怜爱了。这个姑娘相较于聂赫留朵夫，的确是纯粹了许多，她自身复活后的崇高与对聂赫留朵夫的爱都没有允许她同意嫁给他，而跟从政治犯的生活虽然某种程度上依靠了列夫·托尔斯泰所不认同的革命者（这部分暂且不提），却是玛丝洛娃真正自然地去听从内心的明证。从这个意义上来看，玛丝洛娃真正的复活是她对自己心灵的释放，过去与聂赫留朵夫的这段爱情虽然历经坎坷似乎即将修成正果，但那种亲切感却再不能复活。她更期待拥有的是鲜活、真实而含义丰富的生活，如同徜徉在水中的鱼儿打个挺儿跃出水面而后一头扎进新鲜的青草气息中——池塘生春草，园柳变鸣禽。

我想这时候我们可以综观全局了。小说主要围绕聂赫留朵夫与玛丝洛娃展开，两人的复活某种程度上形成了鲜明的对比，但从另一个角度来说，这是列夫·托尔斯泰写这样一部十九世纪俄国社会百科全书时的必要塑造。列夫·托尔斯泰想要表达的东西很多，人生的悔悟与救赎、悲天悯人的救世情怀、卑劣与德性，他都以撕下了一切假面具的最清醒的现实主义写就。因为这份真诚，他唱出了最真实的诗歌，而这种真实却又带来了矛盾与质疑。列夫·托尔斯泰在他晚年的这部作品中呈现出的他对俄国当时黑暗教会（社会的主导者）的批判与对宗教道德的颂扬似乎是两个不可同日而语的命题。宗教哲学一直是列夫·托尔斯泰所探寻的内容，基于当时的俄国社会去认知，我们不难发现这样一个风雨飘摇的年代需要宗教作为人们灵魂的慰藉，哪怕只是麻醉，亦可缓解痛苦。这让我想到了佛教的诞生：在印度的社会阶级固化中人们难以去抗争，但是释迦牟尼创造的宗教体系使得人们的心灵得到安放，从而在其中找寻生活的方向以及消除痛苦的方式。对于当时的俄国亦是如此，即使人们并不能完全理解宗教，人们也不能对黑暗教会的残酷统治熟视无睹，但这并不妨碍人们借由宗教寻找前路。一方面，是教会的黑暗统治带来了人性的泯灭与兽性的重现；另一方面，人们神性再现的原动力很大程度上来源于宗教。因为在风雨如晦中，人们很难去借由自身的精神力量寻求“自助”，而宗教道德的引领作用却能够让人们慢慢意识到逃离自身目前艰难处境的方法只有自我道德的不断完善。从这个意义上来说，列夫·托尔斯泰虽然说的是男女主人公的复活，但寻求的是人类心中尘封的神性的复活。如果有足够多的人们意识到这一点，社会矛盾的解决也便有了希望——这是列夫·托尔斯泰一直坚持寻找的方法。但值得注意的是，就算是在列夫·托尔斯泰构建出的这样一部理想的精神复活的著作中，聂赫留朵夫最后并没有真正找到改变目前社会的办法，他只是借由《福音书》暂且找到了大致的方向。不过，这也正是列夫·托尔斯泰创作的真诚性的又一体现，他自身在矛盾中挣扎，即使要创造一个理想化的故事也并未将自身最后思考的结果夸大，而是用看似模糊但更重要的真实的解说来弘扬自身的社会理念。因此，他在小说中安放了几乎可以称之为百科全书的内容，但丝毫不显繁杂琐碎，而是浸透了真实的血液。

在这时，我回过头去思考文章开头自己所体会到的那种尴尬，其实也源于不够真诚。我在读《复活》的时候总会被聂赫留朵夫精神复活后的种种善行击中，一面哂笑其过于理想的天真，一面在自省之余为自己寻找种种理由以求从复杂情绪中解脱。前者是不能够摆脱自我认知与道德的局限而去以空明的心境观照小说中主人公的行为所传达出的精神内核，后者是不能直面自己的精神缺失，而寻找的理由最终也大多以虚假浮夸的所谓“改过自新”结尾。我真的一点儿也不真诚，被一部撕下了一切假面具的伟大著作撕下了自己的假面具，还大声叫嚣着想要保护自己早已不存在的某些东西以满足自己的自尊。

很多时候，我们都缺少了那份真诚。

很多时候，我们站在无数个十字路口，面对着笼罩全身的夜色，想要找寻对的方向，却又瞻前顾后患得患失，最终把自己抛掷到时代的洪流中，任由自身神性泯灭甚至恢复出越来越多的兽性，并且假装无辜地将一切归咎于时代。我们不能否认时代对于自己的重大影响，列夫·托尔斯泰也正是看到了一个时代对当时社会的人们起到的毁灭性的作用才写下了《复活》，然而难以挽回的不是时代，而是我们自己。我们在酒精的骗局中追求享乐逃避现实，以至于不喝酒的人们被视作异类，这一切也可以说是时代的力量，但最终决定我们的还是我们的心灵。人活在世上或许有很多的身不由己，但在道德中，在触及灵魂的抉择中，在躯体里神性与兽性的对抗中，我们不能让步。听从真诚的心灵的呼唤是最难做到的抗争方式，却是走出这个逻辑怪圈的唯一的方式，因为唯有如此我们才会有足够强大的、安宁的力量。

如同抛硬币，并不会告诉你真正的答案，但你在抛出那枚硬币的瞬间，便已知道了心底的选择。

同样的，当我尝试描述头顶的一片云的时候，心中早已为它设下了合适的譬喻。一抬眼的瞬间，不过给了我一个印象的定格，而不能左右我的决定。更遑论那透过窗玻璃看到的从我房门口掠过的一个人的身影。

聂赫留朵夫开始复活的一刹那，必是在摇摆中一刹那的澄明；玛丝洛娃开始复活的一刹那，必是在挣扎中一刹那的宁静。而列夫·托尔斯泰在这篇小说中所呈现的，无论是内容本身的巨大冲击力还是某些与自身立场矛盾的部分，必是在洞察一个完整的世界后，抛却一切外物烦扰而万古长青的。

余事暂缓，且听心吟。

五、考察报告

导　言

洵美且信：语言真实的力量

朱浩真

真实的语言是有力量的，我们的写作训练一直特别注重对语言真实性的培养。例如，复旦附中的随笔写作注重“现实观察”，但这里的“现实观察”不同于一般人的理解，还特别包括了“考察报告”的写作。无论是复旦附中人文班的文化游学、学农、精英计划外出实践考察还是部编本教材必修上册“家乡文化调查”单元的教学实施，都积累了大量的考察报告写作案例，培养了一批批乐于、善于观察和思考，坚持求真、求实、求信的写作者。

“考察”本身就意味着对人、事、物真相的发现、探究，不人云亦云，不满足于表象的浅示，不止于静止和局部的分析，不迷信经验、感官和直觉等。上述因素都有可能对认识构成遮蔽。考察就是不断“去蔽”，而将“考察”整理为“报告”的过程，也是对考察透明度、合理性的检视，其中必然渗透作者的情感、思想、价值观，体现出一定的文化逻辑。

我们收录的考察报告，呈现出四种不同层次的“真实”：对象真实、方法真实、逻辑真实、情感真实。它们各自呈现出不同的特点，但又交织融合，相互作用，共同形成了复旦附中特有的真实、严谨的文风。

首先是对象真实。这些考察报告不是空泛地谈概念、写印象，而是实实在在地具体到“田野”中，对应人物、事件，具体、细微地观察、交流、分析。如对“张掖地区佛教文化多民族性体现”的考察，是以张掖中学学生所受影响为切入点。作者对蒙古族、土家族、东乡族、裕固族的访问考察，体现了采样的真实性。对“西部地区高中学生会影响力”的考察，不仅听取了学生的意见，还与校领导有沟通，调查了不同学生会部门、不同学段学生会，渠道多元，具体问题具体分析，展现了采样的全面性。这些考察的选题都非常集中，切口小，这就从源头上避免了说大话、发空言、“想当然”。有一说一，不搞主观臆断，这正针对了当下很多学生作文存在的问题——“六经注我”，眼中没有别人只有自己。

接下来要考虑方法真实。这些考察报告的方法总体上看是科学、合理、较为严谨的。（1）合理、全面地运用学术材料。如“中国古代神话在青少年中的传播现状”的考察，充分采纳了文化经典《山海经》《史记》，也参照了当代著名文化学者、当地一线研究者的论著。（2）望、闻、问、切，多层次开展考察。在上述考察中，对当地古迹、交通点进行了实际观察（望），听取受访者的想法（闻），下发问卷（问），提出切中要害的问题（切），使调查不断深入。（3）有效利用科学手段和技术。如利用张掖地区的卫星地图考察古迹的分布，调查传播的便捷性。在对教师压力及其来源的调查中，运用了问卷，且在后续的分析中，加入了平均值、标准差等更为细致的参数。在很多调查中都能看到针对不同问题选取不同的形式进行分析。（4）呈现可供反思的标准。有不少报告将自己的研究思路一一罗列，供参考和批评。

再进一步看，逻辑真实的重要性就彰显出来了。这里的逻辑真实不是狭隘的定义，所谓语言有条理、有线索，议论集中，等等，而是表层思维与深层思维的贯通，文化逻辑与语言表达的融合。我们收录的考察报告，并不是每一篇都能达到这样的高度，但多多少少呈现出符合上述要求的逻辑感。

先看表层思维与深层思维的贯通。有的报告能够关注到神话传播背后的文化语境，这就不仅做了具体归因，还分析了更为抽象的本质。有的报告研究的是留守儿童，却特别对父母形象进行还原，可以说不仅关注到了主观原因，还分析到了客观与主观原因的相互作用。多数报告都有细致的分类和总结，体现出了归纳能力。大部分报告都能分析具体学术观点、思想理论在不同现象中如何各自呈现，体现了演绎能力。这些都是我们在日常课堂写作中注重培养的能力，可以通过考察报告写作激发出来。

再看文化逻辑与语言表达的融合。每个民族有自身的文化观念和背景，孕育了个体的文化生命。中国人的思维方式、认识习惯、情感倾向与西方不同。对于我们身边的考察对象，要表现出以己观己、追本溯源的“体认”。以对安徽省金寨县青山镇中学生楚辞文化接受度的考察报告为例，作者没有从经济发达程度与文化需求的传统研究路径出发，而是调查分析了这里学生的文化自信程度、浪漫情怀与功利心理的矛盾、爱国情怀的标签化等问题。从对家乡文化的体认角度来批判性地审视学生的文化成长，提出了“有形地域文化”与“无形地域文化”如何更好结合的问题。

最终融入报告的是情感的真实性。学生的考察报告，不是做一份“与我无关”的调查，而是在理性、客观的表达之余，流露出对“外物的凝视”，对世界与我关系的一种关切。有的报告对于教师的压力表达出了忧心，提出了很多经过深思熟虑的解决措施，这是“走心”的报告。有的报告是对江南插画、饮食等文化现象的分析，学生做了大量的功课，也有很多独到的见解。有的报告对留守儿童的未来、文化的钝感，有深沉的呼吁，这是情感的力量，也是生命觉醒的直接体现。这体现了复旦附中写作教学“明明德”的教育逻辑，“一次作文，一次新生”，一次调查，一次体认与反思。

正因为有了情感之真，才有文化体认与表达追求，才有逻辑之真，才能表现为对事物真实性的尊重，辅以科学的方法，我们的考察报告才显得如此与众不同。

考察报告（略）

图书在版编目(CIP)数据

复旦附中"双新"语文作文选 / 吴坚,黄荣华主编. —桂林:广西师范大学出版社, 2022.6
ISBN 978-7-5598-4890-1

Ⅰ. ①复… Ⅱ. ①吴… ②黄… Ⅲ. ①作文-中学-选集 Ⅳ. ①H194.5

中国版本图书馆 CIP 数据核字(2022)第 056513 号

复旦附中"双新"语文作文选
FUDANFUZHONG "SHUANGXIN" YUWEN ZUOWENXUAN

出 品 人:刘广汉
责任编辑:刘美文 伍忠莲
装帧设计:王鸣豪

广西师范大学出版社出版发行
(广西桂林市五里店路 9 号 邮政编码:541004
网址:http://www.bbtpress.com)
出版人:黄轩庄
全国新华书店经销
销售热线:021-65200318 021-31260822-898
山东韵杰文化科技有限公司印刷
(山东省淄博市桓台县桓台大道西首 邮政编码:256401)
开本:720mm×1 000mm 1/16
印张:25 字数:408 千字
2022 年 6 月第 1 版 2022 年 6 月第 1 次印刷
定价:68.00 元